ウワサを科学する

ウワサ科学研究所 編

KTC中央出版

非科学的《ひかがくてき》と簡単《かんたん》に言《い》い切《き》ってもいいですか？

「茶柱《ちゃばしら》が立《た》つのは縁起《えんぎ》がよい」「結婚式《けっこんしき》など慶事《けいじ》は大安《たいあん》の日《ひ》に」「食事《しょくじ》をしてすぐ横《よこ》になると牛《うし》になってしまう」……。

日本人《にほんじん》ならだれでも、幼《おさな》いころから何回《なんかい》となく、このような教《おし》えを耳《みみ》にしてきた。わたしたちは、子《こ》どものころこそ教《おし》えにしたがっていたが、はたしてこうした教《おし》えや古《ふる》くからの言《い》い伝《つた》えにしたがうに足《た》る根拠《こんきょ》はあるのだろうか。

「そんな教《おし》えは科学的《かがくてき》な思考《しこう》の結果《けっか》生《う》まれたものではないから、迷信《めいしん》にすぎない」と割《わ》り切《き》ってしまう人《ひと》もいるだろう。たしかに、どう考《かんが》えても合点《がってん》がいかないと思《おも》える教《おし》えや言《い》い伝《つた》えがあるのも事実《じじつ》だ。

しかしながら、科学的《かがくてき》な検証《けんしょう》に基《もと》づいて生《う》まれたものではないにしても、長《なが》い時間《じかん》をかけて身《み》のまわりの現象《げんしょう》を観察《かんさつ》し、経験的《けいけんてき》な知識《ちしき》として人《ひと》びとが語《かた》り伝《つた》えるようになった教《おし》えには、それなりの根拠《こんきょ》があるのかもしれない。

また、科学的《かがくてき》なメカニズムこそ理解《りかい》していなかったが、昔《むかし》の人《ひと》は結論《けつろん》としては案外《あんがい》正《ただ》しいことを言《い》っていたというケースもあるはずだ。現在《げんざい》のように科学知識《かがくちしき》がなかったとはいえ、昔《むかし》の人《ひと》は現代人《げんだいじん》と比《くら》べて頭脳《ずのう》の働《はたら》きが劣《おと》っていたわけではないのだから。

さらに、語《かた》り継《つ》がれるうちにその真意《しんい》が誤解《ごかい》されて表現《ひょうげん》が変《か》わってしまったケースや、あるいは、「牛《うし》になってしまうよ」などという戒《いまし》めのかたちで、子《こ》どもたちを躾《しつ》けることが本来《ほんらい》の目的《もくてき》だったというケースも考《かんが》えられよう。

であるなら、俗信《ぞくしん》と総称《そうしょう》される先祖《せんぞ》から受《う》け継《つ》いできた数々《かずかず》の教《おし》え、いわば日本民《にほんみん》族《ぞく》の知的資産《ちてきしさん》を、簡単《かんたん》に忘《わす》れ去《さ》ってしまうのはまことにもったいないことだ。

本書《ほんしょ》では、日本人《にほんじん》が長《なが》く語《かた》り継《つ》いできたさまざまな教《おし》えを「ウワサ」と呼《よ》び、ふしぎ現象《げんしょう》についてのウワサ、運命《うんめい》・運勢《うんせい》についてのウワサ、飲食物《いんしょくぶつ》についてのウワサ、自然科学《しぜんかがく》についてのウワサ、生活《せいかつ》・習慣《しゅうかん》についてのウワサ、身体機能《しんたいきのう》についてのウワサの六つのジャンルに分《わ》け、合計《ごうけい》六五項目《こうもく》のウワサの科学的真偽《かがくてきしんぎ》を検証《けんしょう》してみた。

中《なか》には真偽《しんぎ》がはっきりとは判明《はんめい》しないウワサもあるのだが、本書《ほんしょ》で明《あ》かされるウワサの、ときには意外《いがい》な真相《しんそう》は、あなたの知的好奇心《ちてきこうきしん》をおおいに刺激《しげき》するにちがいない。

そして、わかりやすい言葉《ことば》で大切《たいせつ》な教《おし》えを残《のこ》してくれた先人《せんじん》への、感謝《かんしゃ》の気持《きも》ちも生《う》まれるのではないだろうか。

ウワサ科学研究所《かがくけんきゅうじょ》

もくじ

1章●ふしぎ現象についてのウワサ

ウワサ1
「ミョウガを食《た》べると物忘《ものわす》れがひどくなる」
食《た》べても記憶《きおく》は消去《しょうきょ》されないのでだいじょうぶ。

「デジャ・ビュ（既視体験《きしたいけん》）は未来《みらい》の記憶《きおく》である」
記憶《きおく》の不確《ふたし》かな再生《さいせい》がもたらすイタズラだった。

解明

独特《どくとく》の香《かお》りがあるミョウガはショウガ科《か》の多年草《たねんそう》で、野菜《やさい》として生産《せいさん》されている。このミョウガについては、「食《た》べると物忘《ものわす》れがひどくなる」というウワサが昔《むかし》からよく知《し》られている。しかし、ミョウガには記憶力《きおくりょく》を阻害《そがい》する物質《ぶっしつ》など含《ふく》まれておらず、この俗信《ぞくしん》は次《つぎ》のような大昔《おおむかし》のエピソードに由来《ゆらい》するといわれている。

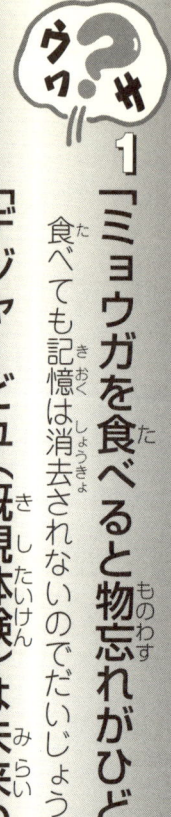

お釈迦《しゃか》さまの弟子《でし》の一人《ひとり》に、ひどく物忘《ものわす》れの激《はげ》しい人《ひと》がいた。この人《ひと》は自分《じぶん》の名前《なまえ》さえ忘《わす》れてしまうほどの人《ひと》だったのだが、この人《ひと》が亡《な》くなって、墓《はか》が建《た》てられると、そこに一本《ぼん》の草《くさ》が生《は》えてきた。これがミョウガだったため、ミョウガと物忘《ものわす》れが結《むす》びつけられたようである。

では、どうして物忘《ものわす》れが生《しょう》じるのだろうか。わたしたちの記憶《きおく》は、記銘《きめい》（覚《おぼ》えること）、保持《ほじ》（忘《わす》れないでいること）、想起《そうき》（思《おも》い出《だ》すこと）の三つの過程《かてい》で構成《こうせい》されている。物忘《ものわす》れについては、たとえばマルセル・プルーストの小説《しょうせつ》『失《うしな》われた時《とき》を求《もと》めて』にもあるように、ふとしたはずみで忘《わす》れてしまったはずの遠《とお》い過去《かこ》の記憶《きおく》が細《こま》かい部分《ぶぶん》まで明確《めいかく》によみがえる現象《げんしょう》があることから、一度《いちど》脳《のう》に記銘《きめい》・保持《ほじ》された情報《じょうほう》が消《き》えているわけではなく、

脳《のう》のしくみ

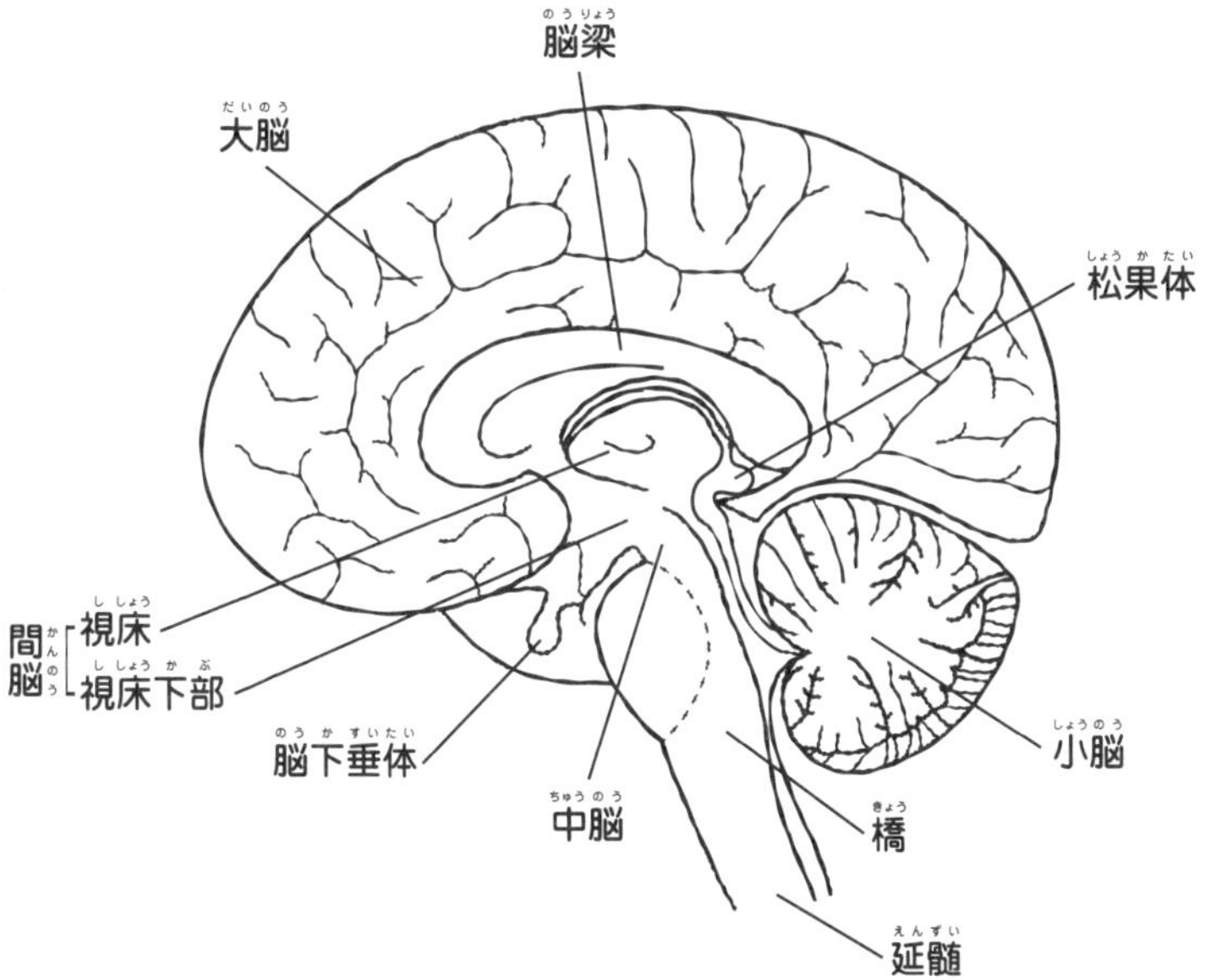

脳《のう》の劣化《れっか》やストレスなどが原因《げんいん》で想起《そうき》のきっかけが損《そこ》なわれるから起《お》こると考《かんが》えられている。

ところで、記憶《きおく》といえばこんなふしぎな体験《たいけん》をしたことはないだろうか。

生《う》まれて初《はじ》めて訪《おとず》れる場所《ばしょ》や光景《こうけい》を見《み》て、「ここには前《まえ》に来《き》たことがある」という思《おも》いにとらわれる体験《たいけん》である。心理学《しんりがく》ではこの現象《げんしょう》をデジャ・ビュ（既視体験《きしたいけん》）と呼《よ》び、べつに超常現象《ちょうじょうげんしょう》ではなくて、だれでも体験《たいけん》することであると説明《せつめい》している。

そのメカニズムはこうである。

まず、わたしたちの記憶《きおく》の内容《ないよう》は、「いつ」「どこで」「だれと」「なにをした」といった成分《せいぶん》から構成《こうせい》されている。ところが、その記憶内容《きおくないよう》を想起《そうき》する際《さい》に、じつはすべての成分《せいぶん》が正確《せいかく》に再生《さいせい》されるわけではないのである。とくに時間《じかん》をさかのぼる幼《おさな》いころの記憶内容《きおくないよう》については、なおさらといえよう。

たとえば子《こ》どものときに、お父《とう》さんに連《つ》れられて大阪《おおさか》の通天閣《つうてんかく》に上《のぼ》ったことがある人《ひと》が、その体験《たいけん》を忘《わす》れてしまい、「高《たか》いタワーに上《のぼ》った」という断片的《だんぺんてき》な記憶《きおく》のみが残《のこ》ったとしよう。それ以降《いこう》、タワーに上《のぼ》る機会《きかい》がなかったその人《ひと》が、大人《おとな》になって初《はじ》めて東京《とうきょう》タワーに上《のぼ》った際《さい》、「高《たか》いタワーに上《のぼ》った」という断片的《だんぺんてき》な記憶《きおく》がよみがえってきて、「ここには以《い》前《ぜん》に来《き》たようだ」と感《かん》じてしまうというわけだ。

さらに、幼《おさな》いころに本《ほん》やテレビで見《み》た景色《けしき》を、それが本《ほん》やテレビからの情報《じょうほう》であることを忘《わす》れて景色《けしき》のみを断片的《だんぺんてき》に記憶《きおく》していたとすれば、初《はじ》めて見《み》た海外《かいがい》の土地《とち》に、なぜかなつかしさを感《かん》じてしまうのである。

人《ひと》の記憶《きおく》はこんなイタズラもするのだ。

・コ・ラ・ム・
アッ！こんなこともあったね

自分《じぶん》の名前《なまえ》を忘《わす》れない理由《わけ》

いかに記憶力《きおくりょく》に自信《じしん》のない人《ひと》でも、さすがに自分《じぶん》の名前《なまえ》はもちろん、住所《じゅうしょ》や電話番号《でんわばんごう》は忘《わす》れない。一方《いっぽう》、パーティーなどで1回出会《かいであ》ったきりの人《ひと》の名前《なまえ》は、簡単《かんたん》に忘《わす》れてしまいがちである。

この差《さ》はなにかというと、心理学《しんりがく》では次《つぎ》のように説明《せつめい》している。

記憶《きおく》のシステムは、短期記憶《たんききおく》と長期記憶《ちょうききおく》とに分《わ》けられている。短期《たんき》記憶《きおく》は比較的短《ひかくてきみじか》い時間《じかん》の記憶《きおく》システムであり、いわばとりあえず必要《ひつよう》なことを覚《おぼ》えておくというしくみである。ここに貯《たくわ》えられた記憶情報《きおくじょうほう》は常《つね》に更新《こうしん》されていくので、前《まえ》の情報《じょうほう》からどんどん消去《しょうきょ》される。

しかし、何度《なんど》もくり返《かえ》し入力《にゅうりょく》される情報《じょうほう》や重要《じゅうよう》と判断《はんだん》された情報《じょうほう》は、忘《わす》れてはいけないものだからと長期記憶《ちょうききおく》の貯蔵庫《ちょぞうこ》に移《うつ》される。自分《じぶん》の名前《なまえ》や住所《じゅうしょ》はこちらに保存《ほぞん》されているので、忘《わす》れないのである。

ちなみに長期記憶《ちょうききおく》から情報《じょうほう》を引《ひ》き出《だ》す際《さい》の検索《けんさく》に障害《しょうがい》が起《お》きると物忘《ものわす》れ（忘却《ぼうきゃく》）になるといわれている。

2

「予知夢《よちむ》（虫《むし》の知《し》らせ）というふしぎ現象《げんしょう》は存在《そんざい》する」

日本全体《にほんぜんたい》で考《かんが》えれば、毎晩少《まいばんすく》なからぬ数《かず》の人《ひと》が体験《たいけん》している。

「金縛《かなしば》りは心霊現象《しんれいげんしょう》である」

生理的《せいりてき》な現象《げんしょう》として説明可能《せつめいかのう》。

夢《ゆめ》の中《なか》に知《し》り合《あ》いが出《で》てきて、目覚《めざ》めるとその人《ひと》の死《し》を知《し》らされた。ということは、知《し》り合《あ》いは夢《ゆめ》の中《なか》でお別《わか》れを告《つ》げに来《き》たのではないか、あるいは夢《ゆめ》の中《なか》で知《し》り合《あ》いの不幸《ふこう》を予知《よち》したのではないか……。

こうした予知夢《よちむ》（虫《むし》の知《し》らせ）の存在《そんざい》は、身《み》のまわりでよく語《かた》られている。それでは、予知夢《よちむ》は本当《ほんとう》にふしぎで神秘的《しんぴてき》な現象《げんしょう》なのだろうか。

こんな計算《けいさん》をしてみよう。わたしたちが知《し》り合《あ》いの夢《ゆめ》を見《み》て、その知《し》り合《あ》いがその日《ひ》に亡《な》くなる確率《かくりつ》についてである。

まず、夢《ゆめ》に登場《とうじょう》するほどの親《した》しい知《し》り合《あ》いが一〇〇人《にん》いて、そのうちの特定《とくてい》の人《ひと》の夢《ゆめ》を今後《こんご》五〇年間《ねんかん》にそれぞれ一度《いちど》だけ見《み》ると仮定《かてい》する。これはかなり少《すく》なめの数字《すうじ》だ。

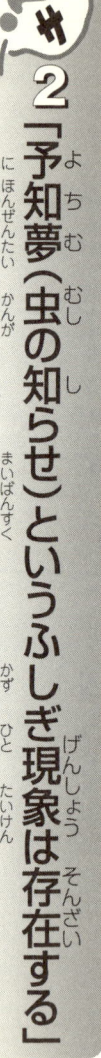

次《つぎ》に、いま生《い》きている人《ひと》が一〇〇年後《ねんご》も生《い》きている可能性《かのうせい》は統計的《とうけいてき》に〇《ゼロ》パーセントと考《かんが》えられるから、知《し》り合《あ》い一〇〇人《にん》の中《なか》の特定《とくてい》の人物《じんぶつ》もその運命《うんめい》を逃《のが》れられないとして、その人《ひと》が今後《こんご》五〇年《ねん》以内《いない》に死亡《しぼう》する確率《かくりつ》を五〇パーセントと仮定《かてい》してみることにする。

　そこで、今夜《こんや》一〇〇人《にん》のうちのだれかの夢《ゆめ》を見《み》る確率《かくりつ》「(三六五×五〇÷一〇〇)分《ぶん》の一」と、今日《きょう》知《し》り合《あ》いのだれかが死《し》ぬ

日本全国《にほんぜんこく》で一日《いちにち》に予知夢《よちむ》を見《み》ている人数《にんずう》の概算《がいさん》

$$\frac{1}{\frac{365日 \times 50年}{100人}} \times \left(\frac{1}{365日 \times 50年} \times \frac{1}{2}\right) = \frac{1}{666,1250}$$

今夜《こんや》、100人《にん》のうちのだれかの夢《ゆめ》を見《み》る確率《かくりつ》

今日《きょう》、知《し》り合《あ》いのだれかが死《し》ぬ確率《かくりつ》

死亡《しぼう》する確率《かくりつ》は50パーセントとしたので

$$\frac{1}{666,1250} \times 365日 \times 50年 = \frac{1}{365}$$

$$1億2,000万人 \times \frac{1}{365} \times \frac{1}{365日 \times 50年} = 18人$$

1億《おく》2,000万人《まんにん》 ⇩ 日本《にほん》の人口《じんこう》

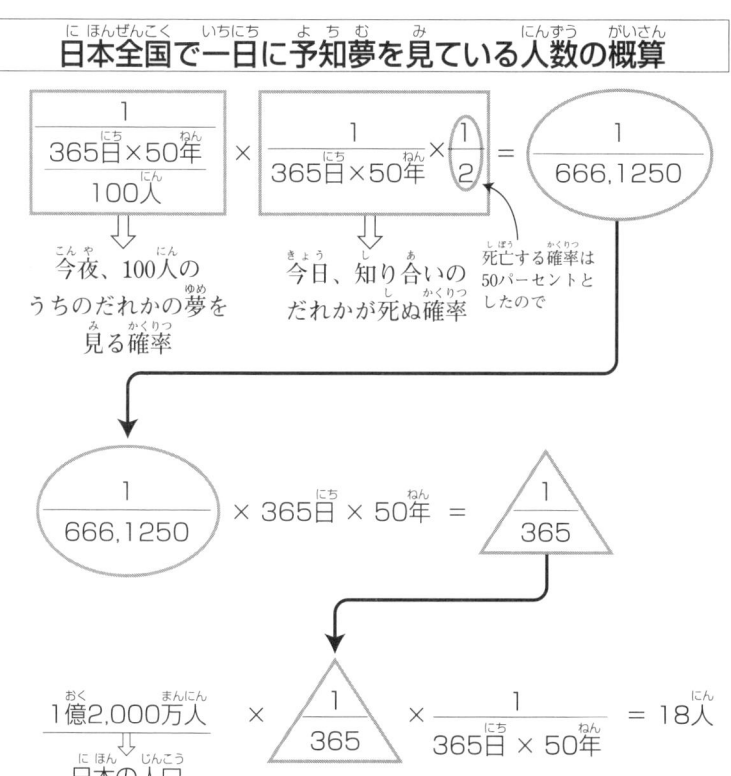

確率《かくりつ》「（三六五×五〇×二）分《ぶん》の一」とを掛《か》けると、六六六万《まん》一二五〇分《ぶん》の一となる。このようなことが今後《こんご》五〇年《ねん》にわたしたち自身《じしん》に起《お》こる確率《かくりつ》は、この数字《すうじ》の三六五×五〇倍《ばい》であり、三六五分《ぶん》の一となる。

ここで、日本《にほん》の人口《じんこう》を一億《おく》二〇〇〇万人《まんにん》とすると、一億《おく》二〇〇〇万《まん》÷三六五÷（三六五×五〇）で、日本全国《にほんぜんこく》では少《すく》なく見積《みつも》っても毎日《まいにち》一八名《めい》の人《ひと》が「知《し》り合《あ》いの夢《ゆめ》を見《み》たその日《ひ》にその人《ひと》が死《し》んだ」という体験《たいけん》をしていることになる。

人《ひと》はこんな体験《たいけん》をすると、「とってもふしぎなことがあった」と語《かた》りがちだ。一方《いっぽう》で、知《し》り合《あ》いの夢《ゆめ》を見《み》たのにその人《ひと》が死《し》なかったケースや、夢《ゆめ》を見《み》なくても知《し》り合《あ》いが死《し》んだケースの存在《そんざい》を忘《わす》れがちになり、予知夢《よちむ》というふしぎ現象《げんしょう》としてクローズアップしてしまうのである。

さて、睡眠《すいみん》にまつわるふしぎ現象《げんしょう》とされているもので、やはり有名《ゆうめい》なのが「金縛《かなしば》り」である。

ふと目覚《めざ》めると、なにかにのしかかられているような重《おも》みを感《かん》じる。意識《いしき》ははっきりしているのに、身体《からだ》を動《うご》かそうとしても、なぜかできない。これが「金縛《かなしば》り」の一般的《いっぱんてき》な例《れい》で、よく心霊現象《しんれいげんしょう》とウワサされているものである。

ところが「金縛《かなしば》り体験《たいけん》」は、生理的《せいりてき》な現象《げんしょう》として説明《せつめい》できるといわれている。

人《ひと》の眠《ねむ》りは脳《のう》も身体《からだ》も休息《きゅうそく》する深《ふか》い眠《ねむ》りと、身体《からだ》は休息《きゅうそく》しているけれども脳《のう》は活動《かつどう》している浅《あさ》い眠《ねむ》りとに分《わ》けられ、一晩《ひとばん》にこれを交互《こうご》にくり返《かえ》している。そして、浅《あさ》い眠《ねむ》りのときに脳《のう》は夢《ゆめ》を見《み》ているのである。

通常《つうじょう》、人《ひと》が眠《ねむ》りに入《はい》るときにはまず深《ふか》い眠《ねむ》りとなるのだが、体調《たいちょう》が悪《わる》いときや、不安《ふあん》を抱《かか》えているとき、また旅先《たびさき》などで枕《まくら》が変《か》わってなかなか寝《ね》つけないときなどには、眠《ねむ》りに入《はい》るとすぐ浅《あさ》い眠《ねむ》りが訪《おとず》れることがある。

すると、自分《じぶん》は起《お》きていると感《かん》じている（寝《しん》室《しつ》の様子《ようす》が見《み》えたりする）のに、本当《ほんとう》は眠《ねむ》っているのだから、当然《とうぜん》身体《からだ》は動《うご》かせない。そこで夢《ゆめ》を見《み》ている脳《のう》が、この不可解《ふかかい》な情況《じょうきょう》をなんとか理屈《りくつ》づけしようとして、霊《れい》のしわざに転嫁《てんか》したものが金縛《かなしば》りというわけである。

・コ・ラ・ム・
アッ！こんなこともあったね

夢《ゆめ》のメカニズム

人《ひと》が夢《ゆめ》を見《み》ているときの浅《あさ》い睡眠《すいみん》のことをREM《レム》睡眠《すいみん》と呼《よ》んでいる。夢《ゆめ》は覚醒時《かくせいじ》にわたしたちが外界《がいかい》を見《み》るように「見《み》ている」ものであり、そのため閉《と》じている瞼《まぶた》の下《した》で眼球《がんきゅう》が左右《さゆう》に激《はげ》しく動《うご》いている。この激《はげ》しい動《うご》き「Rapid《ラピッド》 Eye《アイ》 Movement《ムーブメント》」の英語《えいご》の頭文字《かしらもじ》をとってREM《レム》としているのである。

では、人《ひと》はなんのために夢《ゆめ》を見《み》るのだろうか。精神分析《せいしんぶんせき》の立場《たちば》からは、基本的《きほんてき》には抑圧《よくあつ》された願望《がんぼう》を充足《じゅうそく》させるためと説明《せつめい》している。夢占《ゆめうらな》いはこの立場《たちば》から生《う》まれた考《かんが》え方《かた》である。

一方《いっぽう》、夢《ゆめ》とはわたしたちが覚醒時《かくせいじ》に得《え》た外界《がいかい》からの情報《じょうほう》を、夜間《やかん》に脳《のう》が整理《せいり》し、取捨選択《しゅしゃせんたく》・再編集《さいへんしゅう》しているのだとする考《かんが》え方《かた》もある。

ウワサ3

「カラスが変《へん》な鳴《な》き方《かた》をすると人《ひと》が死《し》ぬ」

「不吉《ふきつ》な鳥《とり》」「神聖《しんせい》な鳥《とり》」のイメージから生《う》まれた迷信《めいしん》。

「自分《じぶん》の分身《ぶんしん》（ドッペル・ゲンガー）に会《あ》うと死《し》ぬ」

ドッペル・ゲンガーは幻覚《げんかく》。殺《ころ》されることはない。

カラスが街中《まちなか》をわがもの顔《がお》でのさばるようになったのは、つい最近《さいきん》のこと。現在《げんざい》のように家庭《かてい》から出《で》るゴミに大量《たいりょう》の食《た》べ残《のこ》しが混《ま》じる前《まえ》は、お墓《はか》へのお供《そな》え物《もの》を狙《ねら》って墓地《ぼち》にたむろしていた。

そんな場所《ばしょ》にいて、しかも身体《からだ》が黒《くろ》くて鳴《な》き声《ごえ》も気持《きも》ち悪《わる》い響《ひび》きがするため、カラスにはどうしても死《し》を連想《れんそう》させる不吉《ふきつ》なイメージが定着《ていちゃく》している。

だから、そのカラスが妙《みょう》に騒《さわ》いだりすれば、昔《むかし》の人《ひと》がよくないことが起《お》こるのではないかと考《かんが》えたとしても、うなずけよう。

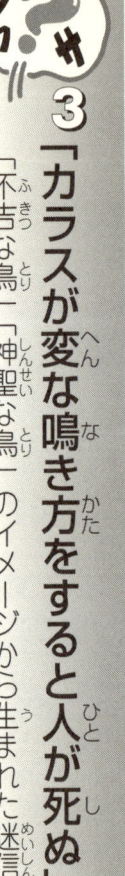

一方《いっぽう》で、カラスには「神聖《しんせい》な鳥《とり》」というイメージもある。

たとえば、わが国《くに》の神話《しんわ》を記《しる》した『古事記《こじき》』によれば、神武天皇《じんむてんのう》の軍勢《ぐんぜい》が大和《やまと》に東征《とうせい》したとき、天《てん》から遣《つか》わされた足《あし》が三本《ぼん》あるカラスのヤタガラスが、道《みち》に迷《まよ》った天皇《てんのう》の一行《いっこう》を案内《あんない》したのである。

ちなみに、サッカー日本《にっぽん》代表《だいひょう》のユニフォームに描《えが》かれているのも、三本足《ぼんあし》のこのヤタガラスである。

このように不吉《ふきつ》さと神聖《しんせい》さの両面《りょうめん》をあわせ持《も》つカラスだからこそ、人《ひと》びとはこの鳥《とり》に一層強《いっそうつよ》い神秘性《しんぴせい》を感《かん》じていたというわけで、もちろんカラスに人《ひと》の死《し》は予《よ》知《ち》できない。

さて、人《ひと》の死《し》の予兆《よちょう》に関《かん》

ヤタガラス

するウワサのひとつに、ドッペル・ゲンガー（二重身《にじゅうしん》）という現象《げんしょう》がある。

世《よ》の中《なか》には自分《じぶん》と瓜二《うりふた》つの人《ひと》が七人《にん》いるといわれているが、ドッペル・ゲンガーはそのようなそっくりさんではなく、まったくその人の分身《ぶんしん》なのである。そして恐《おそ》ろしいことに、このドッペル・ゲンガーに出会《であ》った人《ひと》は死《し》んでしまうそうなのである。

芥川賞《あくたがわしょう》に名《な》を残《のこ》す作家《さっか》の芥川龍之介《あくたがわりゅうのすけ》も、ドッペル・ゲンガーに出会《であ》ったのだという。彼《かれ》は自分《じぶん》のドッペル・ゲンガー体験《たいけん》を座談会《ざだんかい》でしゃべっているのだが、その二か月後《げつご》に自殺《じさつ》をした。

一方《いっぽう》で、文豪《ぶんごう》ゲーテは若《わか》き日《ひ》にドッペル・ゲンガーらしきものを見《み》ているのだが、そのとき彼《かれ》が見《み》たのは八年後《ねんご》の自分《じぶん》の姿《すがた》であり、将来《しょうらい》の自分《じぶん》だったため、厳密《げんみつ》な意味《いみ》での分身《ぶんしん》とはいえず、ゲーテは死《し》なずに長生《ながい》きしたのだという。

はたして、ドッペル・ゲンガーの正体《しょうたい》はなんなのだろうか。

精神医学《せいしんいがく》においては、ドッペル・ゲンガーは「自己像幻視《じこぞうげんし》」と呼《よ》ばれ、幻覚《げんかく》の一種《いっしゅ》とされている。

人《ひと》は写真《しゃしん》や鏡《かがみ》などで見《み》ている自分《じぶん》の姿《すがた》から、自己《じこ》のイメージを脳内《のうない》に記憶《きおく》している。ここで、なんらかの理由《りゆう》によりその記憶部位《きおくぶい》が刺激《しげき》されると、まるで自分《じぶん》の姿《すがた》を見《み》ているように感《かん》じてしまうこともあるのだという。

実際《じっさい》、ドッペル・ゲンガーは脳《のう》の疾患《しっかん》や薬物中毒《やくぶつちゅうどく》の際《さい》に生《しょう》じることが多《おお》いと報告《ほうこく》されている。

臨死体験《りんしたいけん》をした人《ひと》が、病室《びょうしつ》のベッドに横《よこ》たわる自分《じぶん》の身体《からだ》を見《み》たと証《しょう》言《げん》することがあるが、これも意識《いしき》のレベルが低下《ていか》した状況《じょうきょう》での、一種《いっしゅ》のドッペル・ゲンガー体験《たいけん》といえるだろう。

・コ・ラ・ム・
アッ！こんなこともあったね

死期《しき》が近《ちか》づくと影《かげ》が薄《うす》くなる

「死《し》が近《ちか》い人《ひと》は影《かげ》が薄《うす》くなる」と、よくいわれる。いかにもありそうなことのように思《おも》われるのだが、物理的現象《ぶつりてきげんしょう》としてはあり得《え》ない。

身体《からだ》の影《かげ》が薄《うす》くなる理由《りゆう》を考《かんが》えてみよう。ひとつは、光《ひかり》が透過《とうか》するほど身体組織《しんたいそしき》が透明《とうめい》に近《ちか》づいたり、身体《からだ》にたくさんの穴《あな》が開《あ》いて光《ひかり》が通過《つうか》する場合《ばあい》だ。けれども身体《からだ》がそんなふうになってしまうまで人《ひと》は生《い》きていられるわけはないから、これはムリ。

もうひとつは、身体《からだ》が恒星《こうせい》のように自《みずか》ら光《ひかり》を放《はな》つ場合《ばあい》であるが、驚《おどろ》くべきことに人《ひと》の身体内《しんたいない》では老化《ろうか》にともなって脂肪《しぼう》の不飽和脂肪酸《ふほうわしぼうさん》が酸化《さんか》される過程《かてい》で、微弱《びじゃく》な発光現象《はっこうげんしょう》が起《お》こっているのである。けれども、それは肉眼《にくがん》では感知《かんち》できないほど弱《よわ》いため、影《かげ》を薄《うす》くするほどではない。

結局《けっきょく》、影《かげ》が薄《うす》いとは、やはり死期《しき》が近《ちか》づいた人《ひと》とはあまり会《あ》わなくなるので、その人《ひと》の存在感《そんざいかん》がなくなるということだろう。

ウワサ？4

「丑《うし》の刻参《こくまい》りは効果《こうか》がある」

科学的《かがくてき》な根拠《こんきょ》はゼロだが、人形《ひとがた》と釘《くぎ》でことがすめばましかも。

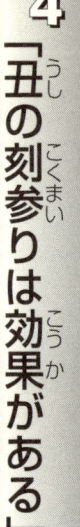

「草木《くさき》も眠《ねむ》る丑三《うしみ》つ時《どき》」に、頭《あたま》に炎《ほのお》のゆらめくロウソクをつけた白装束《しろしょうぞく》の女《おんな》が、神社《じんじゃ》や寺院《じいん》の柱《はしら》や古《ふる》いご神木《しんぼく》に、髪《かみ》をふり乱《みだ》して呪《のろ》いの言葉《ことば》を唱《とな》えながら、ワラ人形《にんぎょう》に呪《のろ》いの五寸釘《ごすんくぎ》を打《う》ち続《つづ》ける姿《すがた》……。時代劇《じだいげき》や講談《こうだん》、ホラーなどでよく使《つか》われるシーンだ。

この「丑《うし》の刻参《こくまい》り」は、憎《にく》む相手《あいて》への怨念《おんねん》をはらすために密《ひそ》かに行《おこな》う儀式《ぎしき》で、人《ひと》を呪《のろ》うための呪術《じゅじゅつ》のひとつである。「丑《うし》の刻《こく》」とは、一日《いちにち》を一二に分割《ぶんかつ》して十二支《じゅうにし》の動物《どうぶつ》をあてた昔《むかし》の時刻《じこく》の表《あらわ》し方《かた》で、現在《げんざい》の真夜中《まよなか》の午前《ごぜん》一時《じ》〜三時《じ》ごろにあたる。一般的《いっぱんてき》には白衣《はくい》を身《み》にまとい、髪《かみ》を乱《みだ》し、顔《かお》は白化粧《しろげしょう》に濃《こ》い口紅《くちべに》を塗《ぬ》り、頭《あたま》には鉄輪《かなわ》をかぶり、その三《み》つ脚《あし》にロウソクを立《た》てて灯《とも》す。また胸《むね》には鏡《かがみ》をかけ、口《くち》には櫛《くし》をくわえ、高《たか》い足駄《あしだ》をはくという。

丑《うし》の刻《こく》に社寺《しゃじ》などの樹木《じゅもく》に呪《のろ》う相手《あいて》の人形《ひとがた》をとりつけ、人《ひと》に見《み》られないようにして五寸《ごすん》釘《くぎ》を打《う》ち込《こ》むのである。頭《あたま》に釘《くぎ》を打《う》つと相手《あいて》の頭《あたま》に激痛《げきつう》が起《お》こり、手足《てあし》なら手足《てあし》が、胸《むね》なら心臓《しんぞう》がといったぐあいに釘《くぎ》を打《う》った部《ぶ》位《い》が悪《わる》くなるとされている。手《て》だと手癖《てくせ》の悪《わる》さ、浮気癖《うわきぐせ》が直《なお》るともいわれていた。

さて、丑《うし》の刻《こく》といえば、現在《げんざい》は深夜放《しんやほう》送《そう》が流《なが》れていたり、終夜営《しゅうやえい》業《ぎょう》の店《みせ》の明《あ》かりが灯《とも》ってい

『鉄輪《かなわ》』（丑《うし》の刻参《こくまい》りを題材《だいざい》とした能《のう》の演目《えんもく》）

夫《おっと》に見捨《みす》てられた女《おんな》が恨《うら》みをはらすために貴船神社《きふねじんじゃ》へ祈願《きがん》に行《い》くと、社人《しゃじん》から「赤《あか》い着物《きもの》を着《き》て、顔《かお》に朱《しゅ》を塗《ぬ》り、鉄輪《かなわ》を頭《あたま》にいただき、その三《み》つ脚《あし》にロウソクの火《ひ》を灯《とも》せば、生《い》きながら鬼《おに》となって恨《うら》みを果《は》たせる」と言《い》われる筋立《すじだて》。

たりと起《お》きている人《ひと》も多《おお》いが、昔《むかし》は人《ひと》びとがほぼ寝静《ねしず》まっている時間《じかん》だ。願掛《がんか》けの時刻《じこく》が、なぜこの「丑《うし》の刻《こく》」でなければならないかという理由《りゆう》は、諸説《しょせつ》あってはっきりとはわかっていない。だが、おそらく願掛《がんか》けの七日間《なのかかん》、あるいは二一日間《にちかん》、その結願《けつがん》の日《ひ》までは人《ひと》に見《み》られることなく参《まい》らなければならないことに由来《ゆらい》しているのだろう。昔《むかし》のこの時刻《じこく》なら、人《ひと》に見《み》られずに呪《のろ》いをかけるには最適《さいてき》の時間帯《じかんたい》だったにちがいないからだ。

また「丑《うし》の刻参《こくまい》り」は、人《ひと》が鬼《おに》となり邪悪《じゃあく》な呪《のろ》いをかける儀式《ぎしき》である。そして、「丑《うし》の刻《こく》」は丑《うし》から寅《とら》に至《いた》る時間《じかん》であり、「丑寅《うしとら》」の方角《ほうがく》といえば北東《ほくとう》すなわち鬼《おに》が入《はい》ってくるといわれている鬼門《きもん》である。つまり「丑《うし》の刻《こく》」とは、鬼《おに》が入《はい》ってくる時間《じかん》であり、鬼《おに》になる時間《じかん》でもあるのだ。それにしても、七日間《なのかかん》あるいは二一日間《にちかん》の深夜《しんや》の願掛《がんか》けで費《つい》やすエネルギーというのは相当《そうとう》なもので、まさしく鬼気迫《ききせま》る情景《じょうけい》だったことが推察《すいさつ》されよう。

この「丑《うし》の刻参《こくまい》り」は、中世後期《ちゅうせいこうき》になると形式化《けいしきか》していく一方《いっぽう》で、庶民生活《しょみんせいかつ》の中《なか》に広《ひろ》がっていった。江戸時代《えどじだい》になると、講談《こうだん》・文芸《ぶんげい》・芸能《げいのう》などに、この「丑《うし》の刻参《こくまい》り」が盛《さか》んにとりあげられ、一層《いっそう》ポピュラーになっていく。謡曲《ようきょく》『鉄輪《かなわ》』もそのひとつである。

京都市左京区《きょうとしさきょうく》にある貴船神社《きふねじんじゃ》は、縁結《えんむす》びの神様《かみさま》として有名《ゆうめい》だが、この「丑《うし》の刻参《こくまい》り」でもよく知《し》られている。

同神社《どうじんじゃ》の呪詛神信仰《じゅそしんしんこう》は、平安時代中期《へいあんじだいちゅうき》には成立《せいりつ》していた。藤原実資《ふじわらのさねすけ》の日記《にっき》『小右記《しょうゆうき》』の悪女《あくじょ》のたくらみや、『栄花物語《えいがものがたり》』の藤原頼通《ふじわらのよりみち》の病気《びょうき》は、貴船神社《きふねじんじゃ》の呪詛《じゅそ》が原因《げんいん》と記《しる》されているのである。貴船神社奥宮《きふねじんじゃおくのみや》の柱《はしら》には、当時《とうじ》の五寸釘《ごすんくぎ》の跡《あと》であるといわれる穴《あな》が残《のこ》っている。

しかし現代《げんだい》の感覚《かんかく》では、呪詛《じゅそ》など馬鹿馬鹿《ばかばか》しいの一言《ひとこと》で片付《かたづ》けられることだろう。科学《かがく》が進《すす》んだ現在《げんざい》、さすがにそんな儀式《ぎしき》はほとんど姿《すがた》を消《け》してしまった。けれども、人間《にんげん》の世界《せかい》から怨念《おんねん》が消《き》えることはなく、殺人《さつじん》や復讐《ふくしゅう》といった悲劇《ひげき》がくり返《かえ》されている。そのことを考《かんが》えると、ワラ人形《にんぎょう》と五寸釘《ごすんくぎ》で恨《うら》みが片《かた》づけば、その方《ほう》がましなのかも知《し》れない。

・コ・ラ・ム・
アッ！こんなこともあったね

呪《のろ》い

呪《のろ》いとは、恨《うら》みのある相手《あいて》に災《わざわ》いがあることを願《ねが》うことだ。古来《こらい》、その方法《ほうほう》はだいたい決《き》まっているようだ。最《もっと》も簡単《かんたん》な方法《ほうほう》は、その相手《あいて》に向《む》かっての呪《のろ》い言《ごと》だろう。すでに『日本書紀《にほんしょき》』の雄略紀《ゆうりゃくき》には、御馬皇子《みまのみこ》が官軍《かんぐん》に捕《と》らえられたときに、三輪《みわ》の磐井《いわい》（井戸《いど》）を指差《ゆびさ》しながら、「その水《みず》を農民《のうみん》たちは飲《の》むことができるが、王者《おうじゃ》は飲《の》めない」と呪《のろ》ったことが記《しる》されている。

呪《のろ》いといえば「丑《うし》の刻参《こくまい》り」が最《もっと》も有名《ゆうめい》だが、呪《のろ》いの相手《あいて》の足跡《あしあと》に釘《くぎ》を刺《さ》したり、相手《あいて》の名前《なまえ》を書《か》いた板《いた》に釘《くぎ》を打《う》ちつけたり、板《いた》を海《うみ》へ流《なが》したりするやり方《かた》もある。また恨《うら》む相手《あいて》の頭髪《とうはつ》や爪《つめ》などを入手《にゅうしゅ》し呪《のろ》うこともある。写真《しゃしん》が普及《ふきゅう》した明治時代以降《めいじじだいいこう》は、写真《しゃしん》に釘《くぎ》を打《う》つ方法《ほうほう》も現《あらわ》れた。

ウワサ5「映画《えいが》や演劇《えんげき》で四谷怪談《よつやかいだん》を演《えん》じるときは、お参《まい》りをしておかないと祟《たた》りがある」

江戸時代《えどじだい》の宣伝文句《せんでんもんく》で科学的《かがくてき》な根拠《こんきょ》はない。だが暗示《あんじ》にかかるかも。

日本《にほん》の夏《なつ》といえば怪談《かいだん》である。『耳《みみ》なし芳一《ほういち》』『番町皿屋敷《ばんちょうさらやしき》』……、数《かず》ある怪《かい》談《だん》の中《なか》でもその筆頭格《ひっとうかく》は『東海道四谷怪談《とうかいどうよつやかいだん》』（通称《つうしょう》『四谷怪談《よつやかいだん》』）だろう。

『四谷怪談《よつやかいだん》』は、夫《おっと》である浪人《ろうにん》の民谷伊右衛門《たみやいえもん》に自分《じぶん》の父《ちち》を殺《ころ》されたうえ、だまされて毒薬《どくやく》を飲《の》まされたお岩《いわ》が、目《め》が腫《は》れ上《あ》がって髪《かみ》が抜《ぬ》け、ついには憤死《ふんし》するという境遇《きょうぐう》の果《は》てに怨霊《おんりょう》となり伊右衛門《いえもん》らを呪《のろ》い殺《ころ》すという筋立《すじだて》である。

歌舞伎戯作者《かぶきげさくしゃ》の四代目《だいめ》鶴屋南北《つるやなんぼく》のこの作品《さくひん》の初演《しょえん》は一八二五（文政《ぶんせい》八）年《ねん》七月《がつ》である。江戸《えど》・中村座《なかむらざ》で三代目《だいめ》尾上菊五郎《おのえきくごろう》らによって演《えん》じられてから、まもなく一八〇年《ねん》が経《た》とうとしているが、その人気《にんき》は変《か》わらず、いまも舞台《ぶたい》・映画《えいが》・テレビなどで演《えん》じられている。

お岩《いわ》の祟《たた》りは物語《ものがたり》の中《なか》だけにとどまらず、いまも上演《じょうえん》や撮影《さつえい》を前《まえ》にして、役者《やくしゃ》・スタッフ一同《いちどう》は災《わざわ》いがふりかからないようにと田宮神社《たみやじんじゃ》の於岩稲荷《おいわいなり》を詣《もう》でて、お祓《はら》いを受《う》けるのが恒例《こうれい》となっている。それは、お岩《いわ》が実在《じつざい》していたことに由来《ゆらい》してるのだが、上演《じょうえん》・撮影《さつえい》中《ちゅう》の役者《やくしゃ》やスタッフがよく病気《びょうき》や怪我《けが》をしたり、ときには変死《へんし》したりするという祟《たた》りに関《かん》してのはっきりとした科学的根拠《かがくてきこんきょ》などはない。しかし、いまなお根強《ねづよ》く信《しん》じられているお岩《いわ》の祟《たた》りについては気《き》にかかる話《はなし》だ。

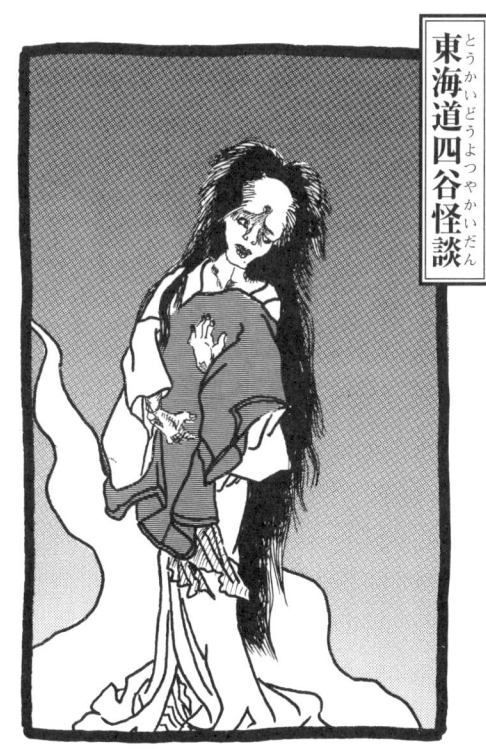

東海道四谷怪談《とうかいどうよつやかいだん》

『四谷怪談《よつやかいだん》』の作者《さくしゃ》・南《なん》北《ぼく》は一七五五（宝暦《ほうれき》五）年《ねん》、江戸日本橋《えどにほんばし》の染《そ》め物屋《ものや》の形《かた》付《つ》け職人《しょくにん》の子《こ》に生《う》まれた。二一歳《さい》のときに狂言作家《きょうげんさっか》の道《みち》を志《こころざ》し、七〇歳《さい》のときに『四谷怪談《よつやかいだん》』を書《か》き上《あ》げた。

この作品《さくひん》には、江戸四谷《えどよつや》左門町田宮家《さもんちょうたみやけ》の怨霊話《おんりょうばなし》、戸《と》板《いた》に釘付《くぎづ》けされて神田川《かんだがわ》に浮《う》かんだ男女《だんじょ》の死体《したい》の話《はなし》、姦婦《かんぷ》に謀殺《ぼうさつ》された役者《やくしゃ》・小《こ》平次《へいじ》の話《はなし》など、数々《かずかず》の巷談《こうだん》と実話《じつわ》が織《お》り込《こ》まれている。

『四谷怪談《よつやかいだん》』は怪談狂言《かいだんきょうげん》の傑作《けっさく》であると同時《どうじ》に、江戸時代後期《えどじだいこうき》の下層社会《かそうしゃかい》に生《い》きる人《ひと》びとの心理《しんり》を巧《たく》みに描《えが》いた不朽《ふきゅう》の名作《めいさく》といえよう。その演出《えんしゅつ》と宣伝《せんでん》も大掛《おおが》かりだ。燃《も》え上《あ》がる提灯《ちょうちん》から亡霊《ぼうれい》のお岩《いわ》が現《あらわ》れる提灯抜《ちょうちんぬ》け、お岩《いわ》が仏壇《ぶつだん》に引《ひ》き込《こ》む仏壇返《ぶつだんがえ》し……、それらの演出《えんしゅつ》は江戸《えど》っ子《こ》の度肝《どぎも》を抜《ぬ》いた。しかし、大仕掛《おおじか》けの舞台装置《ぶたいそうち》と危険《きけん》な演出《えんしゅつ》で事故《じこ》が続出《ぞくしゅつ》。だが、それもお岩《いわ》の祟《たた》りとして宣伝材料《せんでんざいりょう》となった。さらなる宣伝《せんでん》として、江戸《えど》の大空《おおぞら》に女《おんな》の生首《なまくび》の大凧《おおだこ》を揚《あ》げ、楽屋《がくや》にでる幽霊話《ゆうれいばなし》や役者《やくしゃ》が病気《びょうき》になったという話《はなし》を流《なが》して白装束《しろしょうぞく》の役者《やくしゃ》たちが行列《ぎょうれつ》で神社《じんじゃ》へ行《い》きお祓《はら》いを受《う》けた。これらのデモンストレーションが功《こう》を奏《そう》し、公演《こうえん》は大当《おおあ》たりとなったのである。

どうやら、『四谷怪談《よつやかいだん》』を扱《あつか》う際《さい》に参拝《さんぱい》を欠《か》かすと祟《たた》りが起《お》きるというウワサは、江戸時代《えどじだい》の公演《こうえん》の宣伝《せんでん》が一因《いちいん》となっているようだ。また祟《たた》るという暗示《あんじ》にかかっている人《ひと》は、単《たん》なる病気《びょうき》・怪我《けが》などを祟《たた》りにこじつけようとする傾向《けいこう》があり、それがウワサに拍車《はくしゃ》をかけたといえよう。

『四谷怪談《よつやかいだん》』初演《しょえん》二年後《ねんご》の一八二七（文政《ぶんせい》一〇）年《ねん》、江戸四谷伝馬町《えどよつやてんまちょう》の名主《なぬし》・茂三郎《しげさぶろう》は、町奉行所《まちぶぎょうしょ》に「於岩稲荷来由書上《おいわいなりらいゆかきあげ》」を提出《ていしゅつ》した。この文書《ぶんしょ》は、同町《どうちょう》に居住《きょじゅう》していた御家人《ごけにん》・田宮家《たみやけ》に起《お》きた事件《じけん》の上申書《じょうしんしょ》で、『四谷怪談《よつやかいだん》』の元《もと》ネタである。

「田宮家《たみやけ》の入《い》り婿《むこ》である伊右衛門《いえもん》は、自分《じぶん》の立身出世《りっしんしゅっせ》のために上役《うわやく》の妾《めかけ》に近《ちか》づく。やがて妻《つま》・岩《いわ》の知《し》るところとなり、岩《いわ》は憤死《ふんし》する。その後《ご》、伊右衛門《いえもん》を含《ふく》む関係者《かんけいしゃ》一八人《にん》が次々《つぎつぎ》に変死《へんし》し、田宮家《たみやけ》は断絶《だんぜつ》……」

この実話《じつわ》とされる上申書《じょうしんしょ》と怪談狂《かいだんきょう》言《げん》『四谷怪談《よつやかいだん》』が相《あい》まって、ますます真実味《しんじつみ》をおびながらお岩《いわ》の怨霊話《おんりょうばなし》は、後世《こうせい》に伝《つた》わっていったのである。

ちなみに四谷《よつや》の田宮神社《たみやじんじゃ》にあるのが「於岩稲荷《おいわいなり》」で、岩《いわ》の墓《はか》は巣鴨《すがも》の妙行寺《みょうぎょうじ》にある。

・コ・ラ・ム・
アッ！こんなこともあったね

「祟《たた》り」について

祟《たた》りとは、神《かみ》や怨霊《おんりょう》などが意《い》に反《はん》する人間《にんげん》の行動《こうどう》に対《たい》して禍《わざわい》や報《むく》いをもたらすことをいう。禍《わざわい》をもたらす神《かみ》を「祟《たた》り神《がみ》」といい、通常《つうじょう》、神《かみ》に対《たい》して不敬《ふけい》な行動《こうどう》をとれば祟《たた》るとされている。

老木《ろうぼく》を切《き》ろうとしたら、祟《たた》られたという話《はなし》はあちこちで聞《き》く。老木《ろうぼく》にまつわる祟《たた》りの伝説《でんせつ》は多《おお》い。本来《ほんらい》、「祟《たた》り」とは、神《かみ》が「神木《しんぼく》」といわれる木《き》に天降《あまくだ》ることだそうだ。また全国《ぜんこく》の山間部《さんかんぶ》に「たたり地《ち》」「くせ地《ち》」と呼《よ》ばれる土地《とち》がある。そこを所有《しょゆう》したり、その地《ち》の木《き》を切《き》ったりすると祟《たた》られるとされ、恐《おそ》れられている。

信州《しんしゅう》（長野県《ながのけん》）には「やんまい田《た》」とか「くせ田《た》」というのがあり、その田《た》を所有《しょゆう》したり、耕作《こうさく》したりするとその家《いえ》に死人《しにん》が出《で》るといわれている。科学的《かがくてき》とはいえないが、その土地《とち》が、たとえば健康《けんこう》に害《がい》のある物質《ぶっしつ》を含《ふく》んだ土地《とち》だったり、事故《じこ》が起《お》こりやすい場所《ばしょ》だったり、という要因《よういん》は持《も》っているかも知《し》れない。

ウワサ 6

「丑三《うしみ》つ時《どき》に幽霊《ゆうれい》は出現《しゅつげん》しやすい」

陰陽道《おんみょうどう》に関連《かんれん》して派生《はせい》した迷信《めいしん》。幽霊《ゆうれい》の存在《そんざい》も幻覚《げんかく》とされている。

「ポルターガイスト現象《げんしょう》は霊《れい》のしわざである」

物理的現象《ぶつりてきげんしょう》として説明可能《せつめいかのう》だが、実際《じっさい》は二〇パーセント未満《みまん》の解明率《かいめいりつ》。

解明

幽霊《ゆうれい》とは、死者《ししゃ》の亡霊《ぼうれい》が人間《にんげん》の姿《すがた》でこの世《よ》に現《あらわ》れることである。地方《ちほう》によっては「人玉《ひとだま》」ともいう。

コトリとも物音《ものおと》のしない深夜《しんや》、どこからともなく生《なま》ぬるい風《かぜ》が吹《ふ》いてきて、髪《かみ》を長《なが》くたらし蠟《ろう》のような肌《はだ》をした女性《じょせい》が恨《うら》めしそうに立《た》っていて……、これが幽霊出現《ゆうれいしゅつげん》の代表的《だいひょうてき》な場面《ばめん》であろう。

「幽霊《ゆうれい》」という言葉《ことば》自体《じたい》は、洋《よう》の東西《とうざい》を問《と》わず存在《そんざい》する。日本《にほん》の場合《ばあい》、「恨《うら》めしや〜」と出《で》てくる幽霊《ゆうれい》は、祟《たた》り・供養思想《くようしそう》や仇討《あだうち》・復讐物語《ふくしゅうものがたり》にぴったりの存在《そんざい》として認識《にんしき》されてきた。『源氏物語《げんじものがたり》』以降《いこう》、文学《ぶんがく》では女性《じょせい》の恨《うら》み・怨念《おんねん》などは重要《じゅうよう》なモチーフであり、それ以降《いこう》、時代《じだい》が進《すす》むにしたがって幽霊《ゆうれい》といえば女性《じょせい》が主流《しゅりゅう》となるのである。

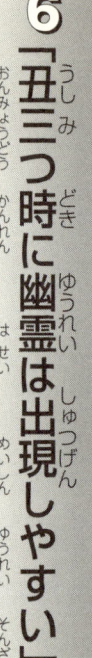

ところで、その幽霊《ゆうれい》のファッションは時代《じだい》とともに変化《へんか》があるそうだ。大昔《おおむかし》は生前《せいぜん》のままの姿《すがた》だったため足《あし》もあり、やがて白装束《しろしょうぞく》で額《ひたい》に白《しろ》い三角《さんかく》の布《ぬの》をつけはじめた。幽霊《ゆうれい》から足《あし》が消《き》えたのは、江戸時代中期《えどじだいちゅうき》の画家《がか》・円山応挙《まるやまおうきょ》の描《えが》いた幽霊《ゆうれい》が評判《ひょうばん》になってからであり、一八二五（文政《ぶんせい》八）年《ねん》、歌舞伎《かぶき》の名優《めいゆう》・尾上松助《おのえまつすけ》が『東海道四谷怪談《とうかいどうよつやかいだん》』の公演《こうえん》で、応挙《おうきょ》の絵《え》をヒントに足《あし》のない幽霊《ゆうれい》を演《えん》じたことから広《ひろ》まったといわれている。

ファッションは時代《じだい》によって変《か》わっても、幽霊《ゆうれい》が現《あらわ》れる時刻《じこく》といえば「草木《くさき》も眠《ねむ》る丑三《うしみ》つ時《どき》」と相場《そうば》が決《き》まっている。古来《こらい》、日本《にほん》は時刻《じこく》や方角《ほうがく》に「干支《えと》」を使《つか》っていた。「丑《うし》の刻《こく》（時《とき》）」は、現在《げんざい》の午前《ごぜん》一時《じ》から三時《じ》の間《あいだ》にあたり、一刻《いっこく》（約《やく》二時間《じかん》）を四分《ぶん》して「一《ひと》つ」「二《ふた》つ」と呼《よ》んでいたので、「丑三《うしみ》つ時《どき》」といえば午前《ごぜん》二時《じ》から二時《じ》三〇分《ぷん》で、ふつう人間《にんげん》は寝静《ねしず》まっている時刻《じこく》である。

また方角《ほうがく》についていえば、陰陽道《おんみょうどう》で「丑寅《うしとら》」の方角《ほうがく》は、幽霊《ゆうれい》など邪気《じゃき》が出入《でい》りする「鬼《き》門《もん》」とされている。時刻《じこく》・方角《ほうがく》の両面《りょうめん》からして、「丑《うし》」と「幽霊《ゆうれい》」の関係《かんけい》は深《ふか》く、「丑三《うしみ》つ時《どき》」はまさに幽霊出現《ゆうれいしゅつげん》の最適《さいてき》な時刻《じこく》だったといえよう。

ちなみに幽霊《ゆうれい》は物理的存在《ぶつりてきそんざい》として証明《しょうめい》されていないため、現在《げんざい》のところ実際《じっさい》には存在《そんざい》しない幻覚《げんかく》や錯覚《さっかく》として扱《あつか》われている。電磁波《でんじは》による脳《のう》への刺激《しげき》で幻覚《げんかく》を引《ひ》き起《お》こすという研究報告《けんきゅうほうこく》もある。「そこにいた人間全員《にんげんぜんいん》が幽霊《ゆうれい》を見《み》た」という場合《ばあい》も心理学上《しんりがくじょう》「共同幻覚《きょうどうげんかく》」

と呼《よ》ばれ、決《けっ》して特異《とくい》なことではない現象《げんしょう》とみなされているのである。

さて、外国《がいこく》の幽霊《ゆうれい》といってすぐ思《おも》いつくのが「ポルター・ガイスト」である。「ポルター・ガイスト」とは、ドイツ語《ご》で「騒々《そうぞう》しい幽霊《ゆうれい》」という意味《いみ》だ。突然《とつぜん》、家《いえ》の中《なか》で、変《へん》な音《おと》が鳴《な》りはじめたり、家具《かぐ》が勝手《かって》に動《うご》き出《だ》したり、調度品《ちょうどひん》が宙《ちゅう》を飛《と》んだりする現象《げんしょう》をいう。欧米《おうべい》では一五世紀《せいき》ごろから、各地《かくち》で報《ほう》告《こく》されてきた。

霊《れい》のしわざといわれているが、研究家《けんきゅうか》たちによれば物理的現象《ぶつりてきげんしょう》として説明可能《せつめいかのう》だという。

たとえば、物体《ぶったい》が固有《こゆう》に発《はっ》する振動《しんどう》がほかの物体《ぶったい》に伝《つた》わり、共鳴《きょうめい》して音《おと》を発《はっ》したり動《うご》いたりする現象《げんしょう》として説明《せつめい》できるケースもある。学校《がっこう》の理科《りか》の授業《じゅぎょう》で、

音叉《おんさ》の共鳴《きょうめい》

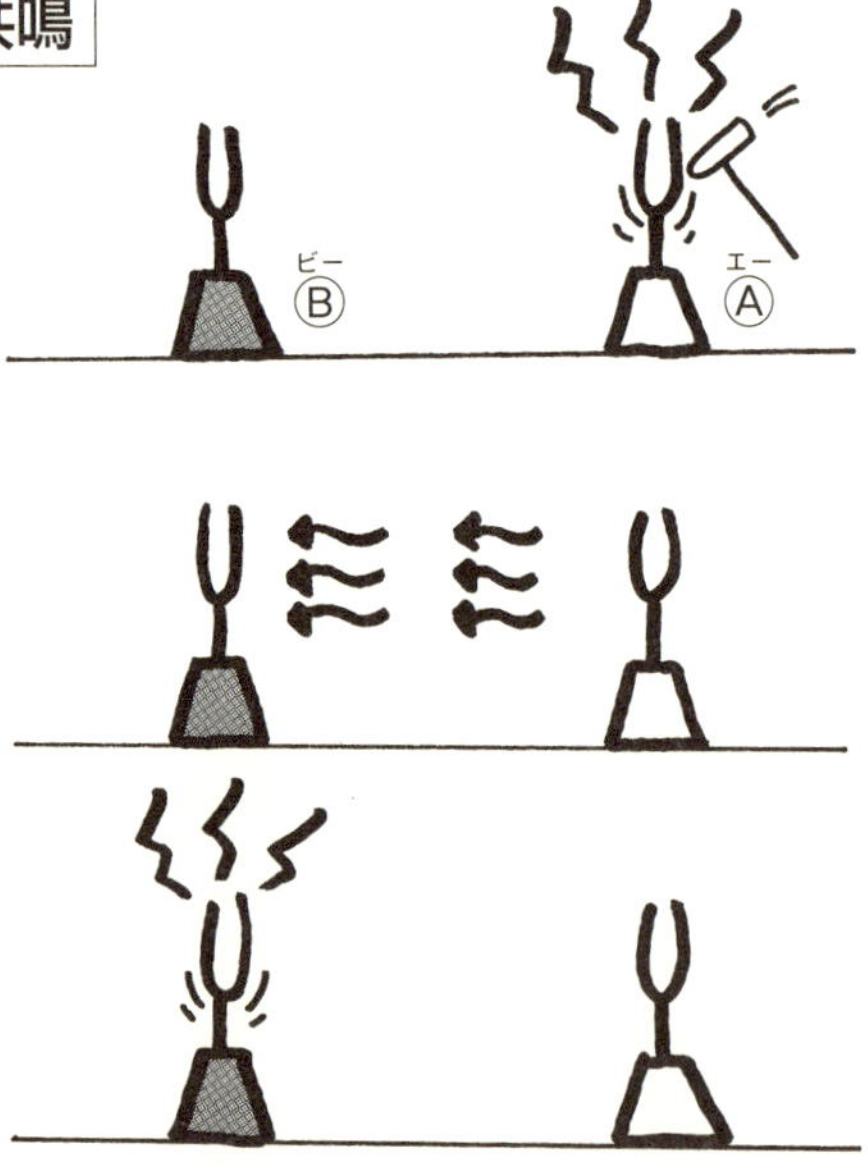

Ⓐ《エー》の音叉《おんさ》から出《で》た音《おと》の波《なみ》がⒷ《ビー》に到達《とうたつ》すると、その音《おと》を受《う》けてⒷ《ビー》の音叉《おんさ》も振動《しんどう》して音《おと》を出《だ》しはじめる。

二《ふた》つの音叉《おんさ》を使《つか》って行《おこな》った共鳴実験《きょうめいじっけん》のイメージである。

　また、その正体《しょうたい》は電磁波《でんじは》だとする研究者《けんきゅうしゃ》たちもいる。しかし、かなり解明《かいめい》が進《すす》んでいるものの、金属《きんぞく》とちがって電磁波《でんじは》の影響《えいきょう》を受《う》けるとは思《おも》えない木製《もくせい》の家具《かぐ》が動《うご》くことなど、これからの科学的究明《かがくてききゅうめい》を待《ま》たなければならないところが多《おお》いのも事実《じじつ》だ。

　世界《せかい》に起《お》きたポルター・ガイストで科学的《かがくてき》に解明《かいめい》されたものは、まだ二〇パーセントに満《み》たないといわれている。

・コ・ラ・ム・
アッ！こんなこともあったね

幽霊祭《ゆうれいまつ》り

　山口県下関市《やまぐちけんしものせきし》では7月《がつ》17日《にち》、幽霊祭《ゆうれいまつ》りが開《ひら》かれる。

　いまから百十数年前《ひゃくじゅうすうねんまえ》のことだ。市内《しない》の永福寺《えいふくじ》の前《まえ》にある海産問屋《かいさんどんや》の夫妻《ふさい》は喧嘩《けんか》が絶《た》えず、商売《しょうばい》にも支障《ししょう》をきたした。そのことが原因《げんいん》で娘《むすめ》は胸《むね》の病《やまい》となり、余命《よめい》も少《すく》なくなった。

　ある夜《よる》、永福寺《えいふくじ》の和尚《おしょう》の枕元《まくらもと》に娘《むすめ》が立《た》ち、「一度《いちど》でいいから、父母《ふぼ》の仲《なか》のよい姿《すがた》を見《み》たかった。あとのことをよろしくお願《ねが》いします」と消《き》え入《い》るような声《こえ》でいった。

　和尚《おしょう》は、急《いそ》いで墨箱《すみばこ》から筆《ふで》を取《と》り出《だ》し、娘《むすめ》の姿《すがた》を描《か》き写《うつ》した。筆《ふで》を置《お》くと娘《むすめ》の姿《すがた》がすっと消《き》えた。そのとき娘《むすめ》の両親《りょうしん》が駆《か》け込《こ》んできて、娘《むすめ》が息《いき》を引《ひ》き取《と》ったことを告《つ》げた。和尚《おしょう》は、さきほど描《か》いた絵《え》を見《み》せながらその話《はなし》をした。夫婦《ふうふ》は娘《むすめ》の墓前《ぼぜん》にひざまずき、二度《にど》と喧嘩《けんか》をしないことを誓《ちか》い、以後仲《いごなか》よく暮《く》らしたという。

　それ以来《いらい》、永福寺《えいふくじ》では毎年《まいとし》この日《ひ》、この絵《え》を参拝者《さんぱいしゃ》に見《み》せて、明《あか》るい家庭《かてい》を築《きず》くよう諭《さと》している。なお、幽霊祭《ゆうれいまつ》りはこのほかにも全国《ぜんこく》にいくつかある。

ウワサ 7

「墓地《ぼち》の鬼火《おにび》は、死体《したい》のリンが燃《も》えているからである」

現在《げんざい》では、電気現象《でんきげんしょう》による発光説《はっこうせつ》が有力《ゆうりょく》。

古来《こらい》、人類《じんるい》は洋《よう》の東西《とうざい》を問《と》わず、さまざまな「怪火《かいか》」に驚《おどろ》き、また恐《おそ》れおののきながら歴史《れきし》を重《かさ》ねてきた。日本《にほん》での怪火《かいか》といえば、火柱《ひばしら》・鬼火《おにび》・人魂《ひとだま》（人《ひと》玉《だま》）・火《ひ》の玉《たま》・狐火《きつねび》・燐火《りんか》などがあげられよう。

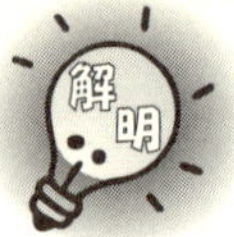

昔《むかし》から、火柱《ひばしら》は、イタチが人間《にんげん》へ向《む》かって見《み》せる火《ひ》の柱《はしら》だといわれてきた。一方《いっぽう》、鬼《おに》火《び》・人魂《ひとだま》・火《ひ》の玉《たま》などは「人間《にんげん》の魂《たましい》」であり、人間《にんげん》の死《し》の前後《ぜんご》に肉体《にくたい》から抜《ぬ》け出《だ》すと信《しん》じられてきた。また地震《じしん》・火事《かじ》・水害《すいがい》などの災害《さいがい》が起《お》きる前《まえ》には、どこからともなく飛《と》んできたとも伝《つた》えられている。

日本人《にほんじん》が強《つよ》い信仰心《しんこうしん》を持《も》っていた時代《じだい》、怪火《かいか》は神《かみ》から人間《にんげん》に示《しめ》される不吉《ふきつ》の前兆《ぜんちょう》、あるいは人間《にんげん》の魂《たましい》の去来《きょらい》、動物《どうぶつ》の霊《れい》や精霊《せいれい》の出現《しゅつげん》などと思《おも》って恐《おそ》れおののいたのである。

ところで、この怪火《かいか》の物理的検証《ぶつりてきけんしょう》として、これまでは鬼火《おにび》については燐火現象《りんかげんしょう》のひとつで、青《あお》い火《ひ》が集散《しゅうさん》しつつ空中《くうちゅう》を浮遊《ふゆう》するものとされてきた。辞書《じしょ》『大辞林《だいじりん》』にも鬼火《おにび》につ

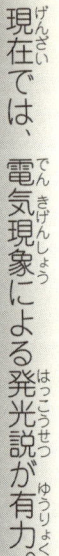

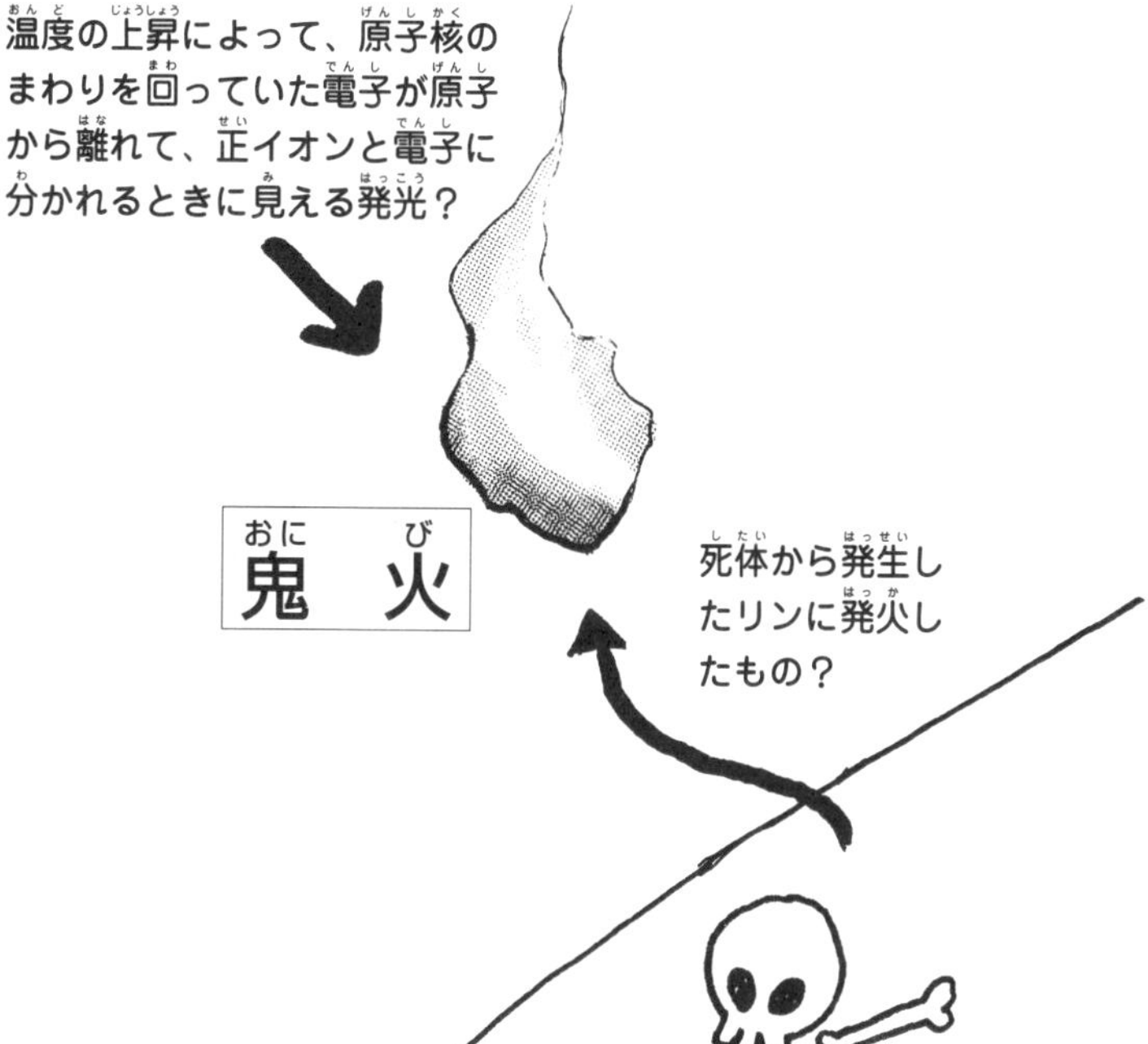
温度《おんど》の上昇《じょうしょう》によって、原子核《げんしかく》のまわりを回《まわ》っていた電子《でんし》が原子《げんし》から離《はな》れて、正《せい》イオンと電子《でんし》に分《わ》かれるときに見《み》える発光《はっこう》？
鬼《おに》 火《び》
死体《したい》から発生《はっせい》したリンに発火《はっか》したもの？

いては「夜間《やかん》、墓地《ぼち》や沼地《ぬまち》などで、青白《あおじろ》く燃《も》え上《あ》がる不気味《ぶきみ》な火《ひ》。人骨《じんこつ》などのリンが自然《しぜん》発火《はっか》したもの」と解説《かいせつ》されている。古戦場《こせんじょう》などの大量《たいりょう》の死者《ししゃ》が埋《う》まるところに鬼火《おにび》はよく出現《しゅつげん》するとされ、近世《きんせい》の怪談《かいだん》などでは墓地《ぼち》に出《で》ることが多《おお》く、とくに雨天《うてん》の夜《よる》によく現《あらわ》れるといわれてきた。

しかし、そのほかにも鬼火《おにび》の理由《りゆう》はいろいろとあげられ、流星説《りゅうせいせつ》や発光性《はっこうせい》の微細《びさい》な虫《むし》の集団飛行説《しゅうだんひこうせつ》などのほかに、現在《げんざい》では「光《ひかり》の球《たま》」（球電現象《きゅうでんげんしょう》＝電気現象《でんきげんしょう》）説《せつ》が有力《ゆうりょく》とされている。

球電現象《きゅうでんげんしょう》は雷雨《らいう》のときに現《あらわ》れやすいとされているが、天候《てんこう》に限《かぎ》らずなんの前兆《ぜんちょう》もなく現《あらわ》れることもあり、光《ひかり》の玉《たま》がふらふらと彷徨《さまよ》ってドアなどをすり抜《ぬ》け、ときには家《いえ》を吹《ふ》き飛《と》ばすこともあるといわれている。

けれども「鬼火《おにび》を球電現象《きゅうでんげんしょう》として考《かんが》えるにしても、生物発光《せいぶつはっこう》によるものもあるのではないのか？」という声《こえ》もあり、はっきりした答《こた》えが得《え》られていないのが現状《げんじょう》である。

物理学者《ぶつりがくしゃ》であると同時《どうじ》に著名《ちょめい》な文学者《ぶんがくしゃ》でもあった寺田寅彦博士《てらだとらひこはかせ》（一八七八年《ねん》〜一九三五年《ねん》）は、その観測実験《かんそくじっけん》の結果《けっか》、鬼火《おにび》や火《ひ》の玉《たま》などの怪火《かいか》を光《ひかり》の残像現象《ざんぞうげんしょう》として取《と》り上《あ》げている。

また、テレビや著書《ちょしょ》などでよく知《し》られる早稲田大学理工学部《わせだだいがくりこうがくぶ》の大槻義彦教授《おおつきよしひこきょうじゅ》（国際火《こくさいひ》の玉学会副会長《たまがっかいふくかいちょう》）は、文学少年《ぶんがくしょうねん》のころ火《ひ》の玉《たま》の謎《なぞ》に強《つよ》い関心《かんしん》を抱《いだ》いて物理学《ぶつりがく》の道《みち》を選《えら》び、火《ひ》の玉《たま》の発光現象《はっこうげんしょう》について詳細《しょうさい》な検証《けんしょう》を行《おこな》って、その著書《ちょしょ》『火《ひ》の玉《たま》の謎《なぞ》』で正体《しょうたい》を追究《ついきゅう》している。その正体《しょうたい》は、簡単《かんたん》にいえば、一種《いっしゅ》の電気《でんき》現象《げんしょう》（放電現象《ほうでんげんしょう》）による発光《はっこう》、つまり大気《たいき》プラズマの発光現象《はっこうげんしょう》であるとしている。この発光現象《はっこうげんしょう》は、大地震《おおじしん》が起《お》きる前《まえ》によくキャッチされるという。大槻教授《おおつききょうじゅ》によると、この発光《はっこう》現象《げんしょう》が近《ちか》くで起《お》きている場合《ばあい》が「火《ひ》の玉《たま》」で、遠《とお》くに見《み》えるときが「ＵＦＯ《ユーフォー》」になるそうだ。

さらに、最近《さいきん》ではカーボン（シャープペンシルの芯《しん》などの炭素《たんそ》）と電子《でんし》レンジを使《つか》って手軽《てがる》に「火《ひ》の玉《たま》」のようなものをつくっている人《ひと》たちもいるそうだが、自然界《しぜんかい》の怪火《かいか》についてはまだまだ解明《かいめい》しなければならない問題《もんだい》が山積《さんせき》しているというのが現況《げんきょう》である。

・コ・ラ・ム・
アッ！こんなこともあったね

鬼火焚《おにびた》き

九州各地《きゅうしゅうかくち》では、小正月《こしょうがつ》（正月《しょうがつ》15日《にち》）の火祭《ひまつ》りを「鬼火焚《おにびた》き」とか「鬼火《おにび》」という。とくに熊本県南部《くまもとけんなんぶ》では、７日正月《かしょうがつ》と小正月《こしょうがつ》の２度《ど》、火祭《ひまつ》りを行《おこな》うところがある。鬼火焚《おにびた》きは、物忌《ものい》み（大事《だいじ》な行事《ぎょうじ》に際《さい》してけがれを祓《はら》う儀式《ぎしき》）が終《お》わったあとの注連縄《しめなわ》や門松《かどまつ》などを焼《や》き、１年《ねん》の家内安全《かないあんぜん》と息災《そくさい》を祈《いの》る行事《ぎょうじ》である。

古来《こらい》、正月《しょうがつ》や節分《せつぶん》などの季節《きせつ》の節目《ふしめ》には霊威《れいい》ある神霊《しんれい》が訪《おとず》れ、人《ひと》びとの霊力《れいりょく》を新《あら》たにするという考《かんが》えがあった。そのため物忌《ものい》みをして、その神霊《しんれい》を送迎《そうげい》する行事《ぎょうじ》が行《おこな》われるようになったのである。しかし強《つよ》い霊威《れいい》やきびしい物忌《ものい》みから、やがてそれらを恐《おそ》れ「鬼《おに》」と考《かんが》えるようになり、鬼《おに》を追《お》い出《だ》す行事《ぎょうじ》（火祭《ひまつ》り）になったといわれている。

ウワサ 8

「ピラミッド・パワーは存在《そんざい》する」

古代《こだい》エジプト文明《ぶんめい》への畏怖《いふ》が生《う》んだ過剰評価《かじょうひょうか》。

「ダウジングで水脈《すいみゃく》や鉱脈《こうみゃく》を発見《はっけん》できる」

そのメカニズムはいまだ不明《ふめい》。

「気功《きこう》のエネルギーは人間《にんげん》を飛《と》ばすほど強《つよ》い」

「気《き》」のエネルギーが物体《ぶったい》を動《うご》かす事象《じしょう》は確認《かくにん》されていない。

解明

いわゆる超常現象《ちょうじょうげんしょう》と呼《よ》ばれる事象《じしょう》がある。これは、現在《げんざい》の人間《にんげん》の科学知識《かがくちしき》では説明《せつめい》のつかない現象《げんしょう》の総称《そうしょう》である。

たとえばＵＦＯ《ユーフォー》は、自然現象《しぜんげんしょう》とも幻覚《げんかく》とも完全《かんぜん》に説明《せつめい》がつかず、また航空機《こうくうき》などの人工物《じんこうぶつ》の一種《いっしゅ》とも考《かんが》えにくいので、超常現象《ちょうじょうげんしょう》のひとつと考《かんが》えてよいだろう。しかしながら、もし仮《かり》にＵＦＯ《ユーフォー》の正体《しょうたい》が異星人《いせいじん》の搭乗《とうじょう》する宇宙船《うちゅうせん》あるいは新種《しんしゅ》の生命体《せいめいたい》だと判明《はんめい》したなら、その時点《じてん》でＵＦＯ《ユーフォー》は超常現象《ちょうじょうげんしょう》とは分類《ぶんるい》されなくなるというわけだ。

現在《げんざい》、巷《ちまた》に流《なが》れている超常現象《ちょうじょうげんしょう》に関《かん》するウワサはいろいろあるが、語《かた》られている現象《げんしょう》そのものが、はたして検証《けんしょう》するに足《た》る事実《じじつ》なのかと首《くび》をかしげてしまうものもある。

まず、「ピラミッド・パワーは存在《そんざい》する」というウワサである。ピラミッド・パワーとは、古代《こだい》エジプト文明《ぶんめい》の偉大《いだい》な産物《さんぶつ》であるピラミッドの形《かたち》と同《おな》じ四角錐《しかくすい》の構造物《こうぞうぶつ》の中《なか》に食品《しょくひん》を入《い》れておくと、なんと食品《しょくひん》の腐敗《ふはい》するスピードが遅《おそ》くなるといった現象《げんしょう》で、ピラミッド構《こう》造自体《ぞうじたい》には生命力《せいめいりょく》を与《あた》える神秘的《しんぴてき》な力《ちから》があるというものだ。

しかし、その神秘的《しんぴてき》な力《ちから》のメカニズムがいまだ解明《かいめい》できていないにしても、本当《ほんとう》にそうした事実《じじつ》があるのだとすれば、家電《かでん》メーカーは競《きそ》ってピラミッド形《がた》の冷蔵庫《れいぞうこ》を発売《はつばい》しているはずだし、食品貯蔵庫《しょくひんちょぞうこ》はみんなピラミッド形《がた》になっているはずである。

そう考《かんが》えると、おそらくピラミッド・パワーなるものは、現代《げんだい》の技術《ぎじゅつ》を持《も》ってしても至《し》難《なん》なピラミッド建設《けんせつ》を成《な》し遂《と》げた、古代《こだい》エジプト人《じん》の英知《えいち》への畏怖《いふ》から生《う》まれたものであろう。そして畏怖《いふ》の念《ねん》を抱《いだ》いた人《ひと》は、ピラミッドが王《おう》の墓《はか》であるという先入観《せんにゅうかん》（ピラミッドが墓《はか》としてつくられたという証拠《しょうこ》は現在《げんざい》のところない）と、古代《こだい》エジプト人《じん》が死者《ししゃ》をミイラにして保存《ほぞん》したという風習《ふうしゅう》から、ピラミッドには死体《したい》の腐敗《ふはい》を防《ふせ》ぐ神秘的能力《しんぴてきのうりょく》があるのではないかとの連想《れんそう》に至《いた》ったのである。

では、「ダウジングで水脈《すいみゃく》や鉱脈《こうみゃく》を発見《はっけん》できる」というウワサの真偽《しんぎ》はどうだろうか。

ダウジングとは、木《き》や金属《きんぞく》の棒《ぼう》、あるいは振《ふ》り子《こ》を手《て》に持《も》ち、その動《うご》きによって地下水《ちかすい》や地下《ちか》の金属《きんぞく》を発見《はっけん》するという手法《しゅほう》である。実際《じっさい》に地方自治体《ちほうじちたい》の水道局《すいどうきょく》では、地下《ちか》に埋設《まいせつ》されている水道管《すいどうかん》を見《み》つけるのに、ダウジングを使《つか》うこともある。

科学者《かがくしゃ》たちは、おそらく地下《ちか》に異物《いぶつ》があることによる地磁気《ちじき》の微妙《びみょう》な乱《みだ》れを人間《にんげん》が感知《かんち》しているのではないかと推測《すいそく》しているが、どうしてこの方法《ほうほう》で水脈《すいみゃく》や鉱脈《こうみゃく》を見《み》つけられるのかというメカニズムについては、いまだ明《あき》らかにはなっていない。

それに、ダウジングの効果《こうか》を事実《じじつ》として確《たし》かめようと厳密《げんみつ》な実験《じっけん》を行《おこな》うと、地下《ちか》に存在《そんざい》する物《もの》を発見《はっけん》する確率《かくりつ》はたちまち偶然《ぐうぜん》のレベルにまで低下《ていか》してしまうのが現状《げんじょう》である。ダウジングは、まだ占《うらな》いの域《いき》を脱《だっ》しない方法《ほうほう》と考《かんが》えるのが妥当《だとう》のようだ。

もうひとつ、「気功《きこう》のエネルギーは人間《にんげん》を飛《と》ばすほど強《つよ》い」というウワサについて考《かんが》えてみよう。

気功《きこう》の基礎《きそ》となる「気《き》」の概念《がいねん》は、鍼治《はりち》療《りょう》など東洋医学《とうよういがく》に現実《げんじつ》の治療効果《ちりょうこうか》があることから認知《にんち》されている。しかし、人体《じんたい》を流《なが》れる「気《き》」のエネルギーが人間《にんげん》の身体《からだ》を飛《と》ばすとなると、科学者《かがくしゃ》たちは疑問視《ぎもんし》する。

テレビ番組《ばんぐみ》では、よく気功師《きこうし》が「気《き》」を送《おく》って人間《にんげん》を倒《たお》したり、転《ころ》ばせたりしている。けれども、「気《き》」のエネルギーが物質《ぶっしつ》を動《うご》かすことを証明《しょうめい》したいのなら、そんなデモンストレーションは必要《ひつよう》ない。暗示《あんじ》にかかったり、サクラ（まわし者《もの》）になる可能性《かのうせい》のある人間《にんげん》の身体《からだ》ではなく、一円玉《いちえんだま》をほんの少《すこ》し動《うご》かしてくれさえすればいいというわけだ。

・コ・ラ・ム・
アッ！こんなこともあったね

深宇宙探査機《しんうちゅうたんさき》の減速《げんそく》は未知《みち》の力《ちから》の働《はたら》き？

1972年と1973年にNASA《ナサ》（アメリカ航空宇宙局《こうくううちゅうきょく》）が打《う》ち上《あ》げた深《しん》宇宙探査機《うちゅうたんさき》パイオニア10号《ごう》と11号《ごう》は、太陽系《たいようけい》の巨大惑星《きょだいわくせい》の探査《たんさ》を終《お》え、現在《げんざい》は冥王星《めいおうせい》より遠《とお》い位置《いち》にあり、太陽系外《たいようけいがい》に向《む》かって飛行《ひこう》を続《つづ》けている。

すでに両機《りょうき》とも動力源《どうりょくげん》が尽《つ》き、慣性飛行《かんせいひこう》をしているのであるが、その飛行《ひこう》を追跡《ついせき》しているNASA《ナサ》の科学者《かがくしゃ》は、両機《りょうき》の不可解《ふかかい》な減速《げんそく》に頭《あたま》を悩《なや》ませている。本来《ほんらい》、両機《りょうき》はハッブルの法則《ほうそく》（遠《とお》ざかるほど、離《はな》れる速度《そくど》は増《ま》していく）からすれば、加速《かそく》していくはずなのである。

この原因《げんいん》について、さまざまな説《せつ》が提唱《ていしょう》されているが、いずれも上《う》手《ま》く説明《せつめい》できない。もしかしたら、物理学《ぶつりがく》が説明《せつめい》している以外《いがい》の、まったく新《あたら》しい力《ちから》の影響《えいきょう》によるものかもしれない。

ウワサ 9 「カッパは実在《じつざい》する」

空想上《くうそうじょう》の動物《どうぶつ》。カッパのミイラはほかの動物《どうぶつ》のものというのが定説《ていせつ》。

「ツチノコは実在《じつざい》する」

想像上《そうぞうじょう》の動物《どうぶつ》なのに、なぜか現在《げんざい》も目撃証言《もくげきしょうげん》が絶《た》えない。

カッパ（河童《かっぱ》）は、川《かわ》や池《いけ》などに棲《す》む水陸両生《すいりくりょうせい》の空想上《くうそうじょう》の動物《どうぶつ》で、実在《じつざい》はしないとされている。神社《じんじゃ》や寺《てら》の中《なか》には、カッパのミイラや手《て》などが、いまも大《だい》事《じ》に保存《ほぞん》されているが、その正体《しょうたい》はほかの動物《どうぶつ》であるというのが定説《ていせつ》である。

その姿《すがた》は地方《ちほう》によってまちまちであるが、一般《いっぱん》には子《こ》どもの姿《すがた》で、おかっぱ頭《あたま》には皿《さら》のようなくぼみがあり、くちばしはとがり、背《せ》には甲羅《こうら》、手足《てあし》には水《みず》かき、身体全体《からだぜんたい》にはうろこをつけている。キュウリと相撲《すもう》が大好《だいす》きで、陸《りく》に上《あ》がってよく相撲《すもう》をとるといわれ、九州地方《きゅうしゅうちほう》ではカッパが人間《にんげん》に化《ば》けて挑戦《ちょうせん》してくるので、「見《み》ず知《し》らずの人《ひと》とは相撲《すもう》をとってはいかん」と言《い》い伝《つた》えられているくらいだ。

カッパは水《みず》の中《なか》では力《ちから》が強《つよ》く、人間《にんげん》だけでなく、牛馬《ぎゅうば》も水中《すいちゅう》に引《ひ》っ張《ば》り込《こ》むといわれている。この「カッパの駒引《こまび》き」伝説《でんせつ》は日本各地《にほんかくち》にあるが、その多《おお》くが失敗談《しっぱいだん》であるのが面白《おもしろ》い。引《ひ》っ張《ぱ》り込《こ》むはずが、逆《ぎゃく》に馬《うま》に引《ひ》きずり上《あ》げられ、捕《と》らえられてしまうのである。危《あや》ういところを人間《にんげん》に助《たす》けられ、謝《しゃ》礼《れい》に魚《さかな》を届《とど》けたり、血止《ちど》め薬《ぐすり》の秘伝《ひでん》を伝授《でんじゅ》したりするというユーモラスな話《はなし》が多《おお》いのも特徴《とくちょう》だ。

水中《すいちゅう》では力持《ちからも》ちのカッパだが、陸《りく》に上《あ》がり、頭頂部《とうちょうぶ》の皿《さら》の水《みず》がこぼれると急《きゅう》に力《ちから》を失《うしな》ってしまう。皿《さら》の水《みず》

カッパ

がカッパのエネルギー源《げん》なのである。

怖《こわ》さもあるが、結構《けっこう》、失敗《しっぱい》もしでかすという愛《あい》すべき存在《そんざい》であるため、その愛称《あいしょう》も多《おお》い。「川《かわ》の童子《どうじ》」を意味《いみ》する「カッパ」「カワランベ」「カワタロウ」「カワコ」などと呼《よ》ばれ、またほかの動物《どうぶつ》の名称《めいしょう》を借《か》り、「エンコ(猿《さる》)」「カワウソ(川獺《かわうそ》)」「ガメ(亀《かめ》)」「スイコ(水虎《すいこ》)」などとも称《しょう》されてきた。妖怪《ようかい》の種類《しゅるい》は多《おお》いが、カッパはその中《なか》でも最《もっと》も親《した》しみを持《も》たれているもののひとつといえよう。

じつはカッパの素性《すじょう》は「水《みず》の神《かみ》」で、水田《すいでん》の稲《いね》の実《みの》りを約束《やくそく》してくれるともいわれている。起源《きげん》については諸説《しょせつ》あり、一説《いっせつ》には、大工《だいく》がつくった人形《にんぎょう》に仕事《しごと》を手伝《てつだ》わせたあと、その人形《にんぎょう》を水《みず》の中《なか》に放《はな》ったところ、それがカッパになってしまったというのもある。

カッパは、水《みず》に入《はい》った人間《にんげん》や馬《うま》の肛門《こうもん》から肝《きも》を抜《ぬ》き取《と》るといわれている。そのため母親《ははおや》たちは、川《かわ》に泳《およ》ぎにいくわが子《こ》に「あまり長《なが》く水《みず》に入《はい》っていると、カッパが肝《きも》を抜《ぬ》きにくるので、注意《ちゅうい》をするのよ」とよくいったものだ。これは親《おや》たちがカッパの存在《そんざい》を信《しん》じているというわけではなく、子《こ》どもたちがついつい時間《じかん》を忘《わす》れたり、水《みず》の中《なか》での注意《ちゅうい》をおこたったりしないように、カッパの名《な》を借《か》りて戒《いまし》めたのである。

さて、カッパ同様存在《どうようそんざい》が取《と》り沙汰《ざた》されている生《い》きものにツチノコ(槌の子《つちのこ》)がいる。ツチノコは、ノヅチ(野槌《のづち》・野雷《のづち》)として記紀《きき》(古事記《こじき》と日本書紀《にほんしょき》)神話《しんわ》に草《くさ》の祖《そ》である野《の》椎神《つちのかみ》で登場《とうじょう》する。胴《どう》が太《ふと》くて短《みじか》いヘビのような形《かたち》をした想像上《そうぞうじょう》の動物《どうぶつ》といわれるが、マムシの変種《へんしゅ》、サソリの類《たぐい》、妖怪《ようかい》の一種《いっしゅ》など、さまざまな説明《せつめい》がされている正体不明《しょうたいふめい》の奇妙《きみょう》な生《い》きものでもある。

想像上《そうぞうじょう》の動物《どうぶつ》なのに、なぜか現在《げんざい》も目撃談《もくげきだん》が絶《た》えず、目撃者《もくげきしゃ》たちの証言《しょうげん》も「まるでビール瓶《びん》のようにずんぐりとし、空《そら》を飛《と》んでいた」「ヘビのような丸《まる》みはなく、三角《さんかく》形《けい》の胴体《どうたい》だった」など、これもまちまちである。

岐阜県加茂郡《ぎふけんかもぐん》の東白川村《ひがししらかわむら》は、この謎《なぞ》の生物《せいぶつ》ツチノコが村人《むらびと》によってよく目撃《もくげき》されている里《さと》として知《し》られている。

また兵庫県宍粟郡千種町《ひょうごけんしそうぐんちくさちょう》では、昔《むかし》から数多《あまた》のツチノコ伝説《でんせつ》があり、目撃者《もくげきしゃ》も多《おお》く、現在《げんざい》も賞金《しょうきん》二億円《おくえん》をかけて、ツチノコの生《い》け捕《ど》り作戦《さくせん》が展開《てんかい》されている。

いまなお人《ひと》びとの関心《かんしん》をひきつづけるツチノコは、ロマンに満《み》ちた動物《どうぶつ》であることにはちがいない。

・コ・ラ・ム・
アッ！こんなこともあったね

小説《しょうせつ》『河童《かっぱ》』（芥川龍之介《あくたがわりゅうのすけ》 作《さく》）

芥川龍之介《あくたがわりゅうのすけ》が1927（昭和《しょうわ》２）年《ねん》３月《がつ》、「改造《かいぞう》」に発表《はっぴょう》した作品《さくひん》で、ある精神病院《せいしんびょういん》の患者《かんじゃ》が語《かた》る、河童《かっぱ》の国《くに》の訪問記《ほうもんき》である。河童《かっぱ》の国《くに》の特別保護住民《とくべつほごじゅうみん》になった主人公《しゅじんこう》は、人間《にんげん》の国《くに》とはまるで逆《さか》さま生活《せいかつ》を見《み》る。胎児《たいじ》は生《う》まれることを拒否《きょひ》するし、恋愛《れんあい》ではメスがオスを追《お》いかけるし……。人間《にんげん》の世界《せかい》に帰《かえ》ってきた主人公《しゅじんこう》は、人間《にんげん》のあまりの醜《みにく》さに耐《た》えられず、精神病院《せいしんびょういん》に入院《にゅういん》してしまうという筋立《すじだて》である。

ウワサ 10

「家《いえ》を建《た》てるときは鬼門《きもん》に配慮《はいりょ》しなくてはならない」

日当《ひあ》たりを気《き》にしてか。現在《げんざい》の建築工法《けんちくこうほう》なら問題《もんだい》はない。

「ザシキワラシのいる家《いえ》は栄《さか》える」

話《はなし》として楽《たの》しめばいいことだ。

解明

陰陽道《おんみょうどう》は中国《ちゅうごく》の五行説《ごぎょうせつ》に基《もと》づく、天文現象《てんもんげんしょう》と人間《にんげん》の相関関係《そうかんかんけい》の哲学《てつがく》である。日本《にほん》には六世紀《せいき》ごろに伝《つた》わってきた。だが日本《にほん》では、平安時代《へいあんじだい》になると陰陽道《おんみょうどう》の神秘的《しんぴてき》な面《めん》が強調《きょうちょう》され俗信化《ぞくしんか》し、人《ひと》びとに強《つよ》い影響《えいきょう》を与《あた》えるようになった。中《なか》でも、鬼《おに》が入《はい》ってくる鬼門《きもん》である丑寅《うしとら》（北東《ほくとう》）の方角《ほうがく》がとくに忌《い》み嫌《きら》われるようになった。

「敷地《しきち》の鬼門《きもん》に家《いえ》を建《た》てると主人《しゅじん》が死亡《しぼう》する」「鬼門《きもん》には便所《べんじょ》・玄関《げんかん》・風呂場《ふろば》をつくってはならない」「鬼門《きもん》の方角《ほうがく》にあたる木《き》を切《き》ったら祟《たた》りがある」「鬼門《きもん》の方角《ほうがく》への移転《いてん》はよくない」「鬼門《きもん》の方角《ほうがく》の人《ひと》と縁組《えんぐ》みすると早死《はやじ》にする」……。鬼門《きもん》の方角《ほうがく》に関《かん》する禁忌《きんき》があまりに多《おお》く、生活《せいかつ》が窮屈《きゅうくつ》になった。

鬼門《きもん》は北東《ほくとう》の方角《ほうがく》なので日当《ひあ》たりが少《すく》なく湿気《しっけ》がこもり、どうしてもじめじめしてしまう。こんな場所《ばしょ》に便所《べんじょ》や風呂場《ふろば》をつくらない方《ほう》がよいという理由《りゆう》は一応《いちおう》うなずける。とくに木造建築《もくぞうけんちく》にとって、湿気《しっけ》は大敵《たいてき》である。

けれども、現在《げんざい》の建築工法《けんちくこうほう》なら問題《もんだい》はなく、また北東《ほくとう》の方角《ほうがく》を忌《い》み嫌《きら》うのは、世界《せかい》でも日本《にほん》ぐらいだそうだ。

さて、家《いえ》にまつわる吉凶《きっきょう》のウワサとしては「ザシキワラシのいる家《いえ》は栄《さか》える」というものがある。

ザシキワラシ（座敷童子《ざしきわらし》）は、岩手県《いわてけん》の北上盆地《きたかみぼんち》を中心《ちゅうしん》とする東北地方《とうほくちほう》に伝承《でんしょう》される妖怪《ようかい》の一種《いっしゅ》とされている。

「座敷《ざしき》ボッコ」「蔵《くら》ワラシ」などとも呼《よ》ばれ、子《こ》どもの姿《すがた》で旧家《きゅうか》の奥座敷《おくざしき》や土蔵《どぞう》に住《す》み着《つ》いている。普通《ふつう》は五歳《さい》から一〇歳《さい》くらいのおかっぱ頭《あたま》の子《こ》どもである。深夜《しんや》、奥座敷《おくざしき》に現《あらわ》れ、畳《たたみ》の縁《ふち》や床柱《とこばしら》を伝《つた》って歩《ある》きまわり、寝《ね》ている人《ひと》の枕《まくら》をさわったりする。とくにお客《きゃく》さんやよそ者《もの》などがその座敷《ざしき》に泊《と》まると、夜中《よなか》に枕《まくら》をひっくりかえしたり、体《からだ》を押《お》さえつけたりといういたずらをするが、危害《きがい》をくわえることはない。ザシキワラシが、その家《いえ》にとどまっているかぎり、一家《いっか》の繁栄《はんえい》は続《つづ》くといわれるのでその出没《しゅつぼつ》は誇《ほこ》りとされてきた。

民俗学者《みんぞくがくしゃ》・柳田国男《やなぎたくにお》（一八七五年《ねん》〜一九六二年《ねん》）の『遠野物語《とおのものがたり》』では、岩手県遠野地方《いわてけんとおのちほう》の

陰陽道《おんみょうどう》による方角《ほうがく》の意味《いみ》

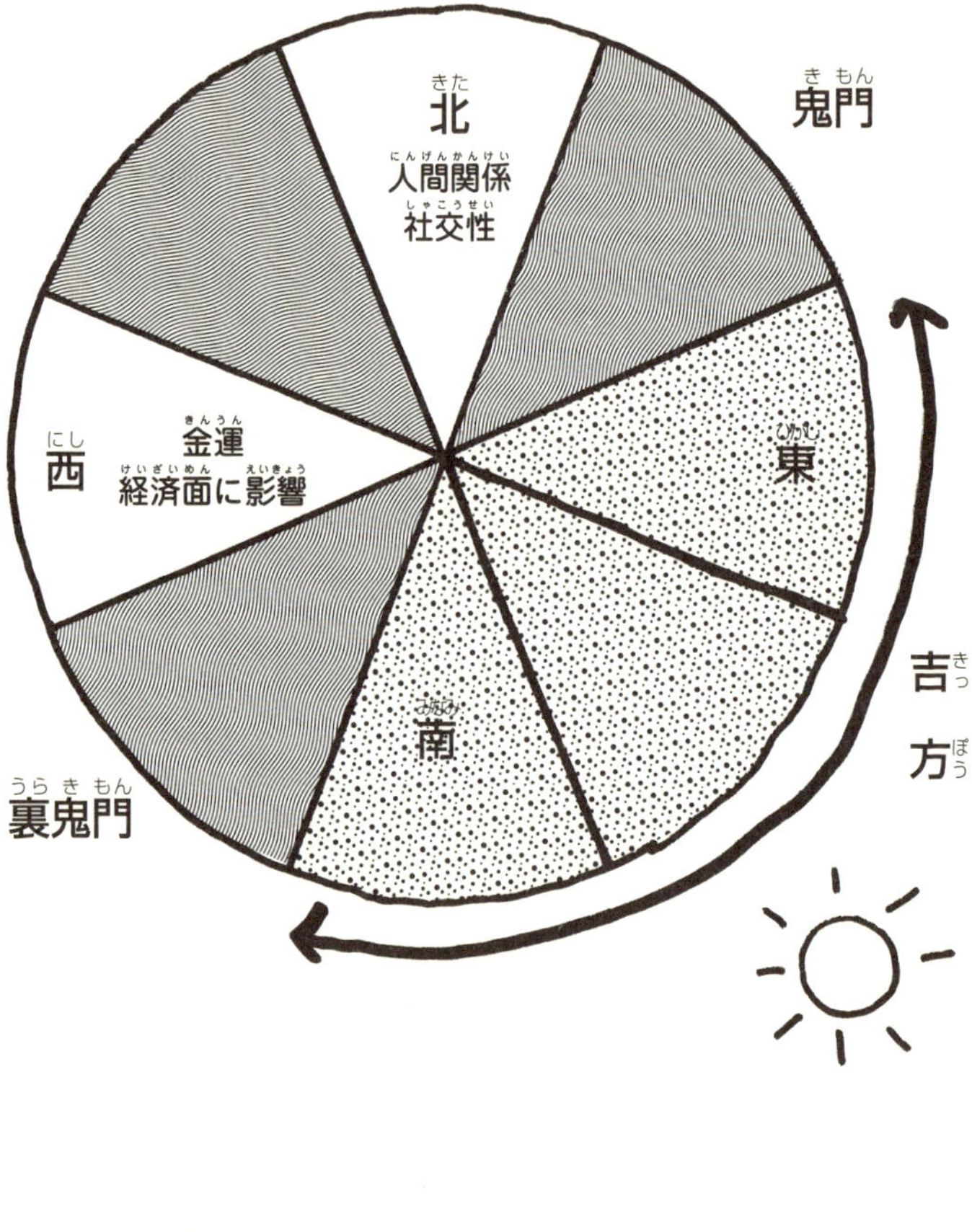

旧家《きゅうか》・孫左衛門《まござえもん》の家《いえ》に住《す》み着《つ》いていた童女二人《どうじょふたり》のザシキワラシの話《はなし》がでてくる。あるとき、村《むら》の男二人《おとこふたり》が町《まち》にでかけた帰《かえ》りに橋《はし》の近《ちか》くで見《み》なれない二人《ふたり》の娘《むすめ》と出会《であ》う。どこから来《き》たのかと問《と》うと「孫左衛門《まござえもん》の家《いえ》から来《き》た」と答《こた》え、どこに行《い》くのかと尋《たず》ねると「よその村《むら》の家《いえ》に行《い》くところだ」というのである。二人《ふたり》の村人《むらびと》は、これで孫左衛門《まござえもん》の家《いえ》も終《お》わりだなと思念《しねん》する。それからまもなくして孫左衛門《まござえもん》の家《いえ》では毒《どく》キノコを食《た》べて、家族《かぞく》と奉公人《ほうこうにん》たち二〇人《にん》あまりが亡《な》くなり、たった一人《ひとり》生《い》き残《のこ》った七歳《さい》の女《おんな》の子《こ》は成長《せいちょう》しても子《こ》どもがなく病死《びょうし》してしまうという筋立《すじだて》である。

ザシキワラシは「家《いえ》の神《かみ》」が妖怪化《ようかいか》したものであり、その由来《ゆらい》には水《みず》に関係《かんけい》の深《ふか》い河童《かっぱ》であるとか、水辺《みずべ》から現《あらわ》れて富貴《ふうき》をもたらす童子神《どうじがみ》であるとか諸説《しょせつ》あるが、いずれにしても先人《せんじん》たちが長《なが》い暮《く》らしの中《なか》でつくりあげた話《はなし》として楽《たの》しめばいいのである。

・コ・ラ・ム・
アッ！こんなこともあったね

沖縄版《おきなわばん》「ザシキワラシ」

南西諸島《なんせいしょとう》を代表《だいひょう》する子《こ》どもの妖怪《ようかい》といえば沖縄《おきなわ》の「キジムナー」であろう。全身《ぜんしん》を毛《け》におおわれた幼童《ようどう》で、「木《き》の精《せい》」ともいわれ、ガジュマルなどの古木《こぼく》を住処《すみか》にしている。

キジムナーは魚《さかな》とりが上手《うま》い。キジムナーがとってくれた魚《さかな》で裕福《ゆうふく》になった男《おとこ》が、わずらわしいのでキジムナーの住処《すみか》である古木《こぼく》を伐採《ばっさい》したところ、急《きゅう》に貧乏《びんぼう》になってしまったという話《はなし》もある。南《みなみ》の島《しま》の「キジムナー」に東北《とうほく》の「ザシキワラシ」の姿《すがた》を見《み》ることができる。

ウワサ 11

「クシャミが出《で》るのは、噂話《うわさばなし》をされているから」

もちろん迷信《めいしん》。そうでなければ、この世《よ》はクシャミだらけ。

「双生児《そうせいじ》はお互《たが》いに考《かんが》えていることがわかる」

お互《たが》いにその考《かんが》えを予見《よけん》できる可能性《かのうせい》が、ほかの人《ひと》より高《たか》い。

解明

クシャミは、ままならないものである。がまんしたり、止《と》めようとしたりしても出《で》てしまう。

現在《げんざい》では「風邪《かぜ》をひいたかな？」と思《おも》う程度《ていど》のクシャミでも、まだ医学《いがく》が発《はっ》達《たつ》していない時代《じだい》には、不可思議《ふかしぎ》な生理現象《せいりげんしょう》としてとらえられていた。自分《じぶん》の意思《いし》どおりにならないクシャミを「神《かみ》の行為《こうい》」とか「悪魔《あくま》に取《と》りつかれた」とか考《かんが》えてもふしぎではなかった。

医学技術《いがくぎじゅつ》が未発達《みはったつ》の時代《じだい》は、風邪《かぜ》をこじらせて死亡《しぼう》することが多《おお》かった。ヨーロッパでは、クシャミはたいへん不吉《ふきつ》なことで、「悪魔《あくま》に名前《なまえ》を呼《よ》ばれた」と恐《おそ》れられ、クシャミが出《で》ると「神《かみ》のご加護《かご》がありますように」と祈《いの》ったという。またクシャミをすると、一瞬魂《いっしゅんたましい》が抜《ぬ》けて、その隙《すき》に悪魔《あくま》が入《はい》り込《こ》むものと信《しん》じる人《ひと》たちもいた。

日本《にほん》でもクシャミは「死《し》への招《まね》き」と恐《おそ》れられていた。鎌倉時代末期《かまくらじだいまっき》の歌《か》人《じん》・兼好法師《けんこうほうし》（吉《よし》田兼好《だけんこう》、一二八三年《ねん》？〜一三五二年《ねん》？）が、『徒然草《つれづれぐさ》』にクシャミのことを書《か》いている。尼《あま》が道《みち》すがら「くさめくさめ」と災《わざわ》い

鼻《はな》のしくみ

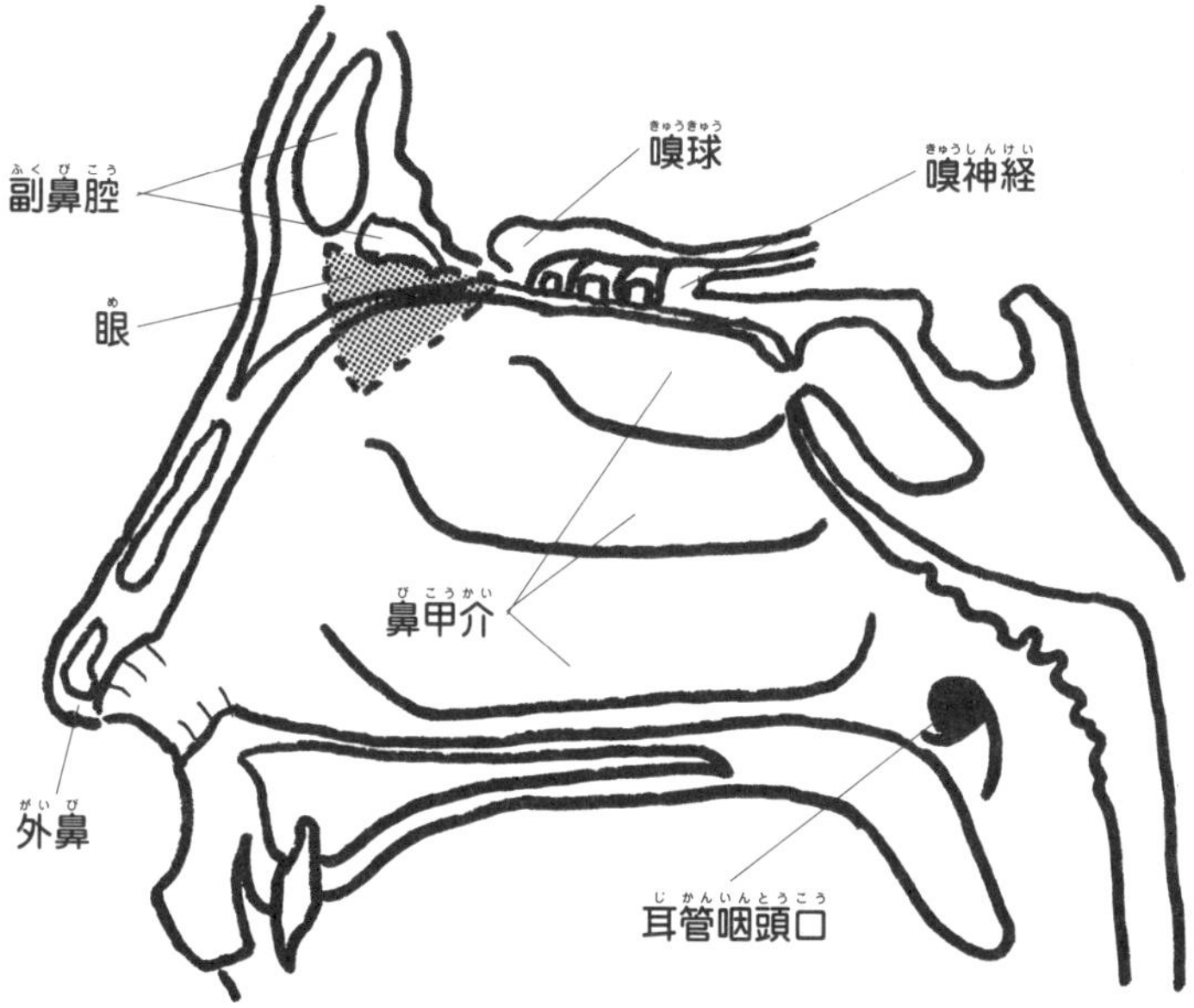

除《よ》けのまじないを唱《とな》えながら歩《ある》いている姿《すがた》だ。「くさめ」とは、「休息命《くそくみょう》」あるいは邪鬼《じゃき》に対《たい》しての「糞食《くそは》め」がなまったものといわれている。「くさめ」が「くしゃみ」となり、それ自体《じたい》がクシャミを指《さ》す言葉《ことば》になったのだそうだ。

また民俗学者《みんぞくがくしゃ》の柳田国男《やなぎたくにお》の説《せつ》では、「休息万病《くそくまんびょう》」と唱《とな》えていたものがなまって「くさめ」となり「くしゃみ」になったとされている。

「クシャミが出《で》るのは、だれかが噂話《うわさばなし》をしているからである」とよくいわれているが、人間《にんげん》がテレパシーで噂話《うわさばなし》を感知《かんち》してクシャミをしているわけではなく、またその噂話《うわさばなし》の内容《ないよう》に関《かん》しても、クシャミの回数《かいすう》で「一・ほめられ、二・けなされ、三・叱《しか》られ、四・風邪《かぜ》をひく」（東京《とうきょう》）、「一・ほめられ、二・笑《わら》われ、三・そしられ、四・風邪《かぜ》をひく」（兵庫《ひょうご》）など、地方《ちほう》によって微妙《びみょう》に異《こと》なっている。

昔《むかし》は身体《からだ》の小《ちい》さな変調《へんちょう》を病気《びょうき》の兆《きざ》しとみていたため、「クシャミを四回以上《かいいじょう》すれば風邪《かぜ》をひく」という部分《ぶぶん》が全国共通《ぜんこくきょうつう》の迷信《めいしん》として広《ひろ》まっていることはうなずける。しかし、クシャミと噂《うわさ》がどうして結《むす》びついたかは、はっきりしていない。一説《いっせつ》によると、クシャミはその勢《いきお》いで魂《たましい》を鼻《はな》から抜《ぬ》かせようとたくらむ呪詛《じゅそ》を他人《たにん》から受《う》けている証拠《しょうこ》だと考《かんが》えられていたためであり、呪詛《じゅそ》がやがて悪評《あくひょう》、そして単《たん》なる噂《うわさ》へとなったようである。いまでもクシャミのあと「ちくしょう」と怒《おこ》っている人《ひと》がいるが、それはかつての呪《のろ》いに対《たい》しての言《こと》葉《ば》の名残《なごり》であるともいわれている。

さて、テレパシーに関《かん》していえば「双生児《そうせいじ》はお互《たが》いに考《かんが》えていることがわかる」という話《はなし》をよく耳《みみ》にする。異《こと》なる場所《ばしょ》で生活《せいかつ》している双子《ふたご》が、同《おな》じ本《ほん》を読《よ》んでいたり、同《おな》じ模様《もよう》の衣服《いふく》を買《か》ったりしていたという話《はなし》を聞《き》くと、いまだ科学的《かがくてき》に証明《しょうめい》されていないテレパシーの存在《そんざい》を信《しん》じたくもなるが、これもテレパシーではないそうだ。

そのわけは、二人《ふたり》が非常《ひじょう》によく似《に》たアイデンティティーを持《も》っているという、ほかの子《こ》どもたちが体験《たいけん》できない人格形成《じんかくけいせい》をしているからだといわれている。双子《ふたご》の生活《せいかつ》は、すべてペアからはじまっている。親《おや》にいつも同《おな》じように扱《あつか》われ、いっしょに遊《あそ》び行動《こうどう》し、同《おな》じことに興味《きょうみ》を持《も》ってきた。そのため、お互《たが》いにその考《かんが》えを予見《よけん》できる可《か》能性《のうせい》が、ほかの人《ひと》たちより高くなっているにすぎないのである。

・コ・ラ・ム・
アッ！こんなこともあったね

クシャミの正体《しょうたい》

クシャミは、アレルギー性鼻炎《せいびえん》の際《さい》によく起《お》こる鼻疾患《はなしっかん》の一般症状《いっぱんしょうじょう》のひとつである。人間《にんげん》の身体《からだ》が、鼻《はな》の粘膜《ねんまく》に侵入《しんにゅう》してきた異物《いぶつ》（塵埃《じんあい》や花粉《かふん》など）を、クシャミや鼻水《はなみず》や鼻《はな》詰《つ》まりで体内《たいない》へ入《はい》るのを防《ふせ》ぎ、体外《たいがい》へ排除《はいじょ》しようとしているのである。寒気《かんき》、悪臭《あくしゅう》など刺《し》激《げき》によっても起《お》きる。生理的《せいりてき》には、鼻《はな》の粘膜《ねんまく》の三叉神経枝《さんさしんけいし》を刺激《しげき》することによるほか、強《つよ》い光《ひかり》の突然《とつぜん》の刺激《しげき》で涙《なみだ》が分泌《ぶんぴつ》され、鼻腔《びこう》に入《はい》って起《お》きることもある。

ウワサのうんちくメモ ①　予言《よげん》についての基礎知識《きそちしき》

巷《ちまた》に流《なが》れるウワサの中《なか》には、しばしば「×月《がつ》×日《にち》に大地震《おおじしん》が起《お》こる」といった予言的《よげんてき》な内容《ないよう》も見《み》られる。

こうした予言《よげん》が単《たん》なる流言《りゅうげん》ではなく、耳《みみ》を傾《かたむ》けるに足《た》るものかどうかを明《あき》らかにするには、その予言《よげん》がどんな根拠《こんきょ》やメカニズムによって導《みちび》き出《だ》されたものなのかを検証《けんしょう》しなくてはならない。

しかし、それ以前《いぜん》に、そもそもその予言《よげん》が本当《ほんとう》に当《あ》たったのかを判定《はんてい》する必要《ひつよう》がある。

というのは、予言《よげん》という行為《こうい》には宿命的《しゅくめいてき》に「予言内容《よげんないよう》を左右《さゆう》してしまう現象《げんしょう》」が内包《ないほう》されているからである。

そんな現象《げんしょう》のひとつに「予言《よげん》の自己矛盾《じこむじゅん》」がある。

「△月《がつ》△日《にち》に遊園地《ゆうえんち》のジェットコースターが事故《じこ》を起《お》こす」という予言《よげん》がなされたとしよう。それを気《き》にした遊園地《ゆうえんち》の経営者《けいえいしゃ》が、その日《ひ》にジェットコースターの運行《うんこう》をとりやめれば、結果的《けっかてき》に予言《よげん》ははずれる。

すなわち人為的《じんいてき》に左右《さゆう》できる内容《ないよう》の予言《よげん》であるなら、口《くち》にすることで予言《よげん》は当《あ》たらなくなることがあり、予言《よげん》が当《あ》たるためには内容《ないよう》を口外《こうがい》してはいけないという矛盾《むじゅん》に陥《おちい》る。

また、「予言《よげん》の自己成就《じこじょうじゅ》」なる現象《げんしょう》もある。

「A社《エーしゃ》の株価《かぶか》が近《ちか》く暴落《ぼうらく》する」と予言《よげん》されたとする。A社《エーしゃ》が業績好調《ぎょうせきこうちょう》で健全経営《けんぜんけいえい》であれば、この予言《よげん》は当《あ》たらないはずである。

しかし、その予言《よげん》を多《おお》くの株主《かぶぬし》が信《しん》じて、A社《エーしゃ》の株《かぶ》をいっせいに売却《ばいきゃく》したとすれば、予言《よげん》は当《あ》たってしまう。

予言《よげん》がどの程度適中《ていどてきちゅう》したかの正《ただ》しい判定《はんてい》には、このような現象《げんしょう》の影響《えいきょう》も考慮《こうりょ》しておくべきなのだ。

2章●運命・運勢についてのウワサ

ウワサ 1

「耳《みみ》たぶの大《おお》きな人《ひと》はお金持《かねも》ちになる」

まったく根拠《こんきょ》のないことではないが、期待《きたい》しない方《ほう》がよい。

「内向的《ないこうてき》な人《ひと》は口《くち》が小《ちい》さく、外向的《がいこうてき》な人《ひと》は口《くち》が大《おお》きい」

実際《じっさい》にその傾向《けいこう》はあるし、おしゃべりな人《ひと》の口《くち》は大《おお》きく見《み》える。

人相学《にんそうがく》には福耳《ふくみみ》という言葉《ことば》がある。それによると、耳《みみ》たぶの大《おお》きな人《ひと》は経済《けいざい》的《てき》な成功《せいこう》が約束《やくそく》されているのだそうだ。

たしかに、松下幸之助《まつしたこうのすけ》氏《し》は大《おお》きな耳《みみ》たぶの持《も》ち主《ぬし》ではあったが、それでは長《ちょう》者番付《じゃばんづけ》の上位《じょうい》に顔《かお》を出《だ》す人《ひと》はみんな耳《みみ》たぶが大《おお》きいのかというと、そうでもない。

耳《みみ》というのは正確《せいかく》には耳介《じかい》といい、外耳道《がいじどう》の開口部《かいこうぶ》で側頭部《そくとうぶ》に突出《とっしゅつ》している部分《ぶぶん》のことを指《さ》している。耳介《じかい》の役割《やくわり》は音《おと》を集《あつ》めることと、音《おと》がどの方向《ほうこう》からやってきているかを認《にん》知《ち》することで、この耳介《じかい》は哺乳動物《ほにゅうどうぶつ》のみが持《も》っているものである。

耳介《じかい》は構造的《こうぞうてき》に軟骨《なんこつ》とそれを覆《おお》う皮膚《ひふ》で構成《こうせい》されているが、耳介《じかい》の下端《かたん》に垂《た》れさがっている耳垂《じすい》（耳《みみ》たぶ）には軟骨《なんこつ》がなく、脂肪組織《しぼうそしき》が多《おお》いのでやわらかい。

そうすると、耳介《じかい》が大《おお》きいことは聴覚《ちょうかく》がすぐれているから情報《じょうほう》に敏感《びんかん》であることを意味《いみ》しているともいえ、それが経済的成功《けいざいてきせいこう》をもたらす可能性《かのうせい》が高《たか》いと理屈《りくつ》づけできなくもない。

けれども、どうして福耳《ふくみみ》が指《さ》すのは耳介《じかい》の大小《だいしょう》ではなく、耳《みみ》たぶの大小《だいしょう》なのだろうか。

ひとつの考《かん》え方《かた》として、庶民《しょみん》に福《ふく》を招《まね》いてくれる神様《かみさま》・仏様《ほとけさま》のふっくらした耳《みみ》たぶの形《かたち》からの連想《れんそう》がある。ありがたい神様《かみさま》・仏様《ほとけさま》と同《おな》じ形《かたち》の耳《みみ》たぶを持《も》って生《う》まれた人《ひと》は、やはり福運《ふくうん》があると思《おも》われてきたのだ。

ところで、耳《みみ》たぶといえば、「ピアスの穴《あな》」という現代《げんだい》の怪談《かいだん》（都市伝《としでん》

人相《にんそう》

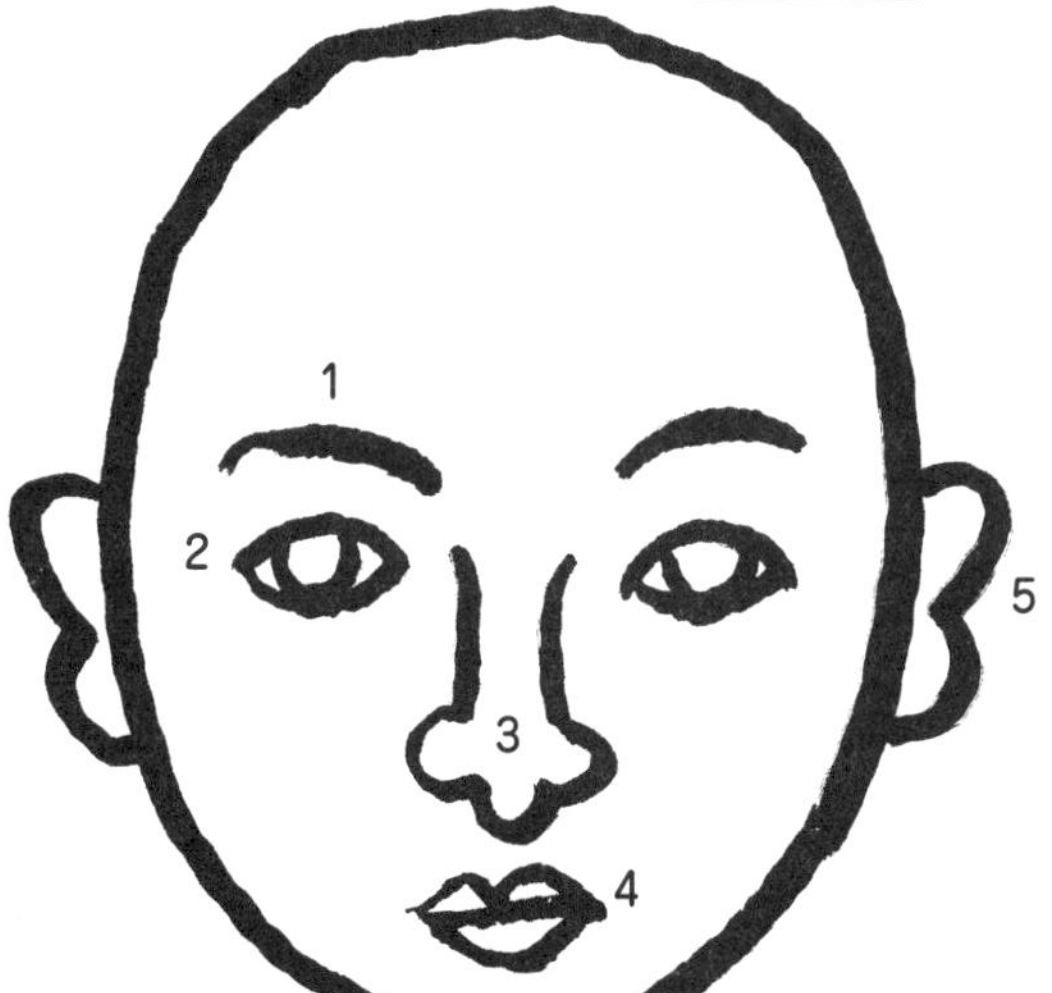

五官《ごかん》

1 眉《まゆ》：人間関係《にんげんかんけい》・寿命《じゅみょう》・才能《さいのう》（眉間《みけん》の幅《はば》や太《ふと》さで判断《はんだん》）
2 目《め》：心《こころ》の状態《じょうたい》（眼光《がんこう》を重視《じゅうし》）
3 鼻《はな》：人格《じんかく》・自尊心《じそんしん》（高《たか》さや形《かたち》で判断《はんだん》）
4 口《くち》：健康状態《けんこうじょうたい》・結婚《けっこん》・愛情《あいじょう》（大《おお》きさや形《かたち》で判断《はんだん》）
5 耳《みみ》：遺伝《いでん》・運命《うんめい》・金運《きんうん》（大《おお》きさで判断《はんだん》）

説《せつ》）がある。耳《みみ》たぶにピアスの穴《あな》を開《あ》けていると、そこから白《しろ》い糸《いと》のようなものが出《で》てきた。「なんだろう？」と、それを引《ひ》っ張《ぱ》っていたら、プツンと糸《いと》が切《き》れる音《おと》とともに目《め》の前《まえ》が真《ま》っ暗《くら》になった……視神経《ししんけい》を切《き》ってしまったというオチなのだが、脂肪《しぼう》でできた耳《みみ》たぶに視神経《ししんけい》は通《とお》っていないので、この話《はなし》はウソである。

閑話休題《かんわきゅうだい》、人相学《にんそうがく》では耳《みみ》（耳介《じかい》）は腎臓《じんぞう》の働《はたら》きを表《あらわ》しており、大《おお》きく血色《けっしょく》のいい耳《みみ》たぶは内臓《ないぞう》が強《つよ》い証拠《しょうこ》とされている。だから、そんな人《ひと》は健康《けんこう》なのでよく働《はたら》くことができ、結《けっ》果的《かてき》にお金《かね》がたまりやすいのだそうである。

「額《ひたい》が広《ひろ》い人《ひと》は賢《かしこ》い」という人相《にんそう》のウワサも、頭《あたま》の容積《ようせき》が大《おお》きい人《ひと》はそれだけ脳《のう》ミソがたっぷりあるという印象《いんしょう》から生《しょう》じたものであろう。頭《あたま》の大《おお》きさと知性《ちせい》とは単純《たんじゅん》に関連《かんれん》づけられないので、ちょっと短絡的《たんらくてき》なのだが、人相学《にんそうがく》では額《ひたい》の発達《はったつ》している人《ひと》は知能優秀《ちのうゆうしゅう》とされている。

さて、顔《かお》の印象《いんしょう》にまつわるウワサとしては「内向的《ないこうてき》な人《ひと》は口《くち》が小《ちい》さく、外向的《がいこうてき》な人《ひと》は口《くち》が大《おお》きい」というものがある。

このウワサについては、ある興味深《きょうみぶか》い調査《ちょうさ》がなされている。日本人《にほんじん》の三〇〇〇人《にん》以上《いじょう》の顔《かお》を計測《けいそく》して、口《くち》の大《おお》きさと職業《しょくぎょう》との関連《かんれん》を調《しら》べた研究《けんきゅう》によると、平均《へいきん》して口《くち》が大《おお》きい人《ひと》が最《もっと》も多《おお》い職業《しょくぎょう》というのは政治家《せいじか》だったのである。一方《いっぽう》、平均《へいきん》して口《くち》が小《ちい》さい人《ひと》が多《おお》かったのは作家《さっか》であった。

政治家《せいじか》といえば外向的《がいこうてき》であり、しゃべることが仕事《しごと》である。また作家《さっか》は話《はな》すことより書《か》くことが得意《とくい》な人《ひと》たちで、どちらかといえば内向的《ないこうてき》な人《ひと》が多《おお》い。

もちろん、政治家《せいじか》や作家《さっか》が全員《ぜんいん》そうではないにしても、世間《せけん》が政治家《せいじか》や作家《さっか》に抱《いだ》くイメージと現実《げんじつ》がまさにぴったりの調査結果《ちょうさけっか》だったのである。

ちなみに人間《にんげん》の脳《のう》は、政治家《せいじか》に限《かぎ》らずよくしゃべる人《ひと》の口《くち》を、いやでも口《くち》が目《め》につくために印象《いんしょう》として実際以上《じっさいいじょう》に大《おお》きく感《かん》じてしまい、逆《ぎゃく》に無口《むくち》な人《ひと》の口《くち》は小《ちい》さく感《かん》じてしまう傾向《けいこう》にあるといわれている。

・コ・ラ・ム・
アッ！こんなこともあったね

「モナリザ」はなぜ魅力的《みりょくてき》なのか？

レオナルド・ダ・ビンチの「モナリザ」は美人《びじん》の代表《だいひょう》とされている。もちろん、美《び》の好《この》みは人《ひと》それぞれだろうけれども、少《すく》なくとも「モナリザ」が魅力的《みりょくてき》と評《ひょう》されていることに異論《いろん》はないだろうし、それには根拠《こんきょ》がある。

それはこの絵《え》を見《み》る人《ひと》が、「彼女《かのじょ》はなにかを語《かた》りかけているのではないか？」と、その表情《ひょうじょう》にコミュニケーションの意図《いと》を感《かん》じるからである。これは、アイドルがニッコリほほえみかけているブロマイドと同《おな》じ表情《ひょうじょう》なのである。

一方《いっぽう》、わたしたちが３分間写真《ぶんかんしゃしん》で撮《と》った自分《じぶん》の顔《かお》に幻滅《げんめつ》してしまうのは、写真《しゃしん》を撮《と》られているときに、ただの機械《きかい》であるカメラを無表情《むひょうじょう》に見《み》ている顔《かお》だからだ。

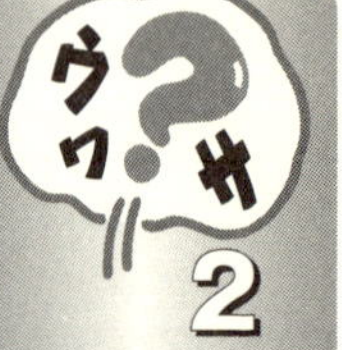

「血液型《けつえきがた》と性格《せいかく》には関連《かんれん》がある」

安易《あんい》に信《しん》じ込《こ》むのは問題《もんだい》だ。

日本《にほん》では血液型《けつえきがた》と性格《せいかく》との関連《かんれん》が結構《けっこう》信《しん》じられていて、企業《きぎょう》の中《なか》には従業員《じゅうぎょういん》の採用《さいよう》や人員配置《じんいんはいち》の際《さい》に、血液型《けつえきがた》による相性《あいしょう》を参考《さんこう》にする会社《かいしゃ》もあるほどである。じつは、「血液型《けつえきがた》と性格《せいかく》には関連《かんれん》がある」というウワサは日本《にほん》で生《う》まれた考《かんが》え方《かた》であるため、外国《がいこく》に比《くら》べて信奉《しんぽう》する人《ひと》が多《おお》いというわけなのである。

そもそも血液型《けつえきがた》とは、自己《じこ》と他者《たしゃ》を区別《くべつ》するための抗原《こうげん》タイプである。このタイプは血《けつ》液《えき》だけでなく、身体中《からだじゅう》のあらゆる体液《たいえき》の中《なか》に存在《そんざい》しているため、唾液《だえき》からでもその人《ひと》の血《けつ》液型《えきがた》がわかる。

それでは、人間《にんげん》にはなぜ何種類《なんしゅるい》かの血液型《けつえきがた》のタイプがあるのだろうか。仮《かり》に抗原《こうげん》タイプがたった一種類《しゅるい》だけだった場合《ばあい》、その抗原《こうげん》がうまく機能《きのう》しないような病原菌《びょうげんきん》による病気《びょうき》が大流行《だいりゅうこう》したとき、人間全体《にんげんぜんたい》が絶滅《ぜつめつ》の危機《きき》に陥《おちい》る危険性《きけんせい》が出《で》てくる。すなわち、血液型《けつえきがた》とは自然《しぜん》がつくりだしたリスク回避《かいひ》の巧妙《こうみょう》な知恵《ちえ》といえるのである。

さて、血液型《けつえきがた》にはわたしたちになじみ深《ぶか》いABO式《エービーオーしき》血液型《けつえきがた》のほかにも、Rh式《アールエイチしき》などいろいろな分類法《ぶんるいほう》がある。そのうちABO式《エービーオーしき》血液型《けつえきがた》をわたしたち日本人《にほんじん》は気《き》にしていて、「彼《かれ》は神経《しんけい》質《しつ》だからきっとA《エー》型《がた》だ」とか「マイペースの彼女《かのじょ》はB型《ビーがた》だ」などといい、いわれた方《ほう》も、「うん、当《あ》たっている」

日本人《にほんじん》の血液型《けつえきがた》の比率《ひりつ》

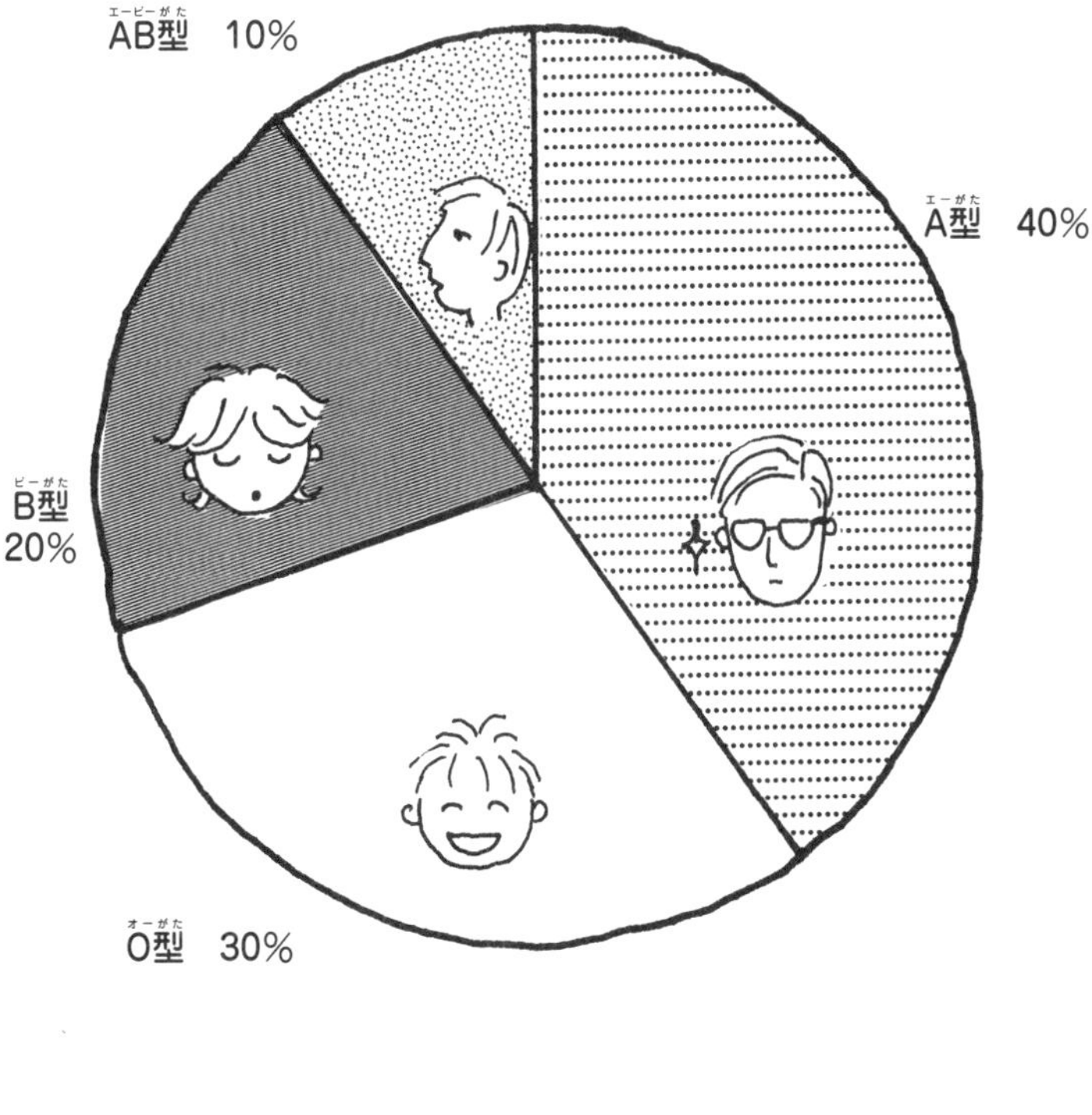

とうなずいたりする。が、はたして血液型《けつえきがた》のちがいが本当《ほんとう》にその人《ひと》の性格《せいかく》まで支配《しはい》する力《ちから》を持《も》っているのだろうか。

医学《いがく》・生理学的《せいりがくてき》な見地《けんち》からは、身体《からだ》の抗原《こうげん》のタイプの相違《そうい》にすぎないものが、その人《ひと》の精神機能《せいしんきのう》に影響《えいきょう》をおよぼすとは考《かんが》えにくいという見解《けんかい》が一般的《いっぱんてき》である。

その一方《いっぽう》、抗原《こうげん》のタイプにより、たとえば感染症《かんせんしょう》などの病気《びょうき》への強《つよ》さに差《さ》が出《で》てくるのだから、感染症《かんせんしょう》に弱《よわ》いタイプの血液型《けつえきがた》の持《も》ち主《ぬし》はできるだけ人《ひと》が集《あつ》まる場所《ばしょ》には行《い》かないのが安全《あんぜん》なのであり、そのため孤独《こどく》を愛《あい》する性格《せいかく》などが血液型別《けつえきがたべつ》に付与《ふよ》されていくといったユニークな考《かんが》え方《かた》もある。しかし、それならば血液型《けつえきがた》による性格《せいかく》の相違《そうい》がもっと顕著《けんちょ》に表《あらわ》れているはずであり、妥当性《だとうせい》は薄《うす》いといえる。

ここで注意《ちゅうい》すべきは、わたしたちには血液型《けつえきがた》による性格診断《せいかくしんだん》を安易《あんい》に信《しん》じ込《こ》みやすいという弱点《じゃくてん》が存在《そんざい》することである。

例《れい》をあげよう。「自分《じぶん》の性格《せいかく》について自己診断《じこしんだん》してください」と質問《しつもん》されると、血液型《けつえきがた》に関係《かんけい》なく多《おお》い回答《かいとう》は、「まじめ」「神経質《しんけいしつ》」「明朗《めいろう》」「マイペース」などとなる。

そこで、「神経質《しんけいしつ》といえばA型《エーがた》の代表的《だいひょうてき》な性格《せいかく》であり、マイペースならB型《ビーがた》です」といわれたら、回答《かいとう》した人《ひと》がA型《エーがた》だとすると、「やっぱり、神経質《しんけいしつ》と回答《かいとう》した自己診断《じこしんだん》は当《あ》たっている。血液型性格診断《けつえきがたせいかくしんだん》は正《ただ》しい」と考《かんが》え、外《はず》れている性格《せいかく》は無視《むし》しがちである。マイペーと回答《かいとう》したB型《ビーがた》の人《ひと》も同《おな》じだろう。

また、「B型《ビーがた》は血液型性格診断《けつえきがたせいかくしんだん》によるとマイペースな人《ひと》」と教《おし》えられ、そう思《おも》い込《こ》んだ人《ひと》は、その思《おも》い込《こ》みに合致《がっち》した行動《こうどう》パターンをとるようになり、結果的《けっかてき》にB型人間《ビーがたにんげん》の性格《せいかく》が強《つよ》まっていくのだ。

血液型性格診断《けつえきがたせいかくしんだん》は酒席《しゅせき》で話題《わだい》にする程度《ていど》ならば楽《たの》しいだろう。しかし、それが正《ただ》しいものと信《しん》じ込《こ》み、それによって人物評価《じんぶつひょうか》をするとなると、ある種《しゅ》の差別《さべつ》につながる危険性《きけんせい》が存《そん》在《ざい》していることを知《し》っておこう。

・コ・ラ・ム・
アッ！こんなこともあったね

図々《ずうずう》しい性格《せいかく》の人《ひと》ほど長生《ながい》きする

「憎《にく》まれっ子世《こよ》にはばかる」ということわざがある。人《ひと》から憎《にく》まれる人《ひと》には、早死《はやじ》にしない秘訣《ひけつ》があるのだろうか。

「そんなことはない。まわりの人《ひと》から憎《にく》まれていると、そのことが気《き》になってストレスがたまり、病気《びょうき》になってしまう」と思《おも》ってしまうあなたは、きっといい人《ひと》なのだ。憎《にく》まれるタイプの人《ひと》は、そんなことは気《き》にしない強靱《きょうじん》な精神《せいしん》の持《も》ち主《ぬし》なので、ストレスなどたまらないのである。そのため、ストレスとは無縁《むえん》な図太《ずぶと》い性格《せいかく》の人《ひと》ほど実際《じっさい》に長生《ながい》きするという研究報告《けんきゅうほうこく》もある。

また、わたしたちはいい人《ひと》が亡《な》くなると、「早《はや》すぎた死《し》だ。惜《お》しい」と嘆《なげ》くが、憎《にく》まれっ子《こ》が死《し》んでも惜《お》しまないし、死《し》んだという事実《じじつ》すら気《き》づかないかもしれない。すると、わたしたちの意識《いしき》の中《なか》ではいい人《ひと》ばかりが早死《はやじ》にしていき、世《よ》の中《なか》にはイヤなやつばかりが残《のこ》るという印象《いんしょう》が刻《きざ》まれてしまうのである。

ウワサ3

「葬式《そうしき》や霊柩車《れいきゅうしゃ》に出会《であ》うと勝負運《しょうぶうん》がよくなる」

そんなことはありえないが、不幸《ふこう》のあとには幸運《こううん》がという思《おも》いがある。

「勝負事《しょうぶごと》のとき、黒猫《くろねこ》が道《みち》を横切《よこぎ》るとよい」

黒猫《くろねこ》は「凶《きょう》」とされ、凶《きょう》のあとは吉《きち》という考《かんが》え方《かた》。

「宝《たから》くじで一等《いっとう》が当《あ》たると一生《いっしょう》の幸運《こううん》を使《つか》い果《は》たす」

くじに外《はず》れた人《ひと》が溜飲《りゅういん》を下《さ》げるために唱《とな》えた迷信《めいしん》にすぎない。

解明

葬式《そうしき》や霊柩車《れいきゅうしゃ》にまつわるウワサはさまざまだが、「葬式《そうしき》や霊柩車《れいきゅうしゃ》に出会《であ》うと勝《しょう》負運《ぶうん》がよくなる」と聞《き》いて、なぜ霊柩車《れいきゅうしゃ》が勝負運《しょうぶうん》に結《むす》びつくか、頭《あたま》をひねる人《ひと》は多《おお》いにちがいない。そして「根拠《こんきょ》のない迷信《めいしん》さ」ということになるだろうが、まさにその通《とお》りなのである。

しかし、この迷信《めいしん》は、なかなか含蓄《がんちく》が深《ふか》いものなのだ。

「禍福《かふく》はあざなえる縄《なわ》の如《ごと》し」という故事成語《こじせいご》がある。わかりやすくいえば「世《よ》の中《なか》は、福《ふく》が禍《わざわい》になったり、禍《わざわい》が福《ふく》になったりで、縄《なわ》をよりあわせたように表裏《ひょうり》が続《つづ》いていく」ということなのだ。これと同《おな》じような言葉《ことば》は多《おお》い。

中国最初《ちゅうごくさいしょ》の通史《つうし》である司馬遷著《しばせんちょ》『史記《しき》』には「禍《わざわい》に因《よ》って福《ふく》となる、成敗《せいばい》の転《てん》ずるは譬《たとえ》ば糾縄《きゅうじょう》の若《ごと》し」と記《しる》されている。老《ろう》子《し》は「禍《わざわい》は福《ふく》の倚《よ》る所《ところ》、福《ふく》は禍《わざわい》の伏《ふ》す所《ところ》」といい、易学《えきがく》では「陽《よう》きわまれば陰《いん》を生《しょう》じ、陰《いん》きわまれば陽《よう》を生《しょう》じる」とされている。

要《よう》は「楽《らく》は苦《く》の種《たね》、苦《く》は楽《らく》の種《たね》」というこ

遺体《いたい》を運《はこ》ぶ乗《の》り物《もの》の変遷《へんせん》

とで、人間《にんげん》が生《い》きる道《みち》についての大事《だいじ》な教訓《きょうくん》なのである。

葬式《そうしき》や霊柩車《れいきゅうしゃ》に出会《であ》うことはあまりないが、それ自体《じたい》は、死《し》にまつわることだけに縁起《えんぎ》がいいこととは思《おも》えない。だが、先述《せんじゅつ》した故事《こじ》にしたがえば、縁起《えんぎ》が悪《わる》いことに出会《であ》えば、次《つぎ》には必《かなら》ずよいことが起《お》こるということになるのだ。

もっと単純《たんじゅん》に「珍《めずら》しいことに出会《であ》えば運《うん》がいい」という考《かんが》えで、霊柩車《れいきゅうしゃ》にはそうそう出《で》会《あ》うことはないので、縁起《えんぎ》がいいということになる。まったく都合《つごう》のいい屁理屈《へりくつ》ということにもなろうが、とくに縁起《えんぎ》をかつぐギャンブラーたちが、そう信《しん》じたくなる気持《きも》ちは理《り》解《かい》できる。

同様《どうよう》のウワサに「勝負事《しょうぶごと》のとき、黒猫《くろねこ》が道《みち》を横切《よこぎ》るとよい」というものがある。日本《にほん》では、黒猫《くろねこ》は吉《きち》と凶《きょう》との両説《りょうせつ》があるが、欧米《おうべい》では「縁起《えんぎ》が悪《わる》い動物《どうぶつ》」という見方《みかた》が強《つよ》い。その理由《りゆう》は中世《ちゅうせい》ヨーロッパで盛《さか》んに行《おこな》われた「魔女狩《まじょが》り」に起因《きいん》する。黒猫《くろねこ》は魔女《まじょ》の使《つか》い魔《ま》だとされていたからだ。また魔女《まじょ》が七年働《ねんはたら》くと黒猫《くろねこ》になるともいわれていた。そのため、黒猫《くろねこ》は不吉《ふきつ》な動物《どうぶつ》として見《み》られ、この場合《ばあい》も霊柩車《れいきゅうしゃ》と同《おな》じ理屈《りくつ》で吉《きち》となるのである。

では、「宝《たから》くじで一等《いっとう》が当《あ》たると一生《いっしょう》の幸運《こううん》を使《つか》い果《は》たす」というウワサはどうなのだろうか。先述《せんじゅつ》の故事《こじ》にあてはめれば、数億円《すうおくえん》が当《あ》たった日《ひ》には、当然一生《とうぜんいっしょう》の運《うん》が吹《ふ》き飛《と》ぶということになるのだろう。しかし、現実《げんじつ》には当《あ》たった人《ひと》が不幸《ふこう》のどん底《ぞこ》に陥《おちい》ったという話《はなし》を聞《き》かないし、そのうえ確率的《かくりつてき》には次回《じかい》の宝《たから》くじで一等《いっとう》が当《あ》たる割合《わりあい》はだれでもいっしょになるため、再《ふたた》び当《あ》たってしまう人《ひと》もいることになる。

つまり、買《か》えども買《か》えども、いっこうに当《あ》たらない人間《にんげん》が、溜飲《りゅういん》を下《さ》げるために唱《とな》えた迷信《めいしん》にすぎないのである。

・コ・ラ・ム・
アッ！こんなこともあったね

ネコが十二支《じゅうにし》に入《はい》らないわけ

黒猫《くろねこ》の話《はなし》が出《で》たついでにネコにまつわる話《はなし》をしておこう。

昔々《むかしむかし》、神様《かみさま》が動物《どうぶつ》たちに、新年《しんねん》の挨拶《あいさつ》にそろってくるようにと告《つ》げた。そして、挨拶《あいさつ》にきた順《じゅん》に、それぞれ1年間《ねんかん》をその動物《どうぶつ》の年《とし》にすることを約束《やくそく》したのだが、ネコはうっかりその日《ひ》を忘《わす》れてしまった。そんなネコに、ネズミは1日《にち》ずらした日《ひ》を教《おし》えた。

元旦《がんたん》、足《あし》が遅《おそ》いウシは遅《おく》れまいと、どの動物《どうぶつ》よりも早《はや》く出発《しゅっぱつ》した。ネズミは、ちゃっかりそのウシの背《せ》に乗《の》り、神様《かみさま》の森《もり》のところにくると背《せ》から飛《と》び降《お》りて一番乗《いちばんの》りとなった。そしてウシが2番目《ばんめ》、続《つづ》いてトラ、ウサギ……と十二支《じゅうにし》が決《き》まった。ネコはネズミの嘘《うそ》のため間《ま》に合《あ》わず、十二支《じゅうにし》の中《なか》に入《はい》ることができなかった。怒《おこ》ったネコは、そのとき以来《いらい》、ネズミを追《お》いまわしているというわけだ。

この話《はなし》だけでは、ネズミが悪者《わるもの》になってしまうので、もうひとつの話《はなし》をしておこう。

お釈迦《しゃか》さまの入滅《にゅうめつ》（死亡《しぼう》）のとき、動物《どうぶつ》たちが、お釈迦さまのところに集《あつ》まってきた。しかしネコは、お釈迦《しゃか》さまに渡《わた》す薬《くすり》をとってきたネズミを食《た》べてしまったため、十二支《じゅうにし》からはずされたという。涅槃図《ねはんず》にネコが描《えが》かれないのもそのためだといわれている。

ウワサ4「こっくりさんは霊《れい》の教《おし》えによる占《うらな》いである」

霊《れい》によるものではなく、潜在意識《せんざいいしき》による動《うご》き。だが、まだ解明《かいめい》をしなければならないことも多《おお》い。

「こっくりさん」は、降霊《こうれい》による占法《せんぽう》である。割箸《わりばし》などを使《つか》って簡単《かんたん》に行《おこな》えることもあり、なかばゲーム感覚《かんかく》で一般《いっぱん》に広《ひろ》く普及《ふきゅう》した。近年《きんねん》では、学生《がくせい》たちが恋愛《れんあい》に関《かん》してよく占《うらな》うことから「キューピットさん」「エンジェルさん」などとも呼《よ》ばれている。

その起源《きげん》は古《ふる》い。中国《ちゅうごく》のフウチとか、ヨーロッパのウイジャ盤《ばん》など、同類《どうるい》の占法《せんぽう》が世界《せかい》各地《かくち》で行《おこな》われていた。わが国《くに》への伝来《でんらい》は江戸時代中期《えどじだいちゅうき》、あるいは明治《めいじ》に入《はい》り難破漂着《なんぱひょうちゃく》したアメリカ人《じん》が伝《つた》えたなど諸説《しょせつ》あり、確《たし》かなことはわかっていない。花柳界《かりゅうかい》などで盛《さか》んに行《おこな》われ、また一般家庭《いっぱんかてい》でも娯楽《ごらく》として流行《はや》った。文化史家《ぶんかしか》で著述家《ちょじゅつか》である宮武外骨《みやたけがいこつ》（一八六七年《ねん》～一九五五年《ねん》）によれば、一八八六（明治《めいじ》一九）年《ねん》から翌年《よくとし》にかけて東京《とうきょう》で大流行《だいりゅうこう》し、ほとんどの家庭《かてい》で行《おこな》われていたそうだ。

当時《とうじ》の一般的《いっぱんてき》な方法《ほうほう》は、三本《ぼん》の箸《はし》や棒《ぼう》・竹《たけ》などを使《つか》い、上部約《じょうぶやく》三分《ぶん》の一のところを紐《ひも》で結《むす》び、三脚状《さんきゃくじょう》に棒《ぼう》を開《ひら》く。三方《さんぼう》の端《はし》を二人《ふたり》、あるいは三人《にん》が握《にぎ》って、四八文字《もじ》を書《か》き入《い》れた文字盤《もじばん》や数字盤《すうじばん》の上《うえ》にのせ「こっくりさん、こっくりさん、占《うらな》っておくれ……」と唱《とな》えながら、その棒《ぼう》の動《うご》きで、問《と》いの答《こた》えを導《みちび》きだした。

けれども、そのやり方《かた》は地域《ちいき》によって千差万別《せんさばんべつ》であ

こっくりさん

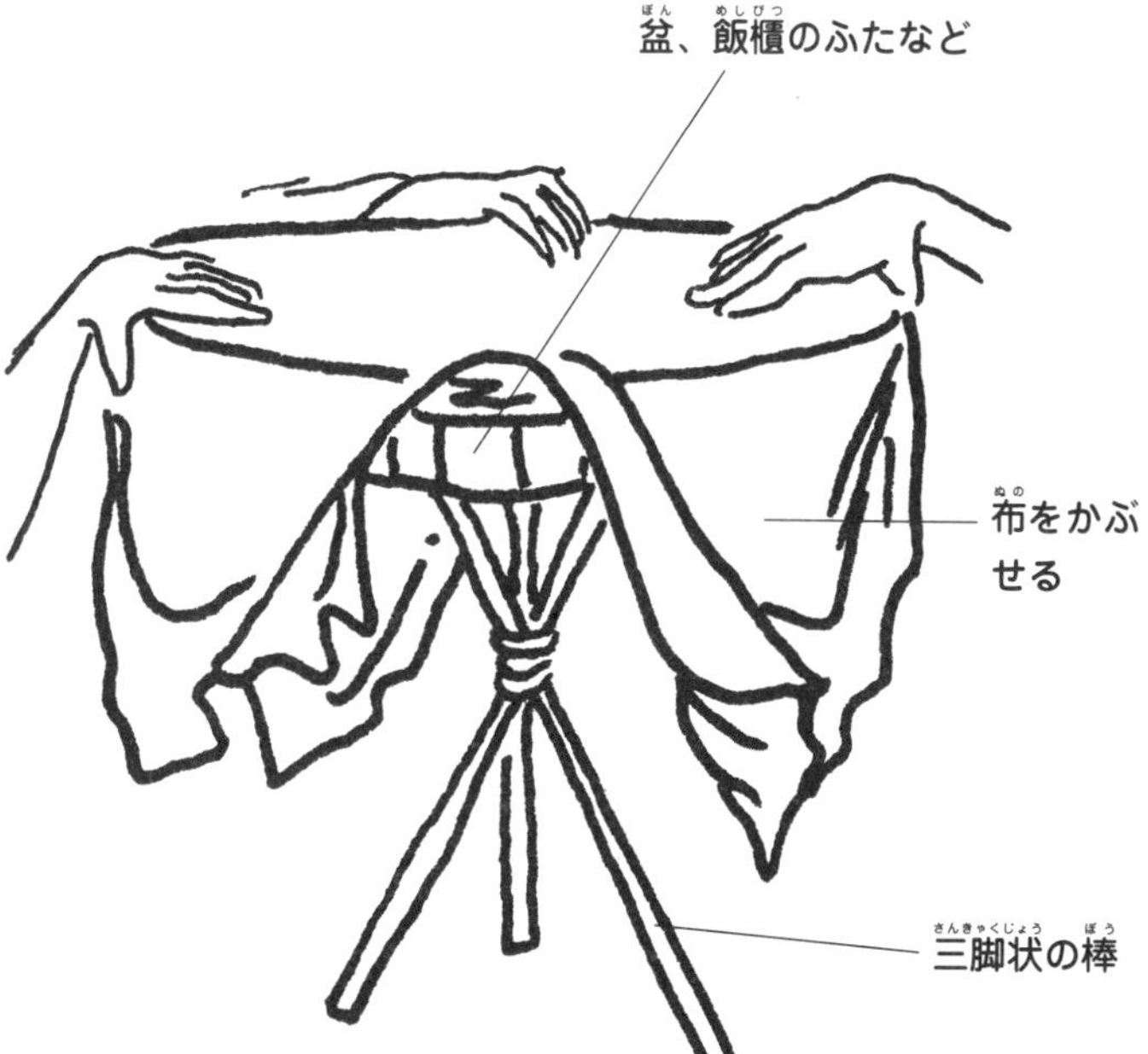

る。たとえば、三脚状《さんきゃくじょう》の棒《ぼう》の上《うえ》に盆《ぼん》や飯櫃《めしびつ》のふたをのせ、それを囲《かこ》んだ三人《にん》が、片手《かたて》を布《ぬの》をかぶせたそのふたにそっとのせ、「こっくりさん、こっくりさん、足《あし》を上《あ》げてください」と唱《とな》え、三本《ぼん》の棒《ぼう》の脚《あし》のひとつが持《も》ち上《あ》がると、こっくりさんが憑《つ》いたとされ、いろいろな質問《しつもん》をするという方法《ほうほう》がある。その問《と》いに対《たい》し「右《みぎ》の足《あし》を上《あ》げてください」「左《ひだり》の足《あし》を……」といいながら、その足《あし》の動《うご》きで占《うらな》うというのである。

また、栃木県芳賀郡《とちぎけんはがぐん》の茂木《もてぎ》付近《ふきん》では、「ホックリサマ」といい、盆《ぼん》の上《うえ》に風呂敷《ふろしき》をかぶせ、その中《なか》に手《て》を入《い》れて行《おこな》っていた。昼《ひる》よりも夜《よる》がいいとされ、この地方《ちほう》では一九三五（昭和《しょうわ》一〇）年《ねん》ごろ大流行《だいりゅうこう》したそうだ。そのほかにも、三本《ぼん》の棒《ぼう》ではなく、一本《ぽん》の棒《ぼう》の先端《せんたん》に重《おも》りをつけた紐《ひも》を下《さ》げて、その動《うご》きで占《うらな》う方法《ほうほう》や、一〇円玉《えんだま》が盤上《ばんじょう》の文字《もじ》をたどっていくという方法《ほうほう》など、いろいろあって興味深《きょうみぶか》い。

ところで日本《にほん》では、この動《うご》きは稲荷神《いなりかみ》や地蔵尊《じぞうそん》の託宣《たくせん》であるかのようにいわれる。また「狐狗狸《こっくり》さん」と当《あ》て字《じ》されるように、狐《きつね》・狗《いぬ》・狸《たぬき》などの動物霊《どうぶつれい》による教《おし》えだとする俗説《ぞくせつ》もある。だが、これは神仏《しんぶつ》や霊《れい》によるものではなく、指先《ゆびさき》の無意識運動《むいしきうんどう》なのである。指先《ゆびさき》から箸《はし》を伝《つた》わり、文字《もじ》や数字《すうじ》をたどる観念的《かんねんてき》な動《うご》きにすぎない。潜在意識《せんざいいしき》による自然《しぜん》の動《うご》きで、「不覚筋動《ふかくきんどう》」（人《ひと》の身体《からだ》というものは、静止《せいし》している方《ほう》が難《むずか》しいもので、自分《じぶん》では意識《いしき》しないでも動《うご》くのである）という身体《からだ》の動《うご》きなのである。

「こっくりさん、こっくりさん……」という最初《さいしょ》に行《おこな》う儀式的行為《ぎしきてきこうい》により、自己暗示《じこあんじ》にかかり、自分《じぶん》の潜在意識《せんざいいしき》による動《うご》きで答《こた》えを導《みちび》きだすのである。無意識《むいしき》とはいえ、自分《じぶん》が思《おも》っている通《とお》りに自分《じぶん》で動《うご》かすので、当《あ》たる可能性《かのうせい》が高《たか》くなるのは当然《とうぜん》なのだ。このことは心理学《しんりがく》や精神医学《せいしんいがく》の実験《じっけん》などで証明《しょうめい》されているという。しかし、それが昔《むかし》は神秘的《しんぴてき》で、神仏《しんぶつ》や霊《れい》によるものと信《しん》じられたことは、よく理解《りかい》できることである。

「こっくりさん」は、世俗化《せぞくか》・遊戯化《ゆうぎか》されたシャーマニズムとみなされるが、民俗《みんぞく》・宗教学的《しゅうきょうがくてき》な研究《けんきゅう》は、まだ解明《かいめい》しなければならないところが大《おお》きいといわれている。

・コ・ラ・ム・
アッ！こんなこともあったね

こっくりさん騒動《そうどう》

第二次世界大戦《だいにじせかいたいせん》に日本《にほん》が敗北《はいぼく》した翌年《よくとし》の1946（昭和《しょうわ》21）年《ねん》3月《がつ》、フィリピン・ルバング島山中《とうさんちゅう》に終戦《しゅうせん》を知《し》らない48名《めい》の日本兵《にほんへい》が残留《ざんりゅう》していることが判明《はんめい》し、同胞《どうほう》による何回《なんかい》かの降伏勧告工作《こうふくかんこくこうさく》で45人《にん》は下山《げざん》し無事帰国《ぶじきこく》したが、残《のこ》る3人《にん》は「こっくりさんのお告《つ》げがあった」とし、説得《せっとく》を受《う》け入《い》れず身《み》を隠《かく》してしまったという事件《じけん》があった。

また、こっくりさんによる中学生《ちゅうがくせい》の集団放心事件《しゅうだんほうしんじけん》、主婦錯乱事件《しゅふさくらんじけん》などが起《お》きている。自己暗示《じこあんじ》による一種《いっしゅ》の催眠状態《さいみんじょうたい》に陥《おちい》ってしまうためであり、その世界《せかい》に深《ふか》く入《はい》りすぎると集団暗示《しゅうだんあんじ》にかかってしまうこともあるという。とくに精神《せいしん》が不安定《ふあんてい》なとき、その可能性《かのうせい》が高《たか》くなり、そうなると単《たん》なるゲームではすまされなくなる。

「クマンバチ（スズメバチ）の巣《す》は魔除《まよ》けになる」

クマンバチ（スズメバチ）の攻撃性《こうげきせい》に起因《きいん》する縁起物《えんぎもの》。

「四《よ》つ葉《ば》のクローバーを見《み》つけると幸《しあわ》せになる」

ヨーロッパから伝《つた》わった迷信《めいしん》。

地方《ちほう》の町《まち》や村《むら》を歩《ある》いていると、家《いえ》の軒下《のきした》に、大《おお》きなクマンバチ（熊《くま》ん蜂《ばち》）の廃巣《はいす》が下《さ》がっているのを見《み》かけることがある。すでに廃巣《はいす》で安全《あんぜん》だが、なぜ大《だい》事《じ》にそのままにしてあるのだろうか。

ここでいうクマンバチとは、「クマバチ」（コシブトハナバチ科《か》クマバチ属《ぞく》。地方《ちほう》によってはこのハチを「クマンバチ」と呼《よ》ぶところもある）を指《さ》すのではなく、「スズメバチ」（スズメバチ科《か》およびスズメバチ亜科《あか》）の別称《べっしょう》である。

クマバチは黒《くろ》っぽく、ずんぐりしていて、攻撃性《こうげきせい》が強《つよ》いスズメバチのように人《ひと》を襲《おそ》うことはあまりない。それにクマバチは、木造家屋《もくぞうかおく》の垂木《たるき》などに穴《あな》をあけて巣《す》をつくるので、あの直径《ちょっけい》四〇～五〇センチメートルもある見事《みごと》な球形《きゅうけい》の巣《す》はつくらない。よって、魔除《まよ》けとして下《さ》げられている巣《す》はスズメバチのものを指《さ》す。

スズメバチは一匹《ぴき》の女王《じょおう》バチと数百《すうひゃく》~数千《すうせん》の働《はたら》きバチが集団生活《しゅうだんせいかつ》をし、晩秋《ばんしゅう》になると数《すう》百匹《ひゃっぴき》の新女王《しんじょおう》バチと同《どう》数《すう》の雄《おす》バチを産出《さんしゅつ》する。新女王《しんじょおう》バチは交尾後《こうびご》、土《つち》の中《なか》で越冬《えっとう》するが、働《はたら》きバチと雄《おす》バチは越《えっ》冬《とう》することなく死《し》んでいく。だから大《おお》きな巣《す》も一年《ねん》だけで廃巣《はいす》となるのである。

ススメバチの巣《す》のつくり方《かた》

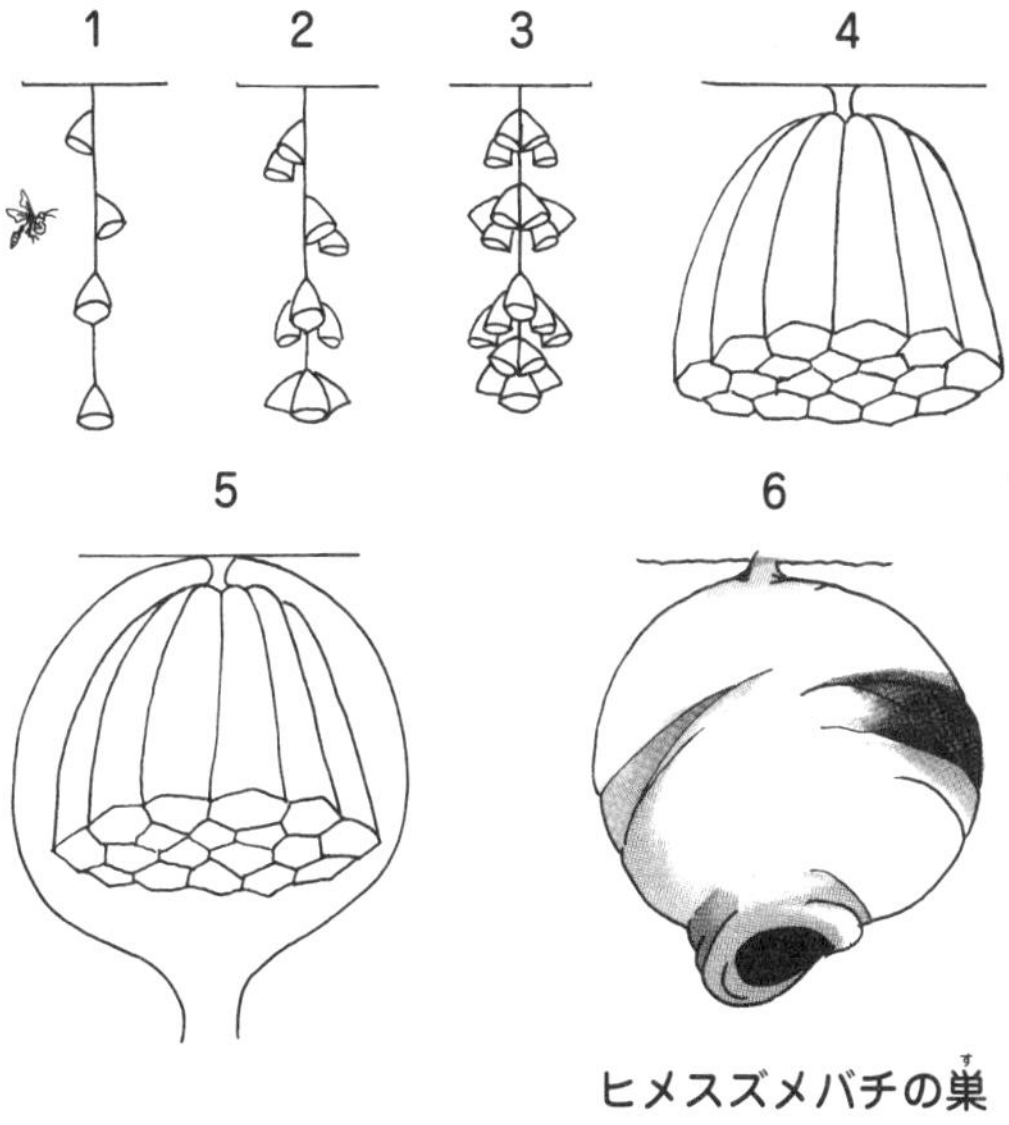

ヒメスズメバチの巣《す》

日本《にほん》では古来《こらい》、クマンバチが巣《す》をかけると、その家《いえ》には幸福《こうふく》が訪《おとず》れると信《しん》じられ、「クマンバチの巣《す》は魔除《まよ》けになる」とウワサされてきた。あの強《つよ》そうなクマンバチが家《いえ》を守《まも》ってくれると思《おも》ったからだとか、巣《す》にうっかりさわったりすると危険《きけん》きわまりないので、その戒《いまし》めとしてとか諸説《しょせつ》あるが、要《よう》は縁起物《えんぎもの》なのである。

さて、縁起物《えんぎもの》といえば、いまも「四《よ》つ葉《ば》のクローバー」は、幸《しあわ》せのシンボルとして人気《にんき》がある。本《ほん》やノートに挟《はさ》む人《ひと》びとも多《おお》い。四《よ》つ葉《ば》を使《つか》ったペンダントなどの縁起物《えんぎもの》グッズも売《う》られている。

クローバーは、マメ科《か》の植物《しょくぶつ》シロツメクサの別称《べっしょう》である。ヨーロッパにはクローバー属《ぞく》の植物《しょくぶつ》が多《おお》い。江戸時代《えどじだい》にオランダからガラス器《き》を取《と》り寄《よ》せるとき、壊《こわ》れるのを防《ふせ》ぐため、荷箱《にばこ》に枯《か》れたこの草《くさ》を詰《つ》めてあったことから「詰《つ》め草《くさ》」と呼《よ》ばれるようになった。そのときにこの種《たね》が日本全国《にほんぜんこく》に広《ひろ》まったといわれている。

クローバーの言《い》い伝《つた》えは、ヨーロッパには古《ふる》くからあり、三《み》つ葉《ば》のクローバーはキリスト教《きょう》の三位一体《さんみいったい》を表《あらわ》すと伝《つた》えられる。また四《よ》つ葉《ば》は、十字《じゅうじ》の形《かたち》をしていることから「十字架《じゅうじか》」を表《あらわ》すとされる。三《み》つ葉《ば》は「希望《きぼう》」「信仰《しんこう》」「愛情《あいじょう》」の印《しるし》とされているが、四《よ》つ葉《ば》になると、その一枚《まい》は「幸福《こうふく》」の印《しるし》となるそうだ。その言《い》い伝《つた》えが日本《にほん》にも持《も》ち込《こ》まれ、「四《よ》つ葉《ば》のクローバーを見《み》つけると幸《しあわ》せになる」といわれるようになったとされている。

なお、幸運《こううん》を招《まね》くといわれる「四《よ》つ葉《ば》のクローバー」は、突然変異《とつぜんへんい》の産物《さんぶつ》である。三《み》つ葉《ば》のクローバーが、なにかの原因《げんいん》で成長点《せいちょうてん》が損傷《そんしょう》してできたもので、その希少《きしょう》さも手伝《てつだ》って縁起物《えんぎもの》とされているのである。

・コ・ラ・ム・
アッ！こんなこともあったね

スズメバチによる被害《ひがい》

スズメバチによる被害《ひがい》が多《おお》いのは８月《がつ》から10月《がつ》である。スズメバチは世界《せかい》で61種《しゅ》、日本《にほん》には16種《しゅ》が知《し》られている。

刺毒《しどく》は、ハチの中《なか》で最《もっと》も強《つよ》く、中《なか》でも攻撃性《こうげきせい》が強《つよ》いのはオオスズメバチとキイロスズメバチである。毒《どく》は大形種《おおがたしゅ》ほど強《つよ》いが、都市近郊《としきんこう》の新興住宅地《しんこうじゅうたくち》にはキイロスズメバチが多《おお》く、体《からだ》は小《ちい》さくても集団《しゅうだん》で襲《おそ》うので危険性《きけんせい》は高《たか》い。

刺毒《しどく》の主成分《しゅせいぶん》のキニン類《るい》は、痛《いた》みとともに血圧《けつあつ》を低下《ていか》させる。そのほかヒスタミン、アセチルコリン、数種《すうしゅ》のタンパク質分解酵素《しつぶんかいこうそ》などを含有《がんゆう》している。刺《さ》されると激《はげ》しい痛《いた》みと腫《は》れをともなうが、一過性《いっかせい》の毒《どく》であるため一時症状《いちじしょうじょう》ですむ。だが、刺毒《しどく》に過敏症《かびんしょう》の人《ひと》は、吐《は》き気《け》、発熱《はつねつ》、悪寒《おかん》、ジンマシンなどの症状《しょうじょう》が表《あらわ》れ、呼吸困難《こきゅうこんなん》となり、死《し》に至《いた》る危険《きけん》がある。刺《さ》されたら、巣《す》から一刻《いっこく》も早《はや》く離《はな》れ、傷口《きずぐち》を水《みず》で洗《あら》い、毒液《どくえき》を市販器具《しはんきぐ》（ポイズンリムーバー）などで吸《す》い出《だ》し、氷嚢《ひょうのう》や湿布《しっぷ》で冷《ひ》やし、医師《いし》の手当《てあ》てを受《う》けよう。アンモニア液《えき》での中和《ちゅうわ》は俗信《ぞくしん》で、まったく効《き》き目《め》はない。

6

「出《で》がけに靴《くつ》の紐《ひも》が切《き》れるのは不吉《ふきつ》」

葬式《そうしき》の習《なら》わしに起因《きいん》する俗信《ぞくしん》。

「竹《たけ》の花《はな》が咲《さ》くのは不吉《ふきつ》」

竹《たけ》は花《はな》が咲《さ》き、実《み》を結《むす》ぶと枯《か》れることから連想《れんそう》した俗信《ぞくしん》。

一日《いちにち》のはじまり。「さぁ、出《で》かけるぞ」と、玄関《げんかん》で靴紐《くつひも》をきりっと締《し》めようとしたとたんに、プツンと切《き》れてしまうことがある。

「出《で》がけに靴《くつ》の紐《ひも》（下駄《げた》の鼻緒《はなお》）が切《き》れるのは不吉《ふきつ》」という言葉《ことば》を思《おも》い出《だ》し、その一日《いちにち》が憂鬱《ゆううつ》になる。縁起《えんぎ》をかつぐ人《ひと》にとってはなおのことだ。

だが、そう落《お》ち込《こ》むことはない。このウワサは、昔《むかし》の葬式《そうしき》の習《なら》わしに由来《ゆらい》する俗信《ぞくしん》であるからだ。昔《むかし》、日本《にほん》では葬儀《そうぎ》に参列《さんれつ》した人《ひと》びとは、墓地《ぼち》で遺体《いたい》の埋葬《まいそう》が終《お》わると、そのときはいていた葬儀用《そうぎよう》のゾウリやワラジの鼻緒《はなお》を切《き》って、墓地《ぼち》の入《い》り口《ぐち》に捨《す》てるのが習《なら》わしだった。鼻緒《はなお》を切《き》るのは、死霊《しりょう》たちが、それを拾《ひろ》って使《つか》わないようにするためである。

日本人《にほんじん》は死人《しにん》にまつわる習《なら》わしを忌《い》み嫌《きら》ったため、はきものの鼻緒《はなお》が切《き》れることを不吉《ふきつ》と考《かんが》えていた。それが、時代《じだい》とともに鼻緒《はなお》から靴《くつ》の紐《ひも》になっただけのことである。

ただ一言加《ひとことくわ》えておくと、出《で》がけに靴《くつ》の紐《ひも》が切《き》れないように、平常《へいじょう》、注意《ちゅうい》しておく心《こころ》がけは必要《ひつよう》であろう。出《で》がけに切《き》れてしまえば、とりかえるのに時間《じかん》がかかって遅刻《ちこく》することにつながり、なるほど不吉《ふきつ》にはちがいないということになってしまう。

さて、縁起《えんぎ》が悪《わる》いとされるウワサでは「竹《たけ》の花《はな》が咲《さ》くのは不吉《ふきつ》」というものがある。本来《ほんらい》、竹《たけ》は「松竹梅《しょうちくばい》」というように、どちらかといえば縁起《えんぎ》のよいイメージがある。にもかかわらず、不吉《ふきつ》なことに結《むす》びついたのはなぜだろうか。

このウワサは、非常《ひじょう》に繁殖力《はんしょくりょく》が強《つよ》い竹《たけ》が敷地《しきち》をどんどん占領《せんりょう》していくので、昔《むかし》は竹《たけ》を屋敷《やしき》に植《う》えると「運《うん》が悪《わる》くなる」「家《いえ》が栄《さか》えない」と嫌《きら》う地方《ちほう》が多《おお》く、そこから派生《はせい》したと推測《すいそく》される。中《なか》でも「竹《たけ》に花《はな》が咲《さ》く年《とし》は飢饉《ききん》になる」「竹《たけ》の花《はな》が咲《さ》いた年《とし》は不作《ふさく》」「竹《たけ》に花《はな》が咲《さ》くと国《くに》に一大事《いちだいじ》が起《お》きる」と、とくに竹《たけ》の花《はな》は嫌《きら》われている。

竹《たけ》は禾本科《かほんか》（イネ科《か》）で、イネ同様花《どうようはな》を咲《さ》かせるが、めったにその花《はな》を見《み》ることはできない。六〇年《ねん》に一度《いちど》とか、一〇〇年前後《ねんぜんご》に一度《いちど》とかいわれているほど、竹《たけ》に花《はな》が咲《さ》くことは大変《たいへん》まれなことである。しかも竹《たけ》は地下《ちか》で根《ね》がつながっているので、一帯《いったい》がいっせいに花《はな》を咲《さ》かせ、実《み》を結《むす》んだあとには竹林《ちくりん》のほとんどが枯《か》れてしまうのだ。そのため、竹《たけ》の花《はな》が咲《さ》くのは不吉《ふきつ》の前兆《ぜんちょう》にちがいないと連想《れんそう》したのであろう。

マダケの花《はな》

ちなみに飢饉《ききん》のとき、竹《たけ》の実《み》が食糧《しょくりょう》として役立《やくだ》ったという記録《きろく》もあるくらいなので、たまたま竹《たけ》の花《はな》が咲《さ》いた年《とし》が旱魃《かんばつ》や飢饉《ききん》と重《かさ》なったこともあっただろうが、竹《たけ》の花《はな》が咲《さ》いたことと飢饉《ききん》はなんの因果関係《いんがかんけい》もないのである。

つまり竹《たけ》の花《はな》が不吉《ふきつ》というウワサは、信《しん》用度《ようど》ゼロの俗信《ぞくしん》だったというわけだ。

・コ・ラ・ム・
アッ！こんなこともあったね

アジアの竹文化《たけぶんか》

竹《たけ》はイネ科《か》のタケ亜科《あか》に属《ぞく》する植物《しょくぶつ》の総称《そうしょう》だ。世界《せかい》の竹林面積《ちくりんめんせき》の80パーセント近《ちか》くがアジアに集中《しゅうちゅう》し、日本人《にほんじん》にとっても身近《みぢか》な植物《しょくぶつ》で、平安初期《へいあんしょき》にできた最古《さいこ》の物語《ものがたり》『竹取物語《たけとりものがたり》』のかぐや姫《ひめ》は竹《たけ》から誕《たん》生《じょう》した。アジアの民《たみ》は「竹文化《たけぶんか》」を生《う》み出《だ》した。呪術《じゅじゅつ》・信仰《しんこう》の祭器《さいき》、農具《のうぐ》、漁具《りょうぐ》、運搬具《うんぱんぐ》、調理具《ちょうりぐ》、什器《じゅうき》、楽器《がっき》、建材《けんざい》、食材《しょくざい》、薬《くすり》（竹水《ちくすい》）、染料《せんりょう》、竹糸《たけいと》、竹綿《たけわた》などにアジア人《じん》の知恵《ちえ》と技術《ぎじゅつ》が盛《も》り込《こ》まれている。

竹博士《たけはかせ》と知《し》られた上田弘一郎氏《うえだこういちろうし》（故人《こじん》）は生前《せいぜん》、「竹《たけ》は伐《き》ってくれ使《つか》ってくれ、と山《やま》で泣《な》いている」とよく口《くち》にした。竹林《ちくりん》は切《き》ってもすぐよみがえる。竹《たけ》は尽《つ》きることを知《し》らない資源《しげん》なのである。これ以上《いじょう》の自然《しぜん》の破壊《はかい》は許《ゆる》されない今日《こんにち》、竹《たけ》はあますところなく、すべてを有効《ゆうこう》に利用《りよう》できる貴重《きちょう》な資源《しげん》であるといえよう。

ウワサ 7

「ミミズに小便《しょうべん》をかけてはいけない」

耕作《こうさく》や医薬《いやく》に重要《じゅうよう》なミミズに、小便《しょうべん》をかけないための戒《いまし》め。

「朝《あさ》にクモを見《み》るのは吉《きち》、夜《よる》にクモを見《み》るのは凶《きょう》」

夜《よる》のクモが気《き》の毒《どく》だ。そんなバカな話《はなし》はない。

解明

ミミズに小便《しょうべん》をかけると「オチンチンがはれる」「不吉《ふきつ》なことが起《お》きる」「火事《かじ》になる」と、罰《ばち》のあたり方《かた》こそちがうが、このミミズと小便《しょうべん》のウワサは全国《ぜんこく》にある。

ミミズは、昔《むかし》から農民《のうみん》たちにとって「田畑《たはた》の神《かみ》」だった。ミミズが通《とお》った小《ちい》さな穴《あな》は田《た》畑《はた》に必要《ひつよう》な通気孔《つうきこう》となり、土壌《どじょう》に養分《ようぶん》を与《あた》えてくれるからである。また、「道《みち》にミミズが出《で》ていたら明日《あす》は雨《あめ》」とか「ミミズに土《つち》がついていたら晴《は》れ」とか、天気予報《てんきよほう》にも役立《やくだ》てていた。さらに、農民《のうみん》たちが医者《いしゃ》にかかれず、病気《びょうき》の治療《ちりょう》を民間療法《みんかんりょうほう》に頼《たよ》らなければならなかった時代《じだい》、発熱《はつねつ》・腹痛《ふくつう》・下痢《げり》などの治療薬《ちりょうやく》としてミミズを煎《せん》じて飲《の》んでいた。歯痛《はいた》のときに、ミミズを巻《ま》いて棒状《ぼうじょう》にしたものを噛《か》む地方《ちほう》もあった。いまでも、ミミズを使《つか》った解《げ》熱剤《ねつざい》があるそうだ。

そういうわけで、田畑《たはた》の神様《かみさま》であり大事《だいじ》な薬《くすり》でもあるミミズに小便《しょうべん》をかけることを戒《いまし》めたのであろう。

また、ミミズがいるようなところで遊《あそ》ぶ子《こ》どもたちの手《て》は泥《どろ》だらけなので、そんな手《て》でオチンチンを触《さわ》るとバイ菌《きん》が入《はい》って本当《ほんとう》にはれてしまうことも考《かんが》えられる。つまり、遊《あそ》びまわる子《こ》どもたちが道端《みちばた》や木陰《こかげ》や畑《はたけ》など、どこにでも小便《しょうべん》をしてしまわないよう、大人《おとな》たちが「ミミズにおしっこをかけたら、オチンチンがはれて、痛《いた》くなるぞ」と注意《ちゅうい》をしたというわけだ。

ちなみに、道端《みちばた》で小便《しょうべん》をするとき

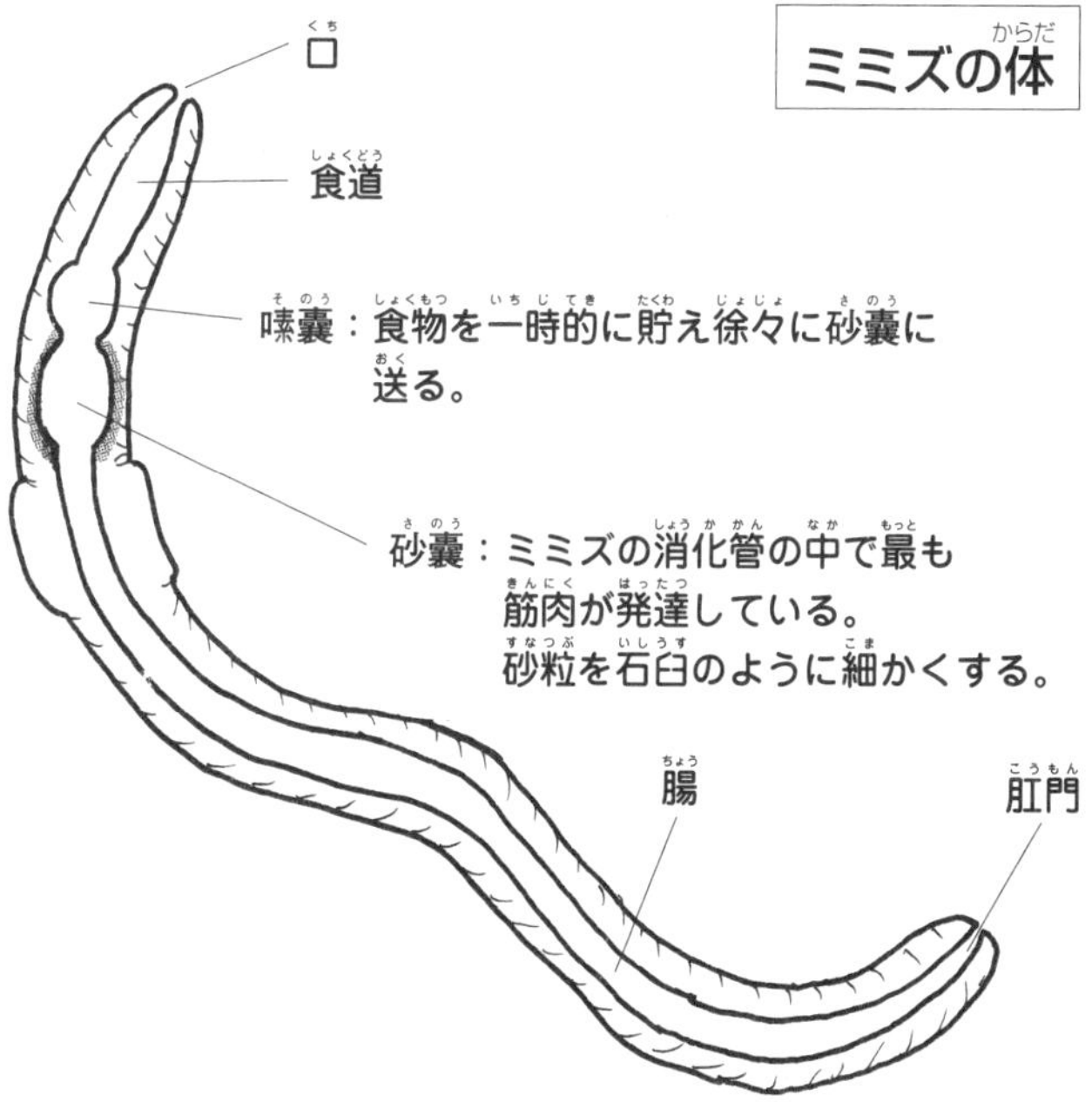

は、まずミミズに謝《あやま》ってからする地方《ちほう》もあるという。また、もし小便《しょうべん》をかけてしまったら、ミミズを洗《あら》ってやったり、「ごめんなさい」と謝《あやま》ったりと、その対策《たいさく》も地方《ちほう》によってまちまちなのである。

さて、同《おな》じ身近《みぢか》にいる生《い》きものでも、クモは朝《あさ》と夜《よる》でその待遇《たいぐう》がまったくちがうのである。「朝《あさ》にクモを見《み》るのは吉《きち》、夜《よる》にクモを見《み》るのは凶《きょう》」というウワサだ。古来《こらい》、「朝《あさ》のクモは福《ふく》がくる」「朝《あさ》グモは縁起《えんぎ》がよいから、神棚《かみだな》にあげる」「朝《あさ》グモは、懐《ふところ》へ入《い》れるとお金《かね》が入《はい》る」「朝《あさ》のクモは殺《ころ》してはいけない」「朝《あさ》のクモは、鬼《おに》に似《に》ていても殺《ころ》すな」などといわれてきた。しかし、どうして朝《あさ》のクモがそんなに吉兆《きっちょう》なのかはわかっていない。ただ古《ふる》くからいわれているようで、古墳時代《こふんじだい》には衣通郎姫《そとおしのいらつめ》が、「朝《あさ》、クモがササの根元《ねもと》で巣《す》をつくると待《ま》ち人《びと》がくる吉兆《きっちょう》だ」という意味《いみ》の歌《うた》を詠《よ》んでいたり、『平家物語《へいけものがたり》』の中《なか》にも朝《あさ》のクモはよい知《し》らせを持《も》ってくると書《か》かれていたりするのである。

ところが夜《よる》のクモはさんざんだ。「夜《よる》、クモが出《で》るとドロボーが入《はい》る」「夜《よる》のクモは、殺《ころ》せ」「夜《よる》グモは、親《おや》に似《に》ていても殺《ころ》せ」などと伝《つた》えられ、日本各地《にほんかくち》で夜《よる》のクモは凶兆《きょうちょう》とされているのである。その理由《りゆう》は、奇怪《きかい》な形《かたち》のクモが夜《よる》に出《で》てくると不気味《ぶきみ》だったり、糸《いと》にぶらさがって降《お》りてくるところがドロボーのイメージにつながったりと、いろいろいわれているが、これは人間《にんげん》の勝手《かって》な言《い》い分《ぶん》である。夜《よる》に出《で》たばっかりに、殺《ころ》されたらクモもたまらない。秋田県《あきたけん》や奈良県《ならけん》には、夜《よる》くるクモを「明日《あす》こい」といって外《そと》に出《だ》してやるという風習《ふうしゅう》が受《う》け継《つ》がれている地域《ちいき》があるそうだ。

いずれにせよ根拠《こんきょ》のない俗信《ぞくしん》を気《き》にするより、無益《むえき》な殺生《せっしょう》を慎《つつし》んでいた方《ほう》が、よっぽど吉事《きちじ》が訪《おとず》れるというものであろう。

・コ・ラ・ム・
アッ！こんなこともあったね

ミミズは切《き》ってもだいじょうぶ？

ミミズは、世界《せかい》で約《やく》2700種《しゅ》が知《し》られている。体長《たいちょう》が約《やく》0.5ミリメートルの種《しゅ》から2メールにもおよぶ種《しゅ》までいて、その生態《せいたい》もさまざまだ。一般《いっぱん》にミミズは再生力《さいせいりょく》が強《つよ》いといわれているが、これも種類《しゅるい》によってまちまちだ。フトミミズは体《からだ》を切断《せつだん》されると死《し》んでしまうが、魚《さかな》つりの餌《えさ》に用《もち》いるシマミミズ（ツリミミズ）はとくに再生力《さいせいりょく》が強《つよ》く、切断《せつだん》されると失《うしな》った部分《ぶぶん》を再生《さいせい》してもとの体《からだ》になり、体《からだ》の真《ま》ん中《なか》あたりで切《き》り離《はな》すと2匹《ひき》のミミズになってしまう。

ウワサのうんちくメモ②

亥《い》と子《ね》は生《い》き別《わか》れ

ウワサの中《なか》には、人生《じんせい》に大《おお》きくかかわるものもある。そのひとつが結婚《けっこん》を左右《さゆう》する男女《だんじょ》の相性《あいしょう》だ。「相性《あいしょう》がいい」といわれたばかりにとんでもない相手《あいて》と結婚《けっこん》したり、「相性《あいしょう》が悪《わる》い」ということで結婚《けっこん》を断念《だんねん》したりと、罪《つみ》つくりな相性《あいしょう》のウワサである。

相性《あいしょう》とは、人間同士《にんげんどうし》の性格《せいかく》がうまく合《あ》うことである。相性《あいしょう》の判断《はんだん》は、中国伝来《ちゅうごくでんらい》の「陰陽五行説《おんみょうごぎょうせつ》」や「干支《えと》」「九星《きゅうせい》」などによるものが多《おお》い。相性《あいしょう》は、とくに縁談《えんだん》では重要《じゅうよう》な役割《やくわり》を果《は》たしてきた。

五行説《ごぎょうせつ》では、人間《にんげん》は生《う》まれつき「木火土金水《もっかどごんすい》」のうちのひとつの性《しょう》を持《も》ち、木《き》と火《ひ》、火《ひ》と土《つち》、土《つち》と金《かね》、金《かね》と水《みず》、水《みず》と木《き》の性《しょう》ならば相性《そうしょう》、水《みず》と火《ひ》、火《ひ》と金《かね》、金《かね》と木《き》、木《き》と土《つち》、土《つち》と水《みず》の性《しょう》ならば相剋《そうこく》とされている。相性《そうしょう》の縁組《えんぐ》みは和合《わごう》して幸福《こうふく》をもたらし、相剋《そうこく》の縁組《えんぐ》みは不和《ふわ》で災難《さいなん》が生《しょう》じるといわれ、それを易者《えきしゃ》が判断《はんだん》した。

一方《いっぽう》、干支《えと》では十二支《じゅうにし》で相性《あいしょう》を判断《はんだん》する。日本《にほん》で見合結婚《みあいけっこん》が主流《しゅりゅう》の時代《じだい》、「愛嬌《あいきょう》よりも相性《あいしょう》」などといわれ、干支《えと》による相性《あいしょう》は縁談《えんだん》で大《おお》きな影響《えいきょう》をおよぼした。「亥《い》と子《ね》は生《い》き別《わか》れ」「巳《み》と午《うま》生《う》まれは死《し》に別《わか》れ」などといわれれば、その結婚《けっこん》にしりごみしたという。

このほか「3歳《さい》ちがいは道《みち》づれになるな」「6歳《さい》ちがいは、むつまじく暮《く》らす」「7歳《さい》ちがいは泣《な》く泣《な》く暮《く》らす」など数《かず》の語呂《ごろ》合《あ》わせによる相性《あいしょう》もあった。

恋愛結婚《れんあいけっこん》が多《おお》くなった今日《こんにち》でも、相性《あいしょう》を気《き》にしている人《ひと》たちが結構《けっこう》いるが、「好《す》き」が第一《だいいち》だ。相性《あいしょう》のウワサなどフッ飛《と》ばそう。

3章●飲食物についてのウワサ

ウワサ 1

「酒《さけ》をチャンポンで飲《の》むと悪酔《わるよ》いする」
口当《くちあ》たりのちがう酒《さけ》で、ついつい飲《の》みすぎてしまうのが原因《げんいん》。

「酒《さけ》を飲《の》んで眠《ねむ》ると蚊《か》に刺《さ》されやすい」
大《おお》いに根拠《こんきょ》あり。

「酒飲《さけの》みは手術《しゅじゅつ》を受《う》けるとき麻酔《ますい》が効《き》きにくい」
全身麻酔《ぜんしんますい》には影響《えいきょう》がない。

解明

酒《さけ》は、人類《じんるい》とともに歩《あゆ》んできた飲《の》み物《もの》だ。適量《てきりょう》の飲酒《いんしゅ》は、心身《しんしん》によいばかりか、社会生活《しゃかいせいかつ》をスムーズにする。だが、鎌倉時代《かまくらじだい》の歌人《かじん》・随筆家《ずいひつか》である兼好法師《けんこうほうし》は『徒然草《つれづれぐさ》』の中《なか》で「酒《さけ》は百薬《ひゃくやく》の長《ちょう》とはいへ《え》ど、よろず病《やまい》は酒《さけ》よりこそ起《お》これ」と忠告《ちゅうこく》もしている。古来《こらい》、酒《さけ》にまつわるウワサも多《おお》い。

飲《の》んだ酒《さけ》は、体内《たいない》でどうなるのだろうか？　酒《さけ》（アルコール）は、胃腸《いちょう》の粘膜《ねんまく》から吸収《きゅうしゅう》され、血液《けつえき》によって肝臓《かんぞう》に運《はこ》ばれ代謝《たいしゃ》、アセトアルデヒドを経《へ》て酢酸《さくさん》に分解《ぶんかい》される。酢酸《さくさん》は、血液《けつえき》により全身《ぜんしん》をめぐり、筋肉《きんにく》や脂肪組織《しぼうそしき》などで水《みず》と二酸化炭素《にさんかたんそ》に分解《ぶんかい》されて呼気《こき》や汗尿《かんにょう》となって体外《たいがい》へ排出《はいしゅつ》される。

肝臓《かんぞう》のアルコール処理能力《しょりのうりょく》は個人差《こじんさ》があるが、成人男子《せいじんだんし》でビール大《おお》ビン一本《ぽん》に平均三時《へいきんじ》間《かん》かかるといわれ、それを超《こ》える量《りょう》を飲《の》むと、いったん肝臓《かんぞう》を通過《つうか》してそのまま血液中《けつえきちゅう》に流《なが》れて全身《ぜんしん》をめぐり、再《ふたた》び肝臓《かんぞう》に戻《もど》るという循環《じゅんかん》をくり返《かえ》す。また、アルコールの分解途《ぶんかいと》中《ちゅう》で生《しょう》じるアセトアルデヒドは、分解《ぶんかい》が追《お》いつかないと、そのまま血液中《けつえきちゅう》を流《なが》れるのだが、このアセトアルデヒドは非常《ひじょう》に毒性《どくせい》が強《つよ》く、飲酒時《いんしゅじ》の顔面紅潮《がんめんこうちょう》・動悸《どうき》・吐《は》き気《け》・頭痛《ずつう》などを引《ひ》き起《お》こすといわれている。だから、このアセトアルデヒドを分解《ぶんかい》する酵素《こうそ》であるアセトアルデヒド脱水素酵素《だっすいそこうそ》（ＡＬＤＨ《エーエルディーエイチ》）の働《はたら》きが弱《よわ》かったり、処理能力《しょりのうりょく》を上回《うわまわ》る量《りょう》を飲《の》んだりすると、血液中《けつえきちゅう》に有害《ゆうがい》なアセトアルデヒドがいつまでも残《のこ》り、悪酔《わるよ》いや二日酔《ふつかよ》いになるのである。

さて、種類《しゅるい》のちがう酒《さけ》を合《あ》わせて飲《の》むことをチャンポンというが、これによる悪酔《わるよ》いはアルコール量《りょう》の問題《もんだい》であり、種類《しゅるい》には関係《かんけい》ない。口当《くちあ》たりのちがうビールや日本酒《にほんしゅ》、焼酎《しょうちゅう》などを次々《つぎつぎ》に飲《の》めば、ついつい飲酒量《いんしゅりょう》がオーバーしてしまうのは自明《じめい》の理《り》といえよう。

また、悪酔《わるよ》いするというウワサでは冷酒《れいしゅ》もあげられる。「日本酒《にほんしゅ》はお燗《かん》をすれば、二日酔《ふつかよ》いの原因《げんいん》のひとつであるフーゼル油《ゆ》が蒸発《じょうはつ》して悪酔《わるよ》いしにくい」といわれるが、これは科《か》学的根拠《がくてきこんきょ》のない俗説《ぞくせつ》であり、真相《しんそう》は冷酒《れいしゅ》が口当《くちあ》たりがよく、ついつい飲《の》みすぎてしまうという、これも酒量《しゅりょう》の問題《もんだい》なのである。

酒《さけ》にまつわるウワサ「酒《さけ》を飲《の》んで眠《ねむ》ると蚊《か》に刺《さ》されやすい」には根拠《こんきょ》がある。蚊《か》は、体温《たいおん》が高《たか》く汗《あせ》かきの人《ひと》を好《この》む。酒《さけ》を飲《の》めば体温《たいおん》が上《あ》がり、吐《は》く息《いき》の炭酸《たんさん》ガス（二《に》酸化炭素《さんかたんそ》）の量《りょう》が増《ふ》

アルコールによって引《ひ》き起《お》こされるおそれのある疾患《しっかん》

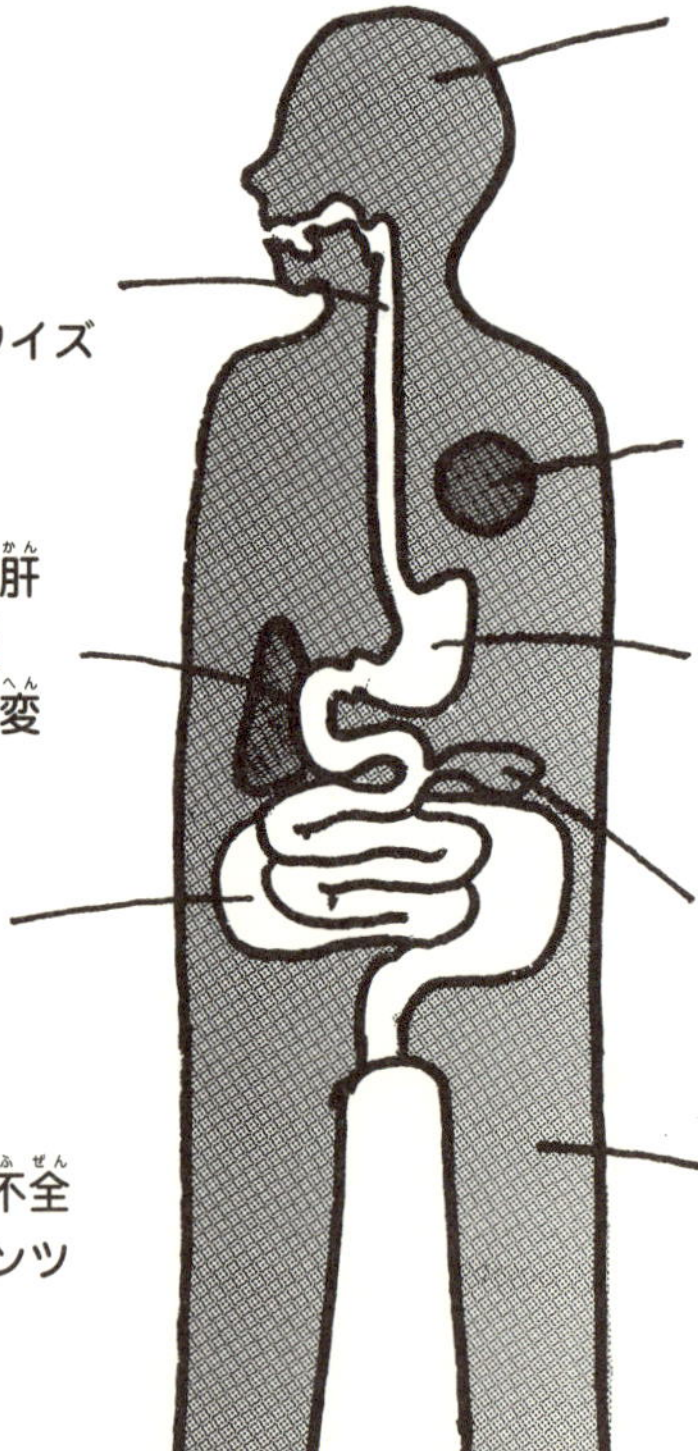

えるので、微量《びりょう》な汗《あせ》や炭酸《たんさん》ガスを敏感《びんかん》に感知《かんち》する蚊《か》に狙《ねら》われやすくなるわけだ。また酒《さけ》を飲《の》むと動作《どうさ》が鈍《にぶ》くなり、蚊《か》など気《き》にしなくなってくる。さらに寝込《ねこ》んでしまえば、蚊《か》にとってはこれほど好都合《こうつごう》なことはない。

さて、酒《さけ》に関《かん》しては「酒飲《さけの》みは麻酔《ますい》が効《き》きにくい」というウワサをよく耳《みみ》にする。飲酒量《いんしゅりょう》が多《おお》い人《ひと》は、肝臓《かんぞう》における薬物《やくぶつ》の代謝《たいしゃ》が速《はや》く、静脈麻酔《じょうみゃくますい》が効《き》きにくかったりする可能性《かのうせい》はあるといわれている。しかし、全身麻酔《ぜんしんますい》において通常使《つうじょうつか》う吸入麻酔《きゅうにゅうますい》では影響《えいきょう》がない、ということだ。だから酒好《さけず》きだからといって、麻酔《ますい》にとくに不安《ふあん》を抱《いだ》くことはないといえよう。

・コ・ラ・ム・
アッ！こんなこともあったね

お酒《さけ》に強《つよ》い人《ひと》と弱《よわ》い人《ひと》

同《おな》じ量《りょう》の酒《さけ》を飲《の》んでも、酔《よ》い方《かた》には大《おお》きな個人差《こじんさ》がある。わずかな酒量《しゅりょう》でも顔《かお》が真《ま》っ赤《か》になったり、悪酔《わるよ》いする人《ひと》がいる。その差《さ》は、アセトアルデヒドを分解《ぶんかい》する酵素《こうそ》（ＡＬ ＤＨ《エーエルディーエイチ》）が欠《か》けていたり、あるいはその活性《かっせい》が低《ひく》いからである。このような人《ひと》びとは、アセトアルデヒドの分解《ぶんかい》 能力《のうりょく》が低《ひく》く、少量《しょうりょう》の酒《さけ》でも体内《たいない》にアセトアルデヒドが残留《ざんりゅう》して悪酔《わるよ》いをしやすい。これは遺伝的《いでんてき》なものなので一生変《いっしょうか》わることはなく、無理《むり》をして飲《の》んでも酒《さけ》に強《つよ》くなることはないのである。以上《いじょう》のことからも、飲《の》めない人《ひと》へ酒《さけ》を無理強《むりじ》いすることは、慎《つつし》まなければならない。

また女性《じょせい》の場合《ばあい》、女性《じょせい》ホルモンにはアルコール分解《ぶんかい》の抑制作用《よくせいさよう》があるといわれている。そのため同《おな》じ体重《たいじゅう》の男性《だんせい》と同《おな》じアルコール量《りょう》を飲《の》んだ場合《ばあい》、血中濃度《けっちゅうのうど》は女性《じょせい》の方《ほう》が高《たか》く、酔《よ》いの覚《さ》めが遅《おく》れるといわれている。

2

「ビール好《ず》きの人《ひと》は肥満《ひまん》になる」

ビールそのものが原因《げんいん》ではない。つまみの食《た》べすぎに注意《ちゅうい》。

「ビールは水《みず》に比《くら》べて一度《いちど》にたくさんの量《りょう》を飲《の》める」

ビールは水《みず》より体内吸収《たいないきゅうしゅう》速度《そくど》が速《はや》いため。

「ビールの注《つ》ぎ足《た》しは不味《まず》い」

ビールの酸化《さんか》を早《はや》めるため不味《まず》くなる。

ビールの歴史《れきし》は古《ふる》く、オリエントに発祥《はっしょう》したのは紀元前《きげんぜん》三五〇〇年《ねん》ごろとされる。メソポタミアのシュメール人《じん》たちは、酵母《こうぼ》によってつくられたこの飲《の》み物《もの》に薬効《やっこう》があることを知《し》っていたといわれている。やがてビールは、ギリシャ、ローマへ伝《つた》わり、ヨーロッパ各地へ広《ひろ》がった。

ビールは炭水化物《たんすいかぶつ》・タンパク質《しつ》・ビタミン・ミネラルなどのバランスにすぐれ、利尿作《りにょうさ》用《よう》・食欲増進《しょくよくぞうしん》・便秘防止《べんぴぼうし》に効果《こうか》がある飲《の》み物《もの》だ。原料《げんりょう》のホップは、欧米《おうべい》では二〇世紀初頭《せいきしょとう》まで鎮痛剤《ちんつうざい》・安眠剤《あんみんざい》などとして薬屋《くすりや》で売《う》られていた。日本《にほん》でも明治初期《めいじしょき》、ビールが薬屋《くすりや》に並《なら》んでいたそうだ。

さて、いまではそのビールといえば「ビール腹《ばら》」といわれるぐらい肥満《ひまん》の大敵《たいてき》にされている。

けれども淡色《たんしょく》ビールの一〇〇グラムあたりのカロリー数《すう》は約《やく》三九キロカロリーで、食《しょく》パン（約《やく》二五〇キロカロリー）、ご飯《はん》（約《やく》一四八キロカロリー）に比《くら》べても、とくにカロリーが高《たか》いとはいえない。

問題《もんだい》なのは、ビールのようにアルコール分《ぶん》の薄《うす》い酒《さけ》は、胃液《いえき》の分泌《ぶんぴつ》を促《うなが》すことから食欲《しょくよく》を増進《ぞうしん》させ、ついつい主食《しゅしょく》やつまみを食《た》べすぎてしまうので、結果的《けっかてき》にカロリー摂取量《せっしゅりょう》が多《おお》くなってしまうことだ。それさえ注意《ちゅうい》すれば肥満《ひまん》の心配《しんぱい》は無用《むよう》だが、健康《けんこう》のためにも飲《の》む量《りょう》はほどほどにしておこう。

ところで水《みず》だと飲《の》めない量《りょう》が、ビールだとなぜ平気《へいき》に飲《の》めるのだろうか？　「お酒《さけ》だから楽《たの》しく飲《の》むからだ」という人《ひと》もいるが、これには、もっとはっきりした理由《りゆう》がある。

水《みず》もビールも飲《の》んだら食道《しょくどう》を通《とお》って胃《い》に入《はい》り、ここで一時蓄《いちじたくわ》えられる。水《みず》は、胃《い》から腸《ちょう》へゆっくり送《おく》られ、小腸《しょうちょう》から大腸《だいちょう》を通《とお》る間《あいだ》に腸壁《ちょうへき》から吸収《きゅうしゅう》されていく。一方《いっぽう》のビール（アルコール）は、腸壁《ちょうへき》から吸収《きゅうしゅう》されるだけでなく、じつは胃《い》からも吸収《きゅうしゅう》されているのである。

さらにアルコール分《ぶん》は、炭酸《たんさん》ガス（二酸化炭素《にさんかたんそ》）や糖分《とうぶん》を含《ふく》むと吸収《きゅうしゅう》が早《はや》まる性質《せいしつ》があり、それらが一緒《いっしょ》になったビールの吸収度《きゅうしゅうど》は言《い》わずもがなであろう。また、ビールには利尿作用《りにょうさよう》もあり、排泄《はいせつ》が早《はや》くなることも量《りょう》を飲《の》める理由《りゆう》のひとつとしてあげられよう。

ビールの醍醐味《だいごみ》は、あのきめ細《こま》やかな白《しろ》い泡《あわ》、心地《ここち》よい苦《にが》み、さわやかな香《かお》りが織《お》りなす爽快感《そうかいかん》である。ドイツでは、ビールの泡《あわ》を「ブルーメ（花《はな》）」というそうだ。白《しろ》い泡《あわ》の正体《しょうたい》は、液体《えきたい》の中《なか》に溶《と》けている炭酸《たんさん》ガスが、注《そそ》いだときに泡《あわ》となって出《で》てきたものである。ほかの炭酸飲料《たんさんいんりょう》とはちがい、ビールの成分《せいぶん》であるタンパク質《しつ》や炭水化物《たんすいかぶつ》、ホップなどの粘度《ねんど》の高《たか》さによって泡《あわ》が消《き》えにくくなっている。また、ビールの苦《にが》み成分《せいぶん》の多《おお》くが泡《あわ》に移《うつ》るので、適度《てきど》な苦《にが》みとなって飲《の》みやすくなり、泡立《あわだ》ちが香《かお》りを引《ひ》き出《だ》し、そしてその泡《あわ》がふたの役目《やくめ》をして酸化《さんか》を防《ふせ》ぐ。その泡《あわ》の比率《ひりつ》は、全体《ぜんたい》の三割《わり》が理想的《りそうてき》だといわれている。

ビールはそもそも酸化《さんか》しやすい飲《の》み物《もの》なので、ビール通《つう》はこの大切《たいせつ》な泡《あわ》を最後《さいご》まで残《のこ》して飲《の》むという。コップに半分残《はんぶんのこ》っているところに注《つ》ぎ足《た》すと、残《のこ》っているビールをかき混《ま》ぜ、空気《くうき》も混入《こんにゅう》し、コップのビール全体《ぜんたい》の酸化《さんか》を早《はや》めてしまい不味《まず》くしてしまう。野暮《やぼ》な飲《の》み方《かた》といわれても仕方《しかた》ない。

ビールをおいしく飲《の》むためのポイント

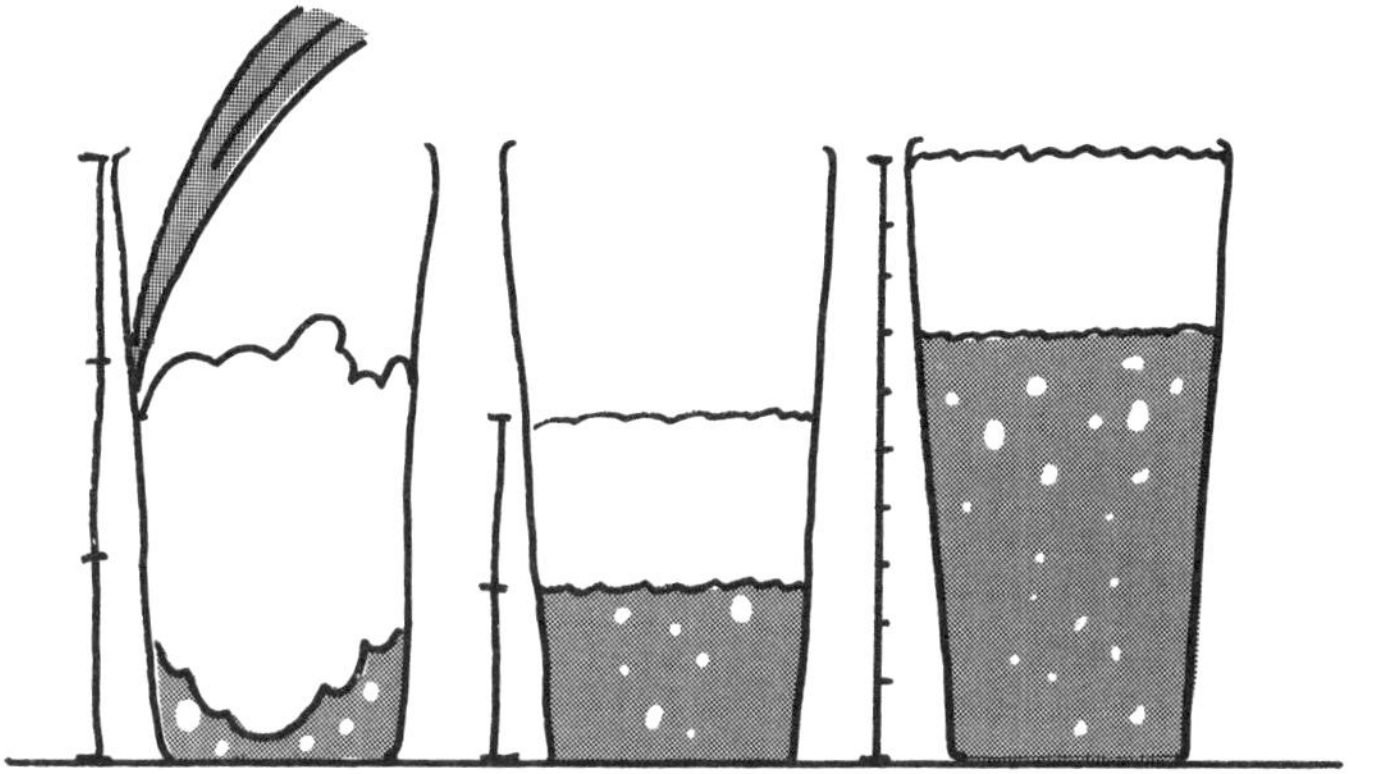

①勢《いきお》いよく注《そそ》ぎグラス3分《ぶん》の2まで泡《あわ》を立《た》てる

②粗《あら》い泡《あわ》が消《き》えるまで約《やく》1分《ぶん》待《ま》つ（泡《あわ》：液《えき》が1：1になるまで）

③グラスを傾《かたむ》け静《しず》かに注《そそ》ぐ（泡《あわ》：液《えき》が3：7になるように）

・コ・ラ・ム・
アッ！こんなこともあったね

日本《にほん》とビール

ビールが日本《にほん》へ入《はい》ってきたのは江戸時代《えどじだい》の鎖国後《さこくご》だった。欧米《おうべい》との唯一《ゆいいつ》の交易窓口《こうえきまどぐち》であるオランダから入《はい》ってきた。しかし試飲者《しいんしゃ》の感想《かんそう》はあまりかんばしくなかったようだ。幕末《ばくまつ》に蘭学者《らんがくしゃ》がビールを試作《しさく》しているが、商品化《しょうひんか》されることはなかった。

その後《ご》、ビールは黒船到来《くろふねとうらい》で鎖国《さこく》が解《と》かれると同時《どうじ》に輸入《ゆにゅう》された。1869（明治《めいじ》2）年《ねん》にはアメリカ人《じん》により、横浜居留地《よこはまきょりゅうち》にビール醸造所《じょうぞうしょ》ができ、1871（明治《めいじ》4）年《ねん》には原料《げんりょう》のホップの苗《なえ》が入《はい》ってきた。日清《にっしん》・日露戦争《にちろせんそう》の好景気時《こうけいきじ》、需要《じゅよう》が急速《きゅうそく》に伸《の》び、1899（明治《めいじ》32）年《ねん》には東京《とうきょう》・京橋《きょうばし》にビアホールができた。

ウワサ 3

「メンソール・タバコは男性《だんせい》の性欲《せいよく》を減退《げんたい》させる」

アメリカの人種《じんしゅ》差別問題《さべつもんだい》に端《たん》を発《はっ》するという説《せつ》が有力《ゆうりょく》。

「タバコをやめると太《ふと》る」

タバコ自体《じたい》に肥満防止効果《ひまんぼうしこうか》はなく、禁煙《きんえん》による食欲増進《しょくよくぞうしん》に起因《きいん》か。

解明

喫煙《きつえん》には、気分《きぶん》や緊張《きんちょう》を静《しず》める鎮静作用《ちんせいさよう》と、逆《ぎゃく》に心気《しんき》を高《たか》める高揚作用《こうようさよう》とがある。その香《かお》りと味覚《みかく》にひかれ、嗜好品《しこうひん》として広《ひろ》く愛用《あいよう》されてきた。だが、一九二八年《ねん》、イギリスにおいて、紙巻《かみま》きタバコが肺《はい》がんの原因《げんいん》になるという論文《ろんぶん》が発表《はっぴょう》されるやいなや、タバコと健康《けんこう》に関する問題《もんだい》がクローズアップされた。タバコの弊《へい》害《がい》は、がん・心臓病《しんぞうびょう》・呼吸器疾患《こきゅうきしっかん》・消化器疾患《しょうかきしっかん》などの原因《げんいん》となることが医学的《いがくてき》・科学的《かがくてき》に実証《じっしょう》され、年《とし》を追《お》うごとにタバコへの風当《かぜあ》たりは強《つよ》まる一方《いっぽう》だ。

メンソールとは、ミント（ハッカ）の主成分《しゅせいぶん》である。この成分《せいぶん》がミント特有《とくゆう》の清涼感《せいりょうかん》のある風味《ふうみ》をつくりだす。

日本《にほん》でも江戸時代《えどじだい》、タバコに乾燥《かんそう》ハッカを刻《きざ》み混《ま》ぜて、煙管《きせる》で喫煙《きつえん》したという記録《きろく》がある。現在《げんざい》のメンソール・タバコのほとんどは、吸《す》い口《くち》のフィルターにメンソールを染《し》み込《こ》ませているものだ。

メンソール・タバコにつきもののウワサが、性欲減退説《せいよくげんたいせつ》だ。しかしメンソール・タバコが、普通《ふつう》のタバコに比《くら》べ有害《ゆうがい》、あるいは性欲減退《せいよくげんたい》の要因《よういん》になるという明確《めいかく》な医学的《いがくてき》・科学《かがく》的根拠《てきこんきょ》はない。ただ、スーッと心地《ここち》よいメンソール・タバコだと、ついつい吸《す》いすぎて喫《きっ》煙量《えんりょう》が増《ふ》え、タバコの害《がい》を大《おお》きくすることは考《かんが》えられる。

むしろ、興味《きょうみ》があるのはこのウワサの出処《でどころ》である。「生《う》めよ増《ふ》やせよ」が叫《さけ》ばれていた第《だい》二次世界大戦《にじせかいたいせん》のさなか、「アメリカは、メンソール・タバコで日本人《にほんじん》の性欲減退《せいよくげんたい》を企《くわだ》てている」という陰謀説《いんぼうせつ》が流《なが》された。そして日本《にほん》の敗戦《はいせん》で占領軍《せんりょうぐん》としてアメリカ将兵《しょうへい》が進駐《しんちゅう》してくると、「アメリカは、メンソール・タバコで日本人《にほんじん》の断種《だんしゅ》をするのだ」というウワサが、大々的《だいだいてき》に広《ひろ》まったのである。

では、なぜメンソール・タバコが性欲減退《せいよくげんたい》に結《むす》びつけられたのであろうか。

アメリカでは、アフリカ系《けい》アメリカ人《じん》の多《おお》くがメンソール・タバコの愛飲者《あいいんしゃ》であるという。そのため人種差別主義色《じんしゅさべつしゅぎしょく》の強《つよ》いタバコ会社《がいしゃ》がメンソール・タバコを生産《せいさん》し、アフリカ系《けい》アメリカ人《じん》の性欲減退《せいよくげんたい》を狙《ねら》ったという差別的風説《さべつてきふうせつ》がまことしやかに語《かた》られたことが、この話《はなし》の出処《でどころ》のようだ。アフリカから連《つ》れてこられた奴隷《どれい》がアメリカのタバコ農場《のうじょう》の労働《ろうどう》で酷使《こくし》されていたことを考《かんが》えると、このウワサには重《おも》い歴史《れきし》を感《かん》じてしまう。

さて、タバコにまつわるウワサといえば「タバコをやめると太《ふと》る」といったことがよくいわれている。それゆえ若《わか》い女性《じょせい》の中《なか》には、タバコを吸《す》えば、やせられると思《おも》い込《こ》んでいる人《ひと》たちも少《すく》なくない。

けれども、残念《ざんねん》ながらタバコには肥《ひ》満防止《まんぼうし》の効果《こうか》はない。ただ喫煙者《きつえんしゃ》がタバコをやめたことで、口《くち》さみしくなって食《た》べ物《もの》をついつい口《くち》に運《はこ》んだり、味《み》覚《かく》がよくなって食《た》べ物《もの》や飲《の》み物《もの》がおいしく感《かん》じられ、食《た》べすぎたり、飲《の》みすぎたりして、太《ふと》ってしまうということはあるようだ。

・コ・ラ・ム・
アッ！こんなこともあったね

日本《にほん》にやってきたタバコ

日本《にほん》にタバコがやってきたのは天文《てんぶん》(1532年《ねん》〜1555年《ねん》)のころといわれる。その当時《とうじ》は、タバコは万病治療《まんびょうちりょう》の薬《くすり》とされていた。だがタバコが毒物《どくぶつ》か薬物《やくぶつ》かという議論《ぎろん》は、すでにあったようだ。豊臣秀吉《とよとみひでよし》や徳川家康《とくがわいえやす》も喫煙禁止令《きつえんきんしれい》をたびたび発布《はっぷ》したが、喫煙《きつえん》をやめさせることはできず、とうとう寛永《かんえい》(1624年《ねん》〜1644年《ねん》)末期《まっき》には禁止令《きんしれい》は解除《かいじょ》になった。

財政面《ざいせいめん》からタバコ栽培《さいばい》を奨励《しょうれい》する藩《はん》もあった。『和漢三才図絵《わかんさんさいずえ》』には、主要《しゅよう》な生産地名《せいさんちめい》が記《しる》されている。江戸時代《えどじだい》のタバコといえば、まず刻《きざ》みタバコで、煙管《きせる》にタバコ盆《ぼん》が必需品《ひつじゅひん》だった。来客《らいきゃく》には、お茶《ちゃ》とともにタバコ盆《ぼん》を出《だ》すのが礼儀《れいぎ》のひとつとなった。

明治時代《めいじじだい》になると明治《めいじ》9（1876）年《ねん》にタバコ税《ぜい》がかけられ、その後《ご》明治《めいじ》37（1904）年《ねん》から昭和《しょうわ》59（1984）年《ねん》まで専売制《せんばいせい》が敷《し》かれていた。

タ バ コ

ナス科《か》の多年草《たねんそう》だが、栽培上《さいばいじょう》は一年草《いちねんそう》として扱《あつか》われる。
株全体《かぶぜんたい》に粘質《ねんしつ》の腺毛《せんもう》があり、強《つよ》い香《かお》りが出《で》る。
花《はな》は赤《あか》または白色《はくしょく》で、夜間《やかん》に開《ひら》き芳香《ほうこう》がある。
全草有毒《ぜんそうゆうどく》で、とくに葉《は》にニコチンというアルカロイドを含《ふく》む。

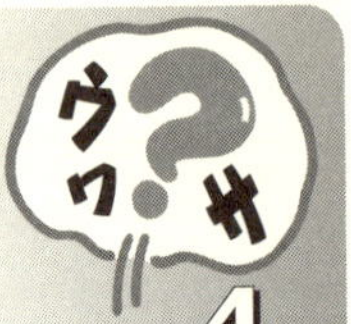

4

「茶柱《ちゃばしら》が立《た》つと縁起《えんぎ》がよい」

柱《はしら》は縁起《えんぎ》がよいもの。茶柱《ちゃばしら》もその縁起《えんぎ》かつぎ。

「すし屋《や》で出《だ》される茶《ちゃ》は冷《さ》めにくい」

湯《ゆ》のみ茶碗《ぢゃわん》が大《おお》きく厚《あつ》いうえ、熱《あつ》い茶《ちゃ》を注《つ》ぎ足《た》すからだ。

「茶《ちゃ》は、がん抑制《よくせい》に効果《こうか》がある」

茶《ちゃ》が含有《がんゆう》するタンニンの主成分《しゅせいぶん》カテキン類《るい》の働《はたら》きである。

日本《にほん》における茶《ちゃ》の歴史《れきし》は古《ふる》く、天平時代《てんぴょうじだい》（七二九年《ねん》～七四九年《ねん》）には、すでに喫茶《きっさ》の風習《ふうしゅう》が中国《ちゅうごく》より日本《にほん》に伝《つた》わっていたといわれている。七二九（天平元《てんぴょうがん》）年《ねん》の『奥義抄《おうぎしょう》』に、聖武天皇《しょうむてんのう》が行茶《ぎょうちゃ》といって文武百官《ぶんぶひゃっかん》に茶《ちゃ》を賜《たまわ》ったという記述《きじゅつ》がある。また、中国《ちゅうごく》（唐《とう》）に留学《りゅうがく》していた伝教大師《でんぎょうだいし》（最澄《さいちょう》）は八〇五（延暦二四《えんりゃく》）年《ねん》に茶《ちゃ》の種《たね》を持《も》ち帰《かえ》って栽培《さいばい》したとされ、さらに弘法大師《こうぼうだいし》（空海《くうかい》）は八〇六（大同元《だいどうがん》）年《ねん》に茶《ちゃ》をつく石臼《いしうす》を持《も》ち帰《かえ》ったといわれている。

しかし、当時《とうじ》の茶《ちゃ》は貴重《きちょう》で高価《こうか》なものであり、茶《ちゃ》を医薬《いやく》として飲《の》む習慣《しゅうかん》が広《ひろ》まったのは鎌倉時代《かまくらじだい》に入《はい》ってからである。臨済宗《りんざいしゅう》の開祖《かいそ》栄西禅師《えいさいぜんじ》は、中国《ちゅうごく》（宋《そう》）で茶《ちゃ》の医薬《いやく》としての効能《こうのう》を学《まな》び、一一九一（建久《けんきゅう》二）年《ねん》の二度目《どめ》の帰国《きこく》のときに茶《ちゃ》の種《たね》を持《も》ち帰《かえ》って筑前《ちくぜん》・背振《せふり》山《ざん》（福岡県《ふくおかけん》）で育成《いくせい》し、これを山城《やましろ》・栂尾《とがのお》（京都府《きょうとふ》）の明恵上人《みょうえしょうにん》に贈《おく》って日本《にほん》における茶《ちゃ》の飲用《いんよう》普及《ふきゅう》に大《おお》きな役割《やくわり》を果《は》たしたとされている。栄西《えいさい》は、その効能《こうのう》を『喫茶養生記《きっさようじょうき》』に著《あらわ》し、「お茶《ちゃ》は養生《ようじょう》の仙薬《せんやく》なり、延齢《えんれい》の妙術《みょうじゅつ》なり」と茶《ちゃ》の普及《ふきゅう》に尽力《じんりょく》した。当初《とうしょ》は薬用《やくよう》だった茶《ちゃ》だが、室町時代《むろまちじだい》に入《はい》り茶道《さどう》が発達《はったつ》し、一般的《いっぱんてき》に茶《ちゃ》を飲《の》むことが広《ひろ》まっていった。

こんな長《なが》い歴史《れきし》を持《も》つ茶《ちゃ》だけにウワサも多《おお》い。中《なか》でも「茶柱《ちゃばしら》が立《た》つと縁起《えんぎ》がよい」というウワサは、よく知《し》られている。茶柱《ちゃばしら》とは、湯飲《ゆの》みの茶《ちゃ》の中《なか》に立《た》つ茶葉《ちゃば》の茎《くき》のことだが、茎《くき》が立《た》つことはめったにない。また天《てん》に向《む》かって立《た》つ柱《はしら》は、家《いえ》を支《ささ》える大《おお》きな役目《やくめ》を果《は》たすので、日本《にほん》では古来《こらい》、縁起《えんぎ》のよいものと考《かんが》えられてきた。つまり柱《はしら》に対《たい》する縁起《えんぎ》のよさと茎《くき》が立《た》つ現象《げんしょう》の希少《きしょう》さが相《あい》まって、いっそうの運気《うんき》のよさを連想《れんそう》させたことがウワサの由来《ゆらい》であろう。迷信《めいしん》にすぎないが、喜《よろこ》べることは結構《けっこう》だ。

さて、茶《ちゃ》にまつわるウワサといえば「すし屋《や》で出《だ》される茶《ちゃ》は冷《さ》めにくい」というものがある。すし屋《や》の茶《ちゃ》が冷《さ》めにくいのは、単《たん》にふつうの湯《ゆ》のみより茶碗《ちゃわん》が大《おお》きく厚《あつ》いうえ、熱《あつ》い茶《ちゃ》をよく注《つ》ぎ足《た》されるからである。ちなみにすし屋《や》の使用茶《しようちゃ》は煎茶《せんちゃ》の粉茶《こなちゃ》がほとんどである。煎茶《せんちゃ》は緑茶《りょくちゃ》の中《なか》で最《もっと》もタンニンの含有《がんゆう》量《りょう》が多《おお》い。このタンニンは抗菌作用《こうきんさよう》や消臭作用《しょうしゅうさよう》が強《つよ》く、口《くち》の中《なか》の生臭《なまぐさ》さを消《け》してくれるので生鮮魚介類《せいせんぎょかいるい》を食材《しょくざい》とするすしには最適《さいてき》なパートナーにちがいない。

茶《ちゃ》に関《かん》するウワサでは、がんへの効用《こうよう》も関《かん》心《しん》を呼《よ》ぶところである。最近《さいきん》の研究《けんきゅう》で、茶《ちゃ》が含有《がんゆう》するタンニンの主成分《しゅせいぶん》カテキン類《るい》が、胃《い》潰瘍《かいよう》や胃《い》がんを誘発《ゆうはつ》する原因《げんいん》の抑制《よくせい》に効果《こうか》があることが科学的《かがくてき》に証明《しょうめい》されている。また、含有《がんゆう》するビタミンC《シー》、E《イー》にも発《はっ》がん物資《ぶっしつ》の抑《よく》制作用《せいさよう》があると実証《じっしょう》されている。さらに大腸《だいちょう》がんに効果《こうか》があるといわれる食物繊維《しょくもつせんい》の含有《がんゆう》量《りょう》も多《おお》い。ただし、茶《ちゃ》は鉄分《てつぶん》の吸収《きゅうしゅう》を妨《さまた》げるので、飲《の》みすぎは考《かんが》えものであるともいわれている。

・コ・ラ・ム・
アッ！こんなこともあったね

日本一《にほんいち》の生産《せいさん》を誇《ほこ》る茶《ちゃ》どころ「静岡《しずおか》」

静岡県《しずおかけん》に茶《ちゃ》を伝《つた》えたのは、駿河国栃沢《するがのくにとちざわ》（静岡市《しずおかし》）生《う》まれの聖一国師《しょういちこくし》（1202年《ねん》～1280年《ねん》）で、中国《ちゅうごく》（宋《そう》）から持《も》ち帰《かえ》った茶《ちゃ》の種《たね》を出生地《しゅっしょうち》近《ちか》くにまいたのが、はじまりとされている。

茶《ちゃ》の栽培《さいばい》が盛《さか》んになったのは、明治新政府《めいじしんせいふ》が誕生《たんじょう》し、職《しょく》を失《うしな》った旧《きゅう》徳川藩士《とくがわはんし》や大井川《おおいがわ》の渡《わた》しで働《はたら》いていた人《ひと》たちが、牧之原台地《まきのはらだいち》を開拓《かいたく》しはじめてからである。品種改良《ひんしゅかいりょう》にも努《つと》め、杉山彦三郎《すぎやまひこさぶろう》（1857年《ねん》～1941年《ねん》）は樹勢《じゅせい》・品質《ひんしつ》ともに優良《ゆうりょう》な「やぶきた」の開発《かいはつ》に成功《せいこう》。現在《げんざい》も全国《ぜんこく》の茶《ちゃ》の７～８割《わり》がこの「やぶきた」であるといわれる。また、高林謙三《たかばやしけんぞう》（1832年《ねん》～1901年《ねん》）は茶《ちゃ》の葉《は》を蒸《む》す機械《きかい》や荒揉機《あらもみき》を開発《かいはつ》し、機械化《きかいか》による茶《ちゃ》の製造法《せいぞうほう》を確立《かくりつ》し、茶《ちゃ》の普及《ふきゅう》に貢献《こうけん》した。

茶《ちゃ》の成分《せいぶん》と効用《こうよう》

茶《ちゃ》の成分《せいぶん》	効《こう》　用《よう》
カテキン類《るい》	発《はつ》がん抑制《よくせい》作用《さよう》・抗腫瘍《こうしゅよう》作用《さよう》・突然変《とつぜんへん》異《い》抑制《よくせい》作用《さよう》・抗酸化《こうさんか》作用《さよう》・血中《けっちゅう》コレステロール低下《ていか》作用《さよう》・血圧上昇抑制《けつあつじょうしょうよくせい》作《さ》用《よう》・血糖上昇抑制《けっとうじょうしょうよくせい》作用《さよう》・抗《こう》インフルエンザ作用《さよう》・虫歯予防《むしばよぼう》・口臭予防《こうしゅうよぼう》（脱臭《だっしゅう》作用《さよう》）など
カフェイン	覚醒作用《かくせいさよう》（疲労感《ひろうかん》や眠気《ねむけ》の除去《じょきょ》）・利尿作用《りにょうさよう》
ビタミンC《シー》	ストレス解消《かいしょう》・風邪《かぜ》の予防《よぼう》
ビタミンB《ビー》群《ぐん》	糖質《とうしつ》の代謝《たいしゃ》
γ《ガンマ》-アミン酪酸《らくさん》	血圧降下作用《けつあつこうかさよう》
フラボノイド	血管壁強化《けっかんへききょうか》・口臭予防《こうしゅうよぼう》
多《た》糖《とう》類《るい》	血糖低下作用《けっとうていかさよう》
フッ素《そ》	虫歯予防《むしばよぼう》
ビタミンE《イー》	抗酸化作用《こうさんかさよう》、老化抑制《ろうかよくせい》
テアニン	緑茶《りょくちゃ》のうまみ成分《せいぶん》

茶《ちゃ》の効能《こうのう》

・**カテキンによる抗菌作用《こうきんさよう》**
口臭《こうしゅう》・虫歯《むしば》・風邪《かぜ》の予防《よぼう》に効果《こうか》あり。

・**抗突然変異《こうとつぜんへんい》**
エピガロカテキン・ガレートによる発《はつ》がん抑《よく》制作用《せいさよう》。

・**なごみ作用《さよう》**
テアニンとカフェインにより精神《せいしん》を落《お》ち着《つ》かせる。

・**ダイエット**
カテキンによって糖分《とうぶん》の吸収《きゅうしゅう》が抑制《よくせい》され、コレステロールが抑制《よくせい》される。

ウワサ 5

「魚《さかな》を食《た》べると頭《あたま》がよくなる」

魚《さかな》に含《ふく》まれている成分《せいぶん》DHA《ディーエイチエー》は、知能発達《ちのうはったつ》の一要因《いちよういん》である。

「味噌《みそ》は頭《あたま》をよくする」

大豆《だいず》に含《ふく》まれるレシチンは、記憶力《きおくりょく》や集中力《しゅうちゅうりょく》に影響《えいきょう》をおよぼす。

解明

一九八九年《ねん》一〇月《がつ》一九日《にち》、共同通信《きょうどうつうしん》によりロンドンから日本《にほん》のマスコミに興《きょう》味深《みぶか》い記事《きじ》が配信《はいしん》された。イギリスの脳栄養化学研究所《のうえいようかがくけんきゅうじょ》、マイケル・クロフォード教授《きょうじゅ》の著書《ちょしょ》『原動力《げんどうりょく》』の内容《ないよう》だった。「日本人《にほんじん》の子《こ》どもが欧米人《おうべいじん》に比《くら》べ知能《ちのう》指数《しすう》が高《たか》いのは、日本人《にほんじん》が昔《むかし》から魚《さかな》を多《おお》く食《た》べてきたことが、その理由《りゆう》のひとつである」という内容《ないよう》だった。

マイケル教授《きょうじゅ》は、その根拠《こんきょ》として「魚《さかな》に含《ふく》まれている成分《せいぶん》DHA《ディーエイチエー》（ドコサヘキサエン酸《さん》）の摂取量《せっしゅりょう》が、人類《じんるい》の脳《のう》の発達《はったつ》に重要《じゅうよう》な役割《やくわり》を果《は》たしてきた」と述《の》べていた。これまで、研究《けんきゅう》者《しゃ》たちは知能《ちのう》の発達《はったつ》と魚《さかな》に関係《かんけい》があるなどとは思《おも》ってもみなかっただけに、一躍《いちやく》、知能《ちのう》の発達《はったつ》にDHA《ディーエイチエー》が関係《かんけい》するという学説《がくせつ》は注目《ちゅうもく》され、世界各国《せかいかっこく》の学者《がくしゃ》たちで研究《けんきゅう》が進《すす》められた。

それと並行《へいこう》して「魚《さかな》を食《た》べると頭《あたま》がよくなる」というウワサは世間《せけん》でも話題《わだい》に取《と》り上《あ》げられ、広《ひろ》まっていく。クロフォード教授《きょうじゅ》の報告後《ほうこくご》、その学説《がくせつ》を裏《うら》づける研究結果《けんきゅうけっか》が次々《つぎつぎ》と発表《はっぴょう》され、DHA《ディーエイチエー》が知能《ちのう》の発達《はったつ》の一要因《いちよういん》であることにはまちがいないことがわかった。

ちなみにDHA《ディーエイチエー》はマグロ・ブリ・アジ・イワシ・サンマ・サバ・イクラ・養殖《ようしょく》タイなどに多《おお》く含《ふく》まれる。DHA《ディーエイチエー》を含有《がんゆう》する食品《しょくひん》は魚類《ぎょるい》だけであるが、海中《かいちゅう》の植物《しょくぶつ》プランクトンには、DHA《ディーエイチエー》を形成《けいせい》する「α《アルファ》-リノレン酸《さん》」が含《ふく》まれているそうだ。

さて、頭《あたま》をよくする食品《しょくひん》といえば、昔《むかし》からウワサされているのが味噌《みそ》である。味噌《みそ》は、日本人《にほんじん》の食生活《しょくせいかつ》を支《ささ》えてきた伝統的《でんとうてき》な食品《しょくひん》だ。中国《ちゅうごく》には、紀元前《きげんぜん》二〇〇〇年《ねん》ごろ、すでに味噌《みそ》の前身《ぜんしん》とも思《おも》われる調味料《ちょうみりょう》があったといわれているが、日本《にほん》へは奈良時代直前《ならじだいちょくぜん》に伝《つた》わった。平安時代《へいあんじだい》には日本《にほん》で味噌《みそ》がつくられ、味噌汁《みそしる》を口《くち》にしていたといわれている。また、味噌《みそ》が自家製《じかせい》であったことから「手前味噌《てまえみそ》」という言葉《ことば》が生《う》まれ、さらに江戸末期《えどまっき》には、自《じ》家製《かせい》のほかに全国《ぜんこく》に五〇〇〜六〇〇〇の味噌醸造所《みそじょうぞうしょ》ができていたとのことである。

味噌《みそ》は、産地《さんち》や原料《げんりょう》によって味《あじ》も色《いろ》もちがっているが、一般《いっぱん》には蒸《む》した大豆《だいず》をつぶし、米《こめ》や麦《むぎ》、あるいは大豆《だいず》でつくった麹《こうじ》と塩《しお》を混《ま》ぜて発酵《はっこう》・熟成《じゅくせい》させる。醸造《じょうぞう》により大豆《だいず》のタンパク質《しつ》がアミノ酸《さん》などの消化吸収《しょうかきゅうしゅう》しやすい状態《じょうたい》になっているうえ、ビタミンB_2《ビーツー》を多《おお》く含《ふく》んでいる。

頭《あたま》にいい食《た》べ物《もの》

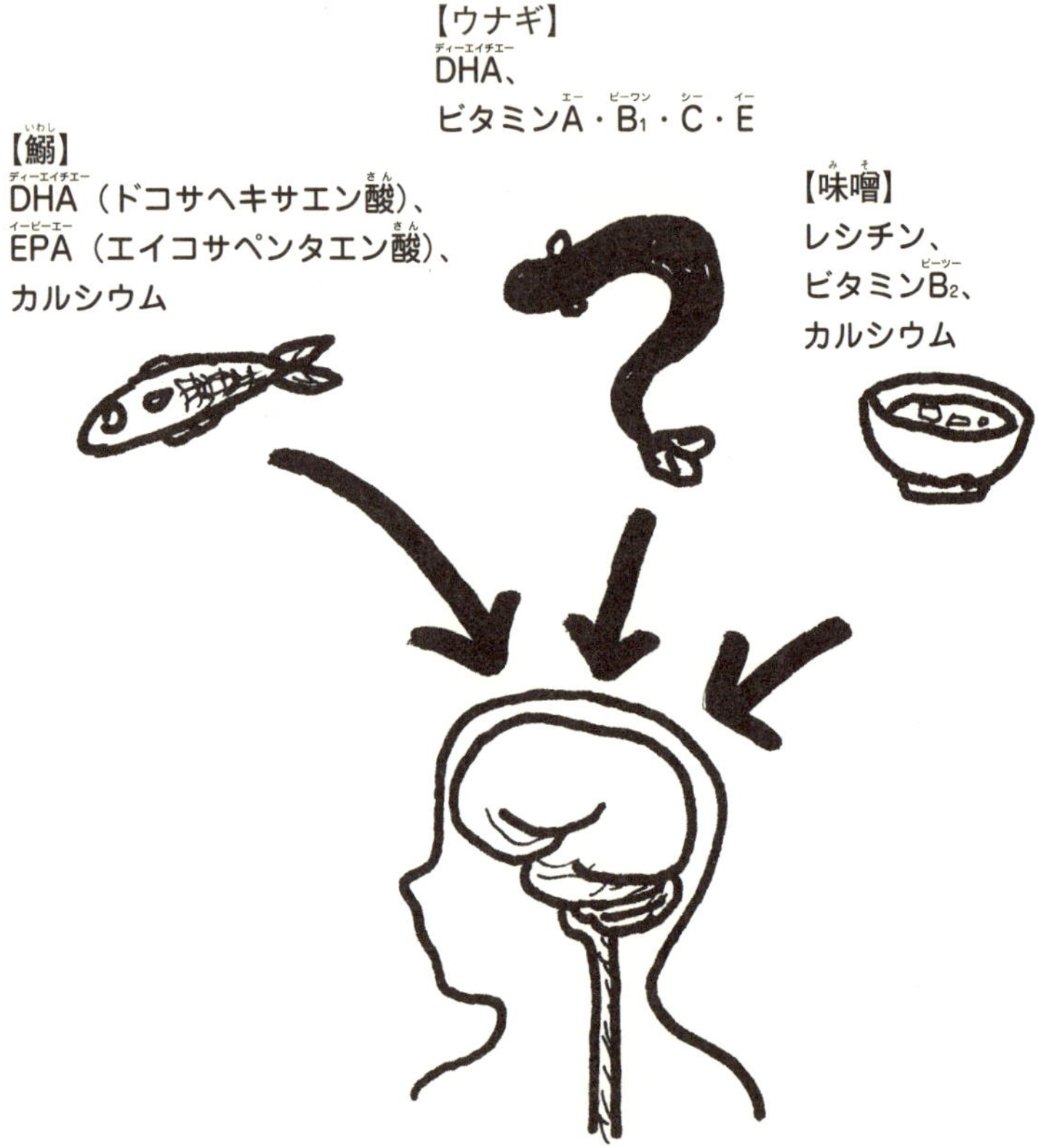

脳細胞《のうさいぼう》の主《おも》な物質《ぶっしつ》はタンパク質《しつ》である。大豆《だいず》は「畑《はたけ》の肉《にく》」と呼《よ》ばれるようにタンパク質《しつ》が豊富《ほうふ》であり、さらに大豆《だいず》に含《ふく》まれるレシチンは、脊椎動物《せきついどうぶつ》の副交感神経《ふくこうかんしんけい》や運動神経《うんどうしんけい》で刺激《しげき》を伝達《でんたつ》する物質《ぶっしつ》アセチルコリンのもととなり、記憶力《きおくりょく》や集中力《しゅうちゅうりょく》に影響《えいきょう》をおよぼす。アメリカでは、中度《ちゅうど》の老人性痴呆症患者《ろうじんせいちほうしょうかんじゃ》にレシチンを与《あた》えたところ記憶力《きおくりょく》が回復《かいふく》したという報告《ほうこく》がある。そのほか、大豆《だいず》には脳細胞《のうさいぼう》の情報伝達《じょうほうでんたつ》を助《たす》けるカルシウムもたっぷり含《ふく》まれている。

医学的《いがくてき》な見地《けんち》からも、味噌《みそ》は頭《あたま》の回転《かいてん》をよくし、脳《のう》の老化防止《ろうかぼうし》にも役立《やくだ》つというわけだ。ただ塩分《えんぶん》を摂《と》りすぎないよう注意《ちゅうい》は必要《ひつよう》である。

・コ・ラ・ム・
アッ！こんなこともあったね

赤味噌《あかみそ》と白味噌《しろみそ》、甘味噌《あまみそ》と辛味噌《からみそ》……。

味噌《みそ》の種類《しゅるい》は、非常《ひじょう》に多《おお》い。日本《にほん》の各地方《かくちほう》に独自《どくじ》の風味《ふうみ》を持《も》つ味噌《みそ》がある。また、いまではすっかり少《すく》なくなったが、自家製《じかせい》の味噌《みそ》には、その家特有《いえとくゆう》の味《あじ》があった。「手前味噌《てまえみそ》」とは、自家製《じかせい》の味噌《みそ》の味《あじ》を自慢《じまん》しあった言葉《ことば》だ。

味噌《みそ》は材料《ざいりょう》、麴《こうじ》の配合《はいごう》、気候《きこう》・風土《ふうど》のちがいなどが、微妙《びみょう》に絡《から》み合《あ》って独自《どくじ》の風味《ふうみ》となる。それだけに、その分類法《ぶんるいほう》もさまざまだ。色《いろ》による赤味噌《あかみそ》、白味噌《しろみそ》。味《あじ》による辛味噌《からみそ》、甘味噌《あまみそ》。使用《しよう》する麴《こうじ》による米味噌《こめみそ》、麦味噌《むぎみそ》、豆味噌《まめみそ》。粒《つぶ》による粒味噌《つぶみそ》、漉味噌《こしみそ》など。加《くわ》える麴《こうじ》の割合《わりあい》が多《おお》いほど色《いろ》は白《しろ》く、味《あじ》は甘《あま》くなる。麦麴《むぎこうじ》を使《つか》う麦味噌《むぎみそ》の多《おお》くは赤褐色《せきかっしょく》で俗《ぞく》に「田舎味噌《いなかみそ》」ともいわれる。さまざまな風味《ふうみ》が楽《たの》しめる味噌《みそ》である。

ウワサ6

「ヤツメウナギは目《め》の病気《びょうき》に効《き》く」

ビタミンA《エー》・カルシウム・鉄《てつ》・リンなどを含《ふく》み目《め》にやさしい食品《しょくひん》。

「ブルーベリーを食《た》べると目《め》がよくなる」

天然色素《てんねんしきそ》アントシアンは、目《め》の機能向上《きのうこうじょう》に効果《こうか》がある。

「クコを食《た》べると目《め》がよくなる」

肝臓《かんぞう》・腎臓《じんぞう》の働《はたら》きを促進《そくしん》させることにより視力《しりょく》を増進《ぞうしん》。

暗《くら》くなると目《め》が見《み》えなくなる夜盲症《やもうしょう》のことを「鳥目《とりめ》」ともいう。物《もの》が見《み》えるしくみは、目《め》の網膜《もうまく》の桿状体《かんじょうたい》にあるロドプシン（視紅《しこう》）という色素体《しきそたい》が、光《ひかり》の刺激《しげき》を脳《のう》に伝《つた》えるからである。夜盲症《やもうしょう》とは、先天的《せんてんてき》な網膜疾患《もうまくしっかん》もあるが、後天《こうてん》性《せい》のものは、このロドプシンの主成分《しゅせいぶん》であるビタミンA《エー》が欠乏《けつぼう》することによってその働《はたら》きが低下《ていか》し、薄暗《うすぐら》くなると物《もの》が見《み》えにくくなる状態《じょうたい》なのである。

昔《むかし》から夜盲症《やもうしょう》の治療《ちりょう》には、「目《め》が八つあるヤツメウナギがよく効《き》く」とウワサされてきた。

だが、ヤツメウナギは八つの目《め》を持《も》っているわけではない。無顎類《むがくるい》（円口類《えんこうるい》）のこの魚《さかな》は、体形《たいけい》はウナギに似《に》て細長《ほそなが》いが、一対《つい》の目《め》とその後《うし》ろに七対《つい》の鰓孔《えらあな》があり、その鰓孔《えらあな》が目《め》のように見《み》えることから、この名《な》がついたのである。単《たん》に目《め》が多《おお》いから目《め》に効《き》きそうだということならば科学的《かがくてき》な根拠《こんきょ》はなく、迷信《めいしん》にすぎないが、じつはそうとも言《い》い切《き》れない。

ヤツメウナギは、タンパク質《しつ》・ビタミンA《エー》・カルシウム・鉄《てつ》・リンなどを含《ふく》んでいる。とくにビタミンA《エー》の量《りょう》はウナギの三〇倍《ばい》もあり、夜盲症《やもうしょう》の改善《かいぜん》をはじめ目《め》の網膜《もうまく》の乾燥《かんそう》を防《ふせ》ぎ、大変《たいへん》目《め》にいい食品《しょくひん》といえる。

ところで、目《め》にいいといえばよく知《し》られているのがブルーベリーであるが、その真偽《しんぎ》はどうだろうか。

第二次世界大戦中《だいにじせかいたいせんちゅう》のことである。ブルーベリージャムが大好《だいす》きで毎日《まいにち》食《た》べているというイギリス空軍《くうぐん》のパイロットがいた。その兵士《へいし》が、「薄明《うすあ》かりの中《なか》でも、ものがはっきり見《み》える」と証言《しょうげん》したことから注目《ちゅうもく》され、学者《がくしゃ》が研究《けんきゅう》や実験《じっけん》を行《おこな》ったといわれている。その結果《けっか》、ブルーベリーの色素《しきそ》「アントシアン」には目《め》の機能《きのう》を向上《こうじょう》させる効用《こうよう》があり、また血管系《けっかんけい》の疾病《しっぺい》にも効果《こうか》があることが実証《じっしょう》された。

また近年《きんねん》、ロドプシンは、目《め》を使《つか》っていると徐々《じょじょ》に分解《ぶんかい》され、年齢《ねんれい》を重《かさ》ねるとともに減少《げんしょう》していくことがわかってきたが、ブルーベリーの色素《しきそ》を摂《と》ると、ロドプシンの再合成《さいごうせい》作《さ》用《よう》が活発《かっぱつ》になるのである。ブルーベリーは目《め》の疲労《ひろう》・目《め》のかすみ・物《もの》のちらつき・肩《かた》こりなどに改善効果《かいぜんこうか》があることが報告《ほうこく》されている。

さて、目《め》にいい食《た》べ物《もの》はほかにもいろいろあるが、内臓《ないぞう》の働《はたら》きを促進《そくしん》することによって視力《しりょく》を増進《ぞうしん》させていく食品《しょくひん》の代表《だいひょう》としてあげられるのがクコである。クコはナス科《か》の落葉《らくよう》小低木《しょうていぼく》で、アジア東部《とうぶ》に広《ひろ》く分布《ぶんぷ》しており、日本《にほん》では川《かわ》の土手《どて》などによく見《み》かける。栽培《さいばい》もきわめて容易《ようい》な植物《しょくぶつ》だ。赤《あか》い果実《かじつ》を乾燥《かんそう》させたものは「枸杞子《くこし》」といい、滋養《じよう》・強壮《きょうそう》や、糖尿病《とうにょうびょう》・眼病《がんびょう》の治療薬《ちりょうやく》として用《もち》いられる。クコには、血管《けっかん》をやわらげるルチン、肝機能《かんきのう》を助《たす》けるベタインやビタミンC《シー》、そのほかビタミンA《エー》・B_1《ビーワン》・B_2《ビーツー》、カルシウム、リン、鉄《てつ》などが含《ふく》まれている。

漢方《かんぽう》では、具合《ぐあい》が悪《わる》いときには身体全体《からだぜんたい》で原因《げんいん》をとらえるが、目《め》と最《もっと》も関係《かんけい》があるのが肝臓《かんぞう》であるとされている。肝臓《かんぞう》が不調《ふちょう》だと、目《め》に栄養分《えいようぶん》がいきわたらなくなるといわれているため、肝臓《かんぞう》を強化《きょうか》させるクコを食《た》べると、まわりまわって目《め》がよくなるというわけである。

目《め》にいい食《た》べ物《もの》

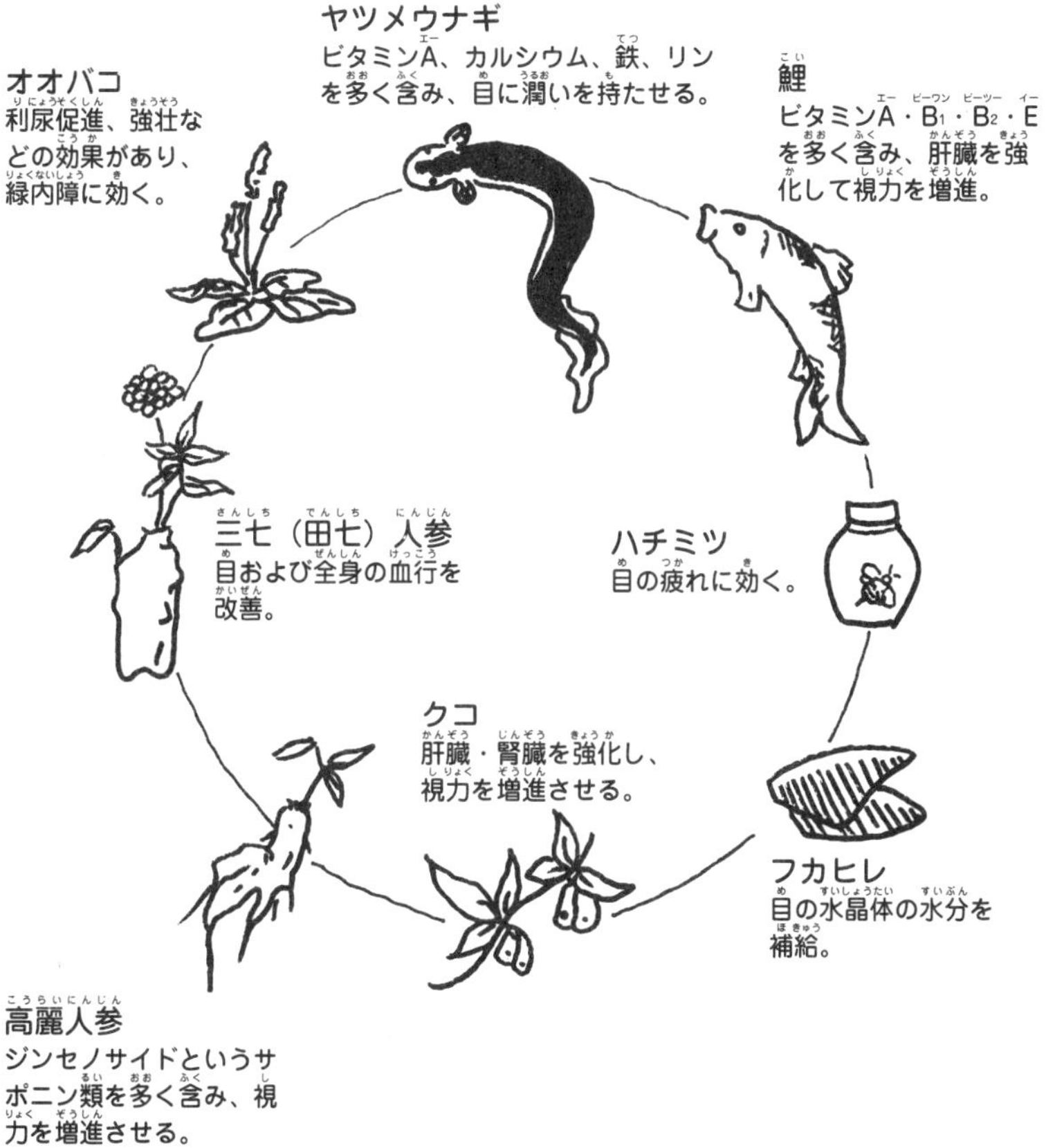

ウワサ 7

「黒豆《くろまめ》を食《た》べると声《こえ》がよくなる」

大豆《だいず》サポニン（ソヤサポニン）の効用《こうよう》と煮汁《にじる》ののどごしのよさか。

「鯉《こい》の生《い》き血《ち》は声《こえ》をよくする」

科学的根拠《かがくてきこんきょ》はないが、豊富《ほうふ》なビタミンB_1《ビーワン》が声帯《せいたい》を刺激《しげき》するかも。

解明

声楽家《せいがくか》や講演者《こうえんしゃ》など、のどをよく使《つか》う専門家《せんもんか》たちの中《なか》には「黒豆《くろまめ》は、のどの粘膜《ねんまく》を保護《ほご》し、声《こえ》を滑《なめ》らかにする」ということから、妙薬《みょうやく》として黒豆《くろまめ》の煮汁《にじる》を愛飲《あいいん》している人《ひと》たちがいる。はたして黒豆《くろまめ》を食《た》べたり、煮汁《にじる》を飲《の》んだりすると声《こえ》がよくなるというウワサは本当《ほんとう》なのだろうか。

黒豆《くろまめ》とは大豆《だいず》の一系統《いちけいとう》で、皮《かわ》が黒《くろ》い品種《ひんしゅ》であることから別名《べつめい》「からす豆《まめ》」ともいわれている。黒豆《くろまめ》は、黄大豆《きだいず》（一般的《いっぱんてき》な大豆《だいず》）よりタンパク質《しつ》や炭水化物《たんすいかぶつ》の代謝《たいしゃ》に役立《やくだ》つビタミンB_1《ビーワン》が多《おお》く、中国《ちゅうごく》では黄大豆《きだいず》より食《しょく》の効用《こうよう》が高《たか》いと珍重《ちんちょう》されている。また、日本《にほん》では「苦労《くろう》（黒《くろ》）して、まめ（豆《まめ》）に働《はたら》けば、末《すえ》は繁栄《はんえい》する」といわれ、縁起《えんぎ》ものとしてカズノコやゴマメなどとともに正月《しょうがつ》のおせち料理《りょうり》には欠《か》かせないものとなっている。

そもそも大豆《だいず》は、良質《りょうしつ》なタンパク源《げん》であり、かつて肉類《にくるい》の摂取量《せっしゅりょう》の少《すく》なかった日本人《にほんじん》にとっては大事《だいじ》な副食品《ふくしょくひん》だった。また大豆《だいず》は脂肪《しぼう》も豊富《ほうふ》で、ビタミンB1《ビーワン》・B2《ビーツー》、有用《ゆうよう》な配糖体《はいとうたい》である大豆《だいず》サポニン（ソヤサポニン）なども含《ふく》んでいる。

サポニンは、強心作用《きょうしんさよう》・利尿作用《りにょうさよう》など生理活性《せいりかっせい》の働《はたら》きがあり、細胞《さいぼう》に対《たい》しては表面活性《ひょうめんかっせい》(表面張力《ひょうめんちょうりょく》を低下《ていか》させる性質《せいしつ》)の作用《さよう》を持《も》つ。大豆《だいず》が多量《たりょう》に含《ふく》む食物繊維《しょくもつせんい》とサポニンには便通《べんつう》をよくする働《はたら》きもあり、古来《こらい》、便秘《べんぴ》のときには煮豆《にまめ》を食《た》べるとよいといわれてきた。

さて、咳《せき》を鎮《しず》め、声《こえ》がれを改善《かいぜん》するのは、黒豆《くろまめ》に含《ふく》まれるこの大豆《だいず》サポニンの働《はたら》きと考《かんが》えられている。そのほかにも、大豆《だいず》には炎症《えんしょう》を抑制《よくせい》するリノール酸《さん》・リノレン酸《さん》や神経《しんけい》の興奮《こうふん》を抑《おさ》え筋肉《きんにく》の緊張《きんちょう》をほぐすカルシウム・マグネシウム・葉酸《ようさん》などが豊富《ほうふ》に含《ふく》まれ、のどの疲労回復《ひろうかいふく》に効力《こうりょく》があるとされている。さらに煮汁《にじる》ののどごしが爽快《そうかい》なことからも、「黒《くろ》豆《まめ》を食《た》べると声《こえ》がよくなる」といわれているようだ。

また黒豆《くろまめ》は、のどだけでなくいろいろな症状《しょうじょう》に薬用《やくよう》として使《つか》われてきた。漢方《かんぽう》では、むくみをとる利尿作用《りにょうさよう》、風邪《かぜ》を治《なお》す作用《さよう》、血液循環《けつえきじゅんかん》をよくする活血作用《かっけつさよう》、肝臓《かんぞう》の働《はたら》きを助《たす》ける解毒作用《げどくさよう》などの効果《こうか》があるとしている。さらに民間療法《みんかんりょうほう》として、黒豆《くろまめ》を酢《す》に漬《つ》けた「黒《くろ》豆酢《まめず》」がよく知《し》られ、リウマチや痛風《つうふう》に効《き》くといわれている。そのため「咳《せき》がでたり、のどに炎症《えんしょう》があるとき、黒豆《くろまめ》の煮汁《にじる》でうがいをするとよい」「黒豆《くろまめ》の煮汁《にじる》は喘息《ぜんそく》の妙薬《みょうやく》」「黒《くろ》豆《まめ》の煮汁《にじる》でのどを潤《うるお》すと声《こえ》がよくなる」など、たくさんのウワサが生《う》まれたのである。

ところで、声《こえ》がよくなるという観点《かんてん》では、「鯉《こい》の生《い》き血《ち》は声《こえ》をよくする」というウワサがよく知《し》られている。

鯉《こい》は、中国《ちゅうごく》では三〇〇〇年《ねん》以上《いじょう》も前《まえ》から食用《しょくよう》にされてきた。日本《にほん》でも千数百年《せんすうひゃくねん》の歴史《れきし》があるといわれている。川魚《かわざかな》は生臭《なまぐさ》くて苦手《にがて》という人《ひと》も多《おお》いが、昔《むかし》から病人《びょうにん》に鯉《こい》を食《た》べさせたことはよく知《し》られるところだ。栄養面《えいようめん》からいえば、タンパク質《しつ》・脂肪《しぼう》・ビタミンB_1《ビーワン》が豊《ほう》富《ふ》な魚《さかな》である。利尿作用《りにょうさよう》にすぐれ、むくみのときに効用《こうよう》があり、産後《さんご》の乳《ちち》の出《で》をよくするともいわれている。また口《くち》の渇《かわ》きを癒《いや》し、咳止《せきど》めの作用《さよう》や、黄疸《おうだん》にも効果《こうか》があるとされている。

けれども、鯉《こい》が直接《ちょくせつ》、声《こえ》をよくするかとなると確《たし》かな根拠《こんきょ》はない。しかしビタミンB_1《ビーワン》には、神経《しんけい》や筋肉《きんにく》などの働《はたら》きをよくする効用《こうよう》があるので、声帯《せいたい》の神経《しんけい》や筋肉《きんにく》を刺激《しげき》することはあろう。ビタミンB_1《ビーワン》は加熱《かねつ》すると効力《こうりょく》を失《うしな》うため、「生《い》き血《ち》」としたのは、うなずける。だが、そんな科学的《かがくてき》な話《はなし》ではなく、単《たん》に「コイ（鯉）」と「コエ（声）」の語呂《ごろ》が似《に》ていることから出《で》たウワサだという説《せつ》もある。

のどにいい食《た》べ物《もの》

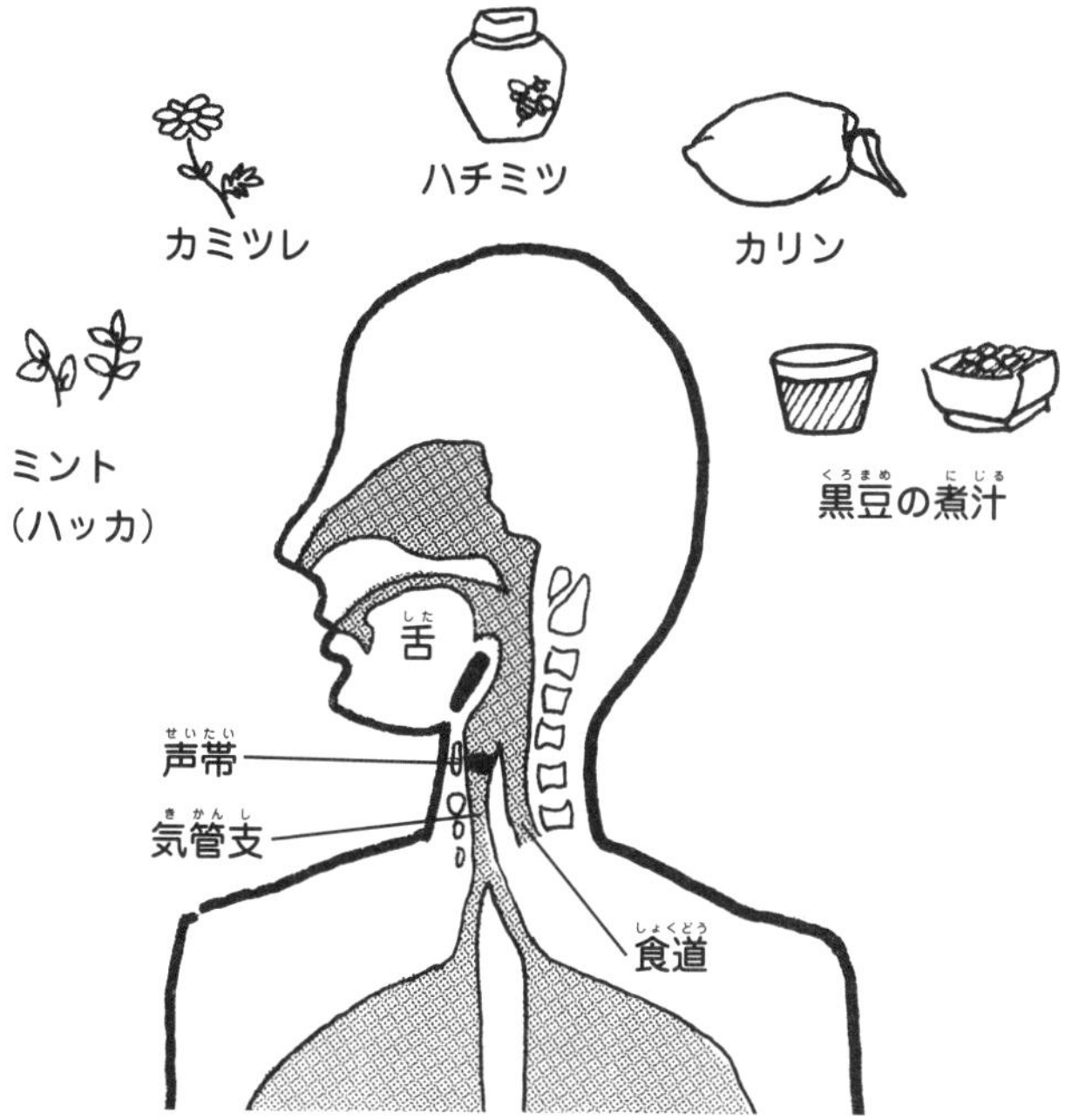

・コ・ラ・ム・ アッ！こんなこともあったね 「丹波黒豆《たんばくろまめ》」とは

丹波黒豆《たんばくろまめ》とは、古《ふる》くから丹波地方《たんばちほう》（京都府中部《きょうとふちゅうぶ》と兵庫県中東部《ひょうごけんちゅうとうぶ》）を中心《ちゅうしん》に栽培《さいばい》されてきた黒豆《くろまめ》である。大粒《おおつぶ》で良質《りょうしつ》なことで知《し》られている。江戸時代《えどじだい》、この地方《ちほう》の篠山藩《ささやまはん》が第《だい》８代将軍徳川吉宗《だいしょうぐんとくがわよしむね》に丹波黒豆《たんばくろまめ》を献上《けんじょう》したとき、味《あじ》はもちろん将軍《しょうぐん》の体調《たいちょう》までよくなり、藩《はん》の年貢《ねんぐ》が軽減《けいげん》されたというエピソードを持《も》つ。だが、ウィルス病《びょう》や立枯病《たちがれびょう》にかかりやすく栽培《さいばい》も大変《たいへん》である。また普通《ふつう》の大豆《だいず》より水分《すいぶん》が多《おお》いため、乾燥《かんそう》には細心《さいしん》の注意《ちゅうい》が必要《ひつよう》で、手間《てま》のかかる大豆《だいず》といわれている。

「沖縄《おきなわ》の人《ひと》が長寿《ちょうじゅ》なのは食生活《しょくせいかつ》に起因《きいん》する」

食生活《しょくせいかつ》だけでなく、生活習慣《せいかつしゅうかん》の恩恵《おんけい》によるものも大《おお》きい。

「初物《はつもの》を食《た》べると寿命《じゅみょう》が七五日《にち》のびる」

新《あたら》しい季節《きせつ》への喜《よろこ》びと、旬《しゅん》を先《さき》どるぜいたくの幸《しあわ》せを表現《ひょうげん》した言葉《ことば》。

明治時代《めいじじだい》の半《なか》ば、沖縄調査《おきなわちょうさ》をした京都大学《きょうとだいがく》の松下禎二博士《まつしたていじはくし》は、その論文《ろんぶん》の中《なか》で、「人《ひと》もし天寿《てんじゅ》を全《まっと》うせんと欲《ほっ》すれば、すべからく沖縄《おきなわ》へ移住《いじゅう》すべし」と記《しる》している。また琉球時代《りゅうきゅうじだい》の首里王府《しゅりおうふ》の正史《せいし》『球陽《きゅうよう》』には、九〇～一〇〇歳《さい》の長寿《ちょうじゅ》者《しゃ》を表彰《ひょうしょう》する多《おお》くの記録《きろく》がある。人生《じんせい》五〇年《ねん》といわれた時代《じだい》、この長寿《ちょうじゅ》は驚《おどろ》くべきことだ。

沖縄《おきなわ》の人《ひと》の長寿《ちょうじゅ》の大《おお》きな要因《よういん》が、食生活《しょくせいかつ》にあることは明《あき》らかだ。琉球王国《りゅうきゅうおうこく》はアジア屈指《くっし》の交易国《こうえきこく》で、数百年間《すうひゃくねんかん》、地域文化《ちいきぶんか》を強《つよ》く保持《ほじ》しながら、交易相手国《こうえきあいてこく》の文化《ぶんか》を貪欲《どんよく》に吸収《きゅうしゅう》・融合《ゆうごう》していき独自《どくじ》の文化《ぶんか》を築《きず》いていった。それは食文化《しょくぶんか》も例外《れいがい》ではなかった。

元京都大学人間環境学部《もときょうとだいがくにんげんかんきょうがくぶ》の家森幸雄教授《やもりゆきおきょうじゅ》は著書《ちょしょ》の中《なか》で、日本《にほん》における伝統《でんとう》の食文化《しょくぶんか》の長《ちょう》所《しょ》として、主食《しゅしょく》が米《こめ》であり、魚《さかな》・海藻《かいそう》・大豆《だいず》の摂取量《せっしゅりょう》が多《おお》いことなどをあげている。一方《いっぽう》、短所《たんしょ》として動物性《どうぶつせい》タンパク質《しつ》や野菜《やさい》・果物類《くだものるい》の摂取量《せっしゅりょう》が少《すく》ないこと、塩分《えんぶん》を摂《と》りすぎることなどを指摘《してき》している。

それに対《たい》して、沖縄《おきなわ》の食生活《しょくせいかつ》には豚肉料理《ぶたにくりょうり》が欠《か》かせない。一四世紀《せいき》ごろ、中国《ちゅうごく》との交易《こうえき》の中《なか》で豚肉食文化《ぶたにくしょくぶんか》がとりいれられ徹底《てってい》して脂肪分《しぼうぶん》を除《のぞ》く調理法《ちょうりほう》をあみだして完全《かんぜん》に定着《ていちゃく》させたため、おのずと沖縄《おきなわ》の人《ひと》の動物性《どうぶつせい》タンパク質《しつ》の摂取量《せっしゅりょう》は多《おお》い。また暖《あたた》かい沖縄《おきなわ》では、新鮮《しんせん》な野菜《やさい》や果実《かじつ》が常《つね》にとれるので摂取量《せっしゅりょう》は多《おお》いし、野菜《やさい》を保存《ほぞん》する必要《ひつよう》もないので漬物《つけもの》にしなくてもよく、また味噌汁《みそしる》は具《ぐ》だくさんなので、食塩《しょくえん》の摂取量《せっしゅりょう》は日本《にほん》でいちばん少《すく》ない。日本《にほん》の伝統食《でんとうしょく》の短所《たんしょ》を十分補《じゅうぶんおぎな》っているというわけである。

また日本《にほん》のコンブは沖縄《おきなわ》を経由《けいゆ》して中国《ちゅうごく》へ送《おく》られたので、仲介地《ちゅうかいち》である沖縄《おきなわ》ではコンブ料理《りょうり》も豊富《ほうふ》で、その消費量《しょうひりょう》は日本《にほん》でもトップクラスである。さらに豆腐《とうふ》や豆類《まめるい》もよく食《た》べ、魚料理《さかなりょうり》も多《おお》く、バランスのよくとれた食生活《しょくせいかつ》であるといえよう。

けれども、沖縄《おきなわ》の長寿《ちょうじゅ》の要因《よういん》は食生活《しょくせいかつ》だけではないのである。温暖《おんだん》な気候《きこう》が年間《ねんかん》を通《つう》じての屋外生活《おくがいせいかつ》を可能《かのう》にしていること、長寿者《ちょうじゅしゃ》を大切《たいせつ》にする社会《しゃかい》で、隠居《いんきょ》などなく、高齢者《こうれいしゃ》も働《はたら》きながら自分《じぶん》のことは自分《じぶん》でやる習慣《しゅうかん》を持《も》っていること、現役《げんえき》を引退《いんたい》しても、さまざまな行事《ぎょうじ》によく参加《さんか》し後輩《こうはい》の指導《しどう》にあたったりしていること、テーゲ（「たいがい」の意味《いみ》）主義《しゅぎ》、共存共栄社会《きょうぞんきょうえいしゃかい》で、心《こころ》にゆとりがあることなども、その要因《よういん》をなしているといわれる。

さて、長《なが》生《い》きにまつわるウワサとして「初物《はつもの》を食《た》べると寿命《じゅみょう》が七五日《にち》のびる」というものがあるが、こちらの科学的根拠《かがくてきこんきょ》はほとんどない。

初物《はつもの》とは、そもそも「枝《えだ》にはじめてなった実《み》」のことだが、一般《いっぱん》には、それぞれの季節《きせつ》の最初《さいしょ》にとれた野《や》菜《さい》・果物《くだもの》・穀物《こくもつ》・魚《さかな》などを指《さ》す。しかし、本当《ほんとう》にそれぞれがおいしく栄養価《えいようか》が高《たか》まり、値段《ねだん》も下《さ》がるのは旬《しゅん》の時期《じき》である。初物《はつもの》は旬《しゅん》の前《まえ》で、味《あじ》も栄養価《えいようか》もいまい

沖縄料理《おきなわりょうり》

【チンビン】
小麦粉《こむぎこ》を黒砂糖液《くろざとうえき》で溶《と》いて薄焼《うすや》きにしたおかし。

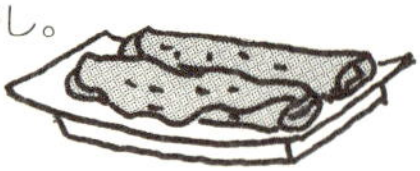

【アーサー汁《じる》】
アーサーは春先《はるさき》に海《うみ》でとれる草《くさ》。かつおだし、おろししょうが、豆腐《とうふ》のあっさりとした汁《しる》もの。

【豆腐《とうふ》よう】
豆腐《とうふ》を泡盛《あわもり》と紅麴《べにこうじ》に半年以《はんとしい》上漬《じょうつ》けたもの。別名《べつめい》「東洋《とうよう》のチーズ」。

【ミミガー】
豚《ぶた》の耳《みみ》。豚《ぶた》は残《のこ》すところなくすべて食《た》べる。

【ソムクジアンダーギー】
紅芋《べにいも》をふかして、かつおだしでといたものにニラを入《い》れて揚《あ》げたもの。庶民的《しょみんてき》おかし。

【ゴーヤチャンプルー】
ゴーヤ（苦瓜《にがうり》）、豆腐《とうふ》、卵《たまご》、豚肉《ぶたにく》をいためたもの。

ちだ。けれども、まだめずらしいときに食《しょく》することで、新《あたら》しい季節《きせつ》を喜《よろこ》ぶと同時《どうじ》に、旬《しゅん》より先《さき》に口《くち》にできるというぜいたくを幸《しあわ》せに思《おも》い、「初物《はつもの》は七五日《にち》、寿命《じゅみょう》がのびる」と表現《ひょうげん》したのである。「七五」という数字《すうじ》は、「人《ひと》の噂《うわさ》も七五日《にち》」、「七五日《にち》は金《きん》の手洗《てあら》い」（嫁《よめ》にいったら七五日《にち》は大事《だいじ》にされる）といった言葉《ことば》にも使《つか》われている。その根拠《こんきょ》ははっきりしないが、語呂《ごろ》のよさや、ほぼひとつの季節《きせつ》の長《なが》さにあたることで出《で》てきた数字《すうじ》といわれている。

・コ・ラ・ム・
アッ！こんなこともあったね

江戸《えど》っ子《こ》と初鰹《はつがつお》

江戸《えど》っ子《こ》は、初物《はつもの》好《ず》きとして知《し》られている。しばらく待《ま》てば、値段《ねだん》も安《やす》くおいしくなるとわかっていながら、高《たか》い値段《ねだん》を支払《しはら》うのが江戸《えど》っ子《こ》なのである。初物《はつもの》の中《なか》でも江戸《えど》っ子《こ》に人気《にんき》があったのが、初鰹《はつがつお》である。徳川幕府《とくがわばくふ》はぜいたく禁止令《きんしれい》で、初物《はつもの》を通常《つうじょう》の値段《ねだん》より高《たか》く売《う》ることを禁止《きんし》していた。1742（寛保《かんぽう》２）年《ねん》、将軍吉宗《しょうぐんよしむね》の時代《じだい》には幕府令《ばくふれい》で「翌年《よくねん》から堅魚《かつお》は４月節《がつせつ》から売《う》るべし」と通達《つうたつ》も出《だ》されている。だが、江戸《えど》っ子《こ》たちは、どこ吹《ふ》く風《かぜ》だったようだ。

1812（文化《ぶんか》９）年《ねん》の記録《きろく》によると、旧暦《きゅうれき》３月《がつ》25日《にち》、初鰹《はつがつお》17本《ほん》が入荷《にゅうか》。そのうち６本《ぽん》は将軍家《しょうぐんけ》、３本《ぼん》は料亭《りょうてい》「八百善《やおぜん》」に２両《りょう》１分《ぶ》で卸《おろ》され、残《のこ》りの８本《ほん》が市場《しじょう》に出《で》たが、そのうちの１本《ぽん》は歌舞伎役者中村歌右衛門《かぶきやくしゃなかむらうたえもん》が３両《りょう》で購入《こうにゅう》している。３両《りょう》といえば、最下級武士《さいかきゅうぶし》の年給《ねんきゅう》にあたる。

「江戸《えど》っ子《こ》の中《なか》の江戸《えど》っ子《こ》だ」と啖呵《たんか》きる男《おとこ》たちは、見栄《みえ》をはり、高価《こうか》な初鰹《はつがつお》を競《きそ》ったのだ。「女房《にょうぼう》を質《しち》に入《い》れても初《はつ》がつお」と、とんでもない川柳《せんりゅう》も飛《と》び出《だ》す。それに対《たい》し「意地《いじ》づくで女房《にょうぼう》かつおをなめもせず」という川柳《せんりゅう》もある。

ウワサ 9

「ウナギと梅干《うめぼし》をいっしょに食《た》べるとよくない」

梅干《うめぼし》で、ついつい食《た》べすぎか？　強《つよ》すぎる胃《い》への刺激《しげき》か？

「カニとかき氷《ごおり》、てんぷらとスイカは食《く》い合《あ》わせ」

消化《しょうか》不良《ふりょう》を起《お》こしやすいことへの警告《けいこく》。

「食《く》い合《あ》わせ」とは、二種類《しゅるい》以上《いじょう》の異《こと》なる食品《ひょくひん》をいっしょに食《た》べると有害《ゆうがい》になると考《かんが》えられる取《と》り合《あ》わせのことである。この言《い》い伝《つた》えは、平安時代《へいあんじだい》、最古《さいこ》の医書《いしょ》にすでに書《か》かれていて、当時《とうじ》の陰陽道《おんみょうどう》から生《う》まれたともいわれている。

とくに江戸時代《えどじだい》に盛《さか》んになり、儒学《じゅがく》・博物学者《はくぶつがくしゃ》である貝原益軒《かいばらえきけん》（一六三〇年《ねん》～一七一四年《ねん》）が著《あらわ》した『養生訓《ようじょうくん》』には、「同食《どうしょく》の禁忌《きんき》」の項《こう》に、その食品《ひょくひん》が列挙《れっきょ》され注目《ちゅうもく》された。うどんとスイカ、タニシとコンニャク、マツタケとアサリ……、その数《かず》はじつに多《おお》い。

医学《いがく》・衛生学《えいせいがく》が進《すす》んだ現在《げんざい》においても、食中毒《しょくちゅうどく》は起《お》こる。ましてや冷蔵庫《れいぞうこ》などはなく、衛生環境《えいせいかんきょう》も悪《わる》い当時《とうじ》である。食中毒《しょくちゅうどく》は多《おお》く、命《いのち》を失《うしな》う者《もの》も決《けっ》して少《すく》なくなかった。消化不良《しょうかふりょう》を起《お》こしやすい、腐敗《ふはい》しやすい、脂《あぶら》が強《つよ》い、胃腸《いちょう》や身体《からだ》を冷《ひ》やす、毒性《どくせい》を持《も》つ……、そんな食品《ひょくひん》を同時《どうじ》に食《た》べることを避《さ》けようと、食《く》い合《あ》わせという考《かんが》えが生《う》まれたのである。
ところが、昭和初期《しょうわしょき》の料理研究家《りょうりけんきゅうか》・村井政善《むらいまさよし》は、数々《かずかず》の食《く》い合《あ》わせで悪《わる》いといわれる食《た》べ物《もの》を食《た》べたにもかかわらず、中毒《ちゅうどく》を起《お》こすということはなかったと言《い》っている。また現代医学《げんだいいがく》でも、食《く》い合《あ》わせが直接原因《ちょくせつげんいん》となる根拠《こんきょ》はないという。いったい食《く》い合《あ》わせとは、なんなのであろうか。

食《く》い合《あ》わせの中《なか》で、最《もっと》もよく知《し》られているのが「ウナギと梅干《うめぼし》」だろう。しかし、ウナギと梅干《うめぼし》をいっしょに食《た》べたからといって、化学反応《かがくはんのう》を起《お》こして有害物質《ゆうがいぶっしつ》が生《しょう》じることはない。では、なぜウナギと梅干《うめぼし》が食《く》い合《あ》わせになったかというと諸説《しょせつ》があり、どうやら江《え》戸時代《どじだい》、暑《あつ》い夏《なつ》には「う」のつく食物《しょくもつ》を食《た》べれば夏《なつ》バテしないといわれていたため、ウナギや梅干《うめぼし》がよく食《た》べられていたことと、当時《とうじ》の衛生状態《えいせいじょうたい》から、夏《なつ》に頻繁《ひんぱん》にお腹《なか》をこわしていたことが混《ま》じり合《あ》ったのではないかと考《かんが》えられる。

そのほか、梅干《うめぼし》は脂《あぶら》っこい食《た》べ物《もの》をサッパリさせることから、「せっかくウナギを食《た》べて摂《と》った栄養《えいよう》が、消《き》えてしまう」という誤解説《ごかいせつ》、「ウナギを食《た》べて、梅干《うめぼし》を食《た》べると口《くち》の中《なか》がスッキリし、ついつい食《た》べすぎてしまい、お腹《なか》をこわす」という食《く》いすぎ説《せつ》、「脂《あぶら》の多《おお》いウナギと塩分《えんぶん》の強《つよ》い梅干《うめぼし》はともに濃厚《のうこう》な食品《しょくひん》で、胃《い》への刺激《しげき》が強《つよ》すぎお腹《なか》をこわす」という過度《かど》な刺激説《しげきせつ》などがある。

なお、梅干《うめぼし》との食《く》い合《あ》わせについては、ほかにも鱒《ます》・鯖《さば》・エビ・タコなどと多《おお》い。梅干《うめぼし》は日本人《にほんじん》の身近《みぢか》な食品《しょくひん》であり、強《つよ》い殺菌力《さっきんりょく》を持《も》っている。だが種子《しゅし》の中《なか》の物質《ぶっしつ》や、若《わか》い梅《うめ》の実《み》には腹痛《ふくつう》の原因《げんいん》となる成分《せいぶん》が含《ふく》まれており、偶然《ぐうぜん》、梅干《うめぼし》とこれらの食品《しょくひん》を食《た》べ合《あ》わせたとき、腹痛《ふくつう》を起《お》こしたので、これらの食《く》い合《あ》わせが生《う》まれたのではないかともされている。

このほかの食《く》い合《あ》わせを見《み》てみると、「カニとかき氷《ごおり》」は、胃腸《いちょう》が冷《ひ》え消化力《しょうかりょく》が落《お》ちる氷《こおり》と消化《しょうか》のよくないカニとの組《く》み合《あ》わせ、「スイカとてんぷら」は、水分《すいぶん》が多《おお》く消化能力《しょうかのうりょく》が落《お》ちるスイカと消化《しょうか》しにくい油物《あぶらもの》のてんぷら、「タコと柿《かき》」はともに消化《しょうか》しにくい食品《しょくひん》……といわれると、理《り》にかなっているかとも思《おも》ってしまう。

つまり食《く》い合《あ》わせのキーワードは、医学的《いがくてき》・科学的《かがくてき》なことより、消化《しょうか》しにくい食品《しょくひん》どうしの組《く》み合《あ》わせ、氷《こおり》による胃腸《いちょう》の冷《ひ》え、食《く》いすぎ、水分《すいぶん》の摂《と》りすぎなどへの警告《けいこく》と考《かんが》えるべきだろう。

食《く》い合《あ》わせ

カニ

＋

かき氷《ごおり》

てんぷら

＋

スイカ

・コ・ラ・ム・
アッ！こんなこともあったね

夏痩《なつや》せと土用《どよう》ウナギ

石麻呂《いしまろ》に　われ物申《ものもう》す　夏痩《なつや》せに　よしといふものぞ　むなぎ取《と》り召《め》せ

万葉集《まんようしゅう》・大伴家持《おおとものやかもち》

奈良時代《ならじだい》、ウナギは「むなぎ」（「胸黄《むなぎ》」のなまったもの、あるいはム＝身《み》、ナギ＝長《なが》いものの意味《いみ》）と呼《よ》ばれていた。この時代《じだい》に、すでにウナギが夏《なつ》バテや夏痩《なつや》せを防《ふせ》ぐ栄養価《えいようか》の高《たか》い食品《しょくひん》として、というよりむしろ薬《くすり》として知《し》られていた。ほかの魚《さかな》の脂《あぶら》がのっていない夏場《なつば》、ウナギは脂肪《しぼう》が豊富《ほうふ》で、それを食《た》べることは理《り》にかなっていたのだ。

江戸時代中期《えどじだいちゅうき》、ウナギ屋《や》が登場《とうじょう》してきて、ウナギは食《た》べものとして普及《ふきゅう》した。「土用《どよう》ウナギ」の考案者《こうあんしゃ》は時《とき》の科学者《かがくしゃ》・平賀源内《ひらがげんない》といわれている。ウナギ屋《や》に看板《かんばん》を依頼《いらい》され、たまたまその日《ひ》が土用《どよう》の丑《うし》の日《ひ》だったので「本日土用《ほんじつどよう》の丑《うし》の日《ひ》」と大書《たいしょ》したことから目《め》にとまり、多《おお》くの客《きゃく》が集《あつ》まったことにはじまったと伝《つた》えられる。

ウワサ10

「ワサビをおろすとき、笑《わら》ってはいけない」

おろし方《かた》には諸説《しょせつ》あり。辛《から》さの好《この》みに合《あ》わせておろせばよい。

「トウガラシを食《た》べると頭《あたま》がはげる」

因果関係《いんがかんけい》はない。

ワサビは日本《にほん》を代表《だいひょう》する香辛料《こうしんりょう》で、にぎりずし・刺身《さしみ》・ソバなどの料理《りょうり》には欠《か》かせない薬味《やくみ》である。原産《げんさん》は、学名《がくめい》「ワサビア・ジャポニカ」からも明《あき》らかのように日本《にほん》である。北《きた》は北海道《ほっかいどう》から南《みなみ》は九州《きゅうしゅう》まで、冷涼《れいりょう》な山間部《さんかんぶ》の清流《せいりゅう》に自生《じせい》するアブラナ科《か》の多年草《たねんそう》で、太《ふと》い円形状《えんけいじょう》の地下茎《ちかけい》と葉《は》に独特《どくとく》の鼻《はな》をつく香《かお》りと辛《から》みがある。香辛料《こうしんりょう》として使用《しよう》するのは主《おも》に根茎《こんけい》だが、葉《は》や茎《くき》もワサビ漬《づ》けなどに利用《りよう》し、まるごと食《た》べられる食用植物《しょくようしょくぶつ》である。

ワサビは生臭《なまぐさ》さを消《け》し、殺菌力《さっきんりょく》を持《も》ち、胃腸《いちょう》の働《はたら》きを活発《かっぱつ》にする。漢方《かんぽう》では、身体《からだ》を温《あたた》め発汗《はっかん》させる薬《くすり》として用《もち》いられる。ビタミンC《シー》・カルシウムを豊富《ほうふ》に含《ふく》み、特有《とくゆう》の香《かお》りと辛《から》さで食欲《しょくよく》を増進《ぞうしん》させるため、古来《こらい》、香辛料《こうしんりょう》としてだけでなく、薬用植物《やくようしょくぶつ》としても重宝《ちょうほう》されてきた。平安時代《へいあんじだい》に書かれた薬草事典《やくそうじてん》『本草和名《ほんぞうわみょう》』（九一八年《ねん》）にワサビが登場《とうじょう》しているが、当時《とうじ》はその貴重《きちょう》さゆえに朝廷《ちょうてい》への献上品《けんじょうひん》でもあった。やがて室町時代《むろまちじだい》（一三三六年《ねん》〜一五七三年《ねん》）に入《はい》ると、食用《しょくよう》としていろいろな使《つか》われ方《かた》をしはじめる。栽培《さいばい》がむずかしい植物《しょくぶつ》だったため、江戸時代初期《えどじだいしょき》の慶長年間《けいちょうねんかん》（一五九六年《ねん》〜一六一五年《ねん》）に入《はい》ってようやく現在《げんざい》の静岡県《しずおかけん》で栽培《さいばい》されるようになったといわれている。

あの特有《とくゆう》な辛《から》みの正体《しょうたい》は、細胞中《さいぼうちゅう》に含《ふく》まれる主成分《しゅせいぶん》のシニグリン（配糖体《はいとうたい》）が、共存《きょうぞん》している酵素《こうそ》ミロシナーゼの働《はたら》きで加水分解《かすいぶんかい》され、辛《から》み成分《せいぶん》のアリルからし油《ゆ》（アリル・イソ・チオシアネート）が生成《せいせい》されるからである。ワサビをおろして、細胞《さいぼう》を壊《こわ》すことで辛《から》みを引《ひ》き出《だ》すわけだ。酵素《こうそ》ミロシナーゼの働《はたら》きで辛《から》さが左右《さゆう》されるワサビは、そのおろし方《かた》ひとつで、ツンとぬける辛《から》さも香気《こうき》もうま味《み》もちがってくる。トウガラシとちがい、ワサビの辛《から》さは消《き》えるのも早《はや》く、デリケートである。基本的《きほんてき》には、きめ細《こま》かくおろせば辛《から》みが強《つよ》く、粗《あら》めにおろせば甘《あま》くなるといわれている。

ところが、具体的《ぐたいてき》なおろし方《かた》となると、「細《こま》かな目《め》のおろし金《がね》を使《つか》い、力《ちから》を入《い》れてすると辛《から》くなり、粗《あら》めのおろし金《がね》で軽《かる》くすると甘《あま》くなる」「粘《ねば》りを出《だ》すには、円《えん》を描《えが》くようにおろせばよい」「目《め》の細《こま》かいおろし金《がね》（陶製《とうせい》やサメの皮《かわ》）で円《えん》を描《えが》くようにおろすのが、その辛《から》さとうまみを引《ひ》き出《だ》す秘訣《ひけつ》だ」「空気《くうき》を混《ま》ぜ込《こ》みながら、ていねいに」など諸説《しょせつ》ある。

そんな中《なか》で、「ワサビをおろすとき、笑《わら》ってはいけない」というウワサは、力《ちから》を込《こ》めてすばやくしないと辛《から》みや香《かお》りがぬけるので、それを戒《いまし》める言葉《ことば》だといわれている。だが一方《いっぽう》、「笑《わら》いながら、〃の〃の字《じ》を描《えが》くようにおろせ」と唱《とな》える人《ひと》もいる。力《りき》むときめが粗《あら》くなり、辛《から》みや粘《ねば》り気《け》が落《お》ちるので、力《りき》まずていねいに細《こま》かくすることが肝心《かんじん》だという理由《りゆう》からである。

ちなみに、昔《むかし》からすし屋《や》では、ワサビの香《かお》りと辛《から》みを十分《じゅうぶん》引《ひ》き出《だ》すため、目《め》の細《こま》かいおろし金《がね》やサメ皮《がわ》を使《つか》って粘《ねば》りのあるワサビおろしにするが、ソバ屋《や》では粘《ねば》りを抑《おさ》えるため、粗《あら》めにおろすところが多《おお》いといわれている。

まあ、用途《ようと》に合《あ》わせて自分好《じぶんごの》みのワサビおろしの工夫《くふう》が必要《ひつよう》ということであろう。

ワサビとともに香辛料《こうしんりょう》の代表《だいひょう》といえばトウガラシ（ナス科《か》の多年草《たねんそう》。学名《がくめい》カプシカム）だろう。原産地《げんさんち》は中南米《ちゅうなんべい》の熱帯地域《ねったいちいき》である。一口《ひとくち》にトウガラシとはいうが、その種類《しゅるい》は三〇〇〇種《しゅ》を超《こ》え、飛《と》び上《あ》がるほど辛《から》いものから、ピーマンのように辛《から》みがないものまであり、形《かたち》や色《いろ》もさまざまである。

けれども、一般《いっぱん》にトウガラシといえば、「タカノツメ」のような辛《から》いものを指《さ》す。その辛《から》さは、カプサイシン類《るい》（カプサイシン、ジヒドロカプシシンなど）の成分《せいぶん》によるものだ。香《こう》辛料《しんりょう》の中《なか》でも、身体《からだ》を温《あたた》める作用《さよう》は最《もっと》も強《つよ》いといわれている。体温上昇《たいおんじょうしょう》で発汗《はっかん》を促《うなが》し、脂《し》肪《ぼう》を燃焼《ねんしょう》させ、また胃《い》への刺激《しげき》で食欲《しょくよく》を増進《ぞうしん》させる。そのあまりの刺激《しげき》の強《つよ》さが毛髪《もうはつ》に悪影響《あくえいきょう》をおよぼすのではないかとの心配《しんぱい》を生み、「トウガラシを食《た》べると頭《あたま》がはげる」というウワサが広《ひろ》まったと考《かんが》えられる。

しかし、トウガラシ好《ず》きが全員《ぜんいん》はげているわけではない。心配《しんぱい》する気持《きも》ちはわかるが、因果《いんが》関係《かんけい》はなさそうだ。

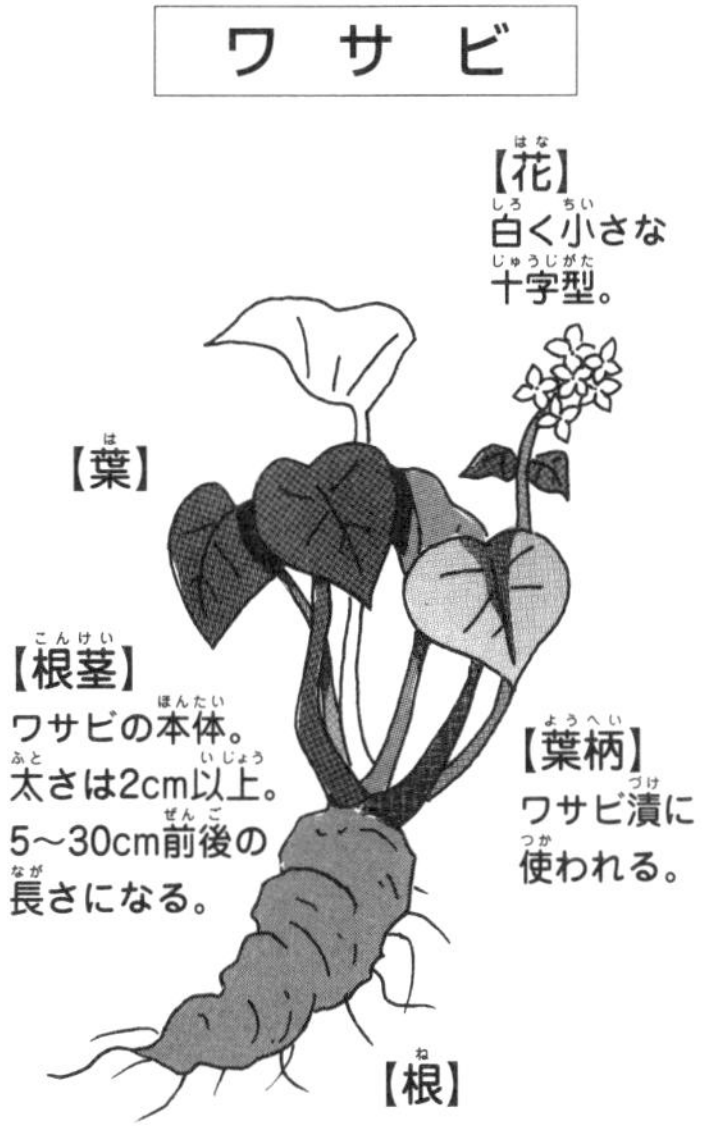

・コ・ラ・ム・ アッ!こんなこともあったね

「トウガラシ」と「コショウ」

トウガラシは、メキシコでは数千年《すうせんねん》も前《まえ》から食用《しょくよう》とされていた。しかし、トウガラシが世界《せかい》に広《ひろ》まったのは15世紀《せいき》のコロンブスの新大陸《しんたいりく》到達《とうたつ》による。インドのコショウ（コショウ科《か》）を探《さが》しに向《む》かったコロンブスは、カリブ海《かい》に浮《う》かぶ島々《しまじま》（西《にし》インド諸島《しょとう》）をインドと思《おも》いちがいをし、トウガラシをコショウと勘《かん》ちがいしたのだ。その勘《かん》ちがいが原因《げんいん》で、現在《げんざい》でも世界各地《せかいかくち》でトウガラシとコショウが混同《こんどう》されている。たとえば、英語《えいご》の「ペッパー（コショウ）」「レッドペッパー（トウガラシ）」「グリーンペッパー／スイートペッパー（ピーマン）」などがあげられる。

ウワサ 11

「ニンニクには悪魔《あくま》の魔力《まりょく》を封《ふう》じる効果《こうか》がある」

ニンニク独特《どくとく》の臭気《しゅうき》と強烈《きょうれつ》な効用《こうよう》から、そう信《しん》じられた。

「塩《しお》にはお清《きよ》め、魔除《まよ》けの効果《こうか》がある」

腐敗防止《ふはいぼうし》には確《たし》かに効果《こうか》があるが、魔除《まよ》けには疑問《ぎもん》。

解明

ニンニクはユリ科《か》の多年草《たねんそう》で、「ガーリック」とも呼《よ》ばれて親《した》しまれ、食材《しょくざい》・薬用《やくよう》として古《ふる》い歴史《れきし》を持《も》っている。

古代《こだい》ギリシャの歴史家《れきしか》ヘロドトス（紀元前五世紀《きげんぜんごせいき》）は、エジプトのピラミッド建設《けんせつ》に従事《じゅうじ》した労働者《ろうどうしゃ》たちがニンニクをすでに食《しょく》していたことを明《あき》らかにしている。また中国《ちゅうごく》では、紀元前《きげんぜん》二世紀《せいき》ごろの最古《さいこ》の字書《じしょ》『爾雅《じが》』にニンニクが登場《とうじょう》し、六世紀《せいき》に書《か》かれた『斎民要術《さいみんようじゅつ》』には二六種《しゅ》の料理《りょうり》に使用《しよう》されていることが記《しる》されている。さらに日本《にほん》では、日本武尊《やまとたけるのみこと》が東国平定《とうごくへいてい》のとき、足柄山《あしがらやま》の神《かみ》が化《ば》けた白鹿《はくしか》にニンニクを投《な》げつけて殺《ころ》したという話《はなし》が『古事記《こじき》』に記載《きさい》されている。

さて、悪魔《あくま》・妖怪《ようかい》・悪霊《あくりょう》がニンニクを嫌《きら》うというウワサは、世界各地《せかいかくち》にあるようだ。代《だい》表的《ひょうてき》なのが、ルーマニアの伝説《でんせつ》である吸血鬼《きゅうけつき》ドラキュラ伯爵《はくしゃく》の話《はなし》である。ドラキュラは、太陽《たいよう》の光《ひかり》にあたると身体《からだ》が灰《はい》になってしまうので、夜《よる》になると目《め》を覚《さ》まし人間《にんげん》の血《ち》を求《もと》めて街《まち》をさまようといわれている。そして血《ち》を吸《す》われた人間《にんげん》は吸血鬼《きゅうけつき》になってしまうとのことだ。この吸血鬼《きゅうけつき》たちの弱点《じゃくてん》は、太陽《たいよう》の光《ひかり》と十字架《じゅうじか》、そしてニンニクとされていた。

では、なぜ中世《ちゅうせい》のヨーロッパでは「ニンニクは吸血鬼《きゅうけつき》を追《お》い払《はら》う魔力《まりょく》がある」と信《しん》じられていたのだろうか。

生《なま》ニンニクのあの強烈《きょうれつ》なにおいのもとであるアリシンは、強《つよ》い殺菌力《さっきんりょく》を持《も》つうえ、ビタミンB_1《ビーワン》と結合《けつごう》してアリチアミンという強壮《きょうそう》の栄養源《えいようげん》になる。また昔《むかし》からニンニクの茎《くき》は、いぶして毛虫《けむし》の駆除《くじょ》に使《つか》ったり、木《き》にぶらさげると小鳥《ことり》たちが枝《えだ》に止《と》まらなくなるので、作物《さくもつ》を守《まも》るためにも使《つか》われてきた。

それだけ灰汁《あく》の強《つよ》いニンニクだけに、古来《こらい》、神聖化《しんせいか》されたり、嫌《きら》われたりしていたのもうなずける。古代小《こだいしょう》アジア（現在《げんざい》のトルコ西半部地域付近《せいはんぶちいきふきん》）では母神《ぼしん》シビリーの神殿《しんでん》の中《なか》にニンニクを食《た》べて入《はい》ることは禁《きん》じられていたし、仏教《ぶっきょう》ではニンニクは薬用以外《やくよういがい》に使用《しよう》することを禁《きん》じてきた。つまり科学《かがく》が未発達《みはったつ》の時代《じだい》、強烈《きょうれつ》なにおいと強壮能力《きょうそうのうりょく》を持《も》つニンニクには吸血鬼《きゅうけつき》をはじめ悪魔《あくま》・妖怪《ようかい》・悪霊《あくりょう》などを追《お》い払《はら》う力《ちから》があると考《かんが》えられたのである。

抗菌力《こうきんりょく》、疲労回復《ひろうかいふく》、体調不良《たいちょうふりょう》の改善《かいぜん》などに効果《こうか》があるニンニクは、なるほど病魔《びょうま》という悪魔《あくま》を封《ふう》じる貴重《きちょう》な食《しょく》品《ひん》であることにはちがいない。

ところで魔除《まよ》けの食《しょく》品《ひん》といえば、日本人《にほんじん》は塩《しお》をよく使用《しよう》する。「お清《きよ》め」といえば、まず塩《しお》を連想《れんそう》するほど、塩《しお》は日本人《にほんじん》の精神生活《せいしんせいかつ》にも大《おお》きな影響《えいきょう》を持《も》っている。現在《げんざい》でも飲食店《いんしょくてん》や料理店《りょうりてん》などは清《きよ》めと縁起《えんぎ》かつぎのために門《もん》や入《い》り口《ぐち》に盛塩《もりしお》を置《お》き、大相撲《おおずもう》の力士《りきし》は塩《しお》を土《ど》俵《ひょう》にまき清《きよ》め、お葬式《そうしき》

塩田《えんでん》の断面図《だんめんず》

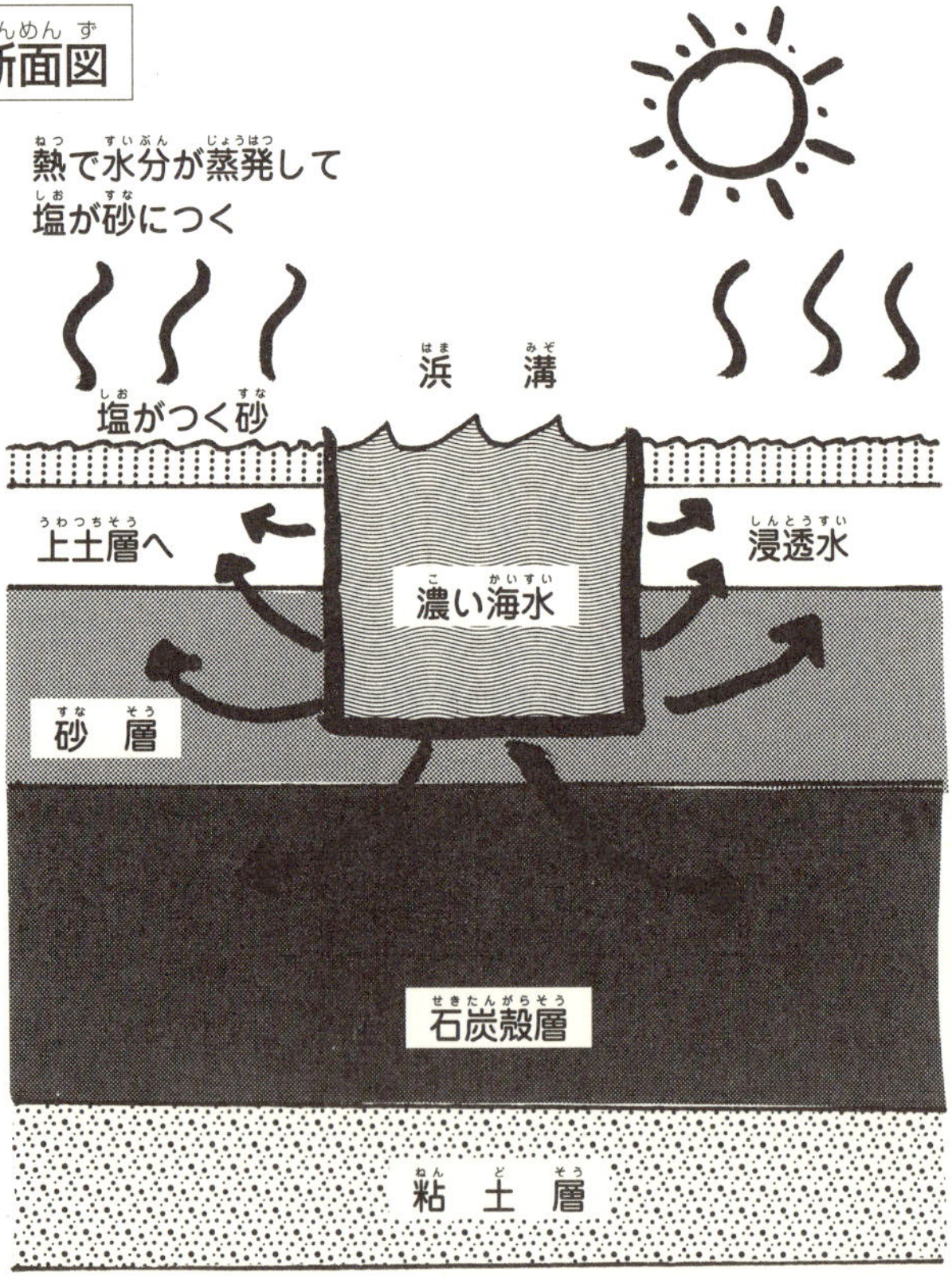

帰《がえ》りに家《いえ》に入《はい》るときには清《きよ》め塩《じお》を使《つか》ったりしている。

そもそも塩《しお》は、塩化《えんか》ナトリウムを主成分《しゅせいぶん》とする物質《ぶっしつ》である。人間《にんげん》は、調味《ちょうみ》・腐敗防止《ふはいぼうし》・発酵調節《はっこうちょうせつ》・脱水作用《だっすいさよう》などの塩《しお》の性質《せいしつ》を生活《せいかつ》に利用《りよう》してきた。生活《せいかつ》に不可欠《ふかけつ》な塩《しお》は、サラリー（給料《きゅうりょう》）の語源《ごげん》になったほど最《もっと》も貴重《きちょう》な商品《しょうひん》であった。遠《とお》く離《はな》れた消費地《しょうひち》と生産地《せいさんち》をむすぶ「塩《しお》の道《みち》」まで各地《かくち》につくられたほどである。

そのような塩《しお》がお清《きよ》めや魔除《まよ》けになると信《しん》じられたのは、こちらもニンニクと同様《どうよう》に塩《しお》の持《も》つ強《つよ》い殺菌力《さっきんりょく》による腐敗防止《ふはいぼうし》などの効果《こうか》に起因《きいん》しているといえよう。

・コ・ラ・ム・
アッ！こんなこともあったね

塩《しお》と健康《けんこう》

塩《しお》は人間《にんげん》が生《い》きていくには、絶対《ぜったい》に必要《ひつよう》なものである。人間《にんげん》の体液《たいえき》や血液《けつえき》には、約《やく》0.8〜0.9パーセントの塩分《えんぶん》が含《ふく》まれている。料理《りょうり》の塩《しお》加減《かげん》もこの体液塩分濃度《たいえきえんぶんのうど》に近《ちか》い数値《すうち》が適度《てきど》だといわれている。塩分《えんぶん》の摂《と》りすぎが高血圧《こうけつあつ》や腎臓病《じんぞうびょう》によくないことはよく知《し》られていることだが、逆《ぎゃく》に塩分《えんぶん》を摂《と》らなければ生命《せいめい》は保《たも》てない。

わたしたちの一日《いちにち》の摂取量《せっしゅりょう》は約《やく》15グラムぐらいだそうだが、一日《いちにち》の適量《てきりょう》としては10グラム以下《いか》にするように努力《どりょく》すべきだとされている。

暑《あつ》い日《ひ》、脱水症《だっすいしょう》を防《ふせ》ぐためには水《みず》を補給《ほきゅう》するが、同時《どうじ》に汗《あせ》で出《で》てしまった塩分《えんぶん》を摂《と》ることも忘《わす》れてはいけないのである。

ウワサのうんちくメモ ③

ご飯粒《はんつぶ》を残《のこ》すと出世《しゅっせ》しない

「瑞穂《みずほ》の国《くに》」と呼《よ》ばれる日本《にほん》は、古代稲《こだいいね》の渡来以来《とらいいらい》、まさにその歴史《れきし》は「稲作《いなさく》の歴史《れきし》」でもあった。日本文化《にほんぶんか》の根底《こんてい》にあるものは「稲作文化《いなさくぶんか》」なのだ。

古来《こらい》、国家運営《こっかうんえい》は「田《た》」と「米《こめ》」が基礎《きそ》となっていた。701（大宝元《たいほうがん》）年《ねん》の律令制度《りつりょうせいど》で土地制《とちせい》と税制《ぜいせい》が整《ととの》えられたが、米《こめ》は租税《そぜい》の中心《ちゅうしん》となっていた。中世《ちゅうせい》の農民《のうみん》たちは、収穫《しゅうかく》した米《こめ》を年貢米《ねんぐまい》として物納《ぶつのう》した。手元《てもと》に残《のこ》った米《こめ》が、種《たね》もみとお金代《かねが》わりになった。米作《べいさく》にたずさわりながら、多《おお》くの農民《のうみん》が、お米《こめ》のご飯《はん》を口《くち》にできるのは、正月《しょうがつ》など特別《とくべつ》な日《ひ》に限《かぎ》られていた。納税《のうぜい》が物納《ぶつのう》から金納《きんのう》になったのは、明治時代以降《めいじじだいいこう》のことである。

「銀《ぎん》シャリ」という言葉《ことば》がある。1940年代《ねんだい》の食糧難時代《しょくりょうなんじだい》に白米《はくまい》ご飯《はん》にあこがれて使《つか》われた言葉《ことば》だ。日本民族《にほんみんぞく》は長年《ながねん》、お米《こめ》を食《た》べることを大《おお》きな喜《よろこ》びとしてきたのである。

そのお米《こめ》に関《かん》するウワサのひとつに「お米《こめ》を粗末《そまつ》にすると、命《いのち》がつぶれる」というものがある。日本人《にほんじん》と米《こめ》の歴史《れきし》を振《ふ》り返《かえ》れば、なんとなく納得《なっとく》もできよう。

貴重《きちょう》なお米《こめ》だけに、食《た》べ方《かた》の礼儀作法《れいぎさほう》も厳《きび》しかった。「汁《しる》かけご飯《はん》は、礼儀《れいぎ》が悪《わる》い」もそのひとつである。味噌汁《みそしる》などをかけると、よく嚙《か》まずに早食《はやぐ》いになり、その様子《ようす》も見苦《みぐる》しくなるからである。そのほかにも「ご飯《はん》を食《た》べるときはお膝《ひざ》して（正座《せいざ》）食《た》べなさい」「ご飯《はん》を食《た》べながら身体《からだ》をゆすると貧乏神《びんぼうがみ》がくる」「ご飯粒《はんつぶ》を残《のこ》すと出世《しゅっせ》しない」「ご飯粒《はんつぶ》を残《のこ》すと目《め》が見《み》えなくなる」など、ご飯《はん》に関《かん》するウワサは多《おお》いが、どれも「お米《こめ》は行儀《ぎょうぎ》よく食《た》べよ」という戒《いまし》めなのである。「お米《こめ》の国《くに》」ならではのウワサといえる。

4章●自然科学についてのウワサ

ウワサ 1

「太陽《たいよう》の黒点《こくてん》が増《ふ》えると犯罪《はんざい》や事故《じこ》が多発《たはつ》する」

太陽活動《たいようかつどう》の活発化《かっぱつか》は、地球《ちきゅう》の生《い》きものの行動《こうどう》にも影響《えいきょう》をおよぼす。

解明

黒点《こくてん》とは、太陽《たいよう》の表面《ひょうめん》（光球面《こうきゅうめん》）に出現《しゅつげん》する黒《くろ》いしみのような現象《げんしょう》である。

黒《くろ》いといっても、まわりの太陽表面《たいようひょうめん》が明《あか》るいために相対的《そうたいてき》に暗《くら》く見《み》えるのであり、仮《かり》に黒点《こくてん》だけを宇宙空間《うちゅうくうかん》に取《と》り出《だ》してながめれば明《あか》るく見《み》える。太陽《たいよう》の表面温度《ひょうめんおんど》が約《やく》六〇〇〇度《ど》であるのに対《たい》して、黒点《こくてん》の部分《ぶぶん》は約《やく》四〇〇〇度《ど》である。

黒点《こくてん》は太陽表面《たいようひょうめん》のとくに磁場《じば》の強《つよ》い部分《ぶぶん》である。太陽内部《たいようないぶ》の対流層《たいりゅうそう》の中《なか》にある磁場《じば》が強《つよ》くなると磁束管《じそくかん》が形成《けいせい》され、その磁束管《じそくかん》の小枝《こえだ》が浮上《ふじょう》して黒点《こくてん》になると考《かんが》えられている。黒点《こくてん》の大《おお》きいものは直径数万《ちょっけいすうまん》キロメートルと地球《ちきゅう》の直径《ちょっけい》より大《おお》きくなり、出現《しゅつげん》してから数時間《すうじかん》で消《き》える黒点《こくてん》もあれば、数《すう》か月《げつ》にわたって見《み》える黒点《こくてん》もある。黒点《こくてん》の数《かず》は周期的《しゅうきてき》に増減《ぞうげん》をくり返《かえ》していることが古《ふる》くから観測《かんそく》されている。過去《かこ》二〇〇年以上《ねんいじょう》の観測結果《かんそくけっか》によると、その周期《しゅうき》は一一・二年《ねん》である。このうち、黒点《こくてん》の数《かず》が増加《ぞうか》して極大《きょくだい》になった時期《じき》は、太陽《たいよう》の表面《ひょうめん》で起《お》こる現象《げんしょう》が活発《かっぱつ》になっているときで、太陽活動極《たいようかつどうきょく》大期《だいき》と呼《よ》ばれている。逆《ぎゃく》に黒点《こくてん》の数《かず》が極小《きょくしょう》のときは太陽活動極小期《たいようかつどうきょくしょうき》という。

この黒点数《こくてんすう》の増減《ぞうげん》で示《しめ》される太陽活動《たいようかつどう》の変化《へんか》が地球《ちきゅう》にどのような影響《えいきょう》を与《あた》えているのかというと、まず、地球《ちきゅう》が太陽《たいよう》から受《う》け取《と》るエネルギー源《げん》としての太陽熱《たいようねつ》の増減《ぞうげん》による気候《きこう》への影響《えいきょう》があげられる。

たとえば、木《き》の年輪《ねんりん》の太《ふと》さと黒点数《こくてんすう》の関係《かんけい》では、黒点数《こくてんすう》の多《おお》い年《とし》は年輪《ねんりん》の幅《はば》が広《ひろ》くなって、育《そだ》ちがいい。また、黒点《こくてん》の数《かず》が少《すく》ない年《とし》は小麦《こむぎ》の面積《めんせき》あたりの成長《せいちょう》が悪《わる》く、そのため小麦価格《こむぎかかく》が跳《は》ね上《あ》がるという傾向《けいこう》が見《み》られる。

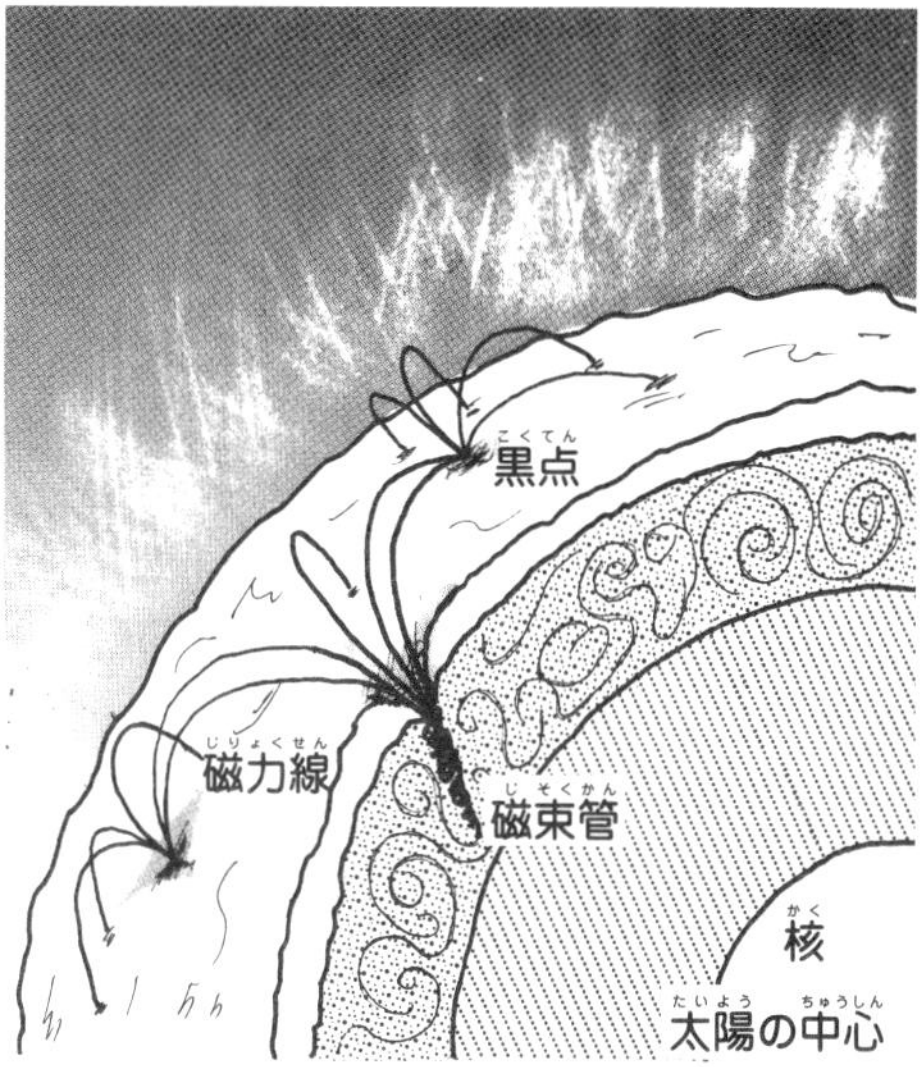

さらに、一六五〇年《ねん》から異常《いじょう》に黒点数《こくてんすう》の少ない時期《じき》が五〇年間《ねんかん》も続《つづ》いたのだが、この期間《きかん》の地球《ちきゅう》は「小氷河期《しょうひょうがき》」と呼《よ》ばれるほどの寒《さむ》さであった。

それでは、黒点数《こくてんすう》が増減《ぞうげん》する周期《しゅうき》の約《やく》一一年《ねん》に対応《たいおう》して、地球《ちきゅう》の気候《きこう》も温暖《おんだん》と寒冷《かんれい》をくり返《かえ》しているかといえば、地球《ちきゅう》の気候変動《きこうへんどう》の要因《よういん》はほかにもさまざまなものがあるので、それほど明確《めいかく》ではない。

したがって、「黒点《こくてん》が増《ふ》えると犯罪《はんざい》や事故《じこ》が多発《たはつ》する」というウワサの根拠《こんきょ》を、気温《きおん》が高《たか》まって暑《あつ》いのでわたしたちの気分《きぶん》がイライラしたり、頭《あたま》がボーッとするからと説明《せつめい》するのは、やや早計《そうけい》である。

そこで考《かんが》えるべきなのは、地球《ちきゅう》が太陽《たいよう》から受《う》けるのは光《ひかり》や熱《ねつ》エネルギーだけではないという事実《じじつ》だ。

太陽活動《たいようかつどう》の盛《さか》んな時期《じき》には、太陽風《たいようふう》（太陽《たいよう》から宇宙空間《うちゅうくうかん》に放出《ほうしゅつ》される荷電粒子《かでんりゅうし》の流《なが》れ）が強《つよ》く吹《ふ》き、太陽《たいよう》の磁場《じば》も長《なが》く伸《の》びて地球《ちきゅう》をも覆《おお》ってしまうのである。その結果《けっか》、オーロラが頻発《ひんぱつ》したり、地球磁場《ちきゅうじば》が乱《みだ》されて磁気嵐《じきあらし》が起《お》こり、通信障害《つうしんしょうがい》が生《しょう》じたりする。

こんな話《はなし》がある。第二次世界大戦《だいにじせかいたいせん》のとき、ドイツ軍機《ぐんき》の来襲《らいしゅう》を警戒《けいかい》していた英国《えいこく》のレーダー網《もう》が、大西洋《たいせいよう》の西側《にしがわ》に目標《もくひょう》をキャッチした。しかし、そんな方向《ほうこう》からドイツ軍機《ぐんき》がやってくるはずはない。じつは、敵機《てきき》を示《しめ》していると思《おも》われたレーダー画面上《がめんじょう》のシグナルの正体《しょうたい》は、水平線《すいへいせん》に沈《しず》もうとしていた太陽《たいよう》からの電波《でんぱ》だったのである。

では、地球《ちきゅう》の磁場《じば》が乱《みだ》されると、機械《きかい》ならぬ生《い》きものにはどんな影響《えいきょう》が現《あらわ》れるのか。

渡《わた》り鳥《どり》や回遊魚《かいゆうぎょ》が生体内《せいたいない》にコンパスを持《も》ち、地球磁場《ちきゅうじば》を手《て》がかりに長旅《ながたび》をしていることは知《し》られている。また、動植物《どうしょくぶつ》が磁気《じき》の乱《みだ》れから地震《じしん》の予兆《よちょう》を感《かん》じるとの研究報告《けんきゅうほうこく》もなされている。

わたしたち人間《にんげん》の身体《からだ》が磁気《じき》の影響《えいきょう》を受《う》けることも、血行《けっこう》をよくしたり肩凝《かたこ》りに効《こう》果《か》があるとして磁気治療機《じきちりょうき》が使用《しよう》されていることから実証《じっしょう》されている。また、地磁気《ちじき》の変化《へんか》が心臓血管系《しんぞうけっかんけい》の病気《びょうき》を悪化《あっか》させたり、てんかん発作《ほっさ》を増大《ぞうだい》させるとの臨床《りんしょう》データもある。

この身体面《しんたいめん》には影響《えいきょう》する磁気《じき》の乱《みだ》れが、人間《にんげん》の精神《せいしん》や行動《こうどう》にも影響《えいきょう》を与《あた》えているのかとなると、体調《たいちょう》が心《こころ》におよぼす影響《えいきょう》や、より直接的《ちょくせつてき》に人間《にんげん》の脳《のう》にも電気《でんき》が流《なが》れていることを考《かんが》えるなら、可能性《かのうせい》なしとは断言《だんげん》できない。

ただし、それがどの程度《ていど》の影響力《えいきょうりょく》なのかは、今後《こんご》の研究《けんきゅう》を待《ま》たねばならない。

・コ・ラ・ム・
アッ！こんなこともあったね

人間《にんげん》は星《ほし》の子《こ》ども

約《やく》150億年前《おくねんまえ》のビッグバンによって、宇宙《うちゅう》は誕生《たんじょう》したとされている。

その誕生《たんじょう》した直後《ちょくご》の宇宙《うちゅう》には水素《すいそ》などの軽《かる》い元素《げんそ》しか存在《そんざい》せず、生物《せいぶつ》の身体《からだ》を構成《こうせい》する元素《げんそ》はまだ揃《そろ》っていなかった。すなわち、宇宙《うちゅう》が生《う》まれたままの状態《じょうたい》が続《つづ》いていたなら、わたしたちは存在《そんざい》していないのである。

そうならなかったのは、水素原子《すいそげんし》が集《あつ》まって星《ほし》が生《う》まれ、その内部《ないぶ》で重《おも》い元素《げんそ》がつくられたからである。そして星《ほし》は寿命《じゅみょう》を終《お》えると爆発《ばくはつ》し、生成《せいせい》された元素《げんそ》は宇宙空間《うちゅうくうかん》に撒《ま》き散《ち》らされる。この星《ほし》の誕生《たんじょう》と死《し》のくり返《かえ》しによって、生物《せいぶつ》の身体《からだ》をつくる環境《かんきょう》が整《ととの》えられた。だから、わたしたち地球人《ちきゅうじん》も、宇宙《うちゅう》のどこかにいるかもしれない宇宙人《うちゅうじん》も、みんな星《ほし》の子《こ》どもなのである。

ウワサ 2 「人《ひと》は満《み》ち潮《しお》のときに生《う》まれ、引《ひ》き潮《しお》のときに死《し》ぬ」

人《ひと》の生死《せいし》と潮《しお》の満《み》ち干《ひ》に関連《かんれん》はない。

「満月《まんげつ》の夜《よる》には殺人事件《さつじんじけん》が多発《たはつ》する」

月《つき》の光《ひかり》には魔力《まりょく》が宿《やど》ると思《おも》っていた西洋《せいよう》の俗信《ぞくしん》である。

「人《ひと》の生死《せいし》は潮《しお》の満《み》ち干《ひ》に支配《しはい》されており、人間《にんげん》は満《み》ち潮《しお》のときに生《う》まれ、引《ひ》き潮《しお》のときに死《し》ぬ」というウワサを、なんとなく信《しん》じている人《ひと》は多《おお》いのではなかろうか。

潮《しお》が満《み》ちてくる状況《じょうきょう》というのは興隆《こうりゅう》するエネルギーを感《かん》じさせるものだし、反対《はんたい》に潮《しお》が引《ひ》いていくのは衰退《すいたい》を感《かん》じさせる。そして、毎日《まいにち》決《き》まって満《み》ち干《ひ》をくり返《かえ》す海《うみ》は地球《ちきゅう》の生《い》きものを生《う》み育《そだ》ててきた、いわば母体《ぼたい》。だから、生死《せいし》をくり返《かえ》すわたしたち人間《にんげん》もまた、その生死《せいし》の時刻《じこく》が海《うみ》の興隆《こうりゅう》と衰退《すいたい》のサイクルに同調《どうちょう》してくるのではないか……。

そのように考《かんが》えると、いかにも信憑性《しんぴょうせい》のありそうなウワサなのだけれども、それを裏《うら》づける事実《じじつ》はない。

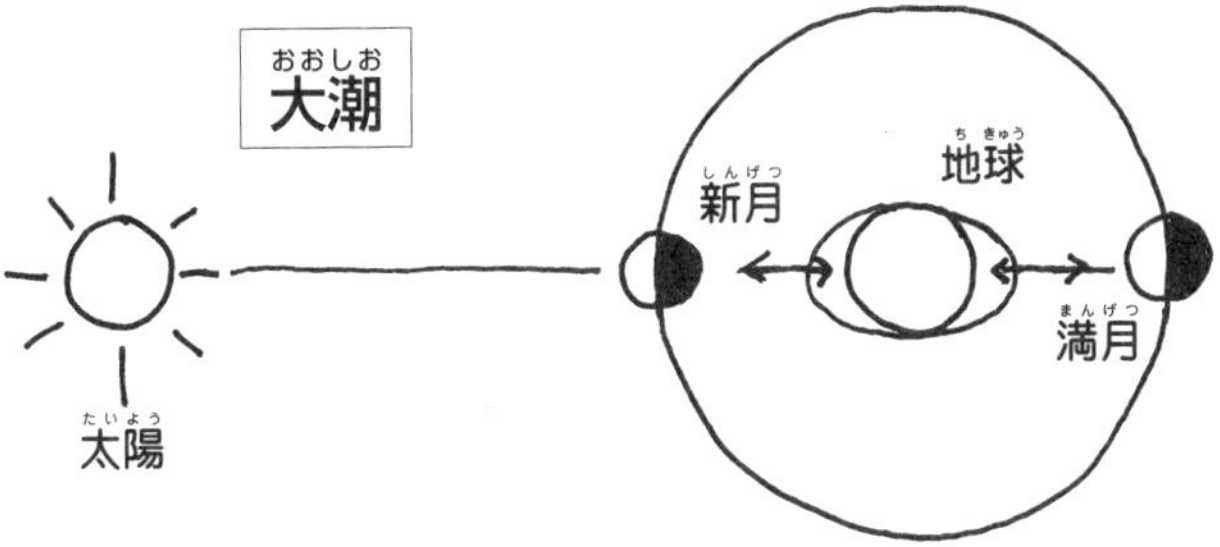

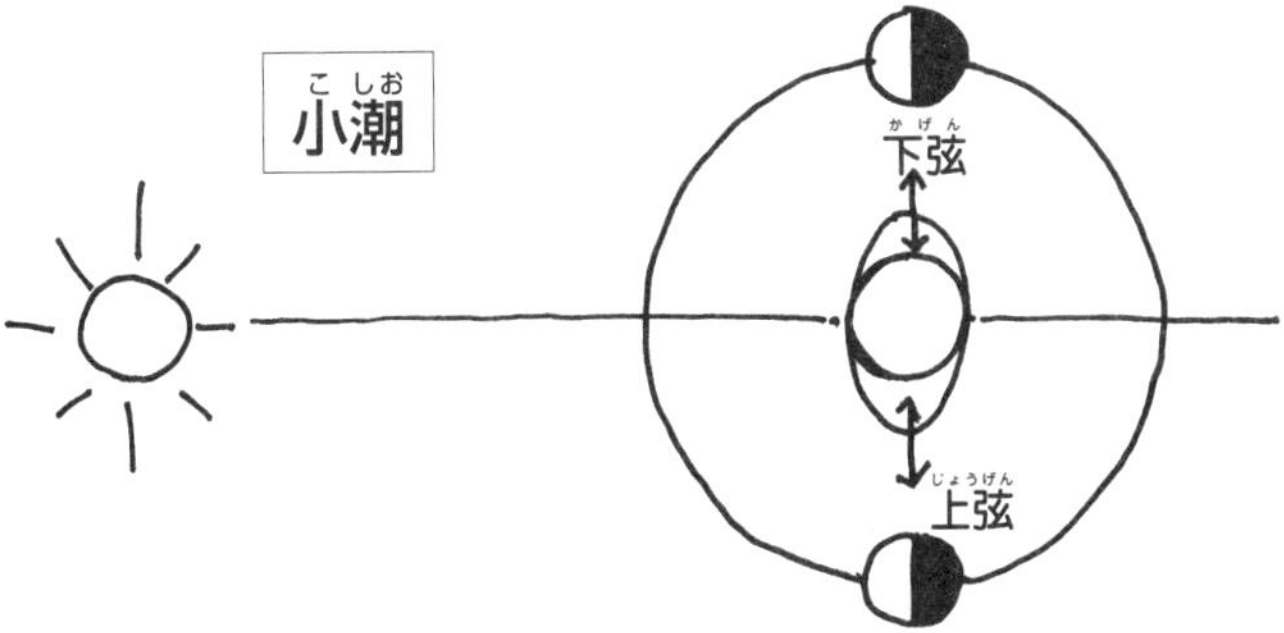

琉球大学《りゅうきゅうだいがく》が二年間《ねんかん》にわたって沖縄《おきなわ》本島住民《ほんとうじゅうみん》の出生《しゅっせい》と死亡《しぼう》のデータ（四万人強《まんにんきょう》）を集《あつ》め、海《うみ》の干満《かんまん》の時刻《じこく》との関連《かんれん》を調《しら》べたところ、両者《りょうしゃ》の間《あいだ》に統計的《とうけいてき》な相関《そうかん》は見《み》られなかった。

すなわち、人《ひと》の生死《せいし》の時刻《じこく》は潮《しお》の満《み》ち干《ひ》とは関係《かんけい》がないのである。

さて、潮《しお》の満《み》ち干《ひ》は、月《つき》に近《ちか》い方《ほう》の海面《かいめん》だけが引力《いんりょく》に引《ひ》っ張《ぱ》られて膨《ふく》らんでいるように思《おも》いがちであるが、実際《じっさい》には同時《どうじ》にその反対側《はんたいがわ》の海面《かいめん》も膨《ふく》らんでいる。だから、満潮《まんちょう》や干潮《かんちょう》になるのは一日《いちにち》に二回《かい》なのである。

また、潮《しお》の満《み》ち干《ひ》には太陽《たいよう》の引力《いんりょく》も月《つき》の引力《いんりょく》の半分程度《はんぶんていど》の強《つよ》さで影響《えいきょう》している。そのため、地球《ちきゅう》・月《つき》・太《たい》陽《よう》が一直線《いっちょくせん》に並《なら》ぶ満月《まんげつ》と新月《しんげつ》のときは、月《つき》と太陽《たいよう》の引力《いんりょく》が重《かさ》なるので大潮《おおしお》になり、月《つき》と太《たい》陽《よう》が地球《ちきゅう》に対《たい》して直角《ちょっかく》の位置《いち》にある上弦《じょうげん》の月《つき》・下弦《かげん》の月《つき》のときは、おたがいの引力《いんりょく》の影響《えいきょう》が相殺《そうさい》されるので小潮《こしお》になる。

ところで、月《つき》に関《かん》して日本人《にほんじん》にはいまひとつなじみがないのだけれど、西洋《せいよう》には「満月《まんげつ》の夜《よる》には殺人事件《さつじんじけん》が多発《たはつ》する」というウワサがある。

西洋《せいよう》では月《つき》の光《ひかり》には神秘的《しんぴてき》な力《ちから》があると信《しん》じられてきた。英語《えいご》で月《つき》を意味《いみ》する「ルナ」の形容詞《けいようし》「ルナティック」が「狂気《きょうき》の」を意味《いみ》しているように、月光《げっこう》がいちばん強《つよ》くなる満月《まんげつ》のもとでは、精神《せいしん》が変調《へんちょう》をきたすといわれている。満月《まんげつ》の光《ひかり》を浴《あ》びて変身《へんしん》する狼男《おおかみおとこ》は日本人《にほんじん》にはあまり怖《こわ》く感《かん》じられないのだが、西洋人《せいようじん》には強《つよ》いリアリティーがあるにちがいない。

それでは、月光《げっこう》にそんな魔力《まりょく》があるのかというと、そんなことはない。

アメリカのある特定《とくてい》の地域《ちいき》で発生《はっせい》した殺人事件《さつじんじけん》を一〇年間《ねんかん》にわたって集計《しゅうけい》し、月齢《げつれい》との関連《かんれん》を調《しら》べた調査《ちょうさ》によると、満月《まんげつ》と殺人事件《さつじんじけん》の頻度《ひんど》との間《あいだ》に明確《めいかく》な関係《かんけい》は見《み》いだせなかったのである。

それにしても、月《つき》の光《ひかり》を風流《ふうりゅう》なものと感《かん》じてお月見《つきみ》などをする日本人《にほんじん》と、西洋人《せいようじん》とのちがいはどうであろうか。

世界各国《せかいかっこく》の神話《しんわ》によると、月《つき》は太陽《たいよう》と同《おな》じくらい重要《じゅうよう》な存在《そんざい》として位置《いち》づけられている。古代《こだい》バビロニア文明《ぶんめい》においては、じつは月《つき》の神《かみ》は太陽《たいよう》の神《かみ》より偉《えら》いのである。

これに対《たい》して日本神話《にほんしんわ》では、太陽《たいよう》の神《かみ》である天照大御神《あまてらすおおみかみ》に比《くら》べて、その弟《おとうと》・月《つき》の神《かみ》である月読命《つくよみのみこと》の存在感《そんざいかん》がまことに薄《うす》い。日本人《にほんじん》は月《つき》に対《たい》して諸民族《しょみんぞく》とはちがった気持《きも》ちを抱《いだ》いているようだ。

・コ・ラ・ム・
アッ！こんなこともあったね

月《つき》はどうやって生《う》まれたのか

月《つき》はどのようにして地球《ちきゅう》の衛星《えいせい》になったのだろうか。昔《むかし》は地球《ちきゅう》の一《いち》部《ぶ》がちぎれて宇宙《うちゅう》に飛《と》び出《だ》したのが月《つき》で、太平洋《たいへいよう》はちぎれた跡《あと》だなどといわれていたのだが、いまではこの考《かんが》えは否定《ひてい》されている。

月《つき》の誕生《たんじょう》も地球《ちきゅう》と同《おな》じで、約《やく》46億年前《おくねんまえ》に太陽系《たいようけい》ができたとき、各惑《かくわく》星《せい》の誕生《たんじょう》と同様《どうよう》に太陽系内《たいようけいない》に漂《ただよ》うチリが集《あつ》まって微惑星《びわくせい》となり、それらが衝突《しょうとつ》をくり返《かえ》して星《ほし》の大《おお》きさにまで成長《せいちょう》したものと見《み》られている。

すなわち、地球《ちきゅう》と月《つき》は兄弟《きょうだい》なのである。その月《つき》が地球《ちきゅう》のまわりを回《まわ》るようになった理由《りゆう》については、「捕獲説《ほかくせつ》」と「衝突説《しょうとつせつ》」とが提唱《ていしょう》されている。

「捕獲説《ほかくせつ》」では、誕生《たんじょう》して間《ま》もない原始月《げんしつき》も太陽《たいよう》のまわりを回《まわ》っていたのだが、原始地球《げんしちきゅう》の引力《いんりょく》に捕《と》らえられて衛星《えいせい》になったと説明《せつめい》しており、「衝突説《しょうとつせつ》」では、原始月《げんしつき》が原始地球《げんしちきゅう》と衝突《しょうとつ》し、月《つき》の中心《ちゅうしん》にある重《おも》い部分《ぶぶん》の核《かく》が地球《ちきゅう》に移《うつ》り、ほかの部分《ぶぶん》が月《つき》になったと説明《せつめい》している。

このどちらの説《せつ》が正《ただ》しいかは、月《つき》に核《かく》があるかどうかを調《しら》べればわかるので、月《つき》の内部構造《ないぶこうぞう》を調査《ちょうさ》する月《つき》ロケットの計画《けいかく》が日本《にほん》で進《すす》められている。

ウワサ3

「流《なが》れ星《ぼし》が流《なが》れている間《あいだ》に願《ねが》いごとを三回《かい》（または七回《かい》）唱《とな》えると願《ねが》いがかなう」

流《なが》れ星《ぼし》にご利益《りやく》を求《もと》めるのはむずかしい。

流《なが》れ星《ぼし》（流星《りゅうせい》）は、夜空《よぞら》に輝《かがや》く星《ほし》が流《なが》れているわけではない。

宇宙空間《うちゅうくうかん》に漂《ただよ》うチリのような微細《びさい》な物体《ぶったい》（流星《りゅうせい》ダストと呼《よ》ばれている）が地《ち》球《きゅう》の大気中《たいきちゅう》に突《つ》っ込《こ》んだ際《さい》、そのエネルギーによって流星《りゅうせい》ダストそのものや周《しゅう》囲《い》の大気中《たいきちゅう》の分子《ぶんし》がバラバラになって発光《はっこう》する現象《げんしょう》である。

流星《りゅうせい》ダストは彗星《すいせい》の核《かく》から放出《ほうしゅつ》されるもので、太陽《たいよう》を回《まわ》る彗星《すいせい》の公転軌道上《こうてんきどうじょう》を中心《ちゅうしん》に分《ぶん》布《ぷ》しており、地球《ちきゅう》がその空間《くうかん》を通過《つうか》すると流星《りゅうせい》ダストが地球《ちきゅう》に降《ふ》り注《そそ》ぐのである。

流星《りゅうせい》ダストの大《おお》きさは〇・一ミリメートルから数《すう》センチメートルぐらいと、大《おお》きくてもせいぜい小石程度《こいしていど》でしかない。それが秒速数十《びょうそくすうじっ》キロメートルの速度《そくど》で大気圏《たいきけん》に突入《とつにゅう》し、高《こう》度《ど》一三〇キロメートルから八〇キロメートルくらいの高《たか》さで発光《はっこう》して消滅《しょうめつ》する。

地球《ちきゅう》がとくに流星《りゅうせい》ダストのたくさん分布《ぶんぷ》している空間《くうかん》を通過《つうか》していない場合《ばあい》でも、毎日《まいにち》、何百万《なんびゃくまん》という流星《りゅうせい》ダストや隕石《いんせき》が大気圏《たいきけん》に突入《とつにゅう》しているというから、流星《りゅうせい》は本来《ほんらい》それほどめずらしい現象《げんしょう》ではない。星《ほし》が見《み》えるところで空《そら》を一時間《じかん》ほど見上《みあ》げていれば、だれでも一個《こ》や二個《こ》は流星《りゅうせい》を見《み》ることができるはずである。

ところが、わたしたちはなにか特別《とくべつ》の目的《もくてき》でもない限《かぎ》り、そんなに長《なが》く夜空《よぞら》を見上《みあ》げ続《つづ》けることはない。だから、たまたま見上《みあ》げた夜空《よぞら》にサーッと流《なが》れる流星《りゅうせい》があったのだとしたら、よほどラッキーといえるだろう。

さらに、昔《むかし》から人《ひと》びとは天空《てんくう》に起《お》こる現象《げんしょう》と地上《ちじょう》に起《お》こるできごととの間《あいだ》には関連性《かんれんせい》があると信《しん》じてきた。洋《よう》の東西《とうざい》を問《と》わず、星占《ほしうらな》いが広《ひろ》く信《しん》じられてきたこともその証《あかし》だ。だから、星《ほし》が流《なが》れるという奇現象《きげんしょう》の流星《りゅうせい》に、人《ひと》の運命《うんめい》を左右《さゆう》する力《ちから》があると考《かんが》えられてきたとしても、決《けっ》してふしぎではない。

それで、流星《りゅうせい》にはなにかのご利益《りやく》があるにちがいないということから、「流星《りゅうせい》が見《み》えている間《あいだ》に願《ねが》いごとを三回《かい》（七回《かい》という説《せつ》もある）唱《とな》えると願《ねが》いがかなう」とのウワサが巷間《こうかん》に定着《ていちゃく》したのだろう。

しかし、単《たん》なる物理的現象《ぶつりてきげんしょう》である流星《りゅうせい》、しかも焼失《しょうしつ》してしまうはかない運命《うんめい》の存在《そんざい》に、どうして願《ねが》いを実現《じつげん》する効能《こうのう》があるだろうか。

とはいえ、ものはためしである。流星《りゅうせい》を確実《かくじつ》に見《み》つけるにはどうしたらいいか。

毎年《まいとし》、一月《がつ》四日《か》ごろに見《み》られる四分儀座流星群《しぶんぎざりゅうせいぐん》、八月《がつ》一三日《にち》ごろのペルセウス座流星群《ざりゅうせいぐん》、一二月《がつ》一三日《にち》ごろのふたご座流星群《ざりゅうせいぐん》のように、流星《りゅうせい》がたくさん出現《しゅつげん》する時期《じき》があり、新聞《しんぶん》やテレビで報道《ほうどう》されるから、晴《は》れていれば夜空《よぞら》をウォッチしよう。

流星群《りゅうせいぐん》はとくに流星《りゅうせい》ダストがたくさん存在《そんざい》する空間《くうかん》を地球《ちきゅう》が通過《つうか》するために起《お》こり、ときには一時間《じかん》に一〇〇個《こ》以上《いじょう》の流星《りゅうせい》が出現《しゅつげん》する。流星《りゅうせい》の群《む》れがその星座《せいざ》

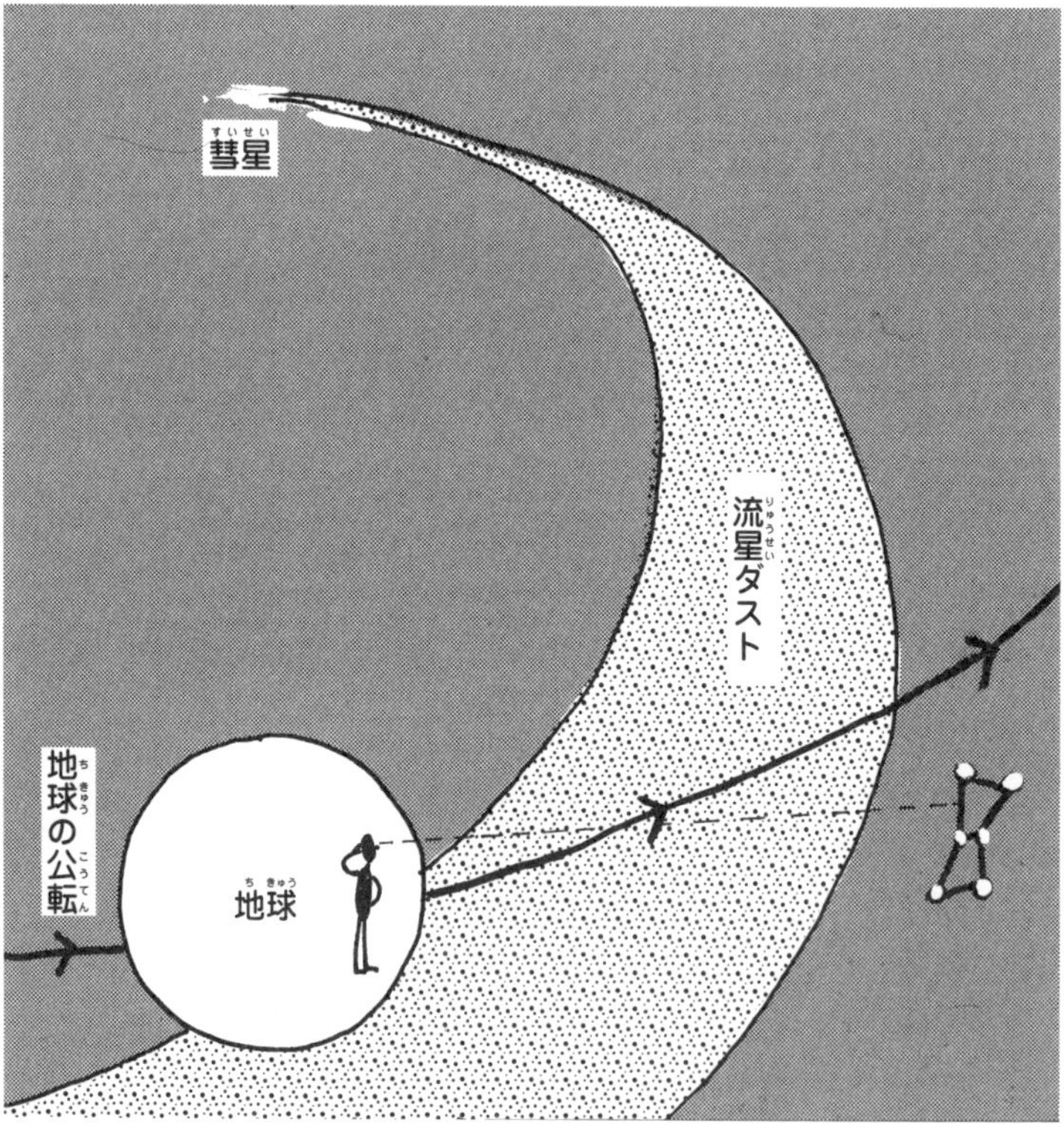

の方角《ほうがく》から出現《しゅつげん》するように見《み》えるので、それぞれの星座名《せいざめい》をつけて呼《よ》ばれている。

さて、真夏《まなつ》でも深夜《しんや》は気温《きおん》が下《さ》がるから、風邪《かぜ》をひかないように準備《じゅんび》を整《ととの》えて、流星《りゅうせい》を見《み》つけることができたとしよう。しかし、現実問題《げんじつもんだい》として、「あっ、流《なが》れた」と気《き》づいてから願《ねが》いごとを七回《かい》はおろか三回唱《かいとな》え終《お》えるまで流星《りゅうせい》が見《み》え続《つづ》けている可能性《かのうせい》は非常《ひじょう》に低《ひく》い。ほとんどの流星《りゅうせい》は一秒以内《びょういない》に焼失《しょうしつ》してしまうからである。

それでも、まれに火《ひ》の玉《たま》のように見《み》える火球《かきゅう》と呼《よ》ばれる超特大《ちょうとくだい》の流星《りゅうせい》が出現《しゅつげん》することがある。この火球《かきゅう》なら一秒以上《びょういじょう》見《み》え続《つづ》けることがあるので、日《ひ》ごろから願《ねが》いごとを「金持《かねも》ち」「出世《しゅっせ》」「結婚《けっこん》」などと短縮形《たんしゅくけい》にして一秒間《びょうかん》に三回唱《かいとな》える練習《れんしゅう》をしておくといいだろう。

・コ・ラ・ム・
アッ！こんなこともあったね

流星《りゅうせい》と隕石《いんせき》

かつては流星《りゅうせい》と隕石《いんせき》は同《おな》じものだと考《かんが》えられていた。

すなわち、流星《りゅうせい》として見《み》えるもののうち、大気中《たいきちゅう》で消滅《しょうめつ》せずに、地表《ちひょう》まで落《お》ちてきたものが隕石《いんせき》だとされていたのである。

しかし最近《さいきん》では、隕石《いんせき》は太陽系内《たいようけいない》に漂《ただよ》う小惑星《しょうわくせい》のような物体《ぶったい》で、もちろん大気圏《たいきけん》に突入《とつにゅう》すると発光《はっこう》が起《お》こるのだけれども、彗星《すいせい》の落《お》とし物《もの》である流星《りゅうせい》ダストとは起源《きげん》が異《こと》なり、また大《おお》きさも流星《りゅうせい》ダストより大《おお》きいことがわかっている。

ウワサ4

「トンビが高《たか》く飛《と》べば晴《は》れ、低《ひく》く飛《と》べば雨《あめ》になる」

エサを見《み》つけやすいよう、天気《てんき》によって飛《と》ぶ高《たか》さを変《か》えている。

「夕方《ゆうがた》の虹《にじ》は吉《きち》、朝《あさ》の虹《にじ》は凶《きょう》」

晴雨《せいう》の予測《よそく》としては結構《けっこう》あてになる。

解明

一般《いっぱん》に、鳥《とり》が高《たか》く飛《と》ぶと天気《てんき》がよくなり、低《ひく》く飛《と》ぶと天気《てんき》がくずれるといわれている。中《なか》でも、トンビの飛《と》ぶ高《たか》さによる天気予報《てんきよほう》のウワサはよく知《し》られているのだが、このウワサにはどれほどの根拠《こんきょ》があるのだろうか。

まず、トンビの習性《しゅうせい》を考《かんが》えてみよう。トンビは主《おも》に死《し》んだ魚《さかな》や小動物《しょうどうぶつ》をエサとしていて、空高《そらたか》くから地表《ちひょう》を広範囲《こうはんい》に見《み》わたせれば、それだけエサを発見《はっけん》できる確率《かくりつ》が高《たか》くなる。

そこで、トンビがバタバタとはばたかなくても高《たか》く飛《と》んでいられるのはどんな状況《じょうきょう》かというと、上昇気流《じょうしょうきりゅう》が発生《はっせい》しているときということになる。上昇気流《じょうしょうきりゅう》に乗《の》れば、トンビはグライダーのように労力《ろうりょく》を使《つか》わず、長時間《ちょうじかん》にわたって高空《こうくう》を飛翔《ひしょう》し続《つづ》けることができる。

では、どんな気象条件《きしょうじょうけん》のときに上昇気流《じょうしょうきりゅう》が発生《はっせい》するのかというと、晴天《せいてん》で太陽光《たいようこう》により地面《じめん》や水面《すいめん》が暖《あたた》められている場合《ばあい》である。その意味《いみ》で、天気《てんき》がよいこととトンビが高《たか》く飛《と》ぶこととは関連《かんれん》しているといえる。

ところが、上昇気流《じょうしょうきりゅう》が発生《はっせい》するのは晴天《せいてん》のときばかりではない。たとえば、強《つよ》い風《かぜ》が山《やま》に吹《ふ》きつけ、山腹《さんぷく》から山頂《さんちょう》へと吹《ふ》き上《あ》がることもある。

そうなると、地形《ちけい》によっては天気《てんき》に関係《かんけい》なく上昇気流《じょうしょうきりゅう》が発生《はっせい》し、その近辺《きんぺん》にいるトンビは常《つね》に高《たか》い空《そら》を飛翔《ひしょう》できることになってしまうのだが、そんな場所《ばしょ》にいるトンビも天気《てんき》が悪《わる》いときには低空《ていくう》を飛《と》ぶのである。

というのは、天気《てんき》がくずれてくると視界《しかい》が悪《わる》くなり、高空《こうくう》からではエサがなかなか見《み》つけにくくなるからである。

ちなみにツバメなども、雨《あめ》が近《ちか》いとエサにしている昆虫《こんちゅう》の羽《はね》が湿気《しっけ》で重《おも》くなり、地表《ちひょう》の近《ちか》くに集《あつ》まるために、それを追《お》って下《お》りてくるといわれている。

さて、天気《てんき》にまつわるウワサといえば「夕方《ゆうがた》の虹《にじ》は吉《きち》、朝《あさ》の虹《にじ》は凶《きょう》」というのをよく耳《みみ》にするが、この吉凶《きっきょう》を天気《てんき》がよくなることを吉《きち》、悪《わる》くなることを凶《きょう》と読《よ》み変《か》えるならば、かなり正確《せいかく》である。

虹《にじ》は雨滴《うてき》に太陽光線《たいようこうせん》が屈折《くっせつ》して起《お》こる現象《げんしょう》であり、太陽《たいよう》を背《せ》にしたとき、その正面《しょうめん》に雨《あめ》が降《ふ》っているなどの空気《くうき》が水滴《すいてき》を多量《たりょう》に含《ふく》んだ状況《じょうきょう》がある場合《ばあい》に見《み》える。

夕方《ゆうがた》の虹《にじ》の場合《ばあい》、太陽《たいよう》は西《にし》の空《そら》にあるから、虹《にじ》は東《ひがし》の空《そら》に出現《しゅつげん》する。すなわち、東《ひがし》の方角《ほうがく》が雨《あめ》である。一方《いっぽう》、朝《あさ》の虹《にじ》は西《にし》の方角《ほうがく》が雨《あめ》であることを意味《いみ》している。

つまり天気《てんき》が西《にし》から東《ひがし》へと変化《へんか》していくことを考慮《こうりょ》すると、夕方《ゆうがた》の虹《にじ》は天気《てんき》がよくなる兆候《ちょうこう》、朝《あさ》の虹《にじ》は天《てん》気《き》が悪《わる》くなる兆候《ちょうこう》

虹《にじ》の見《み》え方《かた》

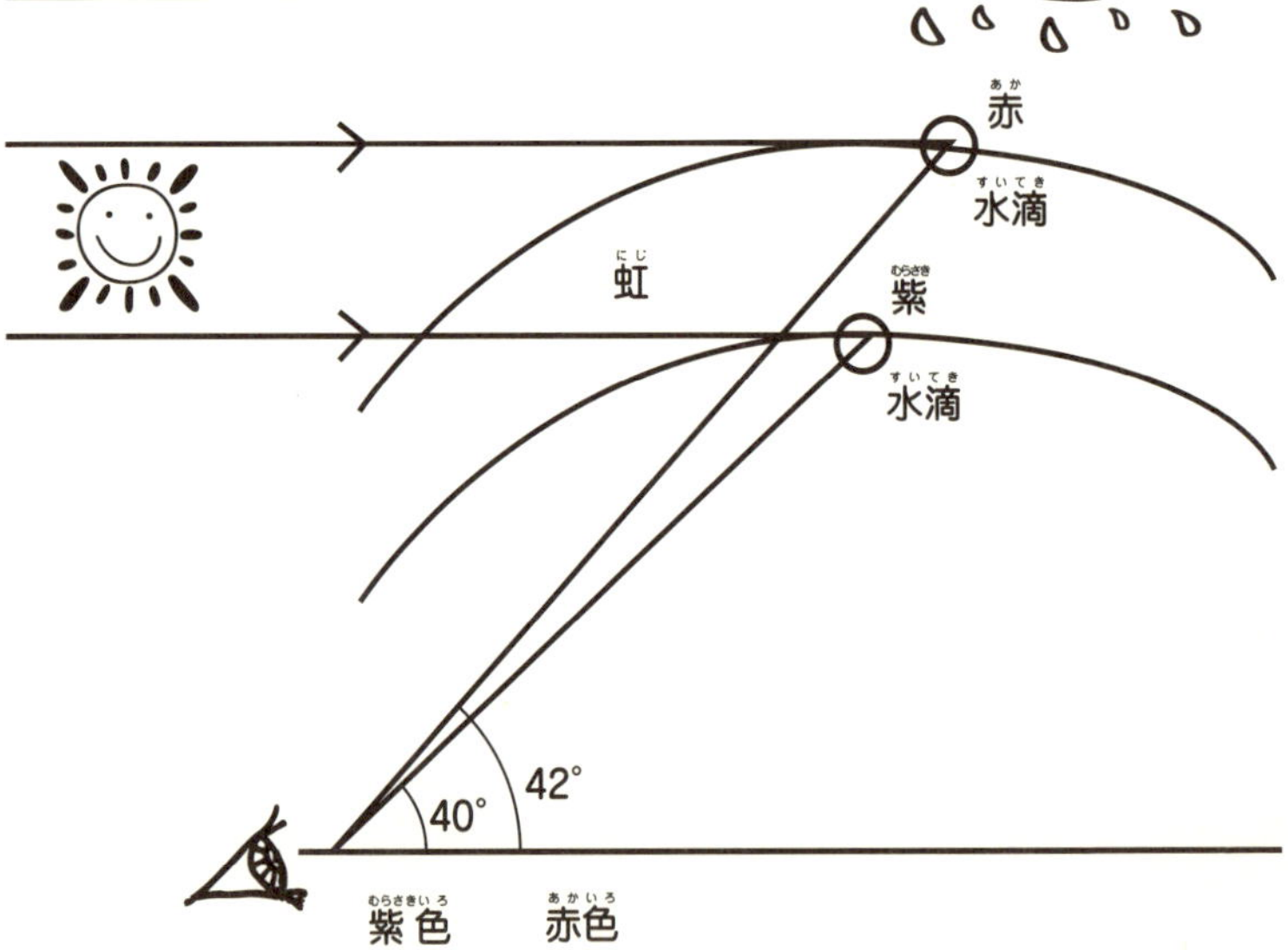

といえるのである。

もちろん、実際《じっさい》の天気《てんき》の変化《へんか》には、ほかにもさまざまな要因《よういん》が加《くわ》わるため、虹《にじ》による天気予報《てんきよほう》は一〇〇パーセント正確《せいかく》とはいえない。夕方《ゆうがた》の虹《にじ》で八割強《わりきょう》、朝《あさ》の虹《にじ》で七割弱《わりじゃく》程度《ていど》の的中率《てきちゅうりつ》とされている。

・コ・ラ・ム・
アッ！こんなこともあったね

「ブロッケンの妖怪《ようかい》」の正体《しょうたい》とは？

昔《むかし》から登山者《とざんしゃ》を怖《こわ》がらせてきた怪奇現象《かいきげんしょう》に「ブロッケンの妖怪《ようかい》」がある。これは雲《くも》や霧《きり》に覆《おお》われた山頂《さんちょう》に立《た》つ登山者《とざんしゃ》の前《まえ》に円形《えんけい》の光《ひかり》が出現《しゅつげん》し、その中《なか》に巨大《きょだい》な人間《にんげん》の上半身《じょうはんしん》のシルエットが現《あらわ》れるという現象《げんしょう》である。

この現象《げんしょう》はドイツのハルツ山地《さんち》にあるブロッケン山《さん》でよく出現《しゅつげん》するため、この名前《なまえ》がつけられているのであるが、日本《にほん》の山《やま》でも起《お》こり、「阿弥陀如来《あみだにょらい》の御来迎《ごらいごう》だ」とあがめられてきた。

しかし、その正体《しょうたい》は妖怪《ようかい》でもなんでもない。単《たん》なる自然現象《しぜんげんしょう》なのである。

登山者《とざんしゃ》が太陽《たいよう》を背《せ》にしているとき、その前方《ぜんぽう》に雲《くも》や霧《きり》があると、そこに虹《にじ》が見《み》える。円形《えんけい》の光《ひかり》の正体《しょうたい》がそれである。そして、この虹《にじ》の中《なか》に現《あらわ》れるシルエットは雲《くも》や霧《きり》に投影《とうえい》された登山者自身《とざんしゃじしん》の影《かげ》なのである。

登山者《とざんしゃ》は自分《じぶん》のすぐ目《め》の前《まえ》に現《あらわ》れた影《かげ》を、遠《とお》く離《はな》れたところにあるものと錯覚《さっかく》してしまうため、異様《いよう》に巨大《きょだい》なものと感《かん》じてしまうわけである。

5「飛行機雲《ひこうきぐも》が長《なが》く残《のこ》っていると雨《あめ》になる」

飛行機雲《ひこうきぐも》が見《み》え続《つづ》けるのは空気《くうき》が湿《しめ》っていることを意味《いみ》し、雨《あめ》が近《ちか》い。

「カエルが鳴《な》くと雨《あめ》になる」

結構《けっこう》あたるカエルの降雨予報《こううよほう》。

雨《あめ》は雲《くも》から降《ふ》ってくるのだから、まず雲《くも》とはなんなのかを考《かんが》えてみよう。雲《くも》は空《そら》に浮《う》かぶ水滴《すいてき》の集《あつ》まりであり、空気《くうき》が冷《ひ》やされることによってできる。空《くう》気《き》の中《なか》には、水《みず》が水蒸気《すいじょうき》という気体《きたい》の状態《じょうたい》で含《ふく》まれていて、温度《おんど》が高《たか》いほど空《くう》気《き》はたくさんの水蒸気《すいじょうき》を含《ふく》むことができる。

たとえば、気温《きおん》が三〇度《ど》のときに空気《くうき》が含《ふく》むことができる水蒸気《すいじょうき》の量《りょう》（飽和水蒸気量《ほうわすいじょうきりょう》）は一立方《りっぽう》メートルあたり三〇・四グラムであるのに対《たい》し、気温《きおん》が一〇度《ど》のときには九・四グラムである。

したがって、飽和水蒸気量《ほうわすいじょうきりょう》いっぱいまで水蒸気《すいじょうき》を含《ふく》んだ三〇度《ど》の空気《くうき》を一〇度《ど》まで冷《ひ》やせば、二一グラムの水蒸気《すいじょうき》が水滴《すいてき》になる（凝結《ぎょうけつ》する）わけで、わたしたちにはこの水滴《すいてき》が雲《くも》として見《み》えるのである。

もっとも、含《ふく》まれている水蒸気《すいじょうき》の量《りょう》が少《すく》ない乾《かわ》いた空気《くうき》なら、凝結《ぎょうけつ》は起《お》こりにくい。一方《いっぽう》、雲《くも》がたくさんあるということは、それだけ空気《くうき》が湿《しめ》っていることを意味《いみ》する。

それを踏《ふ》まえて、「飛行機雲《ひこうきぐも》が長《なが》く残《のこ》っていると雨《あめ》になる」というウワサの真偽《しんぎ》について考《かんが》えてみよう。

飛行機雲《ひこうきぐも》が発生《はっせい》するしくみも、やはり空気《くうき》の冷却《れいきゃく》である。すなわち、次《つぎ》の三とおりのパターンで飛行機雲《ひこうきぐも》は発生《はっせい》する。

①飛行機《ひこうき》が排出《はいしゅつ》した水蒸気《すいじょうき》を含《ふく》む排気《はいき》ガスが、低温《ていおん》の外気《がいき》によって冷《ひ》やされる。
②飛行機《ひこうき》が通過《つうか》するために、空気《くうき》が膨《ふく》らむことによって冷《ひ》やされる。
③飛行機《ひこうき》の通過《つうか》によって空気《くうき》が乱《みだ》れ、上昇気流《じょうしょうきりゅう》が生《しょう》じることで空気《くうき》が冷《ひ》やされる。

こうして飛行機《ひこうき》が通過《つうか》した場所《ばしょ》に局部的現象《きょくぶてきげんしょう》として発生《はっせい》した水蒸気《すいじょうき》の凝結《ぎょうけつ》（飛行機雲《ひこうきぐも》）も、まわりの空気全体《くうきぜんたい》が乾《かわ》いている場合《ばあい》には水滴《すいてき》がすぐに気化《きか》し、消《き》えてしまう。

一方《いっぽう》、それが長《なが》く水滴《すいてき》のまま残《のこ》っているということは、まわりの空気《くうき》が飽和水蒸気量《ほうわすいじょうきりょう》まで湿《しめ》っているわけで、すなわち雨《あめ》になりやすいことを意味《いみ》しているのである。

では、「カエルが鳴《な》くと雨《あめ》になる」というウワサについてはどうだろうか。

じつは、この古《ふる》くから知《し》られているウワサの真《しん》偽《ぎ》は科学的《かがくてき》に調査《ちょうさ》されている。その結果《けっか》は、カエルが鳴《な》くと六十数《すう》パーセントから七十数《すう》パーセントの確率《かくりつ》で雨《あめ》になるという高《たか》い成績《せいせき》だった。

皮膚《ひふ》が常《つね》に湿《しめ》っていないといけないカエルは、空気《くうき》が乾《かわ》いているときは水中《すいちゅう》にいたり、木陰《こかげ》にじっとしていたりすること

飛行機雲《ひこうきぐも》が発生《はっせい》する3つのパターン

①エンジンから出《で》た水蒸気《すいじょうき》を含《ふく》む排気《はいき》ガスが外気《がいき》で冷却《れいきゃく》。

②飛行機《ひこうき》が通《とお》った場所《ばしょ》の空気《くうき》が膨《ふく》らんで冷《ひ》える。

③空気《くうき》が乱《みだ》れ、上昇《じょうしょう》気流《きりゅう》が発生《はっせい》して、より冷《ひ》えた上空《じょうくう》へ。

で皮膚《ひふ》の乾燥《かんそう》を防《ふせ》ぐ。そして、空気中《くうきちゅう》の湿度《しつど》が高《たか》まったことを感《かん》じると、活動《かつどう》を開始《かいし》したり、求愛《きゅうあい》の声《こえ》をあげたりするというわけだ。カエルの皮膚《ひふ》はなかなか敏感《びんかん》な気象《きしょう》センサーといえるだろう。

ただし、どの世界《せかい》にも変《か》わり者《もの》はいるもので、ツチガエルはカエルの一種《いっしゅ》であるにもかかわらず、晴雨《せいう》に関係《かんけい》なく水田《すいでん》につかって鳴《な》くのである。

・コ・ラ・ム・
アッ！こんなこともあったね

日本《にほん》の雨《あめ》には特徴《とくちょう》がある

日本《にほん》は雨《あめ》が多《おお》い国《くに》だといわれている。

実際《じっさい》、地球全体《ちきゅうぜんたい》の年間平均降水量《ねんかんへいきんこうすいりょう》は700ミリメートルから1000ミリメートル。これに対《たい》して、日本《にほん》の年間降水量《ねんかんこうすいりょう》は約《やく》1800ミリメートルに達《たっ》し、世界平均《せかいへいきん》の約《やく》２倍《ばい》である。

また、日本《にほん》の四季《しき》には雨期《うき》と乾期《かんき》の明確《めいかく》な区《く》別《べつ》がなく、年間《ねんかん》を通《つう》じて一定量《いっていりょう》の降水《こうすい》が見《み》られる。この点《てん》でも日本人《にほんじん》は恵《めぐ》まれているといえるだろう。

さらに、地形《ちけい》などの要因《よういん》によって、短《みじか》い時間《じかん》に強《つよ》い雨《あめ》が降《ふ》るのも日本《にほん》の雨《あめ》の特徴《とくちょう》だ。

ウワサ 6

「冬《ふゆ》が寒《さむ》い年《とし》は夏《なつ》も酷暑《こくしょ》になる」

統計的《とうけいてき》にその傾向《けいこう》は見《み》られる。

「アカトンボが群《む》れで飛《と》ぶと暴風雨《ぼうふうう》になる」

台風《たいふう》シーズンにアカトンボが姿《すがた》を見《み》せることによる連想《れんそう》。

解明

冬《ふゆ》の寒《さむ》さが厳《きび》しいときには、これだけ寒《さむ》いのだから夏《なつ》になってもあまり気温《きおん》が上《あ》がらずに過《す》ごしやすいのではないかと思《おも》いがちなもの。

しかしながら、そんな期待《きたい》を裏切《うらぎ》るように、統計的《とうけいてき》には「冬《ふゆ》が寒《さむ》いと夏《なつ》は暑《あつ》い」という傾向《けいこう》が見《み》られる。

冬《ふゆ》の寒《さむ》さが厳《きび》しいのは、アジア大陸《たいりく》からの高気圧《こうきあつ》が日本列島《にほんれっとう》に張《は》り出《だ》し、シベリア寒気《かんき》団《だん》の寒波《かんぱ》が日本《にほん》を襲《おそ》うからである。そして、冬《ふゆ》がこのような状況《じょうきょう》だった場合《ばあい》、夏《なつ》になると逆《ぎゃく》に日本列島《にほんれっとう》の太平洋側《たいへいようがわ》の高気圧《こうきあつ》の勢力《せいりょく》が強《つよ》くなり、酷暑《こくしょ》になるケースが多《おお》いというわけだ。

気象庁《きしょうちょう》の長期《ちょうき》予報《よほう》とまではいかないが、昔《むかし》からしばらく先《さき》の天気《てんき》を予報《よほう》するウワサは数《かず》数《かず》あり、そのひとつに「落葉《おちば》が早《はや》ければ雪《ゆき》が近《ちか》い」というのがある。

このウワサにも根拠《こんきょ》がある。秋《あき》になって植物《しょくぶつ》が葉《は》を落《お》とす準備《じゅんび》に入《はい》るのは、日照時間《にっしょうじかん》が短《みじか》くなり、気温《きおん》も低下《ていか》してくるのを感《かん》じてのこと。その落葉《おちば》の時期《じき》が通常《つうじょう》より早《はや》まっているということは、アジア大陸《たいりく》の高気圧《こうきあつ》が平年《へいねん》より早《はや》く発達《はったつ》しているからで、寒《さむ》さの訪《おとず》れを植物《しょくぶつ》は敏感《びんかん》に察知《さっち》しているのだ。

こうした自然《しぜん》の変化《へんか》に敏感《びんかん》なのは動物《どうぶつ》も同《おな》じ。「カマキリが高《たか》いところに卵《たまご》を産《う》むと、その冬《ふゆ》は雪《ゆき》が深《ふか》い」というウワサがあるが、これも事実《じじつ》。カマキリは積雪量《せきせつりょう》が多《おお》い年《とし》には、木《き》に産《う》みつけた卵《たまご》が雪《ゆき》に埋《う》もれてしまわないよう、あらかじめ木《き》の高《たか》い場所《ばしょ》に卵《たまご》を産《う》んでおくのである。

人《ひと》びとが経験的《けいけんてき》に得《え》た知識《ちしき》にもとづくウワサとしては、「山《やま》に三度雪《どゆき》が積《つ》もれば里《さと》にも降《ふ》る」というのがある。山頂《さんちょう》は平地《へいち》に比《くら》べて気温《きおん》が低《ひく》い。そのため冬《ふゆ》が近《ちか》づくと平地《へいち》では雨《あめ》でも山頂《さんちょう》では雪《ゆき》となり、山頂《さんちょう》で三回《かい》ぐらい雪《ゆき》が積《つ》もるころには季節《きせつ》が進《すす》んで平地《へいち》にも雪《ゆき》が降《ふ》るようになるというわけである。

では、因果関係《いんがかんけい》がちょっと考《かんが》えつきにくい「アカトンボが群《む》れで飛《と》ぶと暴風雨《ぼうふうう》になる」というウワサには、なんらかの根拠《こんきょ》があるのだろうか。

このウワサが生《う》まれた理由《りゆう》としては、二《ふた》つの考《かんが》え方《かた》がある。

ひとつめは、昔《むかし》の人《ひと》のかんちがい説《せつ》。アカトンボは夏《なつ》の間《あいだ》を山《やま》で過《す》ごし、初秋《しょしゅう》になると平地《へいち》にやってくるので人《ひと》の目《め》にふれる。この時期《じき》が台風《たいふう》シーズンにあたるものだから、昔《むかし》の人《ひと》は「アカトンボが台風《たいふう》を連《つ》れてきた」と思《おも》ってしまったというものだ。

もうひとつは、台風《たいふう》が接近《せっきん》すると湿《しめ》った南風《みなみかぜ》が吹《ふ》き込《こ》み、蒸《む》し暑《あつ》くなる。すると、トンボのエサとなる虫《むし》の活動《かつどう》が活発《かっぱつ》になり、それを捕《と》らえるためにトンボが群舞《ぐんぶ》するという光景《こうけい》が人目《ひとめ》についたというものである。

・コ・ラ・ム・
アッ！こんなこともあったね

エルニーニョで冷夏《れいか》、ラニーニャで酷暑《こくしょ》

気象《きしょう》には全《ぜん》地球的《ちきゅうてき》な関連《かんれん》があり、遠《とお》く離《はな》れた地域《ちいき》での現象《げんしょう》が日本《にほん》の気象《きしょう》に大《おお》きな影響《えいきょう》を与《あた》えることがある。エルニーニョ現象《げんしょう》、ラニーニャ現象《げんしょう》はその代表的《だいひょうてき》なものである。

これらはどんな現象《げんしょう》なのか説明《せつめい》しよう。

太平洋西部《たいへいようせいぶ》のインドネシア近海《きんかい》には高温《こうおん》の海水域《かいすいいき》がある。この暖水域《だんすいいき》は２年《ねん》から７年《ねん》ごとに、赤道上《せきどうじょう》を東《ひがし》から西《にし》に吹《ふ》く赤道貿易風《せきどうぼうえきふう》が弱《よわ》くなると、地球《ちきゅう》の自転《じてん》などの影響《えいきょう》により東《ひがし》に移動《いどう》する（図《ず》①）。これがエルニーニョ現象《げんしょう》で、南米沖《なんべいおき》の東部《とうぶ》太平洋沿岸《たいへいようえんがん》では水温《すいおん》が上《あ》がるが、日本《にほん》に暑《あつ》い夏《なつ》をもたらす太平洋高気圧《たいへいようこうきあつ》も東南《とうなん》にずれてしまい、日本《にほん》には北《きた》からの冷気《れいき》が入《はい》りやすくなって冷夏《れいか》の傾向《けいこう》となる。

エルニーニョとは逆《ぎゃく》に赤道貿易風《せきどうぼうえきふう》が強《つよ》くなると、東部《とうぶ》太平洋沿岸《たいへいようえんがん》の水温《すいおん》が下《さ》がる（図《ず》②）。これがラニーニャ現象《げんしょう》で、太平洋西部《たいへいようせいぶ》では海《かい》水温《すいおん》が高《たか》いために低気圧《ていきあつ》が発達《はったつ》し、その北《きた》にある太平洋高気圧《たいへいようこうきあつ》の勢力《せいりょく》も強《つよ》まるので、日本《にほん》は酷暑《こくしょ》になる傾向《けいこう》がある。

太平洋《たいへいよう》の赤道《せきどう》に沿《そ》った貿易風《ぼうえきふう》の強弱《きょうじゃく》と暖水《だんすい》の分布《ぶんぷ》

〔平年《へいねん》の状態《じょうたい》〕

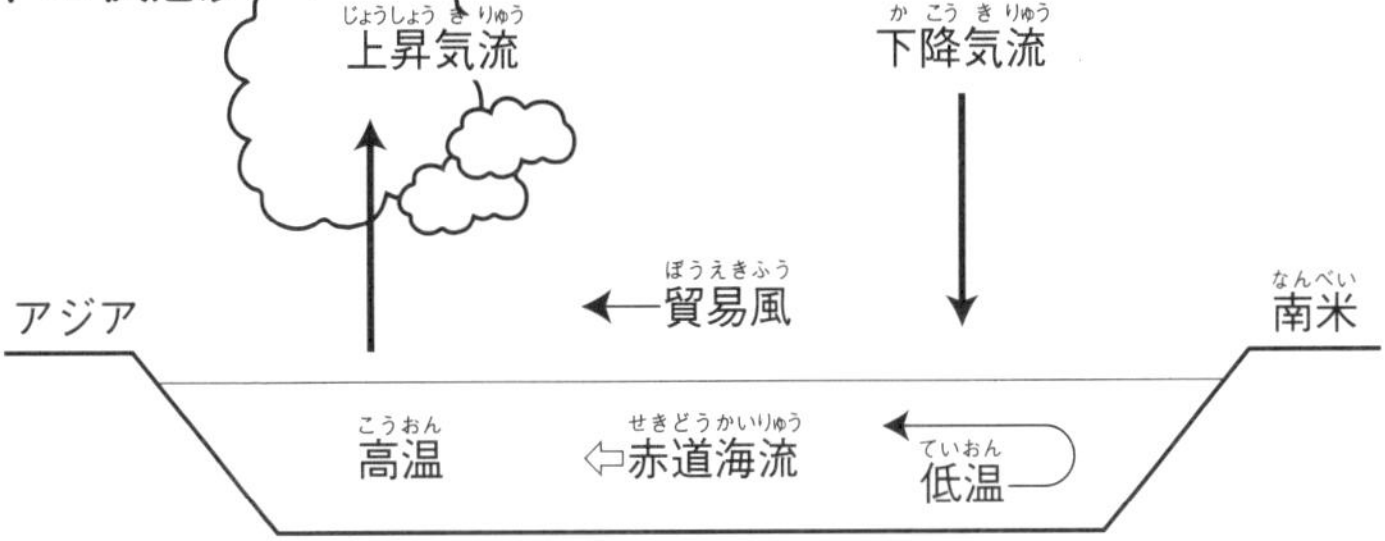

〔①エルニーニョ現象《げんしょう》〕（日本《にほん》は冷夏《れいか》）

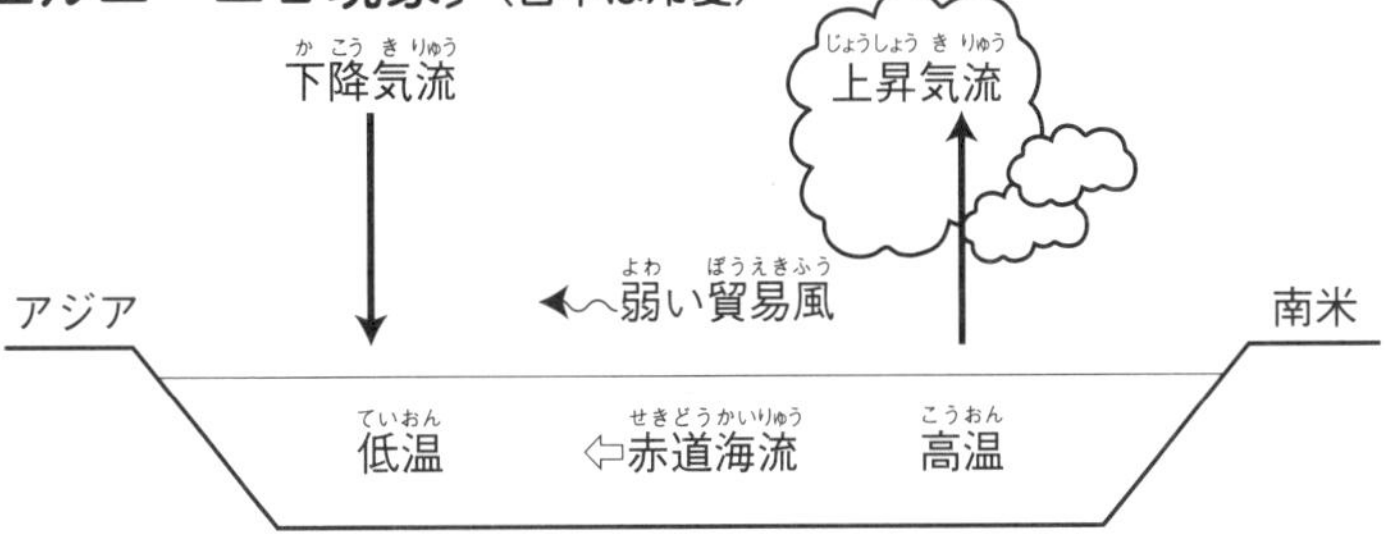

〔②ラニーニャ現象《げんしょう》〕（日本《にほん》は酷暑《こくしょ》）

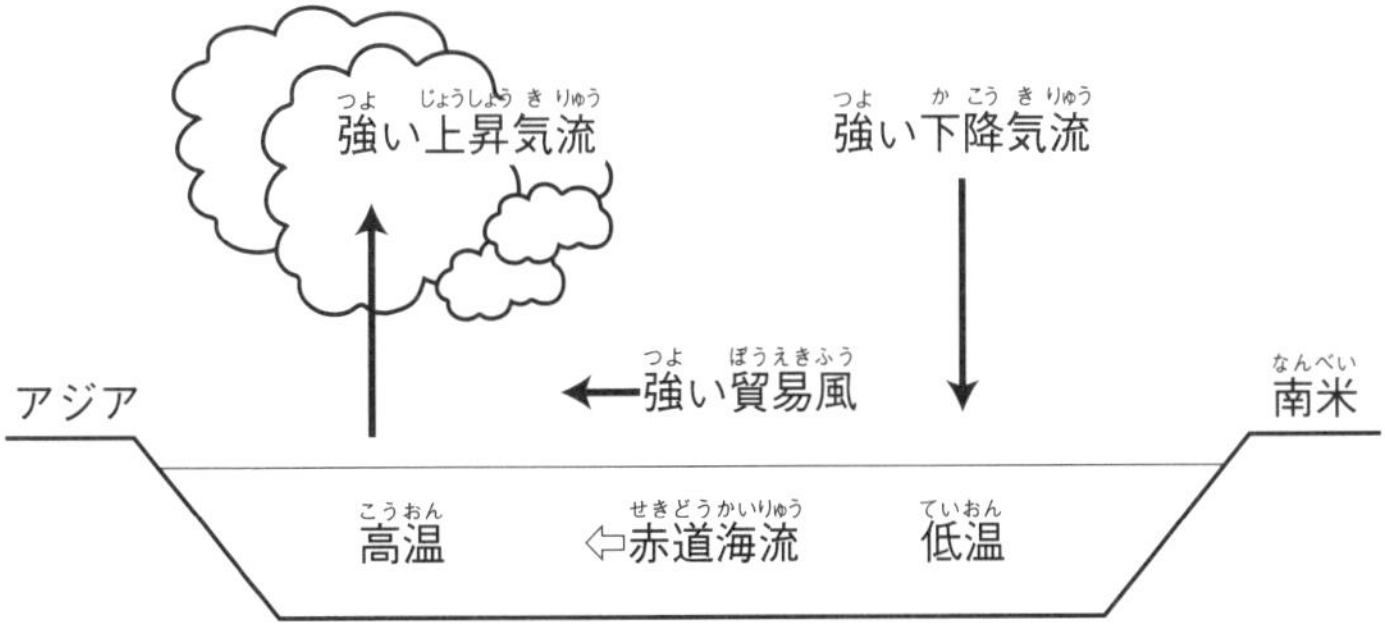

ウワサ 7

「ウグイスの鳴《な》きが遅《おそ》いと凶作《きょうさく》になる」

自然《しぜん》の異変《いへん》を知《し》らせるシグナルと考《かんが》えられてきた。

「午年《うまどし》は凶作《きょうさく》が多《おお》い」

太陽活動《たいようかつどう》の一一年周期《ねんしゅうき》との関連《かんれん》か。

解明

二〇〇〇年《ねん》にわたって米《こめ》を食《た》べてきた日本人《にほんじん》にとって、イネの作柄《さくがら》の良否《りょうひ》はそれこそ最重要《さいじゅうよう》の問題《もんだい》であった。ひどい凶作《きょうさく》だと飢饉《ききん》という恐《おそ》ろしい状況《じょうきょう》になってしまうため、昔《むかし》から各地《かくち》で米《こめ》の収穫量《しゅうかくりょう》を占《うらな》ったり豊作《ほうさく》を願《ねが》ったりする神事《しんじ》が、絶《た》えることなく続《つづ》けられてきた。

「ウグイスの鳴《な》きが遅《おそ》いと凶作《きょうさく》になる」というウワサも、昔《むかし》の人びとがイネの出来《でき》不出《ふで》来《き》に強《つよ》い関心《かんしん》を抱《いだ》き、なんとか収穫量《しゅうかくりょう》を予測《よそく》したいと思《おも》っていたがゆえに生《う》まれたものである。

春告鳥《はるつげどり》とも呼《よ》ばれ、毎年生命《まいとしせいめい》の芽吹《めぶ》く春《はる》の訪《おとず》れを知《し》らせるウグイスの鳴《な》き声《ごえ》は、縁起《えんぎ》のよいものとされてきた。だから、それが平年《へいねん》より遅《おそ》いということは、季節《きせつ》の変化《へんか》に異変《いへん》が生《しょう》じていることをうかがわせ、凶作《きょうさく》に結《むす》びつく可能性《かのうせい》があるというわけだ。

同《おな》じく「土用《どよう》にウグイスが鳴《な》くと不作《ふさく》」というウワサも、自然《しぜん》の営《いとな》みに従《したが》って生《い》きている生物《せいぶつ》の行動《こうどう》がいつもとはちがっているのだから、自然《しぜん》になんらかの異《い》変《へん》が生《しょう》じていることになる。

ウグイスの鳴《な》く時期《じき》の異《い》常《じょう》さがただちに凶作《きょうさく》に結《むす》びつく現象《げんしょう》ではないにしても、いつもの年《とし》とはちがうことのシグナルと理解《りかい》して注意《ちゅうい》を払《はら》った方《ほう》が賢明《けんめい》であると

ツバメの飛来《ひらい》ルート

して、昔《むかし》の人《ひと》びとはこれらのウワサに十分留意《じゅうぶんりゅうい》してきたわけである。

生《い》きものの行動《こうどう》がイネの作柄《さくがら》を教《おし》えるウワサに、「ツバメの飛来《ひらい》が遅《おそ》い年《とし》は凶作《きょうさく》」というのもあるが、これはしっかりした根拠《こんきょ》のあるウワサだ。

冬《ふゆ》の時期《じき》を南《みなみ》で過《す》ごすツバメは、春《はる》の訪《おとず》れとともに日本《にほん》にやってくる。その飛来《ひらい》ルートには、①台湾《たいわん》から沖縄《おきなわ》、南西諸島《なんせいしょとう》、九州《きゅうしゅう》、本州《ほんしゅう》という経路《けいろ》と、②台湾《たいわん》から小笠原《おがさわら》、伊豆諸島《いずしょとう》、本州《ほんしゅう》という経路《けいろ》とがある。ツバメは、春《はる》の暖《あたた》かさをもたらす太平洋高気圧《たいへいようこうきあつ》の勢力《せいりょく》を敏感《びんかん》に察知《さっち》し、平年《へいねん》より早《はや》く強《つよ》まるときには早《はや》めに飛来《ひらい》するが、なかなか強《つよ》まらないときには飛来《ひらい》も遅《おそ》い。だから、飛来《ひらい》が遅《おそ》い年《とし》は太平洋高気圧《たいへいようこうきあつ》の勢力《せいりょく》が弱《よわ》いということになり、低気圧《ていきあつ》が頻繁《ひんぱん》に日本《にほん》を通過《つうか》し、日照時間《にっしょうじかん》が減《へ》って農作物《のうさくもつ》の生育《せいいく》に悪影響《あくえいきょう》をおよぼすことになるというわけだ。

このほかにも凶作《きょうさく》についてのウワサに、「午年《うまどし》は凶作《きょうさく》が多《おお》い」、あるいは「巳年《みどし》は凶作《きょうさく》が多《おお》い」というものがある。

そこで、「いったい午年《うまどし》と巳年《みどし》のどちらが凶作《きょうさく》なのだ」とつっこむ前《まえ》に、午《うま》や巳《み》などの干支《えと》は一二年周期《ねんしゅうき》という点《てん》に着目《ちゃくもく》すれば、このウワサがどうして生《う》まれたかが理解《りかい》できよう。

もとより、午《うま》や巳《み》という名称《めいしょう》そのものと凶作《きょうさく》が関係《かんけい》があるとは思《おも》えない。

干支《えと》の一二年周期《ねんしゅうき》に近《ちか》いサイクルで気象《きしょう》に影響《えいきょう》をおよぼす現象《げんしょう》としては、太陽《たいよう》の活動《かつどう》が考《かんが》えられる。太陽《たいよう》の黒点《こくてん》の増減《ぞうげん》で示《しめ》される太《たい》陽活動《ようかつどう》の極大《きょくだい》と極小《きょくしょう》のサイクルは約《やく》一一年《ねん》。極《きょく》小《しょう》の時期《じき》には地球《ちきゅう》の気温《きおん》の低下《ていか》を招《まね》き、冷害《れいがい》が発生《はっせい》しやすい。

ちょうど午年《うまどし》にあたっていた寛永《かんえい》の大飢饉《だいききん》（一六四二年《ねん》）や巳年《みどし》にあたる天保《てんぽう》の大飢饉《だいききん》（一八三三年《ねん》）などの辛《つら》い経験《けいけん》は、なかなか人《ひと》びとの記憶《きおく》から消《き》えないもの。

それから一二年《ねん》ぐらいのサイクルで農作物《のうさくもつ》の生育《せいいく》が悪《わる》かったとしたら、人《ひと》びとの心《こころ》には「午《うま》年《どし》は凶作《きょうさく》」「巳年《みどし》は凶作《きょうさく》」が強《つよ》く印象《いんしょう》づけられたはずであり、そういったウワサが生《う》まれたといえよう。

・コ・ラ・ム・
アッ！こんなこともあったね

豊作《ほうさく》の年《とし》は病気《びょうき》に注意《ちゅうい》

「豊作《ほうさく》の年《とし》には病気《びょうき》が流行《はや》る」というウワサがある。豊作《ほうさく》だと、みんながたくさん食《た》べられ、健康《けんこう》になるのではと思《おも》ってしまうのだが、それは収穫後《しゅうかくご》のこと。このウワサには次《つぎ》のような根拠《こんきょ》がある。

イネがしっかり実《み》をつけるためには、雨《あめ》が降《ふ》るべきときにしっかり降雨《こうう》が続《つづ》き、夏《なつ》は暑《あつ》い晴天《せいてん》が続《つづ》かなければならない。イネはもともと高温湿潤《こうおんしつじゅん》の地《ち》の植物《しょくぶつ》なのだから、南国《なんごく》の気候《きこう》が成長《せいちょう》に適《てき》しているのだ。

しかし、日本人《にほんじん》にとってはそんな南国的《なんごくてき》な気候《きこう》はかなり辛《つら》く、夏《なつ》バテしてまいってしまいやすいというわけである。

ウワサ 8

「ナマズは地震《じしん》を予知《よち》する」

地震《じしん》の予兆《よちょう》とされる物理的変化《ぶつりてきへんか》に反応《はんのう》しているらしい。

「地震《じしん》のときには竹《たけ》ヤブに逃《に》げるとよい」

竹《たけ》ヤブは地震《じしん》の揺《ゆ》れに強《つよ》いので安全《あんぜん》。

地震《じしん》は次《つぎ》のようなメカニズムで起《お》きる。

地球《ちきゅう》の表面《ひょうめん》を覆《おお》う地殻《ちかく》には、地球内部《ちきゅうないぶ》のマントル対流《たいりゅう》によって絶《た》えず力《ちから》が加《くわ》えられており、しだいに歪《ひず》みが大《おお》きくなっていく。この歪《ひず》みに耐《た》えきれなくなると地殻《ちかく》が破壊《はかい》され、その際《さい》の衝撃《しょうげき》が四方《しほう》に伝《つた》わって大地《だいち》が揺《ゆ》れるというわけだ。

地震大国《じしんたいこく》の日本《にほん》では、昔《むかし》から地震《じしん》への関心《かんしん》が高《たか》く、ナマズをはじめとした魚《さかな》や、イヌ、ネコ、ネズミ、ゴキブリ、鳥《とり》など、さまざまな小動物《しょうどうぶつ》が騒《さわ》ぐのは地震《じしん》の前兆《ぜんちょう》なのだとするウワサが語《かた》られてきた。

鹿島神宮《かしまじんぐう》にまつられている要石《かなめいし》には、地下深《ちかふか》くにいて地震《じしん》を起《お》こすといわれるナマズが動《うご》かないよう、その頭《あたま》を押《お》さえつけているという、日本《にほん》ならではの言《い》い伝《つた》えがある。

日《ひ》ごろは海《うみ》の底《そこ》に生息《せいそく》する深海魚《しんかいぎょ》リュウグウノツカイが、海面近《かいめんちか》くまで浮上《ふじょう》してくるのも地震《じしん》の予兆《よちょう》だとされており、動物《どうぶつ》のみならずネムノキなどマメ科《か》の植《しょく》物《ぶつ》も地震《じしん》に敏感《びんかん》だといわれている。

さらに、地震《じしん》の直前《ちょくぜん》には地鳴《じな》りや異様《いよう》な発光現象《はっこうげんしょう》が生《しょう》じることが多《おお》く、これらは関東大震災《かんとうだいしんさい》や阪神淡路大《はんしんあわじだい》震災《しんさい》の際《さい》にも報告《ほうこく》されており、やはり地震《じしん》の前兆現象《ぜんちょうげんしょう》とされている。

また、井戸水《いどみず》や温泉《おんせん》の急《きゅう》

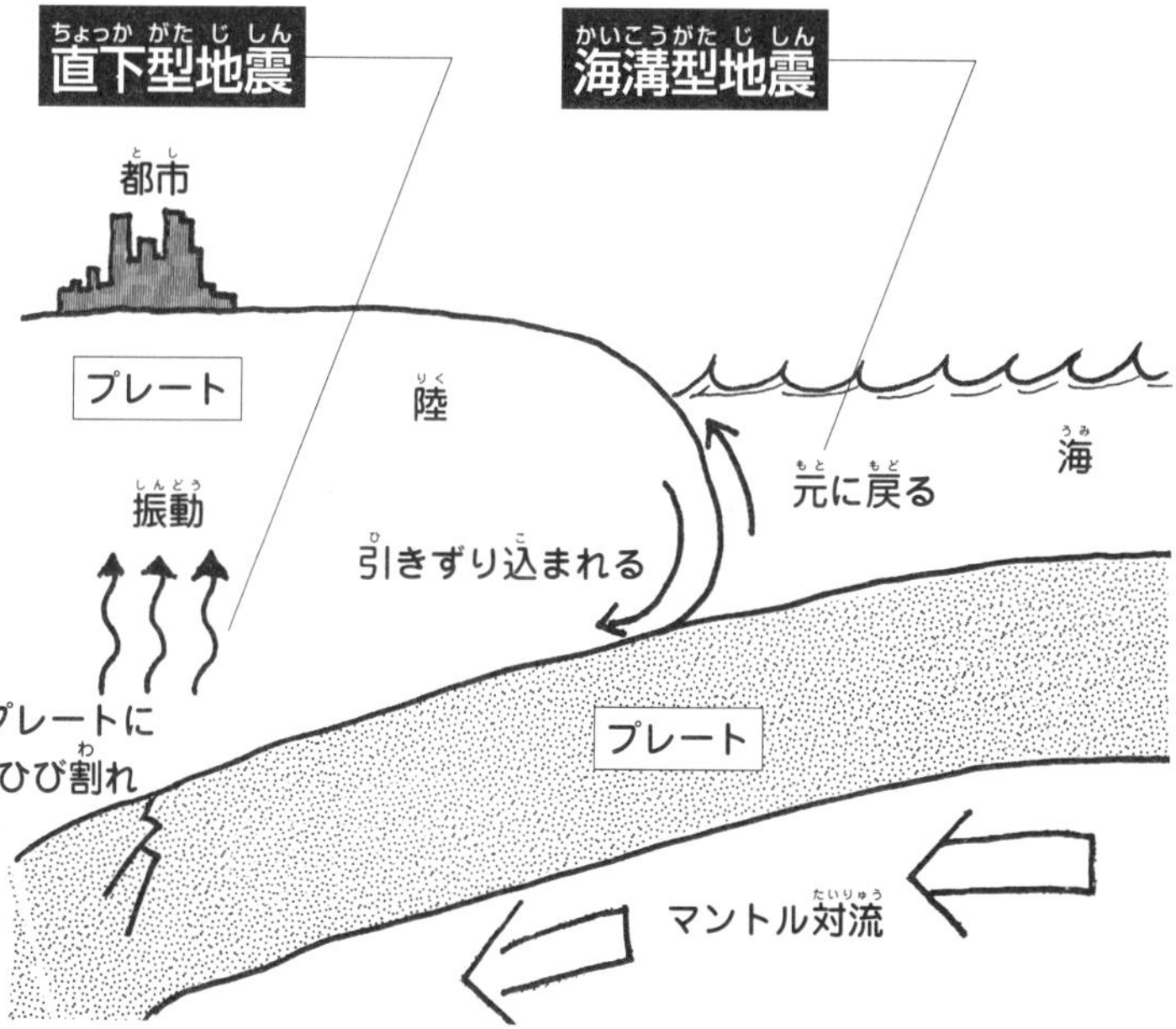

激《げき》な温度《おんど》変化《へんか》、水量《すいりょう》の増減《ぞうげん》も地震《じしん》の前兆《ぜんちょう》といわれている。

このような地震《じしん》の前兆《ぜんちょう》とされる現象《げんしょう》は、昔《むかし》から「宏観前兆《こうかんぜんちょう》」と呼《よ》ばれている。

一九七五年《ねん》二月四日《がつか》、中国《ちゅうごく》の遼寧省南部《リャオニンしょうなんぶ》をマグニチュード七・三の地震《じしん》が襲《おそ》った。その前年《ぜんねん》の一二月《がつ》から、動物《どうぶつ》たちが騒《さわ》いだり、井戸《いど》水《みず》の水位《すいい》が変化《へんか》しているなどの現象《げんしょう》が頻発《ひんぱつ》し、科学者《かがくしゃ》は大地震《おおじしん》が近《ちか》いとの結論《けつろん》に達《たっ》した。ただちに住民《じゅうみん》に避難命令《ひなんめいれい》が出《だ》され、一〇〇万人《まんにん》以上《いじょう》の人《ひと》びとが避難《ひなん》した直後《ちょくご》、地震《じしん》が発生《はっせい》したのである。「宏観前兆《こうかんぜんちょう》」に従《したが》い、地震《じしん》予知《よち》に成功《せいこう》して大惨事《だいさんじ》がみごとに回避《かいひ》された例《れい》である。

では、この「宏観前兆《こうかんぜんちょう》」に科学的根拠《かがくてきこんきょ》はあるのだろうか。

動物《どうぶつ》の異常行動《いじょうこうどう》に絞《しぼ》って見《み》てみると、次《つぎ》のような原因《げんいん》が考《かんが》えられている。

地面《じめん》にはいつも地電流《じでんりゅう》という微弱《びじゃく》な電流《でんりゅう》が存在《そんざい》していて、地震《じしん》の発生前《はっせいまえ》には地電流《じでんりゅう》に変《へん》化《か》が生《しょう》じる。動物《どうぶつ》の異常行動《いじょうこうどう》は、動物《どうぶつ》が地電流《じでんりゅう》の変化《へんか》により生《しょう》じる異変《いへん》を察知《さっち》しているからではないかというのである。

不気味《ぶきみ》な発光現象《はっこうげんしょう》も、地電流《じでんりゅう》の変化《へんか》によって空気中《くうきちゅう》に光《ひかり》が生《しょう》じる現象《げんしょう》として説明《せつめい》がつき、地中《ちちゅう》に根《ね》を張《は》る植物《しょくぶつ》が地震《じしん》を敏感《びんかん》に察知《さっち》するというのも、地電流《じでんりゅう》の変化《へんか》を感《かん》じるからだと考《かんが》えられる。

ただし、地電流《じでんりゅう》の変化《へんか》と動物《どうぶつ》の異常行動《いじょうこうどう》の因果関係《いんがかんけい》については、いまだ明確《めいかく》に証明《しょうめい》されているわけではない。というのは、このことを実証《じっしょう》しようとしても、日本《にほん》では地電流《じでんりゅう》の変化《へんか》という地震《じしん》のシグナルとまぎらわしいノイズが非常《ひじょう》に多《おお》く、動物《どうぶつ》が地電流《じでんりゅう》の変化《へんか》のみにより異常行動《いじょうこうどう》を起《お》こすとは断言《だんげん》できないからである。

さて、いざ地震《じしん》が起《お》きたら「竹《たけ》ヤブに逃《に》げろ」といわれている。このウワサには科学的《かがくてき》根拠《こんきょ》がある。

竹《たけ》ヤブが地震《じしん》の際《さい》に安全《あんぜん》なのは、竹《たけ》の根《ね》が地中《ちちゅう》に強《つよ》く張《は》っているからである。そのため竹《たけ》は倒《たお》れにくく、また地面《じめん》を根《ね》が補強《ほきょう》して地《じ》割《わ》れが起《お》こりにくいのだ。

・コ・ラ・ム・
アッ！こんなこともあったね

海溝型地震《かいこうがたじしん》と直下型地震《ちょっかがたじしん》

地殻《ちかく》はプレートと呼《よ》ばれる十数枚《じゅうすうまい》の岩《いわ》の塊《かたまり》で構成《こうせい》されている。プレートは地球内部《ちきゅうないぶ》のマントル対流《たいりゅう》により1年間《ねんかん》に数《すう》センチメートルずつ移動《いどう》し、プレート同士《どうし》がぶつかったり、一方《いっぽう》がもう一方《いっぽう》の下《した》に沈《しず》み込《こ》んだりする。この沈《しず》み込《こ》む場所《ばしょ》が海溝《かいこう》である。

ここで、沈《しず》み込《こ》むプレートとの摩擦《まさつ》で引《ひ》きずり込《こ》まれるプレートの端《はし》で、引《ひ》きずり込《こ》まれる力《ちから》よりも元《もと》に戻《もど》ろうとする力《ちから》が上回《うわまわ》ると、プレートの端《はし》がはね上《あ》がる。このとき起《お》こるのが海溝型地震《かいこうがたじしん》である。また、プレートの端《はし》が引《ひ》きずり込《こ》まれるとき、プレートそのものが部分《ぶぶん》的《てき》にひび割《わ》れるように破壊《はかい》されることがある。この破壊《はかい》がたまたま都《と》市《し》の真下《ました》で起《お》こったとき、直下型地震《ちょっかがたじしん》となる。

ウワサ 9

「カミナリのとき、金属《きんぞく》を身《み》につけていると危険《きけん》」

金属《きんぞく》を身体《からだ》から外《はず》せば安心《あんしん》と思《おも》ってはいけない。

「カミナリのときは、ヘソを隠《かく》しておかないととられてしまう」

子《こ》どもの健康《けんこう》を案《あん》ずるがゆえの教《おし》えだった。

解明

落雷《らくらい》による死者《ししゃ》は日本国内《にほんこくない》で年間《ねんかん》二〇人《にん》から四〇人程度《にんていど》であるから、カミナリの直撃《ちょくげき》で亡《な》くなるというのは、よほどの不運《ふうん》といえよう。

しかし、外出《がいしゅつ》しているときに不気味《ぶきみ》な稲妻《いなづま》を目撃《もくげき》し、それに続《つづ》くドォーンという大音響《だいおんきょう》を聞《き》いたら、だれもが強《つよ》い恐怖《きょうふ》を感《かん》じるにちがいない。

稲妻《いなづま》は、雷雲《らいうん》の中《なか》に蓄積《ちくせき》されていた電気《でんき》が、別《べつ》の場所《ばしょ》に放電《ほうでん》（スパーク）している現象《げんしょう》である。そして轟《とどろ》く雷鳴《らいめい》は、稲妻《いなづま》によって周囲《しゅうい》の空気《くうき》が一万《まん》七〇〇〇度《ど》もの高温《こうおん》になり、爆発的《ばくはつてき》に急膨張《きゅうぼうちょう》する音《おと》なのである。

このカミナリを発生《はっせい》させる雷雲《らいうん》は、寒冷前線《かんれいぜんせん》が通過《つうか》して暖《あたた》かい空気《くうき》の下《した》に冷《つめ》たい空気《くうき》が潜《もぐ》り込《こ》んだり、夏《なつ》の強烈《きょうれつ》な日射《にっしゃ》などによって強《つよ》い上昇気流《じょうしょうきりゅう》が発生《はっせい》したりすることにより、積雲《せきうん》が大《おお》きく成長《せいちょう》したものである。

積雲《せきうん》が巨大《きょだい》な雷雲《らいうん》に成長《せいちょう》するまでわずか七〜八分《ふん》というケースもあるというから、まさに天気《てんき》が激変《げきへん》するわけで、要注意《ようちゅうい》である。

さて、不運《ふうん》にも屋外《おくがい》でこの恐《おそ》ろしいカミナリに遭遇《そうぐう》し、避難《ひなん》場所《ばしょ》がない場合《ばあい》、「身《み》につけている金属《きんぞく》は外《はず》せ」と教《おし》えるウワサは、よく知《し》られている。

実際《じっさい》、身体《からだ》に電流《でんりゅう》を流《なが》さないために、この教《おし》えは実行《じっこう》しよう。

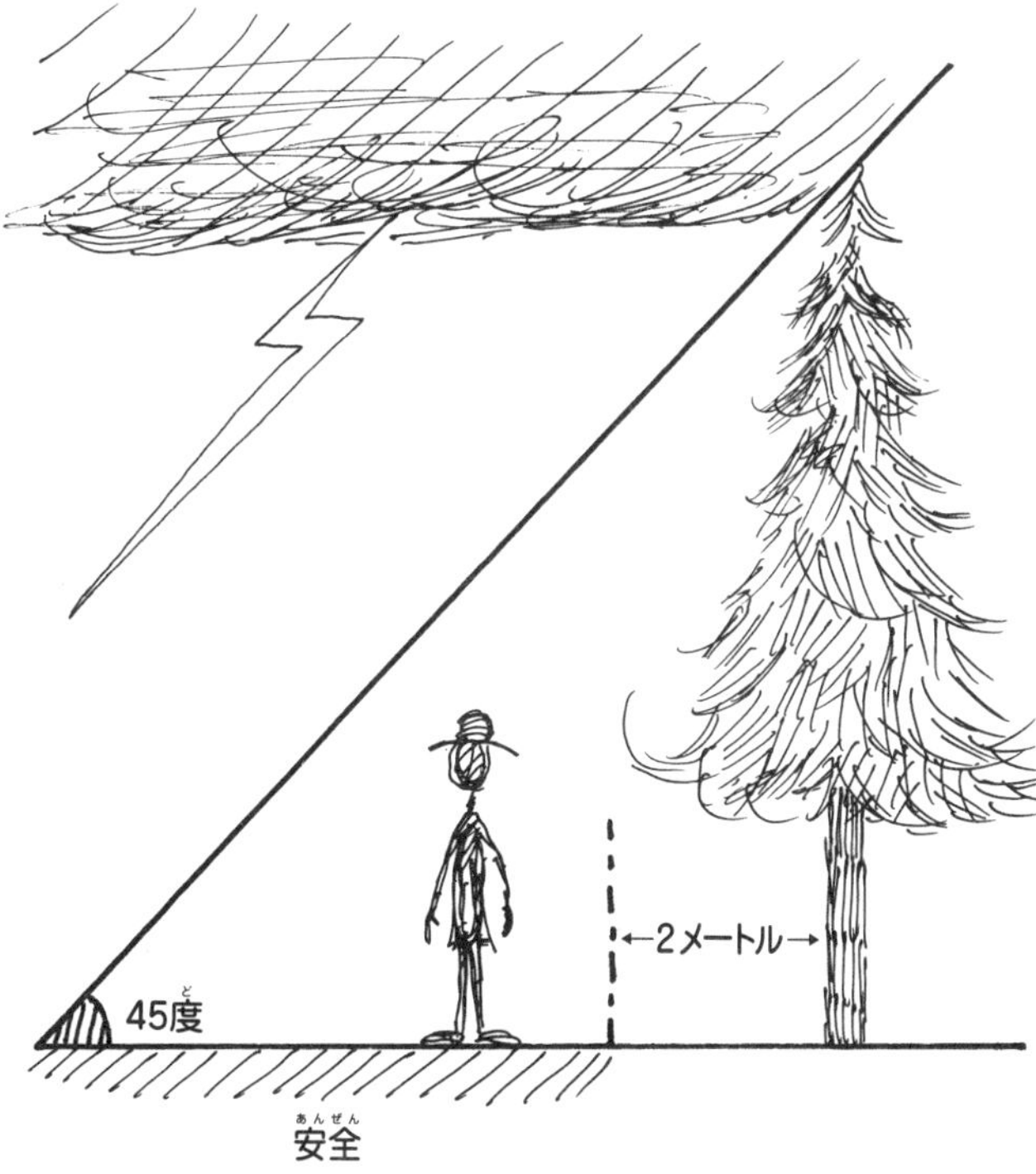

同時《どうじ》に覚《おぼ》えておきたいのは、カミナリの際《さい》は強《つよ》いにわか雨《あめ》をともなうため、身体《からだ》を濡《ぬ》らさないようにすることである。不純物《ふじゅんぶつ》を含《ふく》む雨水《あまみず》は金属《きんぞく》と同《おな》じく電気《でんき》を流《なが》しやすい性質《せいしつ》を持《も》っているので（純水《じゅんすい》には通電性《つうでんせい》はない）、身体中《からだじゅう》がびしょ濡《ぬ》れになっていては、金属《きんぞく》を身《み》から離《はな》した意味《いみ》がなくなってしまうからだ。

また、ハイキングや登山《とざん》に行《い》って、なにもない野原《のはら》や山《やま》の稜線《りょうせん》などに立《た》っていると、その人自身《ひとじしん》が落雷《らくらい》の目標《もくひょう》となりやすい突起物《とっきぶつ》になってしまう危険性《きけんせい》がある。その場合《ばあい》、地面《じめん》にふせるなどして、できるだけ姿勢《しせい》を低《ひく》くしていなくてはならない。

そんな状況《じょうきょう》で、もしも近《ちか》くに大《おお》きな木《き》があったら、その下《した》に逃《に》げ込《こ》みたくなるけれども、ここで注意《ちゅうい》すべきは木《き》の真下《ました》には入《はい》らないことである。高《たか》い木《き》は、人間《にんげん》よりもカミナリの直撃《ちょくげき》を受《う》けやすく、その点《てん》では直撃《ちょくげき》される可能性《かのうせい》は低《ひく》くなる。しかしながら、その人《ひと》が木《き》の幹《みき》のすぐ近《ちか》くにいたならば、木《き》を通《とお》して結局落雷《けっきょくらくらい》の衝撃《しょうげき》を受《う》けることになるのである。

イラストのように、木《き》のてっぺんを四五度《ど》以上《いじょう》の角度《かくど》に見上《みあ》げる中《なか》に入《はい》るようにし、なおかつ木《き》から二メートル以上離《いじょうはな》れておこう。

また車《くるま》に乗《の》っていてカミナリにあったときは、車外《しゃがい》に出《で》ない方《ほう》が安全《あんぜん》だ。車《くるま》は金属《きんぞく》でできているので、落雷《らくらい》の直撃《ちょくげき》を受《う》けても電気《でんき》は車体《しゃたい》を伝《つた》わって抵抗《ていこう》なく地面《じめん》に流《なが》れ込《こ》み、車《しゃ》内《ない》の人《ひと》は電流《でんりゅう》に触《ふ》れることはないからである。

ところで、幼《おさな》いころ大人《おとな》から聞《き》かされた、「ヘソを隠《かく》さないと（雷神様《らいじんさま》に）とられる」というウワサについては、そもそも雷神様《らいじんさま》は架空《かくう》の存在《そんざい》なのだから、とられることを心配《しんぱい》しなくていい。

しかし、このウワサ、昔《むかし》からの経験《けいけん》にもとづく貴重《きちょう》な教《おし》えとして、別《べつ》の意味《いみ》で耳《みみ》を傾《かたむ》ける価値《かち》はある。

それは、カミナリの際《さい》の強《つよ》いにわか雨《あめ》により、気温《きおん》が急《きゅう》に下《さ》がることに関係《かんけい》がある。

暑《あつ》い季節《きせつ》に昼寝《ひるね》などをしていて、カミナリのときにうっかりおヘソを出《だ》していると、お腹《なか》をこわしたり、カゼをひいたりするというわけだ。やはり、カミナリのときには、おへソは隠《かく》しておこう。

・コ・ラ・ム・
アッ！こんなこともあったね

雷鳥《らいちょう》はカミナリを呼《よ》ぶ鳥《とり》

空気《くうき》はもともと絶縁体《ぜつえんたい》なのであるが、雲《くも》と地表《ちひょう》との電位差《でんいさ》が大《おお》きくなりすぎると絶縁破壊《ぜつえんはかい》が生《しょう》じ、落雷《らくらい》が起《お》こる。この落雷《らくらい》は概《がい》して雲《くも》から地表《ちひょう》に落《お》ちるものだけれども、逆《ぎゃく》に地表《ちひょう》から雲《くも》に向《む》かって上昇《じょうしょう》するカミナリもある。

怖《こわ》いカミナリだが、一方《いっぽう》で有益《ゆうえき》な働《はたら》きもしている。カミナリは空気《くうき》中《ちゅう》の窒素《ちっそ》と酸素《さんそ》を結合《けつごう》させる現象《げんしょう》も起《お》こし、それが雨滴《うてき》に混《ま》じって地中《ちちゅう》に浸透《しんとう》すると貴重《きちょう》な肥料《ひりょう》になるのである。

さて、高山地帯《こうざんちたい》には雷鳥《らいちょう》という名前《なまえ》の鳥《とり》がいる。この鳥《とり》は晴《は》れているときは猛禽《もうきん》（タカなど）の襲撃《しゅうげき》から逃《のが》れるため隠《かく》れており、天気《てんき》がくずれて雷雨《らいう》が近《ちか》づくと出現《しゅつげん》することが名前《なまえ》の由来《ゆらい》なのだという。

ウワサ 10

「イヌの遠吠《とおぼ》えは不吉《ふきつ》な知《し》らせ」

イヌには予知能力《よちのうりょく》があると信《しん》じられていたことによる迷信《めいしん》。

「イヌに噛《か》まれそうになったら、胸《むね》に手《て》をやるとよい」

威嚇《いかく》する効果《こうか》はあるかも。

人間《にんげん》と最《もっと》も仲良《なかよ》しの動物《どうぶつ》といえば、多《おお》くの人《ひと》が思《おも》い浮《う》かべるのがイヌである。

イヌが属《ぞく》するイヌ科《か》の動物《どうぶつ》には、オオカミ、キツネ、ジャッカルなどがいる。

イヌ科《か》の動物《どうぶつ》は肉食《にくしょく》の狩猟動物《しゅりょうどうぶつ》であり、単独《たんどく》あるいはグループで獲物《えもの》を捕獲《ほかく》するために高度《こうど》に発達《はったつ》した視覚《しかく》・聴覚《ちょうかく》・嗅覚《きゅうかく》を持《も》っている。

現在《げんざい》、わたしたちがイヌと呼《よ》んでいる動物《どうぶつ》はもともとオオカミで、約《やく》一万《まん》二〇〇〇年《ねん》ほど前《まえ》に人間《にんげん》に飼《か》われるようになった。その後《ご》、人間《にんげん》の手《て》によってさまざまな形《かたち》・大《おお》きさ・色《いろ》のイヌがつくりだされ、その種類《しゅるい》は約《やく》四〇〇にもなる。

オオカミが人間《にんげん》に飼《か》われるようになったのは、狩猟《しゅりょう》のためのすぐれた能力《のうりょく》を活用《かつよう》しようとしたからであり、その人間《にんげん》とは比較《ひかく》にならない感覚《かんかく》の鋭《するど》さを見《み》て、昔《むかし》の人《ひと》は科学的《かがくてき》に解《かい》釈《しゃく》する術《すべ》を知《し》らなかったので、「きっと予知能力《よちのうりょく》があるのだ」と信《しん》じたのである。

イヌは、祖先《そせん》がオオカミであったことからその血《ち》が騒《さわ》ぎ、遠吠《とおぼ》えすることがある。この遠吠《とおぼ》えという行為《こうい》は、イヌが一匹《ぴき》だけでいるときに仲間《なかま》と連絡《れんらく》しあうためのものなのだが、満月《まんげつ》の夜《よる》や音楽《おんがく》を聴《き》いたときにもすることがある。

しかし、イヌの能力《のうりょく》に神《しん》秘性《ぴせい》を感《かん》じていた人間《にんげん》は、遠吠《とおぼ》えのブキミな音《おと》を耳《みみ》にして、イヌがなにか凶事《きょうじ》が

起《お》こるのを知《し》らせているのではないかと思《おも》ったのである。

ところで、世《よ》の中《なか》にはイヌが苦手《にがて》な人《ひと》が結構《けっこう》いる。また、身体《からだ》の小《ちい》さい子《こ》どもにとっては、イヌは十分恐怖《じゅうぶんきょうふ》の対象《たいしょう》になり得《う》る。イヌ好《ず》きな大人《おとな》であっても、身体《からだ》が大《おお》きく攻撃的《こうげきてき》な雰囲気《ふんいき》の野良犬《のらいぬ》に出会《であ》うと、結構怖《けっこうこわ》いものがあるはずだ。

そこで、イヌに襲《おそ》われないためにはどうしたらいいかと、昔《むかし》の人《ひと》は知恵《ちえ》を絞《しぼ》り、「イヌに噛《か》まれそうになったら、胸《むね》に手《て》をやるとよい」との教《おし》えが生《う》まれることとなった。『少年探偵手帳《しょうねんたんていてちょう》　完全復刻版《かんぜんふっこくばん》』（串間努《くしまつとむ》・著《ちょ》／光文社文庫《こうぶんしゃぶんこ》）でも、「犬《いぬ》に襲《おそ》われそうになった場合《ばあい》の身《み》の守《まも》り方《かた》」として、「両手《りょうて》を水平《すいへい》にして胸《むね》のあたりに当《あ》てる。このかっこうをした人間《にんげん》に噛《か》みつく犬《いぬ》はいない」とアドバイスしている。

この胸《むね》に手《て》を当《あ》てる姿勢《しせい》は、両《りょう》ひじが左右《さゆう》に張《は》り出《だ》して上半身《じょうはんしん》を大《おお》きく見《み》せることになるので、イヌを威嚇《いかく》する効果《こうか》はあるかもしれない。怖《こわ》がって逃《に》げ出《だ》したりすると、狩猟動物《しゅりょうどうぶつ》であるイヌは追《お》いかけてくるから、それよりは上策《じょうさく》といえる。

ほかにも、イヌにわかるように、こちらに敵意《てきい》がないことを示《しめ》すという方法《ほうほう》もある。どうするかというと、イヌに出会《であ》ったら、まず目《め》の高《たか》さをイヌと合《あ》わせ、次《つぎ》に上《うえ》の歯《は》を唇《くちびる》で隠《かく》し、下《した》の歯《は》だけを見《み》せる。

この動作《どうさ》がなにを表《あらわ》しているのかといえば、イヌは相手《あいて》の白《しろ》い歯《は》を見《み》ることで情報交換《じょうほうこうかん》をしているのであり、彼《かれ》らの間《あいだ》では上《うえ》の歯《は》を見《み》せるのは威嚇《いかく》、下《した》の歯《は》を見《み》せるのは親愛《しんあい》の情《じょう》の表現《ひょうげん》なのである。

しかし、イヌが苦手《にがて》な人《ひと》がイヌに顔《かお》を近《ちか》づけるのは、かなりの勇気《ゆうき》がいることだ。また、虫歯《むしば》や金歯《きんば》が多《おお》くて歯《は》が白《しろ》くない人《ひと》は困《こま》ってしまう。ともかく細心《さいしん》の注意《ちゅうい》が必要《ひつよう》な方法《ほうほう》でもあり、かなり攻撃的《こうげきてき》な態度《たいど》を見《み》せているイヌにはおすすめできない。

・コ・ラ・ム・
アッ！こんなこともあったね

「戌《いぬ》の日《ひ》」に腹帯《はらおび》を巻《ま》くわけ

わが国《くに》には、妊婦《にんぷ》が妊娠《にんしん》5か月目《げつめ》の最初《さいしょ》の戌《いぬ》の日《ひ》に腹帯《はらおび》を巻《ま》くという風習《ふうしゅう》がある。

腹帯《はらおび》を巻《ま》くことは、流産《りゅうざん》したり胎児《たいじ》の位置《いち》が異状《いじょう》になったりしないようにする効果《こうか》があり、とくに胎児《たいじ》が大《おお》きくなって動《うご》きまわるようになる5か月目《げつめ》に巻《ま》くのは理《り》にかなっている。

だが、どうして腹帯《はらおび》を巻《ま》くのが「戌《いぬ》の日」と指定《してい》されているのか。

そこには科学的根拠《かがくてきこんきょ》はない。イヌは多産《たさん》でお産《さん》が軽《かる》いことにあやかった安産祈願《あんざんきがん》のまじないからはじまった風習《ふうしゅう》だといえよう。

11 「年《とし》老《お》いたネコは化《ば》ける」

昔《むかし》の人《ひと》はネコに神秘的能力《しんぴてきのうりょく》があると信《しん》じていた。

「招《まね》きネコを飾《かざ》ると商売繁盛《しょうばいはんじょう》」

そのご利益《りやく》は江戸時代《えどじだい》の伝説《でんせつ》から生《う》まれた。

ペットを飼《か》う人《ひと》が「イヌ派《は》」と「ネコ派《は》」に大別《たいべつ》されるように、ネコは非常《ひじょう》に人気《にんき》のあるペットである。そして、ネコはイヌとは一味《ひとあじ》ちがった魅力《みりょく》を持《も》っている。

その魅力《みりょく》の最《さい》たるものは、イヌが従順《じゅうじゅん》で人《ひと》につくすことを好《この》んでいるように思《おも》えるのとは対照的《たいしょうてき》な、ネコの自由奔放《じゆうほんぽう》さ、わがままさではないだろうか。このネコのキャラクターは、その進化《しんか》の歴史《れきし》に起因《きいん》する。

ネコ科《か》の動物《どうぶつ》は肉食動物《にくしょくどうぶつ》の中《なか》で最《もっと》も進化《しんか》した種族《しゅぞく》であり、ほとんどが単独《たんどく》で生活《せいかつ》し、狩猟《しゅりょう》を行《おこな》うという孤高《ここう》さを持《も》っている。

このネコ科《か》の動物《どうぶつ》は、小型《こがた》ネコ類《るい》、大型《おおがた》ネコ類《るい》（ライオンやトラなど）、チーター、ウンピョウの四グループに分《わ》けられ、このうち小型《こがた》ネコ類《るい》に属《ぞく》するヤマネコの子孫《しそん》が、わたしたちがネコと総称《そうしょう》しているイエネコである。

人間《にんげん》がネコを飼《か》いはじめたのは、ネコが害獣《がいじゅう》のネズミを退治《たいじ》してくれるからだった。

では、いつごろから人間《にんげん》がネコを飼《か》うようになったのかというと、その起源《きげん》はイヌが飼《か》われるようになった時期《じき》（約《やく》一万《まん》二〇〇〇年前《ねんまえ》）より新《あたら》しいといわれている。確実《かくじつ》なところでは、いまから三〇〇〇年前《ねんまえ》の古代《こだい》エジプトでは、すでに家庭《かてい》でふつうにネコが飼《か》われていた。

このように人間《にんげん》に飼《か》いならされてきた年月《ねんげつ》の差《さ》から、ネコはイヌに比《くら》べて獣性《じゅうせい》をまだ強《つよ》く残《のこ》していて、しかも孤独《こどく》なハンターとしてのプライドと能力《のうりょく》をたびたび見《み》せることから、昔《むかし》の人《ひと》はネコに神秘的《しんぴてき》なものを感《かん》じ、「ネコにはふしぎな力《ちから》があるのではないか」と思《おも》ったのである。そこから、「年老《としお》いたネコは化《ば》ける」とのウワサが生《う》まれたようだ。

もちろん、ネコに化《ば》ける能力《のうりょく》などないのだが、「ネコに水《みず》をかけると化《ば》けて出《で》る」「ネコを死人《しにん》の部屋《へや》に近《ちか》づけてはいけない」など数々《かずかず》のウワサが生《う》まれたのも、さまざまな妖異《ようい》なことがバケモノのしわざと信《しん》じられていた時代《じだい》、ネコがそのキャラクター性《せい》と行動《こうどう》からおおいに注目《ちゅうもく》を集《あつ》めたからではないだろうか。

商店《しょうてん》や飲食店《いんしょくてん》に飾《かざ》られるかわいい招《まね》きネコも、このネコの神秘性《しんぴせい》にあやかりたいという念願《ねんがん》から、広《ひろ》く普及《ふきゅう》している。

さて、「招《まね》きネコを飾《かざ》ると商《しょう》売繁盛《ばいはんじょう》」というウワサには、その由来《ゆらい》とされる伝説《でんせつ》がいくつか残《のこ》されているが、その中《なか》から代表的《だいひょうてき》な話《はなし》を紹介《しょうかい》しよう。

東京都世田谷区《とうきょうとせたがやく》の豪徳寺《ごうとくじ》は、江戸時代《えどじだい》のはじめごろは住職《じゅうしょく》一人《ひとり》と三毛《みけ》ネコが一匹《びき》住《す》むだけの、荒《あ》れ果《は》てた寺《てら》だった。

ある夏《なつ》の日《ひ》の夕方《ゆうがた》のことである。豪徳寺《ごうとくじ》の前《まえ》を馬《うま》に乗《の》った立派《りっぱ》な身《み》なりの武士《ぶし》が、お供《とも》を連《つ》れて通《とお》りかかった。

武士《ぶし》が寺《てら》に目《め》をやると、山《さん》門《もん》のところで三毛《みけ》ネコが片足《かたあし》

人招《ひとまね》き猫《ねこ》

金招《かねまね》き猫《ねこ》

をあげ、まるで武士《ぶし》に手招《てまね》きするようなしぐさをしていた。

そのしぐさにつられて武士《ぶし》とお供《とも》たちは寺《てら》に入《はい》り、住職《じゅうしょく》に本堂《ほんどう》に招《まね》き入《い》れられたそのとき、急《きゅう》な雷雨《らいう》になった。

「あのネコのおかげで、雨《あめ》に濡《ぬ》れずにすんだ」と喜《よろこ》んだ武士《ぶし》は、じつは彦根《ひこね》城主《じょうしゅ》の井伊《いい》直孝《なおたか》で、これを縁《えん》に住職《じゅうしょく》と親《した》しくなり、荒寺《あれでら》の修復《しゅうふく》を支援《しえん》したのだという。

ちなみに、招《まね》きネコのうち右手《みぎて》をあげているものは金運《きんうん》を呼《よ》び込《こ》み、左手《ひだりて》をあげているものは人《ひと》を招《まね》くのだそうだ。

・コ・ラ・ム・
アッ！こんなこともあったね

ネコは虫歯《むしば》知らず

イヌやネコは歯《は》を磨《みが》かないのに、人間《にんげん》に比《くら》べて虫歯《むしば》になりにくいことがわかっている。

その理由《りゆう》のひとつは、イヌやネコの唾液《だえき》がアルカリ性《せい》だからで、口《くち》の中《なか》が歯《は》を溶《と》かす酸性《さんせい》になるのを防《ふせ》いでいるためである。

さらに、ネコの場合《ばあい》は歯《は》の数《かず》が30本《ぽん》（人間《にんげん》は32本《ほん》）で、まばらに生《は》えているため、食《た》べ物《もの》のカスが残《のこ》りにくいのである。

加《くわ》えて、ネコは甘《あま》いものを好《この》まない。なるほど、これで虫歯《むしば》になれというのはむずかしい相談《そうだん》である。

ウワサのうんちくメモ ④

数字《すうじ》の13は本当《ほんとう》に不吉《ふきつ》か

「13日《にち》の金曜日《きんようび》」は、キリスト教徒《きょうと》の間《あいだ》では不吉《ふきつ》な日《ひ》として嫌《きら》われている。では、どうして「13日《にち》の金曜日《きんようび》」が不吉《ふきつ》なのであろうか。

まず、金曜日《きんようび》というのは、イエス・キリストが十字架刑《じゅうじかけい》に処《しょ》せられた曜《よう》日《び》であるので、現在《げんざい》のキリスト教徒《きょうと》は金曜日《きんようび》を嫌《きら》っている。しかし、これはイエスの受難《じゅなん》がたまたま金曜日《きんようび》だったということにすぎないだろう。

次《つぎ》に、処刑《しょけい》の前夜《ぜんや》に行《おこな》われた最後《さいご》の晩餐《ばんさん》に集《つど》ったメンバーが、イエスと12人《にん》の使徒《しと》（イエスの直弟子《じきでし》）の13人《にん》。このとき、弟子《でし》のユダがイエスを裏切《うらぎ》ったことから、現在《げんざい》のキリスト教徒《きょうと》は13という数字《すうじ》も嫌《きら》っている。

この嫌《きら》いなものの組《く》み合《あ》わせが単《たん》に「13日《にち》の金曜日《きんようび》」になるだけで、13日《にち》という日自体《ひじたい》になにか悪《わる》いことを起《お》こさせる根拠《こんきょ》があるというわけではない。

そして、そもそも13という数《かず》は、初期《しょき》のキリスト教《きょう》も含《ふく》めて、世界《せかい》の諸《しょ》宗教《しゅうきょう》においてじつは神聖《しんせい》で幸福《こうふく》をもたらすとされてきた、ありがたい数字《すうじ》だったのだ。

仏教《ぶっきょう》の法事《ほうじ》では、「13回忌《かいき》」が最《もっと》も重要《じゅうよう》な追善供養《ついぜんくよう》なのである。

「13日《にち》の金曜日《きんようび》」は、イエスの死後《しご》ずっとのちに生《う》まれたこじつけであり、ましてキリスト教徒《きょうと》以外《いがい》の人《ひと》までがつきあって不吉《ふきつ》に感《かん》じる必要《ひつよう》はない。

しかし、日本人《にほんじん》もキリスト教徒《きょうと》を笑《わら》えない。日本人《にほんじん》は4という数字《すうじ》を「死《し》」を連想《れんそう》させることから嫌《きら》っているし、8を「八《はち》」の字《じ》が末広《すえひろ》がりになっていることから縁起《えんぎ》がよいとしているのだから。

ちなみに、ヒンドゥー教では厄年《やくどし》が8歳《さい》、18歳《さい》、28歳《さい》であり、末尾《まつび》の数《すう》字《じ》が8ということで、8が嫌《きら》われているそうだ。

5章●生活・習慣についてのウワサ

ウワサ 1

「高圧電流《こうあつでんりゅう》の通《とお》っている場所《ばしょ》では、がんや交通事故《こうつうじこ》が多発《たはつ》する」

高圧送電線《こうあつそうでんせん》の近《ちか》くに住《す》むことを厳《きび》しく規制《きせい》している国《くに》もある。

解明

わたしたちは電磁波《でんじは》にとりかこまれて暮《く》らしている。

電磁波《でんじは》とは、電気《でんき》の流《なが》れが波打《なみう》つと、その周囲《しゅうい》に同《おな》じ周波数《しゅうはすう》の磁場《じば》が生《しょう》じ、そこで発生《はっせい》する電場《でんば》・磁場《じば》の両方《りょうほう》を含《ふく》む波動《はどう》のことである。したがって、電磁《でんじ》波《は》は電気《でんき》と磁気《じき》の両方《りょうほう》の性格《せいかく》を持《も》っている。

電磁波《でんじは》は、波長《はちょう》が短《みじか》い（高周波《こうしゅうは》）ものから長《なが》い（低周波《ていしゅうは》）ものへ、次《つぎ》のように大《おお》きく三つに分類《ぶんるい》することができる。

①電離放射線《でんりほうしゃせん》（ガンマ線《せん》、エックス線《せん》）
②光《ひかり》（紫外線《しがいせん》、可視光線《かしこうせん》、赤外線《せきがいせん》）
③電波《でんぱ》（周波数《しゅうはすう》が三テラヘルツより低《ひく》いもの）

このうち、自然界《しぜんかい》に存在《そんざい》する電離放射線《でんりほうしゃせん》や光《ひかり》の中《なか》の紫外線《しがいせん》ががんを引《ひ》き起《お》こすことは、よく知《し》られているのだが、電波《でんぱ》に属《ぞく》する電磁波《でんじは》を出《だ》している高圧送電線《こうあつそうでんせん》のある場所《ばしょ》で、がんや交通事故《こうつうじこ》が多発《たはつ》するというウワサは本当《ほんとう》なのだろうか。

まず、病気《びょうき》との関連《かんれん》については、ちょっとショッキングな事実《じじつ》がある。

スウェーデンのカロリンスカ研究所《けんきゅうじょ》が、二五年間《ねんかん》にわたって高圧送電線《こうあつそうでんせん》から三〇〇メートル以内《いない》に住《す》む人《ひと》を対象《たいしょう》に行《おこな》った調査《ちょうさ》によると、被曝《ひばく》した電磁波《でんじは》の量《りょう》の増大《ぞうだい》に比例《ひれい》して子《こ》どもでは白血病《はっけつびょう》、脳腫瘍《のうしゅよう》、リンパ腺腫《せんしゅ》の順《じゅん》で起《お》こりやすいことが判明《はんめい》した。成人《せいじん》においても被曝量《ひばくりょう》の増大《ぞうだい》により白血病《はっけつびょう》の増加傾向《ぞうかけいこう》が見《み》られた。

そのため、スウェーデンでは二〇万《まん》ボルトから四〇万《まん》ボルトの高圧送電線《こうあつそうでんせん》の建設《けんせつ》には政《せい》府《ふ》の許可《きょか》が必要《ひつよう》となり、住宅密集地《じゅうたくみっしゅうち》での建設《けんせつ》は禁止《きんし》、さらに既存《きそん》の高圧送電線《こうあつそうでんせん》から一〇メートル以内《いない》は住宅《じゅうたく》を建《た》てることが禁止《きんし》されている。

また、アメリカ・コネチカット州《しゅう》ギルフォード郊外《こうがい》の、変電所《へんでんしょ》と高圧送電線《こうあつそうでんせん》にかこまれた九軒《けん》の家《いえ》のうち、四軒《けん》で過去《かこ》二〇年《ねん》に脳腫瘍患者《のうしゅようかんじゃ》が発生《はっせい》しており、住民《じゅうみん》のほとんどが頭《ず》痛《つう》に悩《なや》まされていることが報《ほう》じられている。

こんな事実《じじつ》を知《し》ると、高圧送電線《こうあつそうでんせん》の近《ちか》くに住《す》むのは遠慮《えんりょ》したいものである。

それでは、交通事故《こうつうじこ》と電磁波《でんじは》との関係《かんけい》はどうであろうか。

電磁波《でんじは》の電気《でんき》と磁気《じき》の性格《せいかく》のうち、磁気《じき》の方《ほう》が人体《じんたい》により影響《えいきょう》をおよぼし、有害《ゆうがい》であることがわかっている。

磁気《じき》は、がん細胞《さいぼう》を抑制《よくせい》したり免疫機能《めんえききのう》を司《つかさど》ったりするホルモンの分泌《ぶんぴつ》に影響《えいきょう》をおよぼすと考《かんが》えられているが、同時《どうじ》に人間《にんげん》の精神《せいしん》・神経活動《しんけいかつどう》の根底《こんてい》をなすホルモンの分泌《ぶんぴつ》にも影響《えいきょう》をおよぼしているといわれている。

だから、高圧送電線《こうあつそうでんせん》の強《つよ》い電磁波《でんじは》が人間《にんげん》の精神《せいしん》に影響《えいきょう》し、その結果《けっか》として交通事故《こうつうじこ》が起《お》こると考《かんが》えることもできよう。

もっとも、すべての電《でん》

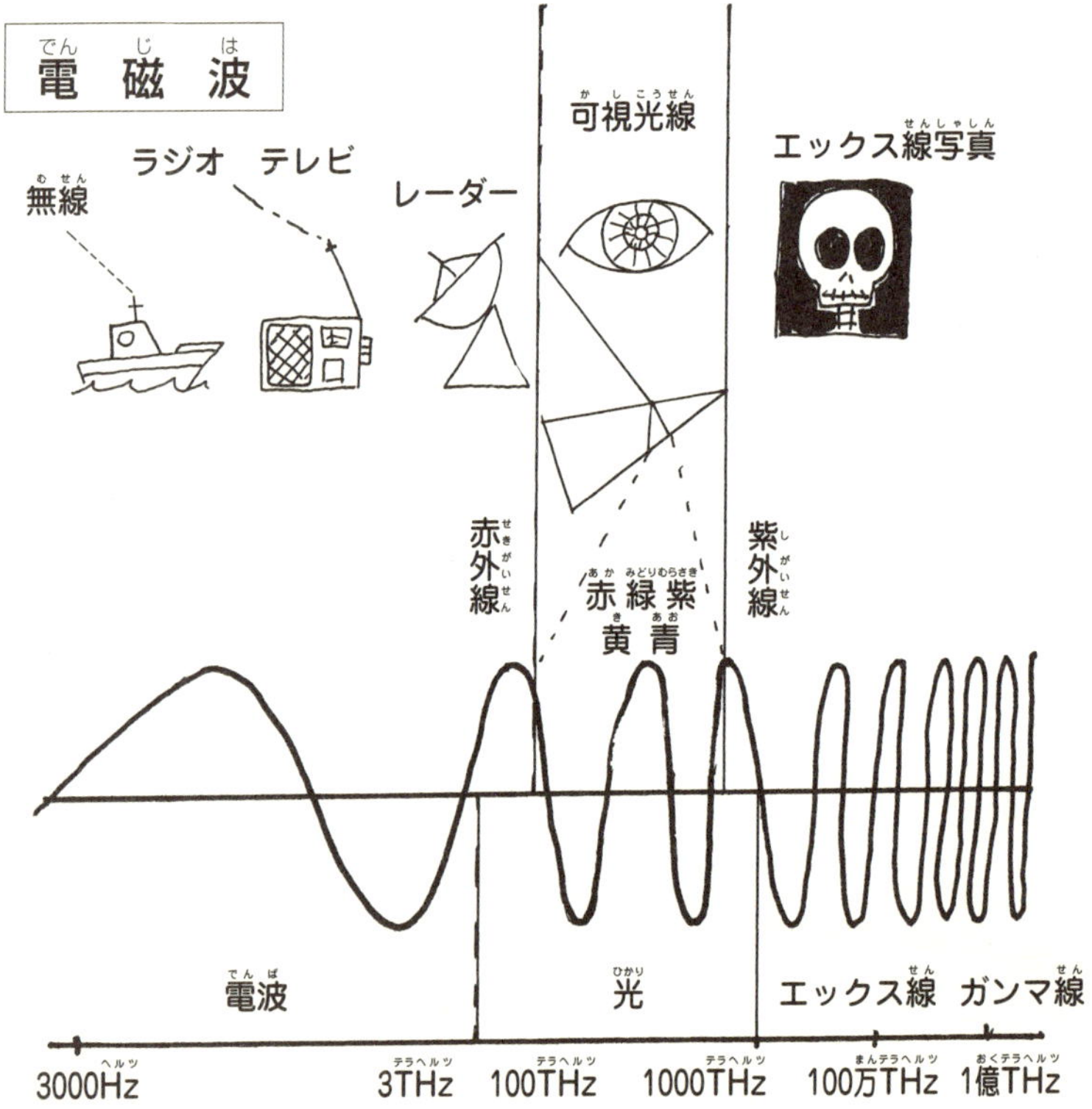

(K《キロ》は10の3乗《じょう》、M《メガ》は10の6乗《じょう》、G《ギガ》は10の9乗《じょう》、T《テラ》は10の12乗《じょう》)

磁波《じは》が身体《からだ》に有害《ゆうがい》というわけではない。しかし、自然界《しぜんかい》には存在《そんざい》しなかった多量《たりょう》の電磁波《でんじは》を発生《はっせい》する機器《きき》にかこまれて暮《く》らしている現代人《げんだいじん》としては、電磁波《でんじは》が健康《けんこう》におよぼす影響《えいきょう》について、もっと関心《かんしん》を持《も》っていた方《ほう》がいい。

そこで気《き》になるのが、若者《わかもの》の必需品《ひつじゅひん》となっている携帯電話《けいたいでんわ》である。携帯電話《けいたいでんわ》の使用電力《しようでんりょく》は電《でん》子《し》レンジの一〇〇〇分《ぶん》の一と小《ちい》さいのだから、発生《はっせい》する電磁波《でんじは》もごく微量《びりょう》ではあろう。けれども、四六時中《しろくじちゅう》、電磁波《でんじは》の発生源《はっせいげん》を頭《あたま》にくっつけていてもだいじょうぶなのであろうか。

飛行機《ひこうき》に乗《の》るときなど、電子機器《でんしきき》に影響《えいきょう》があるから電源《でんげん》を切《き》るようにと、くどいほど注意《ちゅうい》をうながされているシロモノなのだということは心《こころ》に留《と》めておこう。

・コ・ラ・ム・
アッ！こんなこともあったね

電磁波《でんじは》から身《み》を守《まも》るポイント

現代《げんだい》において、身《み》のまわりの各種《かくしゅ》の施設《しせつ》や電気機器《でんきき き》から出《で》る電磁波《でんじは》をまったく浴《あ》びないで生活《せいかつ》することは、もはや不可能《ふかのう》といえる。

それでも、できるだけ浴《あ》びる量《りょう》を少《すく》なくする方法《ほうほう》は、次《つぎ》の３つである。

①電磁波《でんじは》の発生源《はっせいげん》から１センチメートルでも離《はな》れていること。電磁波《でんじは》の強《つよ》さは距離《きょり》の２乗《じょう》に反比例《はんぴれい》する。

②電磁波《でんじは》を浴《あ》びる時間《じかん》を短《みじか》くする。多量《たりょう》の電磁波《でんじは》を出《だ》す機器《きき》であっても、短時間《たんじかん》の使用《しよう》ならば、さほど気《き》にする必要《ひつよう》はない。

③電気機器《でんきき き》を使用《しよう》しないときは電源《でんげん》を切《き》っておく。

ウワサ2

「庭《にわ》の木《き》が屋根《やね》より高《たか》くなるのは不吉《ふきつ》」

屋根《やね》より高《たか》い木《き》は日光《にっこう》を遮《さえぎ》るから、衛生面《えいせいめん》で問題《もんだい》だった。

「柿《かき》の木《き》から落《お》ちると、三年《ねん》しか生《い》きられない」

子《こ》どもが柿《かき》の木《き》に登《のぼ》らないように諌《いさ》める親心《おやごころ》からの言葉《ことば》だった。

庭《にわ》に大《おお》きな木《き》があると、豊富《ほうふ》な緑《みどり》が目《め》をなごませてくれる。それに夏《なつ》の暑《あつ》い日差《ひざ》しを防《ふせ》いでくれるし、冬《ふゆ》は寒風《かんぷう》を弱《よわ》めてくれるなど、なにかと便利《べんり》だ。

ただし、木《き》が大《おお》きく育《そだ》ちすぎて屋根《やね》より高《たか》くなるのはその家《いえ》にとって凶《きょう》なのだと、家相《かそう》の見地《けんち》からはいわれている。

その理由《りゆう》として、木《き》に家《いえ》のエネルギーが吸《す》い取《と》られるからだとする考《かんが》え方《かた》もあるのだが、はたしてどうであろうか。

大《おお》きく育《そだ》った木《き》や年《とし》を経《へ》た老木《ろうぼく》には神秘的《しんぴてき》な力《ちから》が宿《やど》り、切《き》ろうとすると祟《たた》りがあるとの言《い》い伝《つた》えは多《おお》い。江戸時代《えどじだい》の怪奇実話《かいきじつわ》を集《あつ》めた書物《しょもつ》『耳袋《みみぶくろ》』にも、大《おお》イチョウを切《き》ろうとした人《ひと》がケガをした話《はなし》が収録《しゅうろく》されているし、現在《げんざい》においても祟《たた》りを恐《おそ》れて伐採《ばっさい》できず、車《くるま》や列車《れっしゃ》の通行《つうこう》のじゃまになっている木《き》は日本各地《にほんかくち》に存在《そんざい》する。

このような木《き》の霊力《れいりょく》による祟《たた》りの真偽《しんぎ》を究明《きゅうめい》するには、すべての祟《たた》りをなす木《き》について調《しら》べなくてはならなくなるから、そうした木《き》の神秘的《しんぴてき》な力《ちから》についてはひとまず置《お》いておき、なぜ屋根《やね》より高《たか》い木《き》が不吉《ふきつ》といわれているのかという点《てん》について、合理的《ごうりてき》に解釈《かいしゃく》してみよう。

家《いえ》の南側《みなみがわ》の庭《にわ》に巨大《きょだい》な木《き》があると、家《いえ》は木陰《こかげ》になる。すると日差《ひざ》しが遮《さえぎ》られるから、

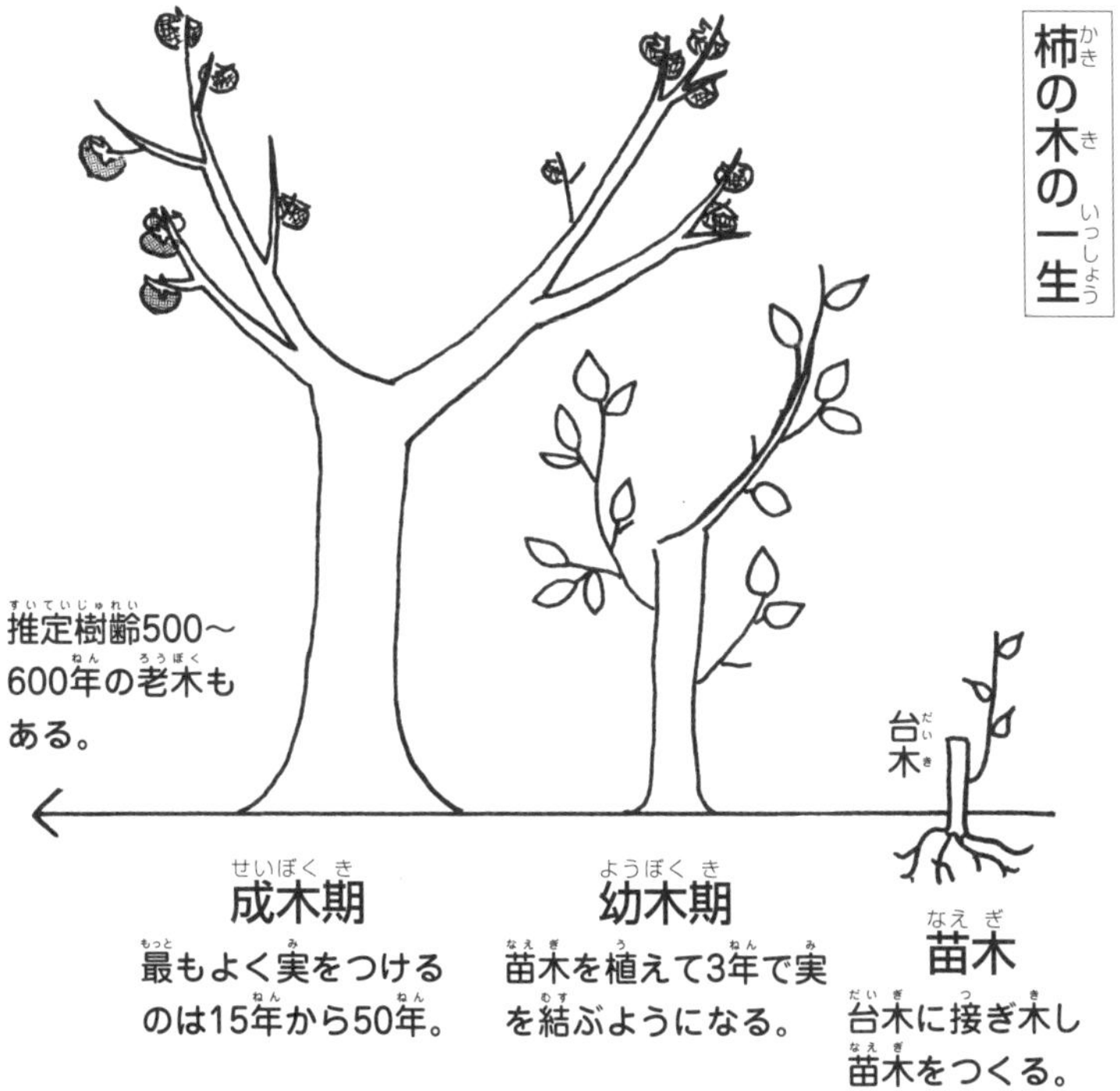

室内《しつない》や庭《にわ》に干《ほ》した洗濯物《せんたくもの》への日光《にっこう》による殺菌効果《さっきんこうか》が弱《よわ》くなってしまう。当然《とうぜん》、風通《かぜとお》しも悪《わる》くなる。

現在《げんざい》より衛生状態《えいせいじょうたい》が悪《わる》かった時代《じだい》には、こうした状況《じょうきょう》では病気《びょうき》が発生《はっせい》しやすくなるわけであり、医療水準《いりょうすいじゅん》も低《ひく》かったから、不幸《ふこう》につながるケースも多《おお》かった。

また、高《たか》い木《き》は落雷《らくらい》の目標《もくひょう》となりやすいため、火事《かじ》になる危険性《きけんせい》もあった。

だから、人《ひと》びとは経験的《けいけんてき》な知恵《ちえ》として、屋根《やね》より高《たか》い木《き》をタブーとしたと考《かんが》えられるのである。

似《に》たようなウワサの「ビワを庭《にわ》に植《う》えると病人《びょうにん》が絶《た》えなくなる」も、同様《どうよう》の理由《りゆう》から生《う》まれたと考《かんが》えられる。ビワは大《おお》きく育《そだ》つ木《き》で、しかも常緑樹《じょうりょくじゅ》なのである。さらに、もともと温暖《おんだん》な気候《きこう》に適《てき》した植物《しょくぶつ》であるビワは、日本《にほん》の気候《きこう》では成長《せいちょう》が遅《おそ》くなるので、実《み》をつける前《まえ》に植《う》えた人《ひと》が亡《な》くなってしまうケースも多《おお》かった。これを見《み》て、昔《むかし》の人《ひと》は植《う》えた人《ひと》とその家族《かぞく》がビワの木《き》に生命力《せいめいりょく》を吸《す》い取《と》られたと考《かんが》えたのだろう。

木《き》についてのウワサでは、「柿《かき》の木《き》から落《お》ちると、三年《ねん》しか生《い》きられない」も、よく知《し》られている。もちろん、どんな木《き》から落《お》ちても、打《う》ちどころが悪《わる》ければ死《し》に至《いた》るケガを負《お》うこともあろう。それをなぜ柿《かき》の木《き》と限定《げんてい》しているのだろうか。

これも、柿《かき》の木《き》には霊力《れいりょく》があるからと考《かんが》えなくていい。柿《かき》の木《き》は弾力性《だんりょくせい》に乏《とぼ》しいため、枝《えだ》が簡単《かんたん》に折《お》れてしまうという特徴《とくちょう》があるのだ。だから、柿《かき》の実《み》をとろうとして枝《えだ》に登《のぼ》った子《こ》どもがよく落下《らっか》してしまう。

親《おや》としては、「柿《かき》の木《き》に登《のぼ》るのは危険《きけん》だよ」と教《おし》えたいわけで、それが大人《おとな》にも恐怖感《きょうふかん》を与《あた》えるウワサになったというわけだ。

・コ・ラ・ム・
アッ！こんなこともあったね

植物《しょくぶつ》にも心《こころ》がある？

植物《しょくぶつ》には動物《どうぶつ》のような神経系《しんけいけい》がなく、したがって脳《のう》も存在《そんざい》しないから、心《こころ》を持《も》っているとは考《かんが》えにくい。ところが、こんな事実《じじつ》がある。

1966年《ねん》、アメリカに住《す》むポリグラフ（ウソ発見機《はっけんき》）の専門家《せんもんか》であるクリーブ・バクスター氏《し》が、好奇心《こうきしん》から観葉植物《かんようしょくぶつ》の葉《は》にポリグラフを接続《せつぞく》してみた。すると、ポリグラフはまるで人間《にんげん》に接続《せつぞく》されているかのような反応《はんのう》を示《しめ》したのだ。

植物《しょくぶつ》についての常識《じょうしき》を打《う》ち破《やぶ》るこの実験《じっけん》については、インチキと見《み》るむきが多《おお》かったのであるが、その後《ご》も植物《しょくぶつ》には心《こころ》が存在《そんざい》すると考《かんが》えた方《ほう》が合理的《ごうりてき》と思《おも》える数々《かずかず》の実験結果《じっけんけっか》が多数提出《たすうていしゅつ》されている。

実際《じっさい》、日本《にほん》では栽培植物《さいばいしょくぶつ》に音楽《おんがく》を聴《き》かせることで収穫《しゅうかく》を早《はや》めている農園《のうえん》がある。中《なか》には演歌《えんか》を聴《き》かせている農園《のうえん》もあり、植物《しょくぶつ》は種類《しゅるい》によって音楽《おんがく》の好《この》みがちがうようである。また、「育《そだ》てる人《ひと》の心《こころ》が通《つう》じると、植物《しょくぶつ》はりっぱに育《そだ》つ」と証言《しょうげん》する農業家《のうぎょうか》もいる。

植物《しょくぶつ》にも心《こころ》があり、人間《にんげん》とコミュニケーションができるという事実《じじつ》が科学的《かがくてき》に正《ただ》しく証明《しょうめい》されれば、人《ひと》は思《おも》ってもみなかった新《あたら》しい友人《ゆうじん》を得《え》ることになるわけだ。

「子《こ》どもを持《も》つなら一姫二太郎《いちひめにたろう》がよい」

育児《いくじ》の初心者《しょしんしゃ》には女《おんな》の子《こ》の方《ほう》が育《そだ》てやすい。

「子《こ》どもが火遊《ひあそ》びすると、寝小便《ねしょうべん》する」

子《こ》どもの羞恥心《しゅうちしん》をついた巧妙《こうみょう》な躾《しつけ》の言葉《ことば》だった。

昔《むかし》から、子《こ》どもを持《も》つなら「一姫二太郎《いちひめにたろう》」とよくいわれている。最初《さいしょ》は女《おんな》の子《こ》、次《つぎ》が男《おとこ》の子《こ》という順番《じゅんばん》がよいという意味《いみ》なのであるが、じつはこのウワサにはうなずける根拠《こんきょ》がある。

どのような根拠《こんきょ》かというと、育児《いくじ》の初心者《しょしんしゃ》である両親《りょうしん》にとって、長子《ちょうし》は女《おんな》の子《こ》である方《ほう》がより育《そだ》てやすいのである。

小児科《しょうにか》を専門《せんもん》とするファンデンボッシュ医師《いし》の調査《ちょうさ》（一九九二年《ねん》）によると、小児初期《しょうにしょき》では長子《ちょうし》の方《ほう》が次子以下《じしいか》の子《こ》どもよりも病気《びょうき》にかかりやすいという結果《けっか》が出《で》ている。そしてその要因《よういん》のひとつに、育児《いくじ》がはじめての親《おや》は子《こ》どもの病気《びょうき》に不慣《ふな》れであるという点《てん》が指《し》摘《てき》されている。

それでは、長子《ちょうし》の中《なか》で男《おとこ》の子《こ》と女《おんな》の子《こ》のどちらが病気《びょうき》になりやすいかというと、意外《いがい》なようだが男《おとこ》の子《こ》なのである。この事実《じじつ》は、女《おんな》の子《こ》の方《ほう》が生命力《せいめいりょく》が強《つよ》いことを意味《いみ》しているのであるが、これは女性《じょせい》と男性《だんせい》の基本的《きほんてき》な身体構造《しんたいこうぞう》のちがいに起因《きいん》すると考《かんが》えられる。

女性《じょせい》より高《たか》い運動能力《うんどうのうりょく》を持《も》つ男性《だんせい》は、身体的《しんたいてき》に強《つよ》そうに感《かん》じるのだけれども、いわば短《たん》距離《きょり》ランナー型《がた》でエネルギーを多量《たりょう》に消費《しょうひ》する身体構造《しんたいこうぞう》なのである。それに比《くら》べて女性《じょせい》はエネルギー効率《こうりつ》のよい長距離《ちょうきょり》ランナー型《がた》で、速《はや》くは走《はし》れなくても長《なが》い距離《きょり》を走行《そうこう》することが可能《かのう》なのだ。

飛行機《ひこうき》にたとえるなら、あくまで戦闘能力重視《せんとうのうりょくじゅうし》で、ある程度《ていど》の損耗《そんもう》はしかたがないとする軍用機《ぐんようき》と、乗客《じょうきゃく》・乗員《じょういん》の安全《あんぜん》を第一《だいいち》に考《かんが》える民間機《みんかんき》との設計思想《せっけいしそう》のちがいなのであり、どちらが故障《こしょう》しやすいかは明確《めいかく》だろう。

また、近年《きんねん》の日本《にほん》における一歳《さい》から四歳《さい》までの幼児《ようじ》の死亡原因《しぼうげんいん》の第《だい》一位《い》は不慮《ふりょ》の事故《じこ》。死因《しいん》の内訳《うちわけ》（二〇〇一年《ねん》）では交通事故《こうつうじこ》が三七・五パーセント、溺死《できし》（風呂場《ふろば》やビニールプールでの溺死《できし》を含《ふく》む）も二六・〇パーセントとなっている。

この不慮《ふりょ》の事故《じこ》にあう可能性《かのうせい》の点《てん》でも、活動的《かつどうてき》な男《おとこ》の子《こ》の方《ほう》がおとなしい女《おんな》の子《こ》よりも高《たか》いことは言《い》うまでもない。

こうした点《てん》から、最初《さいしょ》の子育《こそだ》ては女《おんな》の子《こ》の方《ほう》がラクなのであり、次《つぎ》に男《おとこ》の子《こ》が生《う》まれても、長子《ちょうし》での経験《けいけん》がいかせるのである。

さらに、お姉《ねえ》さんになった女《おんな》の子《こ》はお母《かあ》さんをまねして家事《かじ》をやりたがったり、次子《じし》の世話《せわ》をしてくれたりするので、小《ちい》さいながら家庭内《かていない》の戦力《せんりょく》として期待《きたい》できるわけだ。

さて、小《ちい》さい子《こ》どもにとっては遊《あそ》ぶことが大切《たいせつ》な仕事《しごと》。が、同《おな》じ遊《あそ》びとはいっても、火遊《ひあそ》びはしてほしくない。親《おや》としてはなんとしても火遊《ひあそ》びはしないよう教《おし》え込《こ》みたいのだけれど、子《こ》どもはなかなか理屈《りくつ》が通用《つうよう》する相手《あいて》ではない。

そこで、火《ひ》を消《け》すのは水《みず》であることから、「火遊《ひあそ》びすると、おねしょをしてしまうよ」と教《おし》えたわけである。

子《こ》どもとしては、おねしょはイヤである。しかられてしまうし、恥《は》ずかしいし、ひどい自己嫌悪《じこけんお》にも陥《おちい》る。だから、この教《おし》えには強《つよ》い抑止効果《よくしこうか》があったのである。

なお、寝小便《ねしょうべん》を治《なお》す方法《ほうほう》として「銀杏《ぎんなん》の実《み》を炒《い》って食《た》べるとよい」などの民間療法《みんかんりょうほう》があるのだが、暗示《あんじ》による効果《こうか》は別《べつ》として、その効能《こうのう》は定《さだ》かではない。

・コ・ラ・ム・
アッ！こんなこともあったね

強《つよ》い電波《でんぱ》を浴《あ》びると女《おんな》の子《こ》が生《う》まれる？

日本《にほん》で生《う》まれる子《こ》どもの男女比《だんじょひ》は、女《おんな》の子《こ》1.0人《にん》に対《たい》して男《おとこ》の子《こ》は1.06人《にん》と、男《おとこ》の子《こ》がより多《おお》く生《う》まれている。

それでいて学齢期《がくれいき》になると男女《だんじょ》の数《かず》は同《おな》じになり、平均寿命《へいきんじゅみょう》でも女性《じょせい》の方《ほう》が長《なが》いのであるから、やはり女性《じょせい》が強《つよ》いわけである。男《おとこ》の子《こ》が多《おお》めに生《う》まれるのは、男性《だんせい》が弱《よわ》いことを計算《けいさん》したうえでの自然《しぜん》の采配《さいはい》といえよう。

ところで、東京都港区《とうきょうとみなとく》では最近《さいきん》、女《おんな》の子《こ》1.0人《にん》に対《たい》して男《おとこ》の子《こ》が1.03人《にん》と全国平均《ぜんこくへいきん》より低《ひく》くなっており、女《おんな》の子《こ》の生《う》まれる確率《かくりつ》が高《たか》くなっている。

このことについて、港区《みなとく》の住民《じゅうみん》の中《なか》には「東京《とうきょう》タワーの強《つよ》い電波《でんぱ》に曝《さら》されていることが原因《げんいん》ではないか」と真剣《しんけん》に考《かんが》えている人《ひと》もいる。はたして真相《しんそう》はどうなのだろう。

ウワサ4

「寅年《とらどし》には縁組《えんぐ》みをしてはいけない」

トラのイメージは慶事《けいじ》に適《てき》さないとされた。

「男女《だんじょ》の愛情《あいじょう》は三年《ねん》しか続《つづ》かない」

子孫《しそん》を増《ふ》やすための本能的《ほんのうてき》なしくみなのか。

「結婚式《けっこんしき》は大安吉日《たいあんきちじつ》に」というのは、いまでも根強《ねづよ》い縁起担《えんぎかつ》ぎであり、企業《きぎょう》でも祝《いわ》いごとを大安《たいあん》に開催《かいさい》する傾向《けいこう》は強《つよ》い。

この大安《たいあん》とは逆《ぎゃく》に、「寅年《とらどし》には縁組《えんぐ》みをしてはいけない」というウワサもある。もしもみんなが、その教《おし》えに従《したが》ったなら、一二年《ねん》に一度《ど》は一年中《ねんじゅう》まったく結婚式《けっこんしき》が行《おこな》われないという奇現象《きげんしょう》が起《お》きるわけだが、さすがにそうなっていないところを見《み》ると、それほど影響力《えいきょうりょく》は強《つよ》くないウワサであるといえよう。

では、どうしてこんなウワサが生《う》まれたのだろうか。

寅年《とらどし》というのは、ご存《ぞん》じのように子《ね》、丑《うし》、寅《とら》……の十二支《じゅうにし》の三番目《ばんめ》の年《とし》であり、動物《どうぶつ》のトラがあてられる年《とし》である。

十二支《じゅうにし》はもともと古代中国《こだいちゅうごく》の暦《こよみ》の数《かぞ》え方《かた》で、年《とし》のめぐりが十《じゅう》二支《にし》の順番《じゅんばん》で一《いち》巡《じゅん》するのであるが、これに甲《きのえ》、乙《きのと》、丙《ひのえ》、丁《ひのと》、戊《つちのえ》、己《つちのと》、庚《かのえ》、辛《かのと》、壬《みずのえ》、癸《みずのと》の「十干《じっかん》」と呼《よ》ばれる区分法《くぶんほう》が組《く》み合《あ》わされて「十干十二支《じっかんじゅうにし》」(干支《えと》)と呼《よ》ばれ、甲子《きのえね》からはじまって六〇年《ねん》で一《いち》

十二支《じゅうにし》の時刻《じこく》・方角区分《ほうがくくぶん》

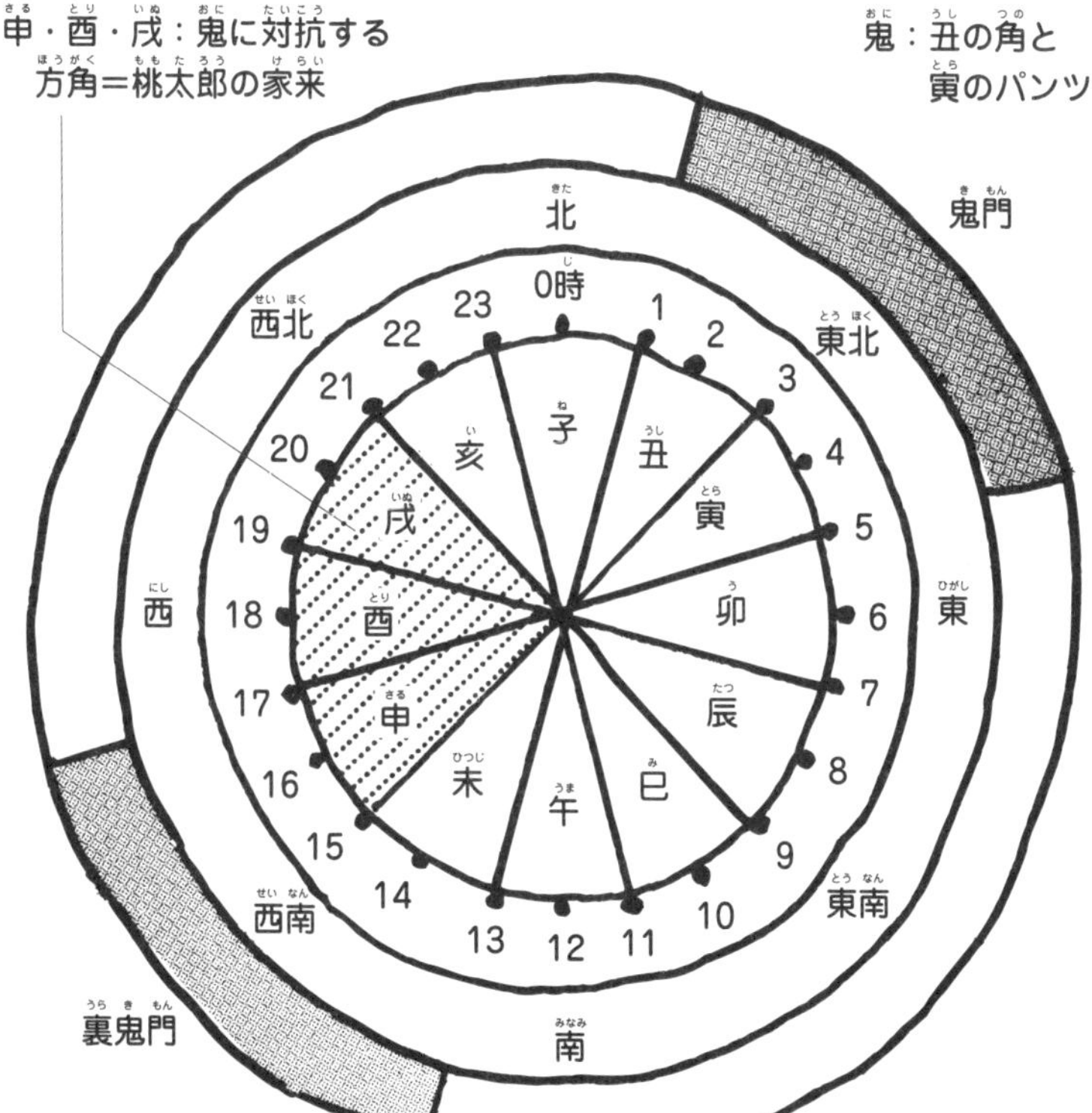

巡《じゅん》することとなる。めでたい還暦《かんれき》もここから生《う》まれた。

この暦《こよみ》の読《よ》み方《かた》は日本《にほん》にも伝《つた》わり、戊辰戦争《ぼしんせんそう》（一八六八年《ねん》）はちょうど「戊辰《つちのえたつ》」の年《とし》にあたり、阪神甲子園球場《はんしんこうしえんきゅうじょう》は「甲子《きのえね》」の年《とし》にあたる一九二四年《ねん》に完成《かんせい》した球場《きゅうじょう》というわけだ。また、十干十二支《じっかんじゅうにし》は毎日《まいにち》の日付《ひづけ》にも用《もち》いられ、十二支《じゅうにし》は方角《ほうがく》や時刻《じこく》の区分《くぶん》にも使《つか》われていた。寅《とら》の刻《こく》というのは午前《ごぜん》四時《じ》を中心《ちゅうしん》とした前後《ぜんご》二時間《じかん》である。

そこで寅《とら》のタブーなのだが、昔《むかし》の人《ひと》はトラという動物《どうぶつ》が「一日《いちにち》で千里《せんり》行《い》って千里戻《せんりもど》る」という凄《すご》い能力《のうりょく》を持《も》つと考《かんが》えていた。しかし、どんなに遠《とお》い場所《ばしょ》に嫁《とつ》いでも、すぐに戻《もど》ってくるのでは困《こま》るわけで、出戻《でもど》りを忌《い》むためだったのである。

ところで、結婚相手《けっこんあいて》の代表的《だいひょうてき》なタブーとして「丙午生《ひのえうま》まれの女性《じょせい》は避《さ》けよ」というウワサがある。丙《ひのえ》は「火《ひ》の兄《え》」、午《うま》は南《みなみ》の方角《ほうがく》にあたり、どちらも火《ひ》につながるため、この年生《としう》まれの女性《じょせい》は気性《きしょう》が激《はげ》しく夫《おっと》を殺《ころ》すといわれているからだ。もちろん、これはこじつけであり、人権《じんけん》にかかわる不当《ふとう》な差別《さべつ》であることをしっかり認識《にんしき》しておきたい。

さて、こうしたタブーは無視《むし》して、めでたく結婚《けっこん》したとしても、「三年目《ねんめ》の浮気《うわき》」という歌《うた》もあるように、「男女《だんじょ》の愛情《あいじょう》は三年《ねん》しか続《つづ》かない」というウワサもある。どんなに熱烈《ねつれつ》な恋愛《れんあい》も、三年《ねん》もすれば冷《さ》めてくるというこのウワサに、うなずく人《ひと》もいるかもしれないが、このウワサを生物学的《せいぶつがくてき》な観点《かんてん》から考《かんが》えてみよう。

生物《せいぶつ》にとって自分《じぶん》の子《こ》どもが生存競争《せいぞんきょうそう》に勝《か》ち抜《ぬ》くことは重要《じゅうよう》な問題《もんだい》であり、そのためには、まず子《こ》どもの数《かず》は多《おお》い方《ほう》がいい。そして、子《こ》どもたちがみんな似《に》ているより多様性《たようせい》があった方《ほう》が、いかなる環境《かんきょう》の変化《へんか》にもだれかが対応《たいおう》できる可能性《かのうせい》が高《たか》くなるため有効《ゆうこう》だ。つまり、ひと組《く》みの男女《だんじょ》から生《う》まれた子《こ》どもたちより、男女《だんじょ》がたがいにパートナーを替《か》えて生《う》んだ子《こ》どもたちの方《ほう》がより多様《たよう》性《せい》を持《も》つので有利《ゆうり》なのである。

だから、人間《にんげん》にはウワキ本能《ほんのう》が組《く》み込《こ》まれているとする考《かんが》え方《かた》もあるのだけれど、われわれは万《ばん》物《ぶつ》の霊長《れいちょう》たる人類《じんるい》なのだ。男女《だんじょ》の仲《なか》というのは、それほど単純《たんじゅん》に本能《ほんのう》に動《うご》かされるものではないのではないか。

・コ・ラ・ム・
アッ！こんなこともあったね

運命《うんめい》の出会《であ》いを神頼《かみだの》みしてはいけない？

良縁《りょうえん》を求《もと》めて神社《じんじゃ》に祈願《きがん》する善男善女《ぜんなんぜんにょ》は多《おお》い。そうした願《ねが》いをかなえる縁結《えんむす》びの総本山《そうほんざん》として、あまりにも有名《ゆうめい》なのが出雲大社《いずもたいしゃ》である。

ところで、出雲大社《いずもたいしゃ》にお参《まい》りしたご利益《りやく》で、めでたく二人《ふたり》が結婚《けっこん》できたとしよう。が、そのパートナーが本当《ほんとう》にあなたと結《むす》ばれるべき人《ひと》だったのかというと、それは定《さだ》かではないのである。

出雲大社《いずもたいしゃ》の神様《かみさま》は訪《おとず》れた男女《だんじょ》の縁《えん》は結《むす》ぶけれども、それが最適《さいてき》の組《く》み合《あ》わせであり、相手《あいて》があなたにとっての運命《うんめい》の人《ひと》であるかどうかは、保証《ほしょう》してはいないのである。このことは知《し》っておこう。

ウワサ 5

「ひな人形《にんぎょう》は早《はや》く片《かた》づけないと娘《むすめ》が縁遠《えんどお》くなる」

ひな人形《にんぎょう》を片《かた》づけたがらない娘《むすめ》への言《い》い分《わ》け。

「菖蒲《しょうぶ》（＝サトイモ科《か》）湯《ゆ》に入《はい》ると丈夫《じょうぶ》になる」

サトイモ科《か》の菖蒲《しょうぶ》には、薬草《やくそう》としての効能《こうのう》がある。

解明

三月《がつ》三日《か》は、ひな祭《まつ》り。「ひなの節句《せっく》」「桃《もも》の節句《せっく》」「女《おんな》の子《こ》の節句《せっく》」とも呼《よ》ばれる。ひな人形《にんぎょう》を飾《かざ》り、桃《もも》の花《はな》や菱餅《ひしもち》、白酒《しろざけ》を供《そな》え、女《おんな》の子《こ》にとっては楽《たの》しい一日《いちにち》だ。だが、夕方《ゆうがた》になると、さっさと片《かた》づけられてしまうのはなぜだろう。

ひな祭《まつ》りの起源《きげん》は、中国《ちゅうごく》の災厄除《さいやくよ》けの儀式《ぎしき》が日本《にほん》の朝廷《ちょうてい》に伝《つた》わったものだといわれている。中国《ちゅうごく》では、桃《もも》の木《き》は「魔除《まよ》けの木《き》」とされ、身《み》のけがれを祓《はら》う日《ひ》には桃《もも》の木《き》の季節《きせつ》がよいということで三月《がつ》の最初《さいしょ》の「上巳《じょうし》の日《ひ》」が選《えら》ばれた。江戸時代《えどじだい》まで、三月《がつ》の最初《さいしょ》の「巳《み》の日《ひ》」に行《おこな》っていたので「上巳《じょうし》の行事《ぎょうじ》」といわれたが、やがてわかりやすく三月《がつ》三日《か》に固《こ》定《てい》された。

この日《ひ》、人《ひと》びとは災厄《さいやく》を除《よ》けるため、海《うみ》や川《かわ》に入《はい》って水《みず》を浴《あ》び、身《み》を清《きよ》めた。しかし、まだ寒《さむ》い時期《じき》ということもあり、やがて水《みず》に入《はい》らず、祓《はら》いの呪具《じゅぐ》としてひな人形《にんぎょう》をつくり、自分《じぶん》の身代《みが》わりにけがれを人形《にんぎょう》に移《うつ》し、小舟《こぶね》に乗《の》せて水《みず》に流《なが》す「流《なが》し雛《びな》」を行《おこな》うようになった。『源氏物語《げんじものがたり》』にも、三月上巳《がつじょうし》の日《ひ》に陰陽師《おんみょうじ》を招《まね》き、まじないに使《つか》った人形《にんぎょう》を船《ふね》に乗《の》せて流《なが》す様子《ようす》が描《えが》かれている。現在《げんざい》でも鳥取県《とっとりけん》のある地方《ちほう》では、三月《がつ》三日《か》の夕方《ゆうがた》、赤《あか》い色《いろ》の紙衣装《かみいしょう》をつけた人形《にんぎょう》を、供《そな》え物《もの》といっしょに桟俵《さんだわら》に乗《の》せて川《かわ》に流《なが》す「流《なが》し雛《びな》」の風習《ふうしゅう》が残《のこ》されている。

はじめ身代《みが》わりのひな人形《にんぎょう》はワラ人形《にんぎょう》などであったが、紙《かみ》が普及《ふきゅう》すると紙人形《かみにんぎょう》となった。しかし時代《じだい》を追《お》うにしたがって、ひな人形《にんぎょう》は豪華《ごうか》なものになり、毎年高価《まいとしこうか》な人形《にんぎょう》を買《か》うわけにもいかず、大切《たいせつ》に保存《ほぞん》するようになった。そこで、ひな人形《にんぎょう》を片《かた》づけることで、水《みず》に流《なが》したことにしたのである。

かわいいひな人形《にんぎょう》をまだまだ飾《かざ》っておきたい娘《むすめ》の気持《きも》ちはわかるが、翌日《よくじつ》まで飾《かざ》っては災厄除《さいやくよ》けにはならないので、「早《はや》く片《かた》づけないと、お嫁《よめ》さんにいけないのよ」と説得《せっとく》したというわけだ。

三月《がつ》三日《か》が女《おんな》の子《こ》のお祭《まつ》りなら、五月《がつ》五日《か》の「端午《たんご》の節句《せっく》」は男《おとこ》の子《こ》のお祭《まつ》りである。

そもそも中国《ちゅうごく》では、「端午《たんご》」とは五月最初《がつさいしょ》（端《たん》）の午《うま》の日《ひ》で悪《わる》い日《ひ》とされ、この日《ひ》には菖蒲《しょうぶ》やヨモギを家《いえ》の門前《もんぜん》に置《お》いて邪気《じゃき》を祓《はら》うという風習《ふうしゅう》があった。その習《なら》わしが日本《にほん》にも伝《つた》わり、身《み》のけがれを祓《はら》う日《ひ》となったのである。

　現在《げんざい》の五月五日は新《しん》緑《りょく》の爽《さわ》やかな季節《きせつ》だが、旧暦《きゅうれき》の五月《がつ》五日《か》は六月《がつ》上旬《じょうじゅん》の梅雨前《つゆまえ》のうっとうしい季節《きせつ》にあたり、食物《しょくもつ》は痛《いた》みやすく害虫《がいちゅう》も発生《はっせい》しやすかった。

　そして菖蒲《しょうぶ》には、剣《けん》に似《に》た葉形《はがた》と強《つよ》い臭《にお》いに魔除《まよ》けの力《ちから》があると信《しん》じられ、邪気《じゃき》を祓《はら》い、災《わざわ》いを近《ちか》づけないと考《かんが》えられていた。そのため、室町時代《むろまちじだい》の初期《しょき》ご

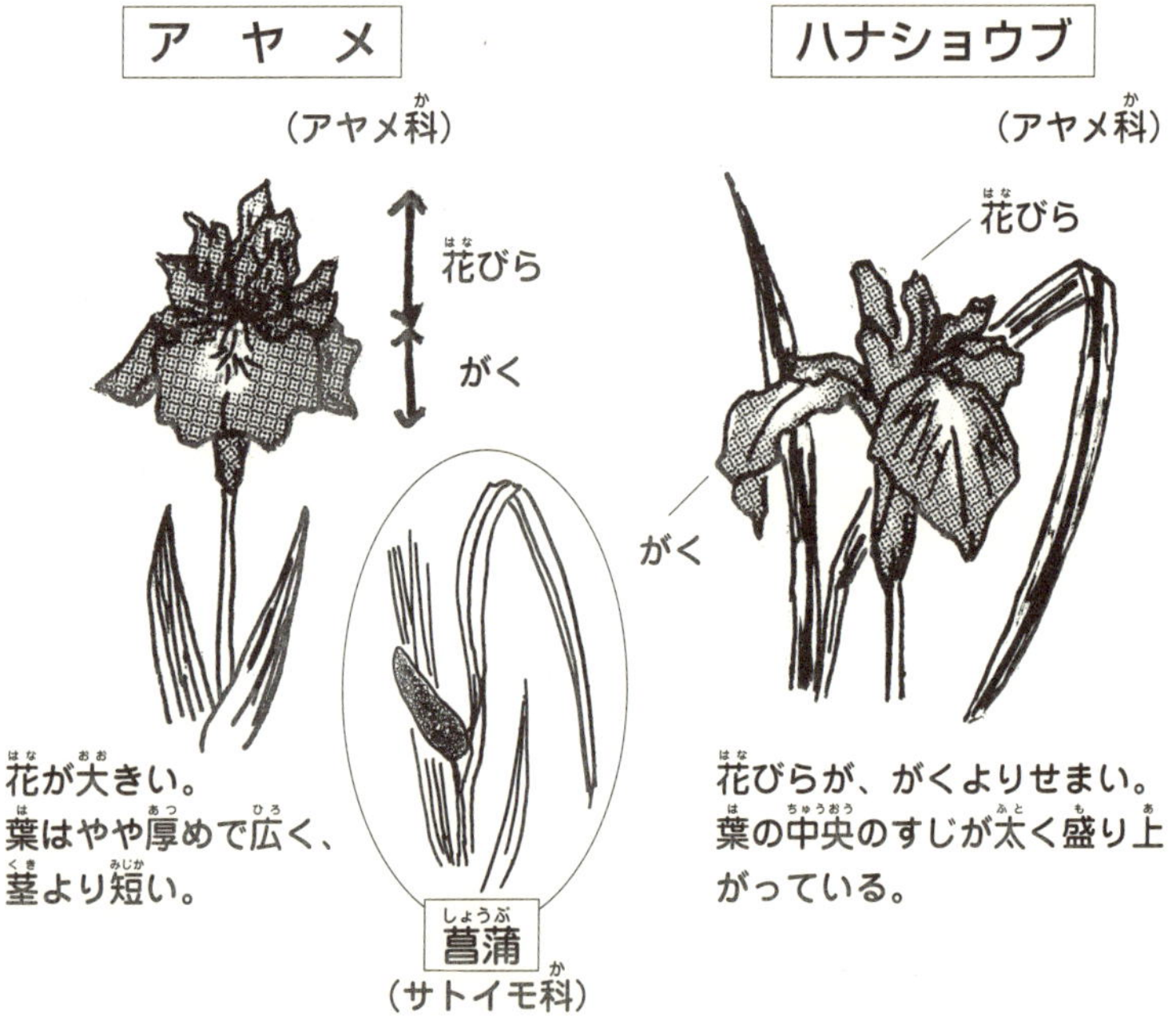

※「しょうぶ」というと、「アヤメ」や「ハナショウブ」のような花《はな》をイメージするが、端午《たんご》の節句《せっく》に使《つか》うサトイモ科《か》の菖蒲《しょうぶ》は、花茎《かけい》の中程《なかほど》に黄緑《きみどり》色《いろ》の小花《こばな》を棒状《ぼうじょう》に密生《みっせい》させるまったくの別種《べっしゅ》である。

ろから、この日《ひ》に「菖蒲湯《しょうぶゆ》に入《はい》れば病気《びょうき》にならない」といわれるようになり、今日《こんにち》でも街《まち》の銭湯《せんとう》や家庭《かてい》の湯船《ゆぶね》に菖蒲《しょうぶ》が浮《う》かぶようになったのである。男《おとこ》の子《こ》の節句《せっく》となったのは、「菖蒲《しょうぶ》」が「尚武《しょうぶ》（武《ぶ》事《じ》・軍事《ぐんじ》を盛《さか》んにすること）」に通《つう》じることからで、江戸《えど》時代《じだい》になってからだ。

医学的《いがくてき》には、菖蒲《しょうぶ》の乾燥根《かんそうこん》の煎《せん》じ湯《ゆ》を飲《の》めば鎮《ちん》痛《つう》・利尿《りにょう》・健胃《けんい》の効用《こうよう》があり、菖蒲湯《しょうぶゆ》は身体《からだ》が温《あたた》まり、腰痛《ようつう》・痛風《つうふう》・せん病質《びょうしつ》などに効果《こうか》があるといわれている。

なお、端午《たんご》の節句《せっく》に使用《しよう》する菖蒲《しょうぶ》は、古《ふる》くは「あやめ」と呼《よ》んだが、じつはサトイモ科《か》の植物《しょくぶつ》で、アヤメ科《か》のアヤメやハナショウブとは葉《は》の形《かたち》が似《に》ているだけでまったくの別種《べっしゅ》である。ハナショウブのことを俗《ぞく》に「しょうぶ」と呼《よ》ぶので、混同《こんどう》しないように気《き》をつけよう。

・コ・ラ・ム・
アッ！こんなこともあったね

困《こま》った人形屋《にんぎょうや》さん

江戸幕府《えどばくふ》は式日《しきじつ》（祝日《しゅくじつ》）として、人日《じんじつ》（正月《しょうがつ》7日《か》＝七種《ななくさ》の節句《せっく》）、上《じょう》巳《し》（3月《がつ》3日《か》＝桃《もも》の節句《せっく》）、端午《たんご》（5月《がつ》5日《か》＝菖蒲《しょうぶ》の節句《せっく》）、七夕《たなばた》（7月《がつ》7日《か》＝七夕《たなばた》）、重陽《ちょうよう》（9月《がつ》9日《か》＝菊《きく》の節句《せっく》）の「5つの節《せつ》の日《ひ》」を制定《せいてい》した。ところが幕府《ばくふ》に代《か》わった明治新政府《めいじしんせいふ》が、明治《めいじ》6（1873）年《ねん》に五節句《ごせっく》を廃止《はいし》したので、ひな人形《にんぎょう》や五月人形《ごがつにんぎょう》を売《う》っていた人形屋《にんぎょうや》は大慌《おおあわ》てだったという。てっきり、ひな人形《にんぎょう》や五月人形《ごがつにんぎょう》の売買《ばいばい》が禁《きん》じられたと早合点《はやがてん》したからである。『明治事物起源《めいじじぶつきげん》』には、人形屋《にんぎょうや》の慌《あわ》てぶりが記《しる》されている。

ウワサ6

「お盆《ぼん》に海水浴《かいすいよく》をすると、亡者《もうじゃ》に引《ひ》き込《こ》まれる」

土用波《どようなみ》に対《たい》する警告《けいこく》。

「十五夜《じゅうごや》の団子《だんご》は盗《ぬす》まれると縁起《えんぎ》がよい」

感謝《かんしゃ》で供《そな》えた団子《だんご》が、月《つき》の神様《かみさま》に受納《じゅのう》されたと見立《みた》てた慶事《けいじ》。

解明

お盆《ぼん》は、里帰《さとがえ》りをしてくるご先祖霊《せんぞれい》の供養《くよう》である。仏教《ぶっきょう》の教典《きょうてん》『盂蘭盆教《うらぼんきょう》』に由来《ゆらい》するが、大方《おおかた》の行事《ぎょうじ》は日本特有《にほんとくゆう》だ。正月《しょうがつ》とともに生活《せいかつ》の折《お》り目《め》となり、日本人《にほんじん》にとっては重要《じゅうよう》な行事《ぎょうじ》である。本来《ほんらい》は旧暦《きゅうれき》の七月《がつ》で、新暦《しんれき》の八月《がつ》にあたる。現在《げんざい》は七月《がつ》一五日《にち》、月遅《つきおく》れの八月《がつ》一五日《にち》、旧暦旧盆《きゅうれききゅうぼん》の八月下旬《がつげじゅん》の地方《ちほう》がある。

しかし、「お盆《ぼん》に海水浴《かいすいよく》をすると、亡者《もうじゃ》（成仏《じょうぶつ》しないで迷《まよ》っている魂《たましい》）に引《ひ》き込《こ》まれる」というウワサが出《で》るのはだいたい八月《がつ》の中旬《ちゅうじゅん》ごろからである。地域《ちいき》によっては「お盆《ぼん》に海《かい》水浴《すいよく》をすると、海坊主《うみぼうず》に飲《の》まれる」というところもある。

さて、海水浴《かいすいよく》は明治時代以降《めいじじだいいこう》に使《つか》われ出《だ》した言葉《ことば》だが、日本《にほん》には古《ふる》くから「潮浴《しおあび》」とか「潮湯治《しおとうじ》」といって、自然療法《しぜんりょうほう》のひとつとして存在《そんざい》していた。明治《めいじ》一三（一八八〇）年《ねん》に兵《ひょう》庫県須磨明石海岸《ごけんすまあかしかいがん》で兵士《へいし》の脚気治療《かっけちりょう》のために海水浴《かいすいよく》が行《おこな》われ、翌年《よくとし》には愛知県《あいちけん》の千鳥浜海《ちどりはまかい》岸《がん》に海水浴場《かいすいよくじょう》ができた。これ以後《いご》、日本各地《にほんかくち》に海水浴場《かいすいよくじょう》が開《ひら》かれ、夏《なつ》の最大《さいだい》レジャーとなったのである。

その海水浴場《かいすいよくじょう》では、一年中《ねんじゅう》でいちばん暑《あつ》い夏《なつ》の土用《どよう》（立秋《りっしゅう》の前《まえ》の一八日間《にちかん》）のころになると、突然大《とつぜんおお》きな土用波《どようなみ》が押《お》し寄《よ》せ、海水浴客《かいすいよくきゃく》の水難事《すいなんじ》故《こ》が増《ふ》える。土用波《どようなみ》とは、この時《じ》期《き》にはるか遠《とお》くの南《みなみ》の海上《かいじょう》で台風《たいふう》が発生《はっせい》したときに、その近辺《きんぺん》に起《お》きる高波《たかなみ》のことである。波長《はちょう》のちがう波《なみ》が重《かさ》なると大《おお》きなうねりとなるが、その波《なみ》が時速《じそく》五〇～一〇〇キロメートルの速《はや》さで、天気《てんき》がよく風《かぜ》もない穏《おだ》やかな海岸《かいがん》に突然押《とつぜんお》し寄《よ》せ、海水浴客《かいすいよくきゃく》を飲《の》み込《こ》んでしまうのだ。台風《たいふう》が多《おお》く発生《はっせい》する夏《なつ》の土用《どよう》ごろからは土用波《どようなみ》がよく押《お》し寄《よ》せるため、その警《けい》告《こく》から出《で》たウワサである。

そのお盆《ぼん》から一月後《ひとつきご》にあたる旧暦《きゅうれき》八月《がつ》一五日《にち》（新暦《しんれき》の九月《がつ》）の仲秋《ちゅうしゅう》の夜空《よぞら》に浮《う》かぶ満月《まんげつ》は、とくにみごとで「仲秋《ちゅうしゅう》の名月《めいげつ》」といわれ、お月見《つきみ》が行《おこな》われる。

お月見《つきみ》は、中国《ちゅうごく》の唐時代《とうじだい》からある慣習《かんしゅう》で、日本《にほん》へは平安時代《へいあんじだい》に伝来《でんらい》し、貴族《きぞく》たちは観月《かんげつ》の宴《うたげ》をはったといわれている。お月見《つきみ》が民間《みんかん》に広《ひろ》まったのは江戸時代以降《えどじだいいこう》とされるが、古《こ》来《らい》、月《つき》は農作業《のうさぎょう》にとって重要《じゅうよう》な役割《やくわり》を担《にな》っていたため、地方《ちほう》によってさまざまな風習《ふうしゅう》ができたと考《かんが》えられる。

農耕民族《のうこうみんぞく》の日本人《にほんじん》にとって月《つき》は神様《かみさま》であり、その神《かみ》・月読命《つくよみのみこと》を「農業《のうぎょう》の神《かみ》」として信仰《しんこう》し、この夜《よる》、農作物《のうさくもつ》の収穫《しゅうかく》をその神《かみ》に感謝《かんしゃ》した。この日《ひ》、月《つき》の出《で》る方向《ほうこう》に祭壇《さいだん》を設《もう》け、ス

月《つき》の呼称《こしょう》

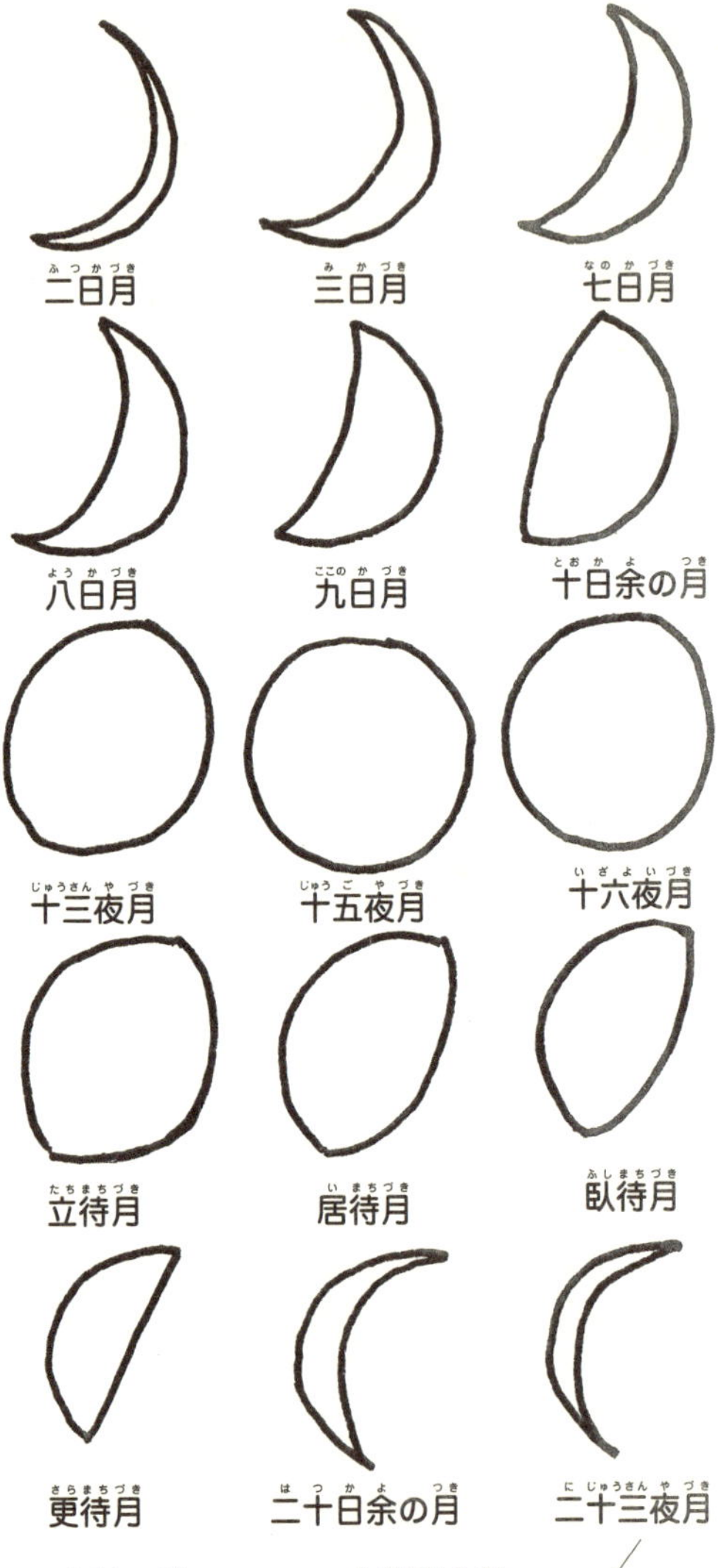

※これ以降《いこう》の月《つき》はまとめて二十三夜月《にじゅうさんやづき》という

スキやハギ、オミナエシ、団子《だんご》、里芋《さといも》、果物《くだもの》などを供《そな》えて月《つき》神様《がみさま》をまつった。仲秋《ちゅうしゅう》の名月《めいげつ》は別名《べつめい》「芋名月《いもめいげつ》」ともいうが、それは里芋《さといも》の収穫《しゅうかく》を祝《いわ》い、供《そな》えたためである。里芋《さといも》は親芋《おやいも》から子芋《こいも》、子芋《こいも》から孫芋《まごいも》と増《ふ》えるので、子孫繁栄《しそんはんえい》につながるおめでたい食物《しょくもつ》とされ、地方《ちほう》によっては、この夜《よる》に限《かぎ》り、他人《たにん》の畑《はたけ》から芋《いも》を盗《ぬす》んでも許《ゆる》された。

お月見《つきみ》といえば、なんといっても月見団子《つきみだんご》である。これはお供《そな》えのためにだけつくられたため、子《こ》どもたちが竿《さお》の先《さき》に釘《くぎ》などをつけて、他家《たけ》の供《そな》え物《もの》の団子《だんご》を盗《ぬす》んでも大目《おおめ》に見《み》られた。「だれにも見《み》られず供《そな》えの団子《だんご》を食《た》べると健康《けんこう》になる」といわれる地方《ちほう》もあれば、子《こ》どもが団子《だんご》を盗《と》って食《た》べると「月《つき》の神様《かみさま》がお食《た》べになった」と喜《よろこ》ぶ地方《ちほう》もある。また十五夜《じゅうごや》の供《そな》え物《もの》を盗《と》られた家《いえ》には幸《しあわ》せがくるといわれることなどからしても、「十五夜《じゅうごや》の団子《だんご》は盗《ぬす》まれると縁起《えんぎ》がよい」というウワサは、この夜訪《よるおとず》れた神《かみ》に受納《じゅのう》されたとして、喜《よろこ》んだことから生《う》まれたのであろう。

・コ・ラ・ム・
アッ！こんなこともあったね

盗《ぬす》まれるのは供《そな》え物《もの》だけではない

「月見《つきみ》の供《そな》え物《もの》は盗《と》ってもいい」といわれる地方《ちほう》は多《おお》い。長野県《ながのけん》のある地方《ちほう》では、この夜《よる》は、「供《そな》え物《もの》に限《かぎ》らず、畑《はたけ》の作物《さくもつ》でも襷一杯《たすきいっぱい》は盗《と》っていい」といわれていた。襷一杯《たすきいっぱい》とは、襷一本《たすきいっぽん》で結《むす》ぶことができる量《りょう》をさした。大坂《おおさか》（現在《げんざい》の大阪《おおさか》）などでは、「前掛《まえか》け一杯《いっぱい》ならいい」とされていた。おおらかな時代《じだい》が、この言《い》い伝《つた》えにしのばれる。

ウワサ 7

「千歳飴《ちとせあめ》を食《た》べると長生《ながい》きする」

飴屋《あめや》が考《かんが》えた縁起物《えんぎもの》。

一一月《がつ》一五日《にち》の「七五三《しちごさん》」と聞《き》けば、すぐ「千歳飴《ちとせあめ》」を連想《れんそう》するほど、この二《ふた》つは切《き》っても切《き》れない深《ふか》い縁《えん》である。

七五三《しちごさん》は、三歳《さい》・五歳《さい》・七歳《さい》になった子《こ》どもの健康《けんこう》と成長《せいちょう》を祝《いわ》う行事《ぎょうじ》である。この祝《いわ》いは、年齢《ねんれい》と性《せい》の組《く》み合《あ》わせがあるが、五歳《さい》の男児《だんじ》と三歳《さい》の女児《じょじ》や、三歳《さい》・五歳《さい》の男児《だんじ》と七歳《さい》の女児《じょじ》など地方《ちほう》によってちがいがある。

そもそも七五三《しちごさん》は正月《しょうがつ》の吉日《きちじつ》、あるいは誕生日《たんじょうび》に行《おこな》われていたものが、やがて旧暦《きゅうれき》の最吉日《さいきちじつ》とされる一一月《がつ》一五日《にち》に行《おこな》われるようになったといわれている。また一六五〇（慶安《けいあん》三）年《ねん》一一月《がつ》一五日《にち》、体《からだ》が弱《よわ》かった徳川《とくがわ》三代将軍家光《だいしょうぐんいえみつ》の四男徳松《なんとくまつ》（五代将軍綱吉《だいしょうぐんつなよし》）が五歳《さい》のとき、無事《ぶじ》に育《そだ》つようにとお祝《いわ》いをしたのがはじまりだという俗説《ぞくせつ》もある。

昔《むかし》は、「七歳《さい》までは神《かみ》のうち」といわれる子《こ》どもの成長《せいちょう》に合《あ》わせ、節目節目《ふしめふしめ》に祝《いわ》いの儀式《ぎしき》を行《おこな》った。三歳《さい》の「髪置《かみおき》」は、男児《だんじ》も女児《じょじ》も剃《そ》っていた頭髪《とうはつ》を伸《の》ばしはじめる儀式《ぎしき》、五歳《さい》の「袴着《はかまぎ》」は、男児《だんじ》が初《はじ》めて袴《はかま》を着用《ちゃくよう》する儀式《ぎしき》、七歳《さい》の「帯解《おびとき》」は、女児《じょじ》がひも付《つ》きの着物《きもの》にかえて帯《おび》を使《つか》う儀式《ぎしき》である。

「七五三《しちごさん》」とめでたい数字《すうじ》を重《かさ》ねて呼《よ》ぶようになったのは江戸時代以降《えどじだいいこう》といわれる。このころ、めでたい色絵《いろえ》の松竹梅《しょうちくばい》や鶴亀《つるかめ》などを描《えが》いた縦長《たてなが》の化粧袋《けしょうぶくろ》に、紅白《こうはく》の棒飴《ぼうあめ》を入《い》れた千《ち》歳飴《とせあめ》が、七五三《しちごさん》には付《つ》き物《もの》となった。

千歳飴《ちとせあめ》の由来《ゆらい》については確《たし》かではないが、一六一五（元和元《げんながん》）年《ねん》に大坂《おおさか》（現在《げんざい》の大阪《おおさか》）の平野甚左衛門《ひらのじんざえもん》が江戸《えど》に出《で》て商《あきな》ったという説《せつ》がある。また広《ひろ》く伝《つた》え

千歳飴《ちとせあめ》

られる説《せつ》によれば、元禄《げんろく》・宝永《ほうえい》（一六八八年《ねん》〜一七一一年《ねん》）のころ、江戸《えど》・浅草《あさくさ》の飴売《あめう》りである七兵衛《しちべえ》が、ひっぱるとのびる飴《あめ》は「寿命《じゅみょう》がのびる」縁起物《えんぎもの》だとし、長《なが》く生《い》きてほしいという願《ねが》いを込《こ》めて長《なが》い飴《あめ》を長《なが》い袋《ふくろ》に入《い》れ、「千歳飴《ちとせあめ》」と書《か》き、神社《じんじゃ》やお寺《てら》の門前《もんぜん》で売《う》ったのがはじまりとされる。

当時《とうじ》の飴《あめ》といえば、米《こめ》と麦芽《ばくが》を糖化《とうか》させてつくる庶民《しょみん》にとっては最《もっと》も身近《みぢか》なお菓子《かし》だった。また、お乳《ちち》の出《で》が悪《わる》い母親《ははおや》たちは、飴《あめ》や水飴《みずあめ》でわが子《こ》を育《そだ》てたという。

そういった時代背景《じだいはいけい》も手伝《てつだ》って、やがて千歳飴《ちとせあめ》は七五三《しちごさん》に欠《か》かせないものとなっていく。江戸市中《えどしちゅう》での七五三祝《しちごさんいわ》いは、ますます盛《さか》んとなり、神社境内《じんじゃけいだい》での千歳飴売《ちとせあめう》りも大繁盛《だいはんじょう》した。その様子《ようす》は江戸時代《えどじだい》の錦絵《にしきえ》などにも多《おお》く見《み》られる。

七五三《しちごさん》は江戸《えど》から全国《ぜんこく》へと広《ひろ》がっていき、日本有数《にほんゆうすう》の行事《ぎょうじ》となっていった。しかし、江《え》戸時代《どじだい》の後期《こうき》には、あまりにも華美《かび》になりすぎ、幕府《ばくふ》から自粛《じしゅく》のおふれが出《で》たほどだ。いつの世《よ》も、子《こ》どもを思《おも》う親《おや》の気持《きも》ちは変《か》わらないのである。

さて、両親《りょうしん》や家族《かぞく》に手《て》をひかれながら神社《じんじゃ》の鳥居《とりい》をくぐる七五三《しちごさん》の宮詣《みやもう》では、毎年恒例《まいとしこうれい》の秋《あき》の終《お》わりをつげる風物詩《ふうぶつし》となっている。

一般《いっぱん》には一一月《がつ》一五日《にち》に行《おこな》われるが、決《き》まっているわけではなく、一五日《にち》に近《ちか》い土曜日《どようび》や日曜日《にちようび》に行《おこな》われることも多《おお》い。冬《ふゆ》の訪《おとず》れが早《はや》い北海道《ほっかいどう》では、本州以南《ほんしゅういなん》より一か月早《げつはや》い一

○月《がつ》一五日《にち》前後《ぜんご》に行《おこな》う地域《ちいき》が多《おお》い。

また、熱田神宮《あつたじんぐう》（名古屋市《なごやし》）の七五三参《しちごさんまい》りでは、千歳飴《ちとせあめ》にあたる「福笹飴《ふくざさあめ》」が授《さず》けられる。福笹飴《ふくざさあめ》には紅白《こうはく》二本《ほん》の飴《あめ》が入《はい》った袋《ふくろ》に魔除《まよ》けの土鈴《どれい》（土《つち》を固《かた》めて焼《や》いた鈴《すず》）と絵馬《えま》をつけた笹《ささ》が結《むす》びつけられている。

・コ・ラ・ム・
アッ！こんなこともあったね

飴《あめ》の歴史《れきし》

飴《あめ》は、お菓子《かし》としてだけではなく、大災害《だいさいがい》や遭難《そうなん》など緊急時《きんきゅうじ》の必要《ひつよう》なエネルギー源《げん》ともなり非常時食品《ひじょうじしょくひん》としても貴重《きちょう》である。

さて、わが国《くに》における飴《あめ》の歴史《れきし》は古代《こだい》にさかのぼる。「甘葛《あまずら》」（ツタの一種《いっしゅ》で、その液《えき》を煮詰《につ》めてつくった甘味料《かんみりょう》）とともに古《ふる》くから伝《つた》わる甘味料《かんみりょう》で、主《おも》にお供《そな》え物《もの》として使《つか》われていた。『日本書紀《にほんしょき》』には、神武天皇《じんむてんのう》の飴《あめ》づくりに関《かん》する記述《きじゅつ》がみられる。

飴《あめ》は、甘《あま》い意《い》で「あまめ」、あるいは「甘水《あまみ》」が転《てん》じたものといわれる。もち米《ごめ》、もち粟《あわ》などのデンプンを含《ふく》む原料《げんりょう》を麦芽《ばくが》のジアスターゼで糖化《とうか》したものである。すでに平安時代《へいあんじだい》には売買《ばいばい》されていたといわれ、室町時代《むろまちじだい》になると飴《あめ》の行商《ぎょうしょう》が行《おこな》われ、人気《にんき》を呼《よ》んでいた。さらに江戸時代《えどじだい》に入《はい》ると、京都《きょうと》・東福寺門前《とうふくじもんぜん》の「菊一文字屋《きくいちもんじや》」とか大坂《おおさか》の「平野《ひらの》あめ」など有名店《ゆうめいてん》が出現《しゅつげん》した。さらに江戸《えど》に伝《つた》わり「下飴《くだりあめ》」と呼《よ》ばれ、庶民《しょみん》の甘味料《かんみりょう》となった。そして「千歳飴《ちとせあめ》」としても売《う》られるようになったのである。

ウワサ 8

「冬至《とうじ》にカボチャを食《た》べると痛風《つうふう》にならない」

痛風《つうふう》予防《よぼう》の効果《こうか》なし。寒《さむ》い冬《ふゆ》に備《そな》えての栄養補給《えいようほきゅう》。

「年越《としこ》しにソバを食《た》べると縁起《えんぎ》がよい」

ソバの特長《とくちょう》から考《かんが》えられた縁起《えんぎ》かつぎである。

解明

日本各地《にほんかくち》に、冬至《とうじ》にカボチャを食《た》べると「痛風《つうふう》（血中尿酸濃度《けっちゅうにょうさんのうど》の上昇《じょうしょう》による発作的《ほっさてき》な関節痛《かんせつつう》）にならない」とか、「中風《ちゅうふう》（脳出血《のうしゅっけつ》・脳梗塞《のうこうそく》などによる機能障害《きのうしょうがい》）にならない」「風邪《かぜ》にかからない」などのウワサがあるが、はたして真偽《しんぎ》のほどはどうなのだろうか。

冬至《とうじ》は一年中《いちねんじゅう》で、最《もっと》も昼《ひる》が短《みじか》く夜《よる》が長《なが》くなる日《ひ》だ。この日《ひ》を境《さかい》に、日一日《ひいちにち》と昼《ひる》が長《なが》くなっていく冬至《とうじ》を祝《いわ》う風習《ふうしゅう》は古《ふる》くからあった。『続日本紀《しょくにほんぎ》』には、冬至《とうじ》を祝《いわ》ったことが記《しる》されている。

一方《いっぽう》、カボチャは天文年間《てんぶんねんかん》（一五三二年《ねん》～一五五五年《ねん》）、ポルトガル人《じん》によって日本《にほん》に伝《つた》えられた野菜《やさい》であるといわれている。カンボジアから渡来《とらい》したことから「カボチャ」と名《な》づけられた。このほかに「ボウブラ」「ナンキン（南京《なんきん》）」「トウナス（唐茄子《とうなす》）」などの異《い》名《みょう》があり、それは渡来経路《とらいけいろ》がほかにもあったことを物語《ものがた》っている。

カボチャはウリ科《か》の野菜《やさい》で、原産地《げんさんち》はアメリカ大陸《たいりく》。栽培種《さいばいしゅ》は五種類《しゅるい》で、とくに「クリカボチャ」「ペポカボチャ」「ニホンカボチャ」が世界《せかい》で広《ひろ》く栽培《さいばい》されている。

日本《にほん》で一般《いっぱん》に「カボチャ」と呼《よ》ばれているのは「ニホンカボチャ」のことである。ニホンカボチャの起源《きげん》は紀元前《きげんぜん》四〇〇〇年《ねん》ごろで、メキシコ南部《なんぶ》から中央《ちゅうおう》アメリカ地域《ちいき》に分布《ぶんぷ》していた。その後《ご》、栽培《さいばい》が普及《ふきゅう》し、一六世紀《せいき》にはヨーロッパやアジアに伝《つた》えられた。この種類《しゅるい》はヨーロッパではあまり普及《ふきゅう》しなかったが、アジアの多湿地帯《たしっちたい》では広《ひろ》く栽培《さいばい》されるようになった。ニホンカボチャの品種《ひんしゅ》は多《おお》く、一九二一（大正《たいしょう》一〇）年《ねん》、「農事試験場報告《のうじしけんじょうほうこく》」には一四三品種《ひんしゅ》がすでにあげられている。また、カボチャは貯蔵《ちょぞう》がきく野菜《やさい》として重宝《ちょうほう》されてきた。

さて、このカボチャを冬至《とうじ》に食《た》べる風習《ふうしゅう》は、江戸時代《えどじだい》に中国《ちゅうごく》から伝《つた》わったといわれている。中国《ちゅうごく》・明《みん》の医学者《いがくしゃ》李時珍《りじちん》が著《あらわ》した『本草綱目《ほんぞうこうもく》』に、栄養価《えいようか》が高《たか》い野菜《やさい》として記《しる》されているほど、カボチャはタンパク質《しつ》・脂肪《しぼう》・炭水化物《たんすいかぶつ》の主成分《しゅせいぶん》のほかにカロチン・ビタミン類《るい》・ミネラル類《るい》がバランスよく含《ふく》まれている高《こう》カロリー食品《しょくひん》で、代表的《だいひょうてき》な健康食材《けんこうしょくざい》なのである。また、カボチャは夏《なつ》に収穫《しゅうかく》するが、その日保《ひも》ちのよさも特長《とくちょう》だ。野菜《やさい》が不足《ふそく》する冬《ふゆ》は、ビタミン不足《ぶそく》になりがちであり、保存《ほぞん》しておいたカボチャが貴重《きちょう》なビタミン補給《ほきゅう》の野《や》菜《さい》となったのである。

このように栄養価《えいようか》の高《たか》いカボチャだが、残念《ざんねん》ながら痛風《つうふう》を防《ふせ》ぐ成分《せいぶん》は含《ふく》まれていない。けれども、風邪《かぜ》や心筋梗塞《しんきんこうそく》の予防《よぼう》、目《め》の疲労回復《ひろうかいふく》などに効果《こうか》があるとされている。つまりは、寒《さむ》さが増《ま》す冬《ふゆ》に備《そな》え、栄養価《えいようか》の高《たか》いカボチャを食《た》べようという先人《せんじん》たちの知恵《ちえ》といえるだろう。

同《おな》じく冬《ふゆ》に食《た》べる習慣《しゅうかん》があるものとして、大《おお》みそかの年越《としこ》しソバがあげられるが、それにもなにか効用《こうよう》があるのだろうか。

ソバは、原産地《げんさんち》の中国《ちゅうごく》から朝鮮半島《ちょうせんはんとう》を経《へ》て日本《にほん》に伝来《でんらい》し、各地《かくち》で栽培《さいばい》されていた。渡来《とらい》時期《じき》は古《ふる》く縄文時代《じょうもんじだい》ともいわれ、弥生時代《やよいじだい》の登呂遺跡《とろいせき》（静岡市《しずおかし》）からはソバの実《み》が出土《しゅつど》している。『続日本紀《しょくにほんぎ》』には、養老《ようろう》六（七二二）年《ねん》の飢饉《ききん》にソバを植《う》えることを命《めい》じた記録《きろく》がある。

初《はじ》めのころは粒《つぶ》のまま炊《た》いていたが、やがてソバ粉《こ》を練《ね》ったソバがき、ソバ団子《だんご》、ソバ焼《や》き餅《もち》などにして食《た》べた。ソバ粉《こ》をこねてのばし、細《ほそ》く切《き》った「ソバ切《き》り」（通常《つうじょう》「ソバ」と呼《よ》ぶ）のはじまりは、江戸時代《えどじだい》の初期《しょき》といわれる。一説《いっせつ》には、朝鮮半島《ちょうせんはんとう》から渡《わた》ってきた僧元珍《そうげんちん》が、ソバ粉《こ》のつなぎに小麦粉《こむぎこ》を加《くわ》えることを教《おし》えたことから、ソバ切《き》りができたと伝《つた》えられる。

年越《としこ》しソバの起源《きげん》については各地《かくち》に諸説《しょせつ》がある。細《ほそ》くて長《なが》いソバの形《かたち》から寿命《じゅみょう》・家運《かうん》・身代《しんだい》などが長《なが》くのびるようにとの願《ねが》いが込《こ》められた説《せつ》、ソバは切《き》れやすいことから、旧年《きゅうねん》の災厄《さいやく》・借金《しゃっきん》・苦労《くろう》などを切《き》るという説《せつ》、金細工師《きんざいくし》が金箔《きんぱく》をのばすとき金箔《きんぱく》の裂《さ》け目《め》を防《ふせ》ぐためにソバ粉《こ》を使《つか》ったり、また周囲《しゅうい》に散《ち》った金粉《きんぷん》を集《あつ》めるときにソバ粉《こ》を丸《まる》めて使《つか》ったことから、ソバは金《かね》に縁《えん》があるとして財産《ざいさん》が増《ふ》えるという説《せつ》、ソバの実《み》が三角形《さんかくけい》をしていることから三角《みかど》と帝《みかど》を掛《か》けた説《せつ》などさまざまだが、要《よう》は縁起物《えんぎもの》である。

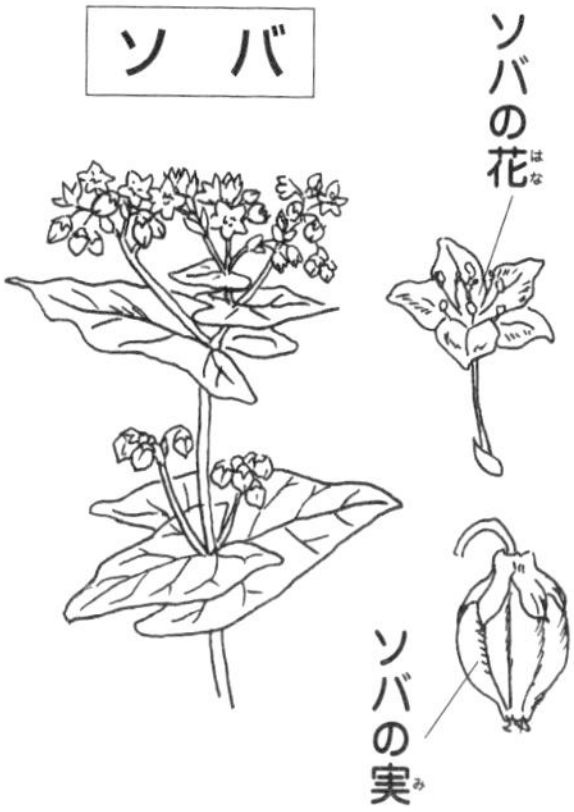

・コ・ラ・ム・ アッ！こんなこともあったね

冬至《とうじ》、恒例《こうれい》のカボチャ供養《くよう》

京都市北区衣笠《きょうとしきたくきぬがさ》にある「不思議不動院《ふしぎふどういん》」では毎年《まいとし》、冬至《とうじ》の日《ひ》に「カボチャ供養《くよう》」が行《おこな》われる。朝《あさ》、大《おお》きな鍋《なべ》で炊《た》いたカボチャを、参拝者《さんぱいしゃ》たちが息災《そくさい》を祈《いの》りながら食《た》べる。使用《しよう》されるカボチャは約《やく》200キログラム、500人分《にんぶん》である。奉仕《ほうし》の信者《しんじゃ》たちが、2日《か》前《まえ》から準備《じゅんび》にかかる。この供養《くよう》の由来《ゆらい》は、初代貫主《しょだいかんしゅ》が、お堂《どう》にまつってある弘法大師《こうぼうだいし》からお告《つ》げを受《う》けたからと伝《つた》えられる。

ウワサ 9

「火傷《やけど》をしたときは生味噌《なまみそ》をぬれ」

とんでもない話《はなし》。かえって悪化《あっか》させる。

「醤油《しょうゆ》を多《おお》く使《つか》う家《いえ》は、身上持《しんしょうも》ちが悪《わる》い」

醤油《しょうゆ》はぜいたく品《ひん》だった。

味噌《みそ》と醤油《しょうゆ》は、日本《にほん》の食事《しょくじ》には欠《か》かせない調味料《ちょうみりょう》で、どこの家庭《かてい》の炊事場《すいじば》にも置《お》いてあるものだ。

醤油《しょうゆ》も味噌《みそ》も、奈良時代前期《ならじだいぜんき》に中国《ちゅうごく》から渡来《とらい》した「醤《ひしお》」が、日本《にほん》の気候風土《きこうふうど》の中《なか》で独自《どくじ》に発達《はったつ》したものである。煮《に》た麦《むぎ》と大豆《だいず》に、麹《こうじ》と塩水《しおみず》を加《くわ》えて発酵《はっこう》させたものを「穀醤《こくびしお》」というが、これが平安時代《へいあんじだい》に入《はい》り、醤《ひしお》（生《き》だまり状《じょう》の醤油《しょうゆ》）と未醤《みしょう》（味噌《みそ》）に分《わ》かれたものだ。

味噌《みそ》については、『延喜式《えんぎしき》』（平安時代《へいあんじだい》の法典《ほうてん》）によれば、当時《とうじ》すでに味噌汁《みそしる》が飲《の》まれていたようだ。時代《じだい》とともに日本人《にほんじん》の食生活《しょくせいかつ》の重要《じゅうよう》な位置《いち》をしめ、それぞれの家庭《かてい》で自家製《じかせい》の味噌《みそ》がつくられるようになっていった。「味噌《みそ》が腐《くさ》るとその家《いえ》から死人《しにん》が出《で》る」という恐《おそ》ろしい俗信《ぞくしん》があるほど、味噌《みそ》は、その家《いえ》の盛衰《せいすい》を象徴《しょうちょう》する大事《だいじ》な食品《しょくひん》だったのである。「山の神《やまのかみ》」の祭《まつ》りによく見《み》られる味噌田楽《みそでんがく》や御幣餅《ごへいもち》（米《こめ》や餅《もち》を団子《だんご》にして串《くし》に刺《さ》し、味噌《みそ》や醤油《しょうゆ》をつけて焼《や》いたもの）を神《かみ》に供《そな》える習《なら》わしからも、日本人《にほんじん》の生活《せいかつ》にとっての味噌《みそ》の重要《じゅうよう》さがわかるといえよう。

そのためか、「火傷《やけど》をしたときには生味噌《なまみそ》をぬれ」というウワサが全国各地《ぜんこくかくち》でよく伝《つた》えられている。日本《にほん》を代表《だいひょう》する昔話《むかしばなし》『カチカチ山《やま》』で、タヌキが背中《せなか》に大火傷《おおやけど》を負《お》い、そこにウサギが味噌《みそ》をたっぷりぬる場面《ばめん》がある。また、なにかやり損《そこ》なうことを「味噌《みそ》をつけた」というが、一説《いっせつ》には、これは火傷《やけど》をすること自体《じたい》がやり損《そこ》なうことで、そこに味噌《みそ》をつけたことから生《う》まれた言葉《ことば》であるといわれている。

さて、人類《じんるい》は火《ひ》を使《つか》うようになってから、火傷《やけど》とは切《き》っても切《き》れない縁《えん》になったといえる。火《ひ》を使《つか》っているとき、ちょっとした不注意《ふちゅうい》で火傷《やけど》をすることは、多《おお》くの人《ひと》たちが経験《けいけん》したことだろう。では、なぜその火傷《やけど》に味噌《みそ》をぬろうと考《かんが》えたのだろうか。

医学《いがく》がまだ庶民《しょみん》の生活《せいかつ》とはほど遠《とお》い時代《じだい》、自分《じぶん》たちの身近《みぢか》にあるものを使《つか》って治《なお》そうとしたのが民間療法《みんかんりょうほう》であり、医学《いがく》・科学的《かがくてき》な根拠《こんきょ》があるものもあれば、まちがっているものもあった。

火傷《やけど》に味噌《みそ》をぬることは、冷《ひ》えた味噌《みそ》が火傷《やけど》の部分《ぶぶん》を冷《ひ》やし、味噌《みそ》に含《ふく》まれる塩分《えんぶん》が雑《ざっ》菌《きん》を殺《ころ》すので消毒《しょうどく》もできる、と思《おも》ってのことであろう。だが、残念《ざんねん》ながらこれはまちがいだ。火傷《やけど》に味噌《みそ》は逆効果《ぎゃくこうか》で、かえって雑菌《ざっきん》などで悪化《あっか》させる恐《おそ》れがある。

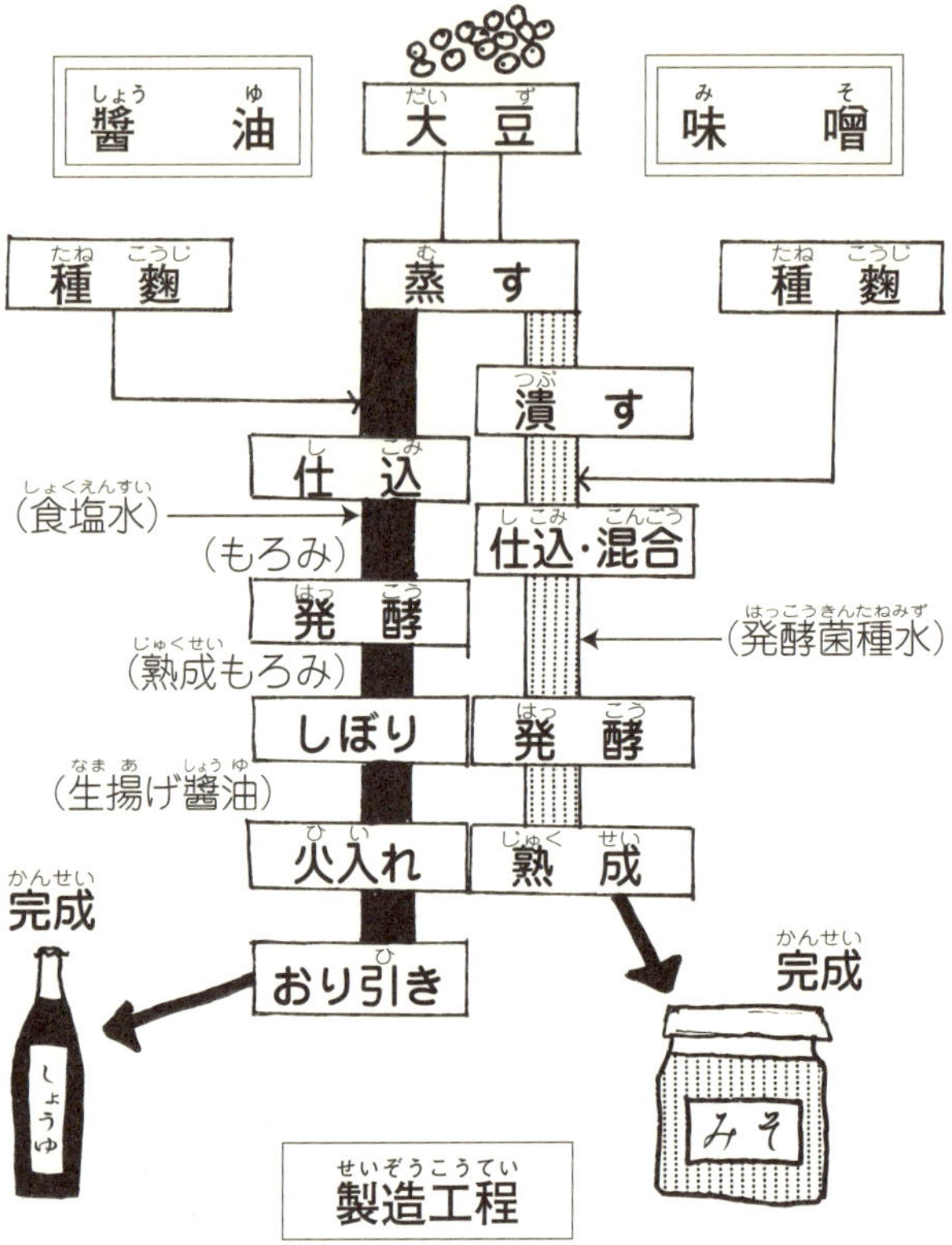

このほか火傷《やけど》の民間《みんかん》療法《りょうほう》としては「糠味噌《ぬかみそ》をぬる」「醤油《しょうゆ》をぬる」「豆腐《とうふ》をつぶしてぬる」「馬肉《ばにく》をあてる」「水《みず》をかける」など多々《たた》あるが、医学的《いがくてき》に正解《せいかい》といえるのは水《みず》で冷《ひ》やすことだけだ。火傷《やけど》をしたらすぐ水道《すいどう》の水《みず》を流《なが》し、とにかく火傷《やけど》の箇所《かしょ》を冷《ひ》やすことである。程度《ていど》がひどいと思《おも》ったら、急《いそ》いで病院《びょういん》に行《い》くことだ。

火傷《やけど》には効《き》かないが、味噌《みそ》は元気《げんき》をつけたり、内臓《ないぞう》の調子《ちょうし》を調《ととの》えたり、毒消《どくけ》しの作《さ》用《よう》を持《も》つといわれる。悪酔《わるよ》いの予防《よぼう》にも役《やく》立《だ》つすぐれものだ。

一方《いっぽう》、醤油《しょうゆ》はすでに「大宝令《たいほうりょう》」（七〇一年《ねん》）に醤《ひしお》の名《な》があり、「養老令《ようろうりょう》」（七五七年施行《ねんしこう》）の規定《きてい》によれば、朝廷《ちょうてい》では宮内省大膳職《くないしょうだいぜんしき》の主醤《ひしおのつかさ》が製造《せいぞう》にあたったといわれる。そして平安時代《へいあんじだい》には醤店《ひしおてん》ができ、以後《いご》は一般《いっぱん》の人《ひと》たちも手《て》に入《い》れることができるようになったが、値段《ねだん》の安《やす》い塩《しお》や味噌《みそ》を使《つか》うのが普通《ふつう》で、醤油《しょうゆ》はぜいたく品《ひん》だった。

そんな醤油《しょうゆ》をどんどん使《つか》う家《いえ》は、なにかにつけてぜいたくをし、散財《さんざい》する家《いえ》なので、「醤油《しょうゆ》を多《おお》く使《つか》う家《いえ》は、身上持《しんしょうも》ちが悪《わる》い」というウワサができたのである。

・コ・ラ・ム・
アッ！こんなこともあったね

移民《いみん》と醤油《しょうゆ》

第《だい》1回《かい》ブラジル移民《いみん》791人《にん》が、「笠戸丸《かさどまる》」に乗《の》って、ブラジルのサントス港《こう》に上陸《じょうりく》したのは1908（明治《めいじ》41）年《ねん》だった。サンパウロ州《しゅう》のコーヒー大農場《だいのうじょう》で雇用農民《こようのうみん》として働《はたら》いたのだが、これを機《き》にブラジルにはぞくぞくと日本人移民《にほんじんいみん》が渡《わた》った。彼《かれ》らは厳《きび》しい労働《ろうどう》と慣《な》れない食事《しょくじ》に苦《く》労《ろう》した。中《なか》でも醤油《しょうゆ》と漬物《つけもの》がないことは辛《つら》かった。

知恵者《ちえしゃ》が砂糖《さとう》を焦《こ》がし、それを塩水《しおみず》に溶《と》かし「醤油《しょうゆ》」と称《しょう》して日本《にほん》をしのんだ。野菜《やさい》がないので野草《やそう》を塩《しお》もみにし、漬物代《つけものが》わりにした。やがて移民《いみん》たちが、コーヒー農場《のうじょう》の雇用農《こようのう》から独立農民《どくりつのうみん》になるに従《したが》い、発酵《はっこう》による自家製《じかせい》の醤油《しょうゆ》をつくるようになった。また専門《せんもん》に製造《せいぞう》する人《ひと》たちも現《あらわ》れ、「さくら醤油《しょうゆ》」という商品《しょうひん》も誕生《たんじょう》した。今日《こんにち》も「さくら醤油《しょうゆ》」は健在《けんざい》だ。

ウワサ 10

「箸《はし》から箸《はし》に食《た》べ物《もの》を渡《わた》してはいけない」

不吉《ふきつ》なこととされる。衛生的《えいせいてき》にもいいことではない。

「ご飯《はん》の上《うえ》に箸《はし》を立《た》てるのは縁起《えんぎ》が悪《わる》い」

死者《ししゃ》への風習《ふうしゅう》から嫌《きら》われる。地方《ちほう》によっては立《た》てるところも。

「割箸《わりばし》の消費《しょうひ》をやめれば、熱帯雨林《ねったいうりん》の保護《ほご》に効果《こうか》がある」

割箸《わりばし》による被害《ひがい》が心配《しんぱい》なのは、むしろ中国《ちゅうごく》の森林《しんりん》だ。

解明

「箸《はし》から箸《はし》に食《た》べ物《もの》を渡《わた》してはいけない」と、子《こ》どものころ親《おや》に注意《ちゅうい》された覚《おぼ》えのある人《ひと》は多《おお》いだろう。それは、その行為《こうい》が縁起《えんぎ》が悪《わる》く不吉《ふきつ》なこととされているからである。

このウワサの由来《ゆらい》は、死者《ししゃ》に関《かん》する風習《ふうしゅう》によるものだ。遺体《いたい》の火葬《かそう》のあとに行《おこな》う骨揚《こつあげ》の儀式《ぎしき》で、拾《ひろ》い上《あ》げたお骨《こつ》を骨壺《こつつぼ》に入《い》れるとき、二人一組《ふたりひとくみ》になっていっしょにつまむしきたりがある。このことから、ひとつの食《た》べ物《もの》を二人《ふたり》ではさむことが嫌《きら》われるのである。

また、ひとつの食《た》べ物《もの》をはさみ合《あ》うのは、見《み》た目《め》にも気《き》になるし、衛生的《えいせいてき》にも決《けっ》していいことではない。迷信《めいしん》ではあるが、食事《しょくじ》のマナーとしても避《さ》けた方《ほう》がいい。先祖《せんぞ》がつくってくれた礼儀作法《れいぎさほう》として受《う》け止《と》めるべきであろう。

ご飯《はん》の上《うえ》に箸《はし》を立《た》てる行為《こうい》も、死者《ししゃ》への風習《ふうしゅう》から嫌《きら》われる。死者《ししゃ》の枕《まくら》もとに供《そな》える山盛《やまも》りのご飯《はん》のことを「枕飯《まくらめし》」といい、その上《うえ》に「仏箸《ほとけばし》」と呼《よ》ばれる二本《ほん》（一膳《ぜん》）の箸《はし》をつき立《た》てる。枕飯《まくらめし》とは、息《いき》を引《ひ》きとった死者《ししゃ》がいったん善光寺詣《ぜんこうじもう》でをする際《さい》の弁当《べんとう》のことだといわれている。だから、ご飯《はん》に二本《ほん》の箸《はし》を立《た》てるのは、この枕飯《まくらめし》を連想《れんそう》させ縁起《えんぎ》が悪《わる》いということで嫌《きら》われるのである。しかし、地方《ちほう》によっては風習《ふうしゅう》がちがい、お祭《まつ》りで神《かみ》へのお供《そな》え物《もの》に箸《はし》を立《た》てたり、お客《きゃく》さまのご飯《はん》に箸《はし》を立《た》ててもてなすところもある。「すぐ召《め》し上《あ》がれ」という意味《いみ》だそうだ。

箸《はし》といえば、飲食店《いんしょくてん》やコンビニエンスストアで使《つか》われる割箸《わりばし》が問題化《もんだいか》している。割箸《わりばし》の大量消費《たいりょうしょうひ》が熱帯雨林《ねったいうりん》の破壊《はかい》を促《うなが》しているというのだ。「割箸《わりばし》の消費《しょうひ》をやめれば、熱帯雨林《ねったいうりん》の保護《ほご》に効果《こうか》がある」というウワサは、はたして本当《ほんとう》なのだろうか。

日本《にほん》で割箸《わりばし》が大量《たいりょう》に生産《せいさん》されるようになったのは大正時代《たいしょうじだい》に入《はい》ってからで、一九六〇年《ねん》代《だい》に入《はい》ると日本人《にほんじん》の外食化《がいしょくか》が進《すす》むのと比例《ひれい》して需要《じゅよう》が急増《きゅうぞう》していった。

大量《たいりょう》の割箸消費《わりばししょうひ》による森林破壊論《しんりんはかいろん》に対《たい》し、関連業者《かんれんぎょうしゃ》や林野庁《りんやちょう》は、「割箸《わりばし》は低利用《ていりよう》の間伐材《かんばつざい》を使用《しよう》しており、むしろ森林保護《しんりんほご》には有益《ゆうえき》だ」と反論《はんろん》してきた。

たしかに以前《いぜん》の割箸《わりばし》は、倒木《とうぼく》や植林《しょくりん》の手入《てい》れのときに出《で》てくる間伐材《かんばつざい》の端材《はしざい》を利用《りよう》してきた。つまり、割箸自体《わりばしじたい》が廃物利用《はいぶつりよう》だったのである。しかし、大量消費材《たいりょうしょうひざい》を扱《あつか》う業者《ぎょうしゃ》は可《か》能《のう》な限《かぎ》り安価《あんか》を求《もと》める。その結果《けっか》、国内《こくない》の生産品《せいさんひん》より低価格《ていかかく》である海《かい》外《がい》の割箸《わりばし》を輸入《ゆにゅう》するようになり、現地《げんち》の森林《しんりん》が伐採《ばっさい》されはじめた。

熱帯雨林《ねったいうりん》の木材《もくざい》は割箸《わりばし》にはむかず、多《おお》くは北方木材《ほっぽうもくざい》が使用《しよう》されている。そのため割箸《わりばし》による熱帯雨《ねったいう》林《りん》への影響《えいきょう》は少《すく》ないといわれている。だが、年間《ねんかん》二五〇億膳以上《おくぜんいじょう》という割箸《わりばし》の約《やく》九五パーセントが輸《ゆ》入《にゅう》であり、その最大輸出国《さいだいゆしゅつこく》の中国《ちゅうごく》における森林破壊《しんりんはかい》への影響《えいきょう》が憂慮《ゆうりょ》されている。日本人《にほんじん》の割箸《わりばし》の使《つか》い

割箸《わりばし》のリサイクル

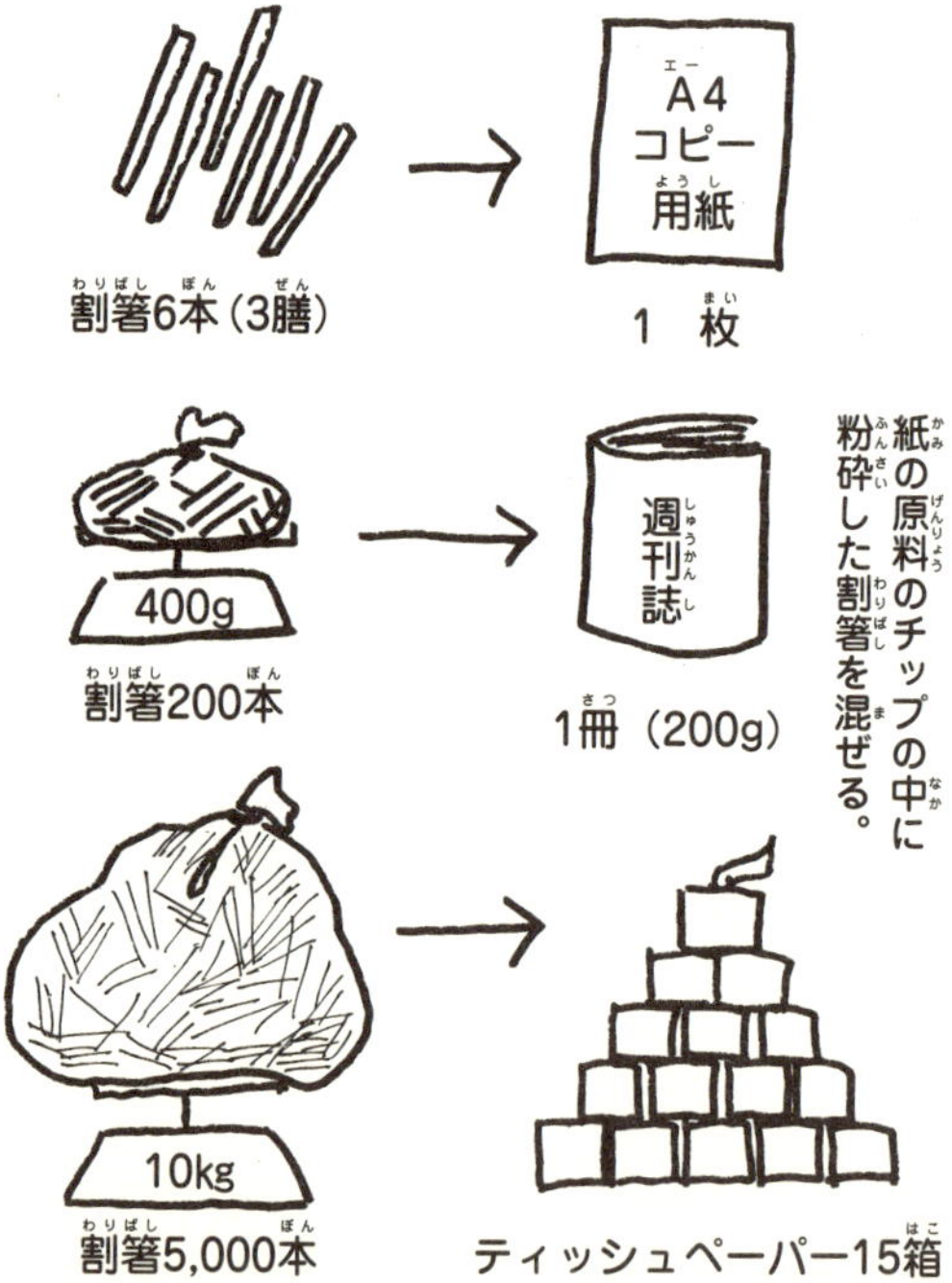

紙《かみ》の原料《げんりょう》のチップの中《なか》に粉砕《ふんさい》した割箸《わりばし》を混《ま》ぜる。

捨《す》ては、外国《がいこく》からも厳《きび》しい目《め》が注《そそ》がれているのである。使《つか》い捨《す》てられる割箸《わりばし》は、バーティクルボード（自由《じゆう》な成形《せいけい》が可能《かのう》な木質材料《もくしつざいりょう》）、紙《かみ》、堆肥《たいひ》、竹炭《たけすみ》（竹割箸《たけわりばし》）などとして再利用《さいりよう》ができる。割箸《わりばし》六本《ぽん》（三膳《ぜん》）で、A《エー》4判《ばん》再生用紙《さいせいようし》一枚《まい》ができるそうだ。だが現実《げんじつ》は、そのほとんどは再利用《さいりよう》されることなくゴミとして処理《しょり》されているのである。

箸《はし》の話《はなし》は別《べつ》にして、熱帯雨林《ねったいうりん》の破壊《はかい》は深刻《しんこく》だ。伐採《ばっさい》された木材《もくざい》は、建築資材《けんちくしざい》、生活用品《せいかつようひん》の材料《ざいりょう》、パルプの原料《げんりょう》などとして先進国《せんしんこく》へ輸出《ゆしゅつ》される。現在《げんざい》、日本《にほん》は世界一《せかいいち》の木材輸入国《もくざいゆにゅうこく》となっている。また、現地《げんち》の焼畑《やきはた》による熱帯雨林《ねったいうりん》の破壊《はかい》も深刻《しんこく》である。牛《うし》の放牧場《ほうぼくじょう》をつくるため、森林《しんりん》が次々《つぎつぎ》に焼《や》き払《はら》われているといわれている。一説《いっせつ》によると、ハンバーガー一個《こ》のために五平方《へいほう》メートルの森林《しんりん》が失《うしな》われるそうだ。

・コ・ラ・ム・
アッ！こんなこともあったね

日本人《にほんじん》と箸《はし》

日本《にほん》の神話《しんわ》『古事記《こじき》』には、須佐之男命《すさのおのみこと》が高天原《たかまがはら》（神話上《しんわじょう》の天上世界《てんじょうせかい》）から出雲国《いずものくに》（現在《げんざい》の島根県東部《しまねけんとうぶ》）に降《お》りたとき、川《かわ》の上流《じょうりゅう》から箸《はし》が流《なが》れてきたのを見《み》て上流《じょうりゅう》に人《ひと》が住《す》んでいることを知《し》った、と書《か》かれている。箸《はし》は、人《ひと》の暮《く》らしとともにあったのだ。箸《はし》の語源《ごげん》は「端《はし》」あるいは鳥《とり》の「嘴《はし》」といわれる。民間伝承《みんかんでんしょう》でも箸《はし》にまつわる話《はなし》や風習《ふうしゅう》は多《おお》く、正月《しょうがつ》・盆《ぼん》・節句《せっく》・神祭《かみまつ》りなどに、ヤナギ、クリ、アシなどを使《つか》った新箸《にいばし》を使《つか》う習《なら》わしもそのひとつである。

ウワサ11

「一番風呂《いちばんぶろ》に入《はい》るのは身体《からだ》に悪《わる》い」

高齢者《こうれいしゃ》や病弱者《びょうじゃくしゃ》は避《さ》けた方《ほう》が賢明《けんめい》だ。

「冬至《とうじ》にユズ湯《ゆ》に入《はい》れば、病気《びょうき》にならない」

血行《けっこう》を促進《そくしん》したり身体《からだ》を温《あたた》めたりする効能《こうのう》がある。

解明

日本人《にほんじん》の風呂好《ふろず》きなことはよく知《し》られている。湿度《しつど》の高《たか》い日本《にほん》では、風呂《ふろ》はとくに必要《ひつよう》なのだ。いまでこそ、その習《なら》わしもすっかり薄《うす》らいだが、かつては沸《わ》きたての一番風呂《いちばんぶろ》に入《はい》るのは家長《かちょう》と決《き》まっていた。それは一番風呂《いちばんぶろ》が、きれいな湯《ゆ》がたっぷりで、熱《あつ》く、いい風呂《ふろ》とされてきたからだ。家長《かちょう》がゆっくり風呂《ふろ》に入《はい》り、その後《ご》、家族《かぞく》が順次入《じゅんじはい》っていくのだが、その順番《じゅんばん》も決《き》まっていたものだ。だが、大家族《だいかぞく》も家長制《かちょうせい》も影《かげ》が薄《うす》くなり、そんな習慣《しゅうかん》も姿《すがた》を消《け》しつつある。

ところで、「一番風呂《いちばんぶろ》に入《はい》るのは身体《からだ》に悪《わる》い」というウワサがあるが、これが事実《じじつ》なら高《こう》齢者《れいしゃ》の一番風呂《いちばんぶろ》は考《かんが》えものということになる。はたしてその真偽《しんぎ》はどうなのだろうか。

昔《むかし》から「さら湯《ゆ》は身体《からだ》に毒《どく》」ともいわれているが、沸《わ》かしたてのさら湯《ゆ》には含有物《がんゆうぶつ》が少《すく》ないため、熱伝導率《ねつでんどうりつ》が高《たか》く、予想以上《よそういじょう》の熱湯《ねっとう》になっていることが多《おお》い。急《きゅう》に熱《あつ》い風呂《ふろ》に入《はい》れば、血圧《けつあつ》の急上昇《きゅうじょうしょう》により脳出血《のうしゅっけつ》を引《ひ》き起《お》こす恐《おそ》れがある。また、こなれていない湯《ゆ》は肌《はだ》に強《つよ》い刺激《しげき》を与《あた》える。とくに身体《からだ》の抵抗力《ていこうりょく》が弱《よわ》く、心臓《しんぞう》や血管《けっかん》にトラブルが起《お》きやすい高齢者《こうれいしゃ》は、一番風呂《いちばんぶろ》は避《さ》けた方《ほう》が賢明《けんめい》といえよう。

人口統計調査《じんこうとうけいちょうさ》によると、入浴中《にゅうよくちゅう》に亡《な》くなるのは高齢者《こうれいしゃ》が圧倒的《あっとうてき》に多《おお》く、トラブルが発生《はっせい》しやすい一番風呂《いちばんぶろ》は、統計上《とうけいじょう》からも裏《うら》づけられるように元気《げんき》のいい若者《わかもの》にゆずる方《ほう》が無難《ぶなん》である。

また高齢者《こうれいしゃ》にとって、急激《きゅうげき》な温度差《おんどさ》は大敵《たいてき》だ。危険《きけん》は湯船《ゆぶね》だけとは限《かぎ》らず、冬《ふゆ》の冷《ひ》え切《き》った脱衣所《だついじょ》も要注意《ようちゅうい》である。数人《すうにん》が風呂《ふろ》に入《はい》り、脱衣所《だついじょ》も暖《あたた》まったころ入《はい》った方《ほう》がよいとされている。

さて、風呂《ふろ》といえば昔《むかし》からさまざまな効能《こうのう》を求《もと》めて、いろいろなものが入《い》れられてきた。代表的《だいひょうてき》なもののひとつにユズ（柚子《ゆず》）湯《ゆ》があり、いまでも「冬至《とうじ》にユズ湯《ゆ》に入《はい》れば、病気《びょうき》にならない」とされている。

ユズはミカン科《か》の常緑半高木《じょうりょくはんこうぼく》である。中国《ちゅうごく》・長江上流域《ちょうこうじょうりゅういき》が原産《げんさん》で、朝鮮半島《ちょうせんはんとう》を経《へ》て日本《にほん》に入《はい》ってきたと考《かんが》えられる。

冬至《とうじ》とは、簡単《かんたん》にいえば太陽《たいよう》が一年中《いちねんじゅう》でいちばん南《みなみ》による日《ひ》で、北半球《きたはんきゅう》ではいちばん夜《よる》が長《なが》い日《ひ》である。古代中国《こだいちゅうごく》では、この日《ひ》を境《さかい》に昼《ひる》が長《なが》くなっていくことから、冬至《とうじ》を一年間《いちねんかん》のはじまりとしていた。

日本《にほん》でも昼《ひる》が長《なが》くなることを回春《かいしゅん》に結《むす》びつけ、この回春《かいしゅん》へ向《む》かう冬至《とうじ》の夜《よる》、風呂《ふろ》に入《はい》ると若返《わかがえ》ると考《かんが》えるようになった。

また古来《こらい》、香《かお》りの強《つよ》いものには魔除《まよ》けの力《ちから》があると信《しん》じられていたため、冬至《とうじ》という意義《いぎ》ある日《ひ》の湯船《ゆぶね》の中《なか》に、香《かお》りの強《つよ》いユズを入《い》れたのである。

ユズ湯《ゆ》の効果《こうか》

ユズは、料理《りょうり》にもよく使《つか》われているように、熱《ねつ》を加《くわ》えても香《かお》りが消《き》えないので、風呂《ふろ》に入《い》れても香《かお》りを楽《たの》しむことができる。その香《かお》りのもとは精油成分《せいゆせいぶん》で、血行《けっこう》や新陳代謝《しんちんたいしゃ》を促進《そくしん》するほか、鎮痛《ちんつう》・抗炎《こうえん》・抗腫《こうしゅ》・殺菌《さっきん》などの作用《さよう》を持《も》つ。

また、有機酸類《ゆうきさんるい》のクエン酸《さん》・酒石酸《しゅせきさん》・リンゴ酸《さん》などを含《ふく》み、疲労回復《ひろうかいふく》・肩《かた》こり・筋肉痛《きんにくつう》予防《よぼう》などに効果《こうか》があるといわれている。

ユズ湯《ゆ》の効能《こうのう》としては、血行《けっこう》促進《そくしん》をはじめ、身体《からだ》を温《あたた》めたり、冷《ひ》え性《しょう》・腰痛《ようつう》・神経痛《しんけいつう》をやわらげたりする作用《さよう》のほか、皮膚《ひふ》をなめらかにする美容効果《びようこうか》もあげられる。

またユズは、「融通《ゆうづう》がきく」に通《つう》じる言葉《ことば》として、縁起《えんぎ》のよいものともされ、短歌《たんか》や俳句《はいく》にもよく詠《よ》まれる植物《しょくぶつ》である。

・コ・ラ・ム・
アッ！こんなこともあったね

ユズと俳句《はいく》

柚《ゆ》の花《はな》や　昔《むかし》しのばん　料理《りょうり》の間《ま》
芭《ば》　蕉《しょう》

吸物《すいもの》に　いささか匂《にお》う　花柚《かゆう》かな
正岡《まさおか》　子規《しき》

古家《ふるいえ》や　累々《るいるい》として　柚子黄《ゆずき》なり
正岡《まさおか》　子規《しき》

いたつきも　久《ひさ》しくなりぬ　柚子《ゆず》は黄《き》に
夏目《なつめ》　漱石《そうせき》

柚子湯出《ゆずゆで》て　慈母観音《じぼかんのん》の　ごとく立《た》つ
上田五千石《うえだごせんごく》

病体《びょうたい》を　拭《ふ》いてもらひぬ　柚子湯《ゆずゆ》もて
日野《ひの》　草城《そうじょう》

柚子湯《ゆずゆ》より　そのまま父《ちち》の　懐《ふところ》へ
長谷川《はせがわ》　櫂《かい》

ウワサ 12 「北枕《きたまくら》は縁起《えんぎ》が悪《わる》い」

迷信《めいしん》。北向《きたむ》きこそが最良《さいりょう》の安眠法《あんみんほう》か。

現在《げんざい》でも、頭《あたま》を北向《きたむ》きにして寝《ね》る家庭《かてい》は数少《かずすく》ないだろう。「北枕《きたまくら》は死者《ししゃ》がするもの。縁起《えんぎ》が悪《わる》い」という迷信《めいしん》は全国的《ぜんこくてき》なものだ。二一世紀《せいき》の今日《こんにち》でも、よく守《まも》られている迷信《めいしん》の筆頭《ひっとう》かも知《し》れない。

「根拠《こんきょ》のない迷信《めいしん》など気《き》にしない」と豪語《ごうご》している人《ひと》でも、北枕《きたまくら》のことになると、「死人《しにん》ではあるまいし……、縁起《えんぎ》でもない」と平気《へいき》でいう。

ところで、ちょっと「枕《まくら》」について触《ふ》れておこう。枕《まくら》は、日本《にほん》では古墳時代《こふんじだい》から使《つか》われている。『万葉集《まんようしゅう》』には草枕《くさまくら》、木枕《きまくら》のことが詠《よ》まれている。その語源《ごげん》は「魂蔵《たまくら》」がなまったもので、魂蔵《たまくら》とは「魂《たましい》の容器《ようき》」を意味《いみ》する。寝《ね》ている間《あいだ》、人《ひと》の魂《たましい》は身体《からだ》から離《はな》れて枕《まくら》の中《なか》に宿《やど》るという観念《かんねん》があり、古来《こらい》、粗末《そまつ》にあつかってはならないものとされてきた。

日本人《にほんじん》は、死者《ししゃ》にまつわる風習《ふうしゅう》や北《きた》を忌《い》み嫌《きら》う傾向《けいこう》が強《つよ》い。古代中国《こだいちゅうごく》では、北斗七星《ほくとしちせい》は「死《し》」、南斗六星《なんとろくせい》は「生《せい》」を支配《しはい》しているとし、死者《ししゃ》を北向《きたむ》きに葬《ほうむ》った。古代中国《こだいちゅうごく》や朝鮮半《ちょうせんはん》島《とう》、日本《にほん》にある貴人《きじん》の墳墓《ふんぼ》の頭部《とうぶ》に北斗七星《ほくとしちせい》が描《えが》かれているのは、そのためだといわれている。この考《かんが》えが日本《にほん》にも伝《つた》わり、遺体《いたい》を安置《あんち》するとき北《きた》に頭《あたま》を向《む》けるため、北枕《きたまくら》は死《し》を連想《れんそう》させてしまうのだろう。とにかく日本《にほん》には「神棚《かみだな》や仏壇《ぶつだん》は北向《きたむ》きに置《お》かない」「嫁入《よめい》り道具《どうぐ》の鏡台《きょうだい》やタンスは北向《きたむ》けにしない」など「北《きた》」に関《かん》するタブーが多《おお》い。

この北枕《きたまくら》は、日本人《にほんじん》に強《つよ》い影響《えいきょう》を持《も》つ仏教《ぶっきょう》にも関連《かんれん》している。だからいっそう根強《ねづよ》いタブーとなっているのである。

仏教《ぶっきょう》を開《ひら》いた釈迦《しゃか》は、北《きた》インドのカピラ王国《おうこく》(現在《げんざい》のネパール王国《おうこく》のタライ地方《ちほう》)の王《おう》子《じ》であった。人《ひと》が背負《せお》った「生《しょう》・老《ろう》・病《びょう》・死《し》」の四つの苦《く》に悩《なや》み、二九歳《さい》のとき出家《しゅっけ》し苦《く》行《ぎょう》。三五歳《さい》のとき、ブッダガヤの菩提樹《ぼだいじゅ》の下《した》で悟《さと》りを開《ひら》いた。その教《おし》えが、六世紀《せいき》ごろ、西域《せいいき》(中国《ちゅうごく》の西方諸国《せいほうしょこく》)・中国《ちゅうごく》・朝鮮《ちょうせん》を経《へ》て日本《にほん》に伝《つた》わってきた。

『大般涅槃経《だいはつねはんぎょう》』によると、八〇歳《さい》になった釈迦《しゃか》は、布教《ふきょう》の旅《たび》の途中《とちゅう》、クシナガラ城《じょう》の郊《こう》外《がい》の沙羅双樹《さらそうじゅ》(インド産《さん》の木《き》で「サラノキ」「シャラノキ」ともいう)の下《した》で、弟子《でし》にみとられながら息《いき》をひきとった。そのとき、北《きた》の方《ほう》に頭《あたま》をやり、身体《からだ》の右側《みぎがわ》を下《した》にし、顔《かお》は極《ごく》楽浄土《らくじょうど》(阿弥陀仏《あみだぶつ》のいる世界《せかい》で、まったく苦《くる》しみのない理想郷《りそうきょう》)のあるとされている西《にし》を向《む》いていたと記《しる》されている。

「涅槃《ねはん》」とは、あらゆる煩悩《ぼんのう》が消滅《しょうめつ》し、苦《くる》しみを離《はな》れた安《やす》らぎの境地《きょうち》「極楽《ごくらく》」のことである。死者《ししゃ》を北枕《きたまくら》にするのは、遺族《いぞく》の〝極《ごく》楽《らく》にいってほしい〟という願《ねが》いからである。

だが釈迦《しゃか》は、生前《せいぜん》も北《きた》に頭《あたま》を向《む》けて寝《ね》ていたといわれる。じつは、これは科学的《かがくてき》にも理《り》にかなった寝方《ねかた》だそうだ。

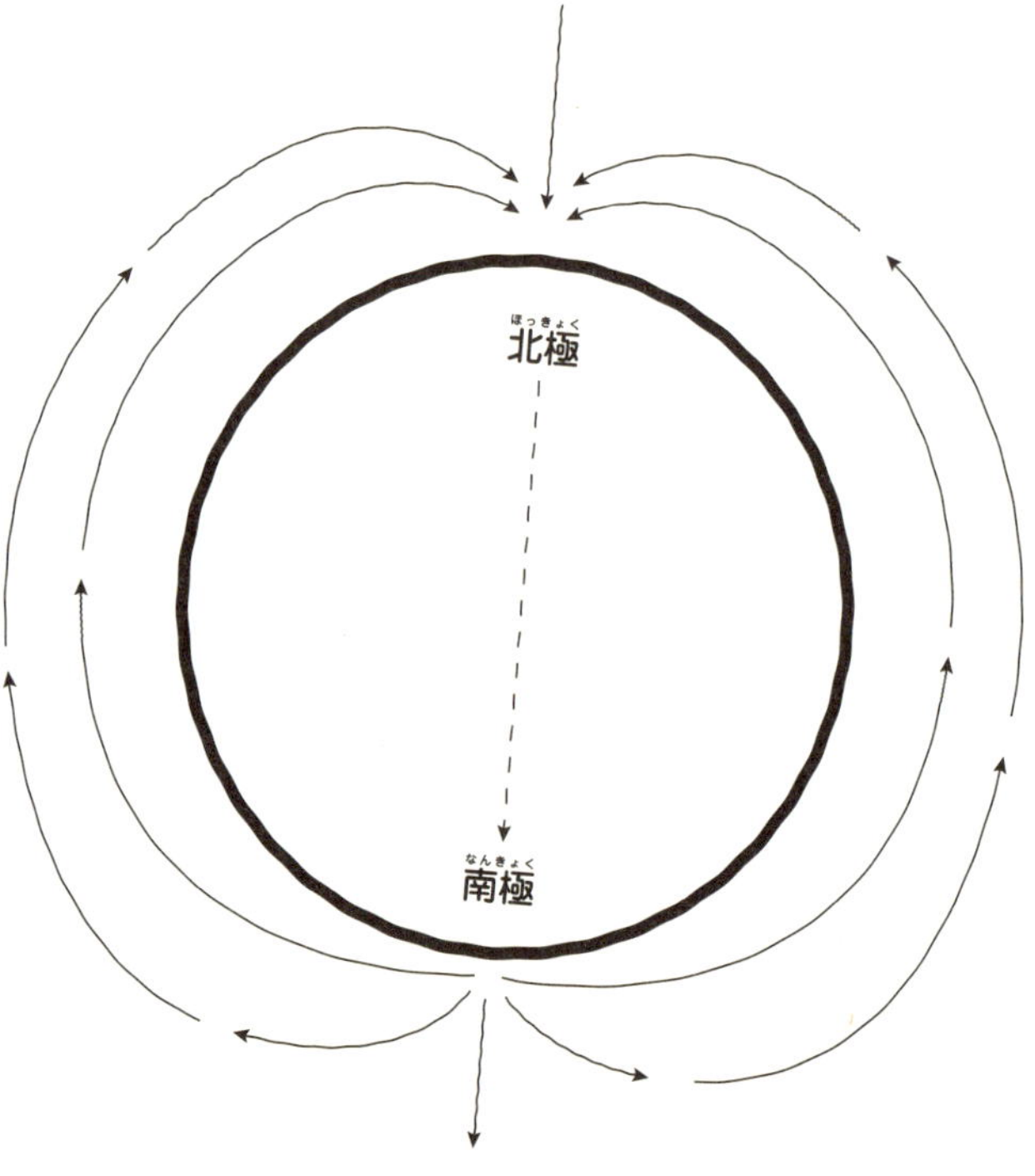

地磁気《ちじき》（地球磁場《ちきゅうじば》）

地球内部《ちきゅうないぶ》の磁気《じき》は北《きた》から南《みなみ》に向《む》かっている。その方向《ほうこう》に身体《からだ》の向《む》きを合《あ》わせた方《ほう》が血行《けっこう》によいことが実証《じっしょう》されているのである。いうなれば、釈迦《しゃか》は最良《さいりょう》の睡眠法《すいみんほう》をとっていたことになる。北枕《きたまくら》は嫌《きら》われているが、北向《きたむ》きに寝《ね》ることこそが安眠《あんみん》を促《うなが》す釈迦《しゃか》の教《おし》えであったのかも知《し》れない。

ところで『葬制《そうせい》の起源《きげん》』（斎藤忠《さいとうただし》・著《ちょ》／吉川弘文館《よしかわこうぶんかん》）によると、縄文《じょうもん》・弥生《やよい》・古墳時代《こふんじだい》を通《つう》じて、埋葬《まいそう》された死体《したい》の頭《あたま》の方位《ほうい》は北《きた》、あるいはそれに近《ちか》い方角《ほうがく》だそうだ。ということは、仏教伝来《ぶっきょうでんらい》の以前《いぜん》より北枕《きたまくら》に埋葬《まいそう》されているケースがやはり最《もっと》も多《おお》かったといえよう。

・コ・ラ・ム・
アッ！こんなこともあったね

枕伝説《まくらでんせつ》と俗信《ぞくしん》

枕《まくら》にまつわる伝説《でんせつ》は多《おお》い。寝《ね》ている間《あいだ》に枕《まくら》の位置《いち》が変《か》えられる「枕返《まくらがえ》し」や、寝《ね》ている旅人《たびびと》の金品《きんぴん》を奪《うば》うため、その頭《あたま》を砕《くだ》く「石枕《いしまくら》の里《さと》」の話《はなし》などがある。また俗信《ぞくしん》も多《おお》く、端午《たんご》の節句《せっく》に菖蒲《しょうぶ》の葉《は》を枕《まくら》の下《した》に敷《し》くと邪気《じゃき》を祓《はら》う、キクの花《はな》（古代中国《こだいちゅうごく》ではキクには病気《びょうき》や邪気《じゃき》を祓《はら》う力《ちから》があると信《しん》じられた）を乾燥《かんそう》して枕《まくら》に入《い》れた「菊枕《きくまくら》」は、長命《ちょうめい》を保《たも》つことができるなどといったウワサもある。

「畳《たたみ》の縁《へり》を踏《ふ》んではいけない」

昔《むかし》、畳《たたみ》の縁《へり》は生活空間《せいかつくうかん》の境界線《きょうかいせん》だった。それを侵《おか》さない意味《いみ》で縁《へり》を踏《ふ》むことを避《さ》けた。いまもマナーとして守《まも》った方《ほう》がいい。

「畳《たたみ》の縁《へり》の上《うえ》に寝《ね》てはいけない」

礼儀作法《れいぎさほう》として心得《こころえ》ること。

「畳《たたみ》の合《あ》わせ目《め》に寝《ね》ると風邪《かぜ》をひく」

現代住宅《げんだいじゅうたく》では、すきま風《かぜ》などないだろうが……。

日本建築《にほんけんちく》といえば、まず畳《たたみ》を連想《れんそう》するほど、日本人《にほんじん》の生活《せいかつ》は畳《たたみ》とは切《き》っても切《き》れない縁《えん》にある。それだけに畳《たたみ》にまつわる話《はなし》は多《おお》く、「迷信《めいしん》だ」と一言《ひとこと》では片《かた》づけられない日本特有《にほんとくゆう》の文化《ぶんか》やしきたりが織《お》り込《こ》まれているウワサもある。

畳《たたみ》の歴史《れきし》は古《ふる》い。その語源《ごげん》は「たたむ」だ。現在《げんざい》の「薄《うす》べり」や「ござ」のように折《お》りたためる敷物《しきもの》で、座《すわ》るときはこれを数枚重《すうまいかさ》ねて敷《し》き、片《かた》づけるときは折《お》ったり巻《ま》いたりしたことにちなんでいる。『古事記《こじき》』には、すでに「菅畳八重《すがたたみやえ》、皮畳八重《かわたたみやえ》、絹畳八重《きぬたたみやえ》」と畳《たたみ》のことが記《しる》されている。貴人《きじん》が使《つか》う畳《たたみ》は素材《そざい》がスゲ・皮《かわ》・絹《きぬ》などだが、庶民《しょみん》はワラやイグサを使《つか》ったといわれる。

現在《げんざい》のような厚畳《あつだたみ》ができたのは、建物《たてもの》が寝殿造《しんでんづくり》（貴族住宅《きぞくじゅうたく》の形式《けいしき》）になる平安時代《へいあんじだい》（七九四年《ねん》～一一八五年《ねん》）からだが、それは貴人《きじん》が座《すわ》る場所《ばしょ》に限《かぎ》られていた。今日《こんにち》のように部屋《へや》全体《ぜんたい》に畳《たたみ》を敷《し》くのは、室町時代《むろまちじだい》（一三三八年《ねん》～一五七三年《ねん》）になり書院造《しょいんづくり》（表座敷《おもてざしき》に床《とこ》と棚《たな》とを並《なら》べて設《もう》ける形式《けいしき》）が発達《はったつ》してからだ。庶民《しょみん》の生活《せいかつ》に畳《たたみ》が普及《ふきゅう》するのは江戸時代《えどじだい》の中期《ちゅうき》に入《はい》ってからになる。

さて、「畳《たたみ》の縁《へり》を踏《ふ》んではいけない」といわれるのはなぜだろうか。古来《こらい》、厚畳《あつだたみ》の縁《へり》はその家《いえ》の身分《みぶん》によって色分《いろわ》けされており、また家紋《かもん》を織《お》り込《こ》んだりしたものもあった。それを足《あし》で踏《ふ》むことは大変無礼《たいへんぶれい》なことであり、畳《たたみ》の縁《へり》を踏《ふ》んではならないとされる大《おお》きな理由《りゆう》のひとつだ。また、小笠原長清《おがさわらながきよ》を祖《そ》として足利幕府《あしかがばくふ》の礼法《れいほう》となった小笠原流《おがさわらりゅう》（礼法《れいほう》および弓馬術《きゅうばじゅつ》の流派《りゅうは》）においては、膳《ぜん》を運《はこ》ぶとき、料理《りょうり》に息《いき》をかけないように膳《ぜん》を目《め》の高《たか》さに捧《ささ》げて運《はこ》ぶので足元《あしもと》が見《み》えないということがあった。当時《とうじ》の畳《たたみ》の縁《へり》は分厚《ぶあつ》いものが多《おお》く、つまずき転《ころ》ぶ危険性《きけんせい》があったので、畳《たたみ》の縁《へり》を踏《ふ》まないように畳一畳《たたみいちじょう》を歩測《ほそく》で歩《ある》く作法《さほう》が生《う》まれたといわれる。

さらに「畳結界《たたみけっかい》」という考《かんが》えがある。「結界《けっかい》」とは、仏教用語《ぶっきょうようご》で聖界《せいかい》と俗界《ぞくかい》の境界《きょうかい》のことで、貴人《きじん》と一般人《いっぱんじん》が座《すわ》る畳《たたみ》は区別《くべつ》され、畳《たたみ》の縁《へり》はその結界《けっかい》と考《かんが》えられていたのである。また、畳《たたみ》のサイズは地方《ちほう》によって多少《たしょう》のちがいがあるが、畳一枚《たたみいちまい》（一畳《いちじょう》）は人間一人《にんげんひとり》の最小《さいしょう》の生活空間《せいかつくうかん》とされ、畳《たたみ》は各人《かくじん》の領域《りょういき》であり、その縁《へり》を踏《ふ》むことは領域侵犯《りょういきしんぱん》となるという考《かんが》え方《かた》もあった。

そのほかにも諸説《しょせつ》あり、武家《ぶけ》の床下《ゆかした》には忍者《にんじゃ》が潜《ひそ》んでいて、畳《たたみ》の縁《へり》を踏《ふ》めば格好《かっこう》の標的《ひょうてき》となり、畳《たたみ》のすきまから槍《やり》や刀《かたな》が突《つ》き出《で》てくるという説《せつ》などもあるが、やはり礼儀作法《れいぎさほう》という考《かんが》え方《かた》が妥当《だとう》なところである。

畳《たたみ》のしくみ

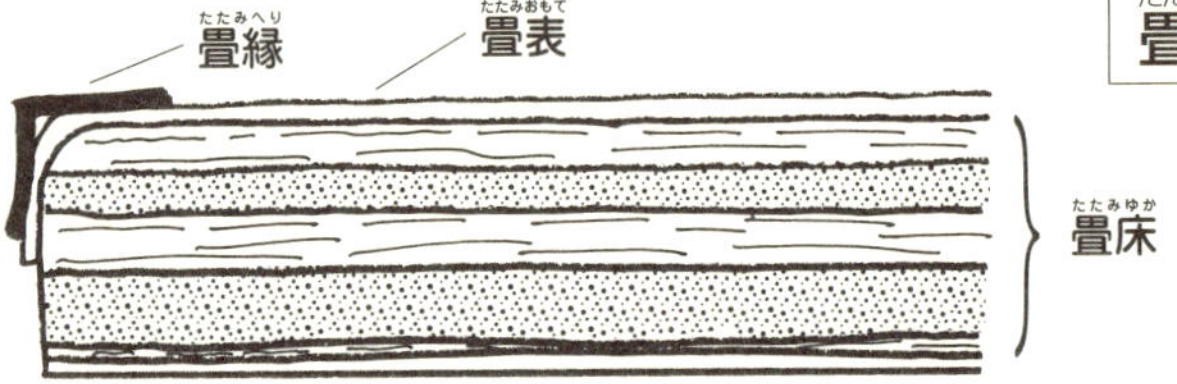

畳床《たたみゆか》のワラの配列《はいれつ》

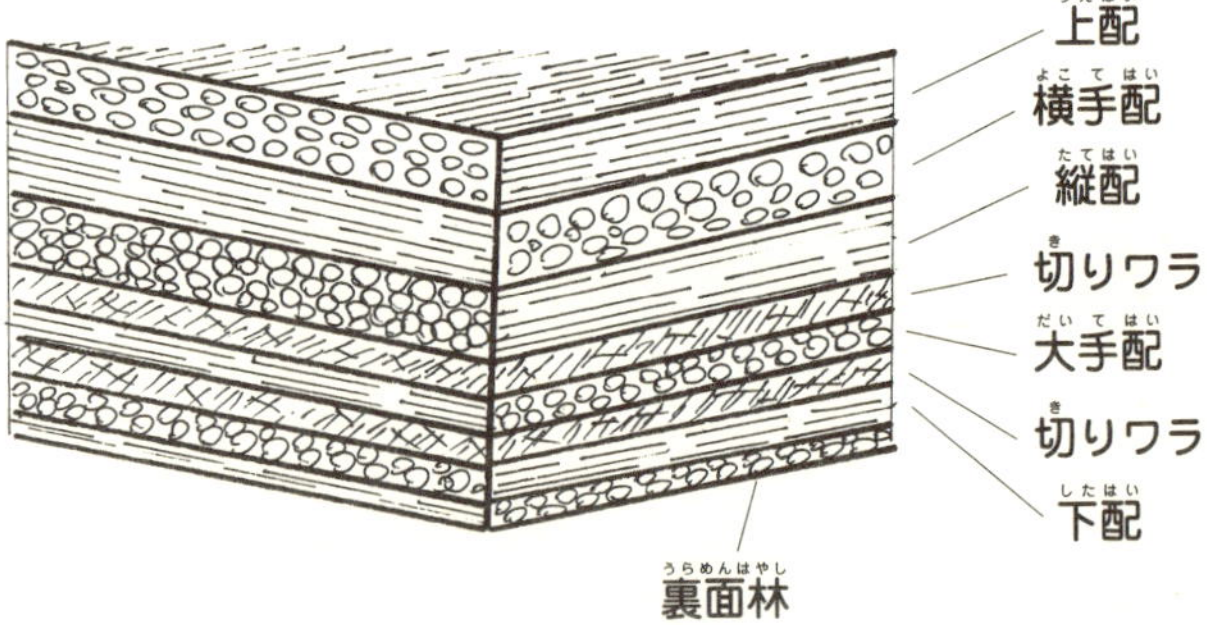

「畳《たたみ》の縁《へり》の上《うえ》に寝《ね》てはいけない」「畳《たたみ》の縁《へり》を踏《ふ》むと足《あし》がまがる、罰《ばち》があたる」というウワサも同様《どうよう》の考《かんが》えからだろう。

「畳《たたみ》の合《あ》わせ目《め》に寝《ね》ると風邪《かぜ》をひく」というウワサは、それなりの科学的根拠《かがくてきこんきょ》がある。現在《げんざい》のようにつくりもしっかりしていない昔《むかし》の家屋《かおく》では、畳《たたみ》と畳《たたみ》の間《あいだ》にはすきまがあり、床下《ゆかした》から流《なが》れるすきま風《かぜ》で身体《からだ》が冷《ひ》やされることへの警告《けいこく》なのである。

湿気《しっけ》の多《おお》い日本《にほん》では、畳《たたみ》の果《は》たす役割《やくわり》は大《おお》きい。夏《なつ》の暑《あつ》い日《ひ》、汗《あせ》をかき一風呂《ひとふろ》浴《あ》びてさっぱりし、浴衣《ゆかた》に着替《きが》えて畳《たたみ》の上《うえ》にごろりとする。その気分《きぶん》は、日本人《にほんじん》だけが味《あじ》わえる特権《とっけん》かも知《し》れない。だが、まちがっても「女房《にょうぼう》と畳《たたみ》は新《あたら》しいほどいい」などとは口《くち》に出《だ》さぬよう。

・コ・ラ・ム・
アッ！こんなこともあったね

畳《たたみ》のサイズ

■本間間《ほんけんま》　（サイズ横《よこ》95.5×縦《たて》191㎝）京間《きょうま》ともいう。長《なが》さ6.3尺《しゃく》（1尺《しゃく》＝30.3㎝）あるので「六三間《ろくさんま》」とも呼《よ》ばれる。関西地方《かんさいちほう》の京都《きょうと》、大阪《おおさか》、和歌山《わかやま》から中国《ちゅうごく》、四国《しこく》、九州地方《きゅうしゅうちほう》に多《おお》い。

■三六間《さぶろくま》　（サイズ横《よこ》91×縦《たて》182㎝）幅《はば》3尺《しゃく》、長《なが》さ6尺《しゃく》からつけられた。愛知《あいち》、岐阜地方《ぎふちほう》を主体《しゅたい》に福島《ふくしま》、山形《やまがた》、岩手《いわて》などの東北地方《とうほくちほう》、北陸《ほくりく》地方《ちほう》の一部《いちぶ》、そして沖縄《おきなわ》、奄美大島《あまみおおしま》などで使用《しよう》されている。

■五八間《ごはちま》　（サイズ横《よこ》88×縦《たて》176㎝）「東京間《とうきょうま》」、「田舎間《いなかま》」とも呼《よ》ばれる。関東《かんとう》、東北《とうほく》、北海道《ほっかいどう》などで使用《しよう》。現在《げんざい》はほぼ全国《ぜんこく》に広《ひろ》まる。

■団地間《だんちま》　（サイズ横《よこ》85×縦《たて》170㎝）現在《げんざい》よく使《つか》われているサイズ。とくに団地《だんち》でよく使用《しよう》されている。

ウワサ 14

「写真《しゃしん》を撮《と》られると、魂《たましい》が吸《す》い取《と》られて早死《はやじ》にする」

写真伝来当時《しゃしんでんらいとうじ》の誤解《ごかい》。

「三人《にん》で写真《しゃしん》に写《うつ》ると真《ま》ん中《なか》の人《ひと》は早死《はやじ》にする」

迷信《めいしん》。年長者《ねんちょうしゃ》は中央《ちゅうおう》にいることが多《おお》く、先《さき》に亡《な》くなる比率《ひりつ》も高《たか》い。

すっかり写真《しゃしん》が日常生活《にちじょうせいかつ》の一部《いちぶ》に組《く》み込《こ》まれている現在《げんざい》でも、世界各地《せかいかくち》には、その民族《みんぞく》や部族《ぶぞく》に伝《つた》わる迷信《めいしん》・信仰《しんこう》・言《い》い伝《つた》えを守《まも》って生活《せいかつ》をしている人《ひと》びとがいる。その生活様式《せいかつようしき》や風俗文化《ふうぞくぶんか》がめずらしいからといって、やたらとカメラを向《む》けると不興《ふきょう》を買《か》い、ときには思《おも》わぬトラブルに発展《はってん》することもある。まだまだ「写真《しゃしん》は人《ひと》の魂《たましい》を吸《す》い取《と》るもの」と嫌《いや》がる人《ひと》びとだっているのだ。彼《かれ》らには、写真《しゃしん》を撮《と》られることは深刻《しんこく》なことなのだ。

「そんなバカな」と一笑《いっしょう》に付《ふ》すわけにはいかない。いまやカメラ大好《だいす》きの日本人《にほんじん》にだって、かつては同《おな》じような考《かんが》えがあったのだ。

写真術《しゃしんじゅつ》の誕生《たんじょう》は一八二二年《ねん》（一八二六年説《ねんせつ》もある）である。内燃機関《ないねんきかん》の研究者《けんきゅうしゃ》であるフランス人《じん》ヨゼフ・ニセフォール・ニエプス（一七六五年《ねん》〜一八三三年《ねん》）が、塩化銀《えんかぎん》を塗《ぬ》った紙《かみ》（感光紙《かんこうし》）に自分《じぶん》の書斎《しょさい》から風景《ふうけい》を写《うつ》してネガ（陰画《いんが》）をつくり、それをアスファルトを塗布《とふ》した合金板《ごうきんばん》に複写《ふくしゃ》することに成功《せいこう》したことからはじまった。その後《ご》、ニエプスと画家《がか》ルイ・ジャック・マンデ・ダゲール（一七八七年《ねん》〜一八五一年《ねん》）が意見《いけん》を交《か》わしながら研究《けんきゅう》を進《すす》め、ニエプスの死《し》の四年後《ねんご》にダゲールは二〇〜三〇分間《ぶんかん》の露出《ろしゅつ》で写真《しゃしん》を撮《と》ることに成功《せいこう》した。ダゲレオタイプ（銀板写真《ぎんばんしゃしん》）である。

日本《にほん》に写真《しゃしん》が最初《さいしょ》にやってきたのは、一八四八（嘉永元《かえいがん》）年《ねん》、オランダ船《せん》でダゲレオタイプが長崎《ながさき》に入《はい》り、一八五七（安政四《あんせい》）年《ねん》九月《がつ》一七日《にち》、薩摩藩士《さつまはんし》市来四郎《いちきしろう》らが藩主島津斉彬《はんしゅしまづなりあきら》を撮影《さつえい》したのが、日本《にほん》の写真撮影第《しゃしんさつえいだい》一号《ごう》となったとする説《せつ》が有力《ゆうりょく》である。

日本《にほん》における写真家《しゃしんか》の元祖《がんそ》といえば、長崎《ながさき》の上野彦馬《うえのひこま》と横浜《よこはま》の下岡蓮杖《しもおかれんじょう》である。一八六二（文久二《ぶんきゅう》）年《ねん》に、蘭医《らんい》ポンペに学《まな》んだ上野《うえの》が長崎《ながさき》に上野撮影局《うえのさつえいきょく》を、アメリカ人《じん》に学《まな》んだ下岡《しもおか》が横浜《よこはま》・野毛《のげ》に写場全楽堂《しゃばぜんらくどう》を開設《かいせつ》した。

写真《しゃしん》を研究《けんきゅう》していた上野《うえの》は、奉行《ぶぎょう》に呼《よ》び出《だ》され取《と》り調《しら》べられたり、「バテレン（キリスト教《きょう》）の魔法《まほう》を使《つか》ったのでは……」と家《いえ》に石《いし》を投《な》げ込《こ》まれたりした。「上野家《うえのけ》の息子《むすこ》（彦馬《ひこま》）は、人間《にんげん》の血《ち》を吸《す》い取《と》る」といわれ、姉《あね》に「これでは嫁《よめ》にもいけない」と叱《しか》られるなど、誤解《ごかい》の連続《れんぞく》だったといわれる。

この時代《じだい》、「姿《すがた》を写《うつ》し取《と》る写真《しゃしん》は魂《たましい》を吸《す》い取《と》る」と考《かんが》えられても無理《むり》もないことかも知《し》れない。写真《しゃしん》の原理《げんり》がわからない人《ひと》たちにとっては、その姿《すがた》が別《べつ》のところに写《うつ》ってしまった以上《いじょう》、撮影後《さつえいご》には魂《たましい》が抜《ぬ》けた肉体《にくたい》だけが残《のこ》っていると考《かんが》えても仕方《しかた》のないことだった。

ところが、いまや携帯電話《けいたいでんわ》に撮影機能《さつえいきのう》がついている時代《じだい》だ。魂《たましい》の話《はなし》などばかばかしい話《はなし》である。けれども「真《ま》ん中《なか》の人《ひと》は早死《はやじ》にするから」と三人《にん》で写真《しゃしん》に写《うつ》ることを避《さ》ける人《ひと》たちは、まだいるようだ。

日本《にほん》の礼儀作法《れいぎさほう》では、真《ま》ん中《なか》は主役《しゅやく》・主賓《しゅひん》の座《ざ》だ。三人《にん》の真《ま》ん中《なか》にいるのは、おじいちゃん・上役《うわやく》・先生《せんせい》・先輩《せんぱい》など、まず年長者《ねんちょうしゃ》となる。そして一般的《いっぱんてき》には年長者《ねんちょうしゃ》から亡《な》くなっていくため、真《ま》ん中《なか》の人《ひと》が先《さき》に亡《な》くなるというウワサが生《う》まれたのだろう。

ちなみに「三人《にん》で撮《と》られるときには、犬《いぬ》や人形《にんぎょう》を加《くわ》えるとよい」といわれており、気《き》になる人《ひと》は、ついでにこのウワサもあわせて信《しん》じるといいだろう。

昔《むかし》の写真《しゃしん》（ダゲレオタイプ）

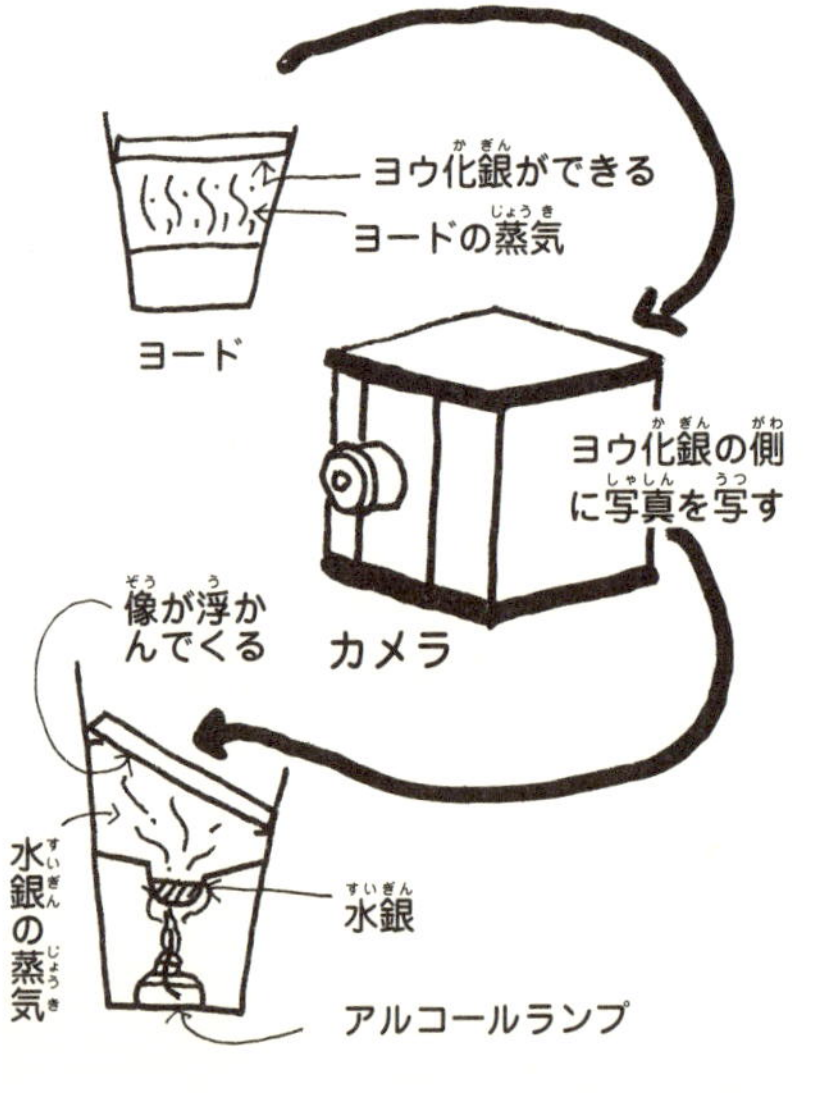

・コ・ラ・ム・
アッ！こんなこともあったね

写真《しゃしん》の普及《ふきゅう》とイーストマン

現在《げんざい》では、写真用品《しゃしんようひん》メーカーといえば、日本《にほん》の会社《かいしゃ》が有名《ゆうめい》であるが、ちょっと前《まえ》までは、イーストマン・コダック社《しゃ》が世界最大《せかいさいだい》の写真用品《しゃしんようひん》メーカーとして君臨《くんりん》していた。

ロンチェスターの公立学校《こうりつがっこう》を卒業《そつぎょう》し、アメリカの保険会社《ほけんがいしゃ》や銀行《ぎんこう》に勤《つと》めていたG《ジー》・イーストマン（1854年《ねん》～1932年《ねん》）は、カリブ海《かい》のサント・ドミンゴに旅《たび》をした。カメラを持参《じさん》したが、そのカメラは湿板《しつばん》カメラで重《おも》かった。なんとか軽《かる》いカメラができないものかと、行員《こういん》をしながら開発《かいはつ》に取《と》り組《く》んだ。ニエプスとダゲールが写真術《しゃしんじゅつ》を生《う》み出《だ》して以来《いらい》、感光板《かんこうばん》は石板《せきばん》やガラス、金属板《きんぞくばん》などを用《もち》いるため重《おも》かった。しかも感光板《かんこうばん》は「湿板《しつばん》」と呼《よ》ばれ、ガラス板《ばん》などを薬品溶液《やくひんようえき》に浸《ひた》して感光性《かんこうせい》を与《あた》えたものだった。

1871年《ねん》、イギリスのR《アール》・L《エル》・マドックスは、濡《ぬ》れた湿板《しつばん》に対《たい》し、乳剤《にゅうざい》（感光剤《かんこうざい》）を塗《ぬ》って乾《かわ》かした「乾板《かんばん》」を開発《かいはつ》した。

イーストマンは1880年《ねん》、写真乾板《しゃしんかんばん》の製法《せいほう》に取《と》り組《く》み、翌《よく》1881年《ねん》、イーストマン乾板会社《かんばんがいしゃ》を設立《せつりつ》。1884年《ねん》にガラス板《ばん》の代《か》わりにニトロセルロースフィルムに乳剤《にゅうざい》を塗布《とふ》したフィルムの開発《かいはつ》に成功《せいこう》。そしてターナーが開発《かいはつ》したロールフィルムの日中装塡《にっちゅうそうてん》の特許《とっきょ》を買《か》いとった。1888年《ねん》には、カメラに100枚撮《まいど》りのロールフィルムを装塡《そうてん》したコダック・カメラを発売《はつばい》した。撮影後《さつえいご》、25ドルを添《そ》えてカメラ会社《がいしゃ》に送《おく》れば、写真《しゃしん》の現像《げんぞう》・焼付《やきつ》けをし、そのプリントと新《あたら》しいフィルムを入《い》れたカメラが購入者《こうにゅうしゃ》に送《おく》り返《かえ》されるシステムだった。同社《どうしゃ》のポケットカメラは一般《いっぱん》の人《ひと》びとに広《ひろ》まり、今日《こんにち》の写真普及《しゃしんふきゅう》の基盤《きばん》となった。1892年《ねん》に社名《しゃめい》をイーストマン・コダック社《しゃ》とし、写真業界《しゃしんぎょうかい》で圧倒的《あっとうてき》な地位《ちい》を占《し》めるようになった。

ウワサ 15

「靴下《くつした》をはいて寝《ね》ると親《おや》の死《し》に目《め》に会《あ》えない」

死者《ししゃ》にまつわる俗信《ぞくしん》にすぎない。

「夜《よる》に爪《つめ》を切《き》ると親《おや》の死《し》に目《め》に会《あ》えない」

昔《むかし》、照明《しょうめい》が暗《くら》いころ、まちがって深爪《ふかづめ》をしないための忠告《ちゅうこく》。

「夜《よる》に口笛《くちぶえ》を吹《ふ》くとヘビが出《で》る」

忍者《にんじゃ》や盗賊《とうぞく》の合図《あいず》と誤認《ごにん》されたり、近所《きんじょ》に迷惑《めいわく》をかけないための戒《いまし》め。

解明

「靴下《くつした》をはいて寝《ね》ると親《おや》の死《し》に目《め》に会《あ》えない」とか、「早死《はやじ》にする」「死人《しにん》が出《で》る」などとよくウワサされるが、これは死者《ししゃ》の風習《ふうしゅう》にまつわる根拠《こんきょ》のない俗《ぞく》信《しん》である。

日本《にほん》では死者《ししゃ》に経帷子《きょうかたびら》という白装束《しろしょうぞく》を着《き》せ、手甲《てっこう》や脚絆《きゃはん》をつけて白足袋《しろたび》をはかせるというのが一般的《いっぱんてき》な風習《ふうしゅう》であった。

足袋《たび》をはいたまま寝《ね》るのは、この死装束《しにしょうぞく》を連想《れんそう》するため嫌《きら》われることとなり、現代《げんだい》になって足袋《たび》だけでなく靴下《くつした》も加《くわ》わったというわけである。

また、別《べつ》の角度《かくど》からの見方《みかた》もある。日本人《にほんじん》は古来《こらい》、寝床《ねどこ》を神聖視《しんせいし》してきた。人間《にんげん》は寝床《ねどこ》で眠《ねむ》っているときは、神《かみ》とともにいるという考《かんが》えを持《も》っていた。その寝床《ねどこ》に足袋《たび》をはいたまま入《はい》ることは神《かみ》への冒瀆《ぼうとく》と考《かんが》えていたのである。

ところが「頭寒足熱《ずかんそくねつ》」という言葉《ことば》があるように、足《あし》が冷《つめ》たくて熟睡《じゅくすい》ができないような冷《ひ》え込《こ》みの激《はげ》しい夜《よる》には、靴下《くつした》をはいて寝《ね》ることが医学的《いがくてき》にも正《ただ》しいといわれている。靴下《くつした》をはくことに抵抗《ていこう》を感《かん》じる人《ひと》は、タオルなどを巻《ま》いて寝《ね》るのも一計《いっけい》だろう。

同《おな》じく「夜《よる》に爪《つめ》を切《き》ると親《おや》の死《し》に目《め》に会《あ》えない」というウワサも俗信《ぞくしん》である。

昔《むかし》の夜《よる》の明《あ》かりといえば行灯《あんどん》で、照明《しょうめい》が暗《くら》い中《なか》での爪切《つめき》りは危険《きけん》であるという忠告《ちゅうこく》から生《う》まれたものだ。儒教《じゅきょう》では、親《おや》からもらった身体《からだ》を粗末《そまつ》にすることを戒《いまし》めており、夜《よる》の爪《つめ》切《き》りはタブー視《し》されたのである。

現在《げんざい》は、夜《よる》といっても室内《しつない》は明《あか》るく、風呂上《ふろあ》がりで爪《つめ》が柔《やわ》らかくなったときに爪《つめ》の手入《てい》れをすることはむしろ望《のぞ》ましいことだろう。

また別説《べっせつ》によれば、「夜爪《よづめ》」が「余詰《よづ》め」にあたり、早死《はやじ》にを意味《いみ》するからだともいわれている。この場合《ばあい》、子《こ》どもが早死《はやじ》にしては親《おや》の死《し》に目《め》に会《あ》えないのは当然《とうぜん》だといえよう。

夜《よる》のタブーとして「口笛《くちぶえ》を吹《ふ》いてはいけない」というウワサがあるが、現在《げんざい》ではそんなことを気《き》にする人《ひと》も少《すく》なくなっただろう。

口笛《くちぶえ》は、人体楽器《じんたいがっき》である。個人的《こじんてき》に楽《たの》しむこともあれば、合奏《がっそう》などに用《もち》いることもある。プライヤー作曲《さっきょく》「口笛《くちぶえ》吹《ふ》きと小犬《こいぬ》」は、音楽《おんがく》に使《つか》われた代表例《だいひょうれい》であろう。

また口笛《くちぶえ》は、人間《にんげん》が狩猟《しゅりょう》などで共同行動《きょうどうこうどう》をとるとき、お互《たが》いの連携《れんけい》を保《たも》つための合図《あいず》や信号《しんごう》として使《つか》われたり、犬《いぬ》や鳥《とり》などの動物《どうぶつ》との意思《いし》の伝達《でんたつ》にも役立《やくだ》ってきた。このように、口笛《くちぶえ》は最《もっと》も手軽《てがる》で身近《みぢか》な楽器《がっき》であり、

爪《つめ》の名称《めいしょう》

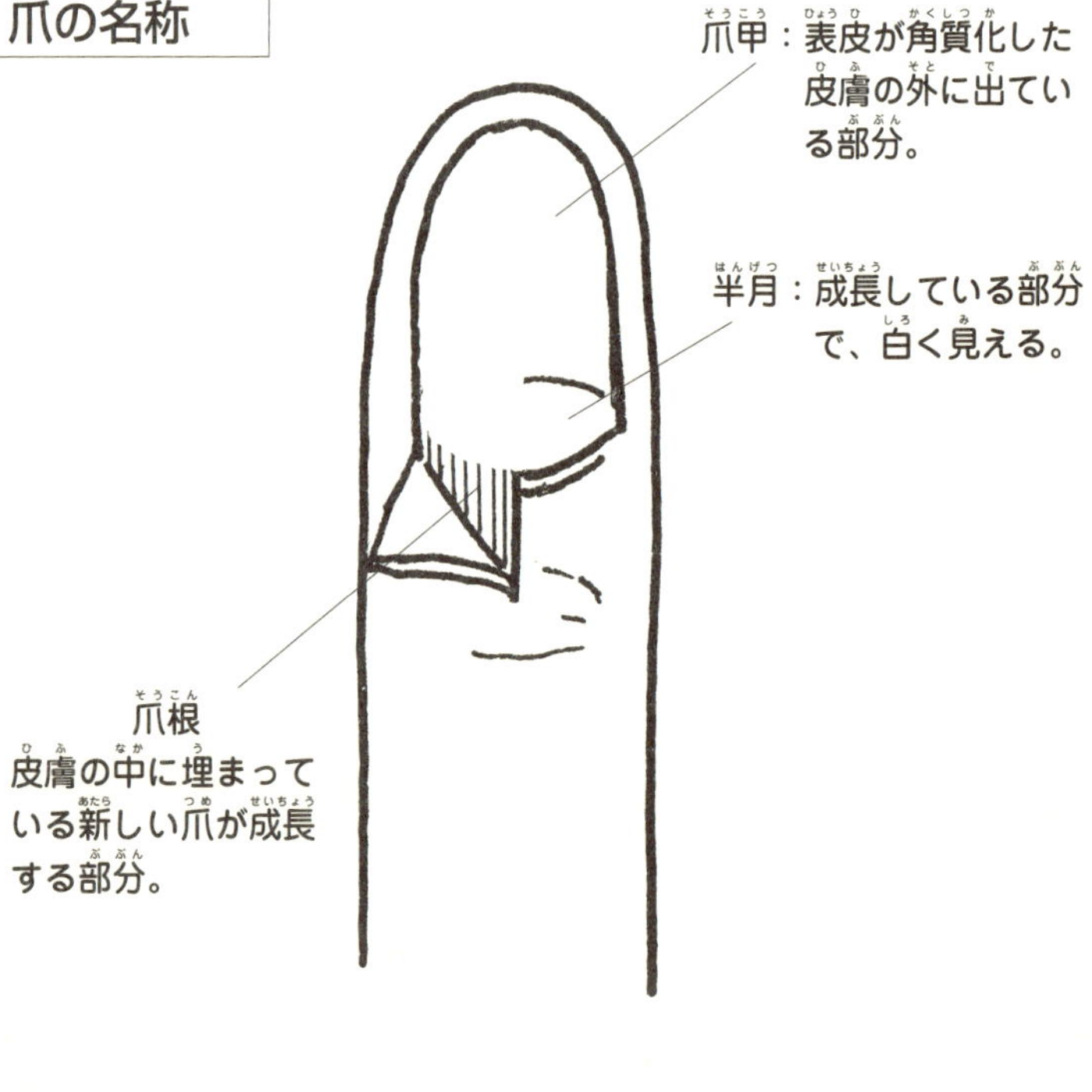

信号《しんごう》なのである。

そのため、昔《むかし》は忍者《にんじゃ》や盗賊《とうぞく》たちが仲間《なかま》との合図《あいず》の手段《しゅだん》のひとつとして利用《りよう》し、とくに夜《よる》は口笛《くちぶえ》が使《つか》われた。夜《よる》、口笛《くちぶえ》を吹《ふ》くと、彼《かれ》らの仲間《なかま》にまちがえられる危険性《きけんせい》があり、「夜《よる》の口笛《くちぶえ》」は不吉《ふきつ》なものを呼《よ》ぶとして嫌《きら》われたのも当然《とうぜん》といえよう。「夜《よる》に口笛《くちぶえ》を吹《ふ》くとヘビが出《で》る」の「ヘビ」は禍《わざわい》・災難《さいなん》の代名《だいめい》詞《し》として使《つか》われており、ヘビではなく「泥棒《どろぼう》が出《で》る」「鬼《おに》が出《で》る」といわれている地域《ちいき》もある。また、静《しず》かな夜《よる》、口笛《くちぶえ》を吹《ふ》くと近所迷惑《きんじょめいわく》なので、それを戒《いまし》めた言葉《ことば》ともいわれている。

・コ・ラ・ム・
アッ！こんなこともあったね

夜《よる》にお金《かね》を数《かぞ》えるとドロボーに入《はい》られる

夜《よる》にまつわるウワサは多《おお》く、このウワサも全国的《ぜんこくてき》に伝《つた》わっている。もっともこれは、紙《し》幣《へい》のない大判《おおばん》・小判《こばん》の硬貨時代《こうかじだい》のことである。

当時《とうじ》、商家《しょうか》などでは、従業員《じゅうぎょういん》たちが寝静《ねしず》まった真夜中《まよなか》に大金《たいきん》を数《かぞ》えていた。静《しず》かな真夜《まよ》中《なか》となれば、注意《ちゅうい》していてもその硬貨《こうか》の音《おと》がもれただろう。

いつの間《ま》にか、「あの家《いえ》はお金《かね》を溜《た》め込《こ》んでいる」ととりざたされれば、ドロボーに入《はい》られてもふしぎではない。だが、いまは紙幣《しへい》や銀行預金時代《ぎんこうよきんじだい》である。これもとるに足《た》らない俗信《ぞくしん》になってしまったといえよう。

ウワサ 16

「秋《あき》ナスは嫁《よめ》に食《く》わすな」

「嫁《よめ》いびり説《せつ》」と「嫁《よめ》おもい説《せつ》」がある。

「妊婦《にんぷ》にハチミツを食《た》べさせてはいけない」

下痢《げり》を心配《しんぱい》してのことか。

解明

ナスの旬《しゅん》は夏《なつ》から秋《あき》にかけてで、とくに秋《あき》ナスは皮《かわ》が柔《やわ》らかく味《あじ》がよいとされている。煮《に》てよし、焼《や》いてよし、漬《つ》けてよし。それほどにおいしいといわれる秋《あき》ナスである。ことわざにもなっている「秋《あき》ナスは嫁《よめ》に食《く》わすな」というウワサは、『夫木和歌抄《ふぼくわかしょう》』の「秋《あき》なすび　醅《わささ》（新酒《しんしゅ》）の粕《かす》に　つきまぜて　よめにはくれじ　棚《たな》には置《お》くとも」から出《で》たものだそうだ。

「おいしい秋《あき》ナスを、嫁《よめ》になど食《く》われてはたまるものか」ということであれば、まさに「姑《しゅうとめ》の嫁《よめ》いびり」だ。だが、江戸時代《えどじだい》の川柳《せんりゅう》「秋茄《あきな》子《す》は　姑《しゅうとめ》の留守《るす》に　ばかり食《く》い」「秋茄《あきなす》子《び》　里《さと》で姑《しゅうとめ》に　食《く》ってみせ」などを読《よ》むと、嫁《よめ》のたくましさが垣間見《かいまみ》え、思《おも》わず笑《わら》いが込《こ》みあげてくる。第二次世界大戦後《だいにじせかいたいせんご》は嫁《よめ》の力《ちから》もなかなかのもので「秋《あき》ナスは姑《しゅうとめ》に食《く》わすな」

ということわざもできたそうだ。

けれども、この「嫁《よめ》いびり」の解釈《かいしゃく》に異論《いろん》を唱《とな》える人《ひと》もいる。ネズミの別称《べっしょう》が「嫁《よめ》が君《きみ》」あるいは「嫁《よめ》」であることから、「棚《たな》に置《お》いた酒粕《さけかす》につけたナスをネズミに食《く》われないように」というのが真意《しんい》という説《せつ》だ。

さらには「嫁《よめ》おもい」という見方《みかた》もある。「秋《あき》ナスは種《たね》が少《すく》ないので、嫁《よめ》が食《た》べれば子種《こだね》が絶《た》える」（種《たね》のことをいうのなら、嫁《よめ》ではなく婿《むこ》ではという反論《はんろん》もあるが）という俗信《ぞくしん》や、「ナスは身体《からだ》を冷《ひ》やすので、妊娠《にんしん》を妨《さまた》げないように」と嫁《よめ》の身体《からだ》を心配《しんぱい》して秋《あき》ナスを食《た》べさせないという説《せつ》だ。江戸時代《えどじだい》の初期《しょき》に書《か》かれた伊勢貞丈《いせさだたけ》の『安斎随筆《あんざいずいひつ》』には、「秋《あき》ナスの食《た》べすぎは身体《からだ》によくなく、嫁《よめ》の身《み》を案《あん》じての言葉《ことば》」と記《しる》されている。

また、中国《ちゅうごく》・明時代《みんじだい》に書《か》かれた薬草《やくそう》の解説書《かいせつしょ》『本草綱目《ほんぞうこうもく》』には、ナスは多食《たしょく》すれば腹痛《ふくつう》と下痢《げり》を起《お》こし、とくに秋《あき》ナスはひどいと記《しる》されている。さらに江戸時代《えどじだい》の同類《どうるい》の書《しょ》でも、同《おな》じことが書《か》かれているほど注意《ちゅうい》が必要《ひつよう》な野菜《やさい》だったのである。

現代医学《げんだいいがく》の見地《けんち》からすると、ナス類《るい》は赤《あか》ナス（トマト）も含《ふく》め、ヒスタミンという物質《ぶっしつ》を多《おお》く含《ふく》んでいるため、多量《たりょう》に食《た》べると喘息《ぜんそく》・発疹《はっしん》・下痢《げり》・扁桃腺炎《へんとうせんえん》・頭痛《ずつう》といったアレルギー症状《しょうじょう》が起《お》きるといわれている。そのため、おいしい秋《あき》ナスをついつい大量《たいりょう》に食《た》べて、妊婦《にんぷ》に流産《りゅうざん》でもされたら大変《たいへん》だと考《かんが》えてのことだったのかもしれない。

暑《あつ》い夏《なつ》が去《さ》り、九月《がつ》半《なか》ばに入《はい》ると涼《すず》しさを増《ま》す。こうした季節《きせつ》の変《か》わり目《め》は、とかく体《たい》調《ちょう》を崩《くず》しやすく、とくにアレルギー体質《たいしつ》の人《ひと》は要注意《ようちゅうい》である。まあ、嫁姑《よめしゅうとめ》とも適量《てきりょう》をおいしく食《た》べてほしいものだ。

余談《よだん》だが、妊娠《にんしん》したことがわかると、周囲《しゅうい》は「さあ、子《こ》どもの分《ぶん》まで栄養《えいよう》をとってもらわなければ……」と急《きゅう》に親切《しんせつ》に世話《せわ》を焼くようになるものだ。しか

ミツバチの胃《い》のしくみ

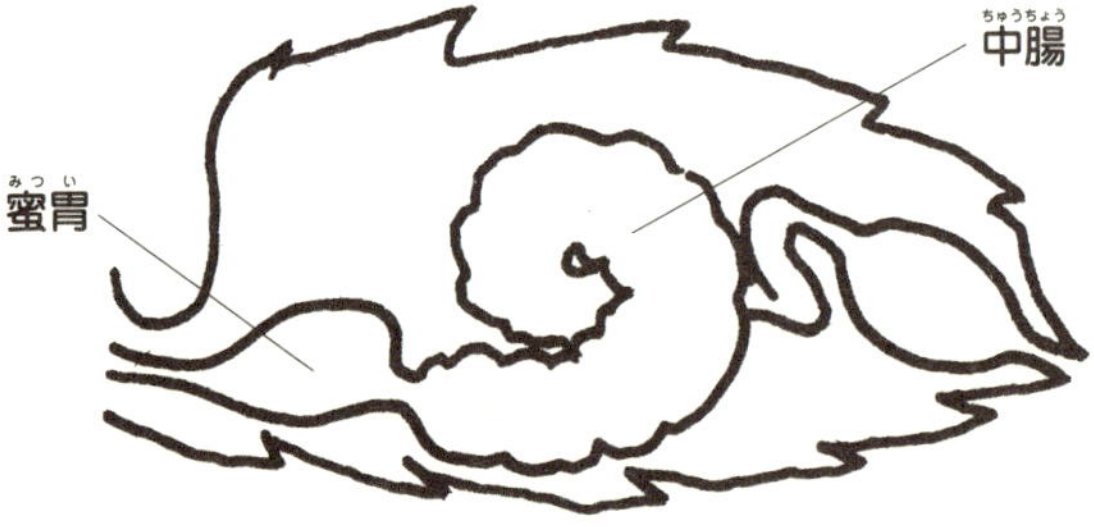

通常《つうじょう》の蜜胃《みつい》

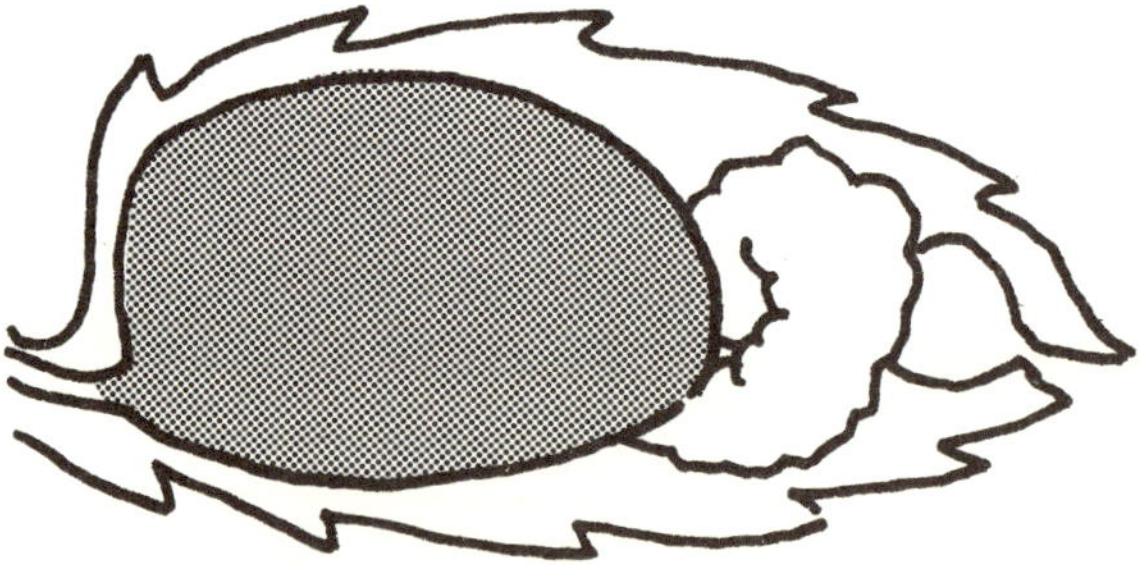
蜜《みつ》をたくわえたときの蜜胃《みつい》

し、中《なか》にはとんでもないウワサも飛《と》び出《だ》してくる。「カニを食《た》べると毛深《けぶか》い子《こ》が生《う》まれる」と、おいしいカニがおあずけになったりするそうだが、そんなときは「まあ、そんなバカなことを」と一笑《いっしょう》に付《ふ》せばいいことだ。

だが、たとえば栄養《えいよう》たっぷりの健康食品《けんこうしょくひん》であるハチミツ（蜂《はち》蜜《みつ》）を「妊婦《にんぷ》が食《た》べると腹痛《ふくつう》を起《お》こす」「妊婦《にんぷ》に食《た》べさせてはいけない」といわれると、いちおう確認《かくにん》をしてから妊婦《にんぷ》の口《くち》に入《い》れたいのが人情《にんじょう》だろう。

昔《むかし》から、「妊婦《にんぷ》は下痢《げり》を起《お》こしやすいものを食《た》べるな」という言葉《ことば》がある。それは江戸時代《えどじだい》、堕胎薬《だたいやく》として強力《きょうりょく》な下剤《げざい》を使用《しよう》していたことによるといわれている。ハチミツには、少《しょう》量《りょう》だが腸《ちょう》の運動《うんどう》を促進《そくしん》する作用《さよう》があり、便秘《べんぴ》のときにはよいそうだ。だが、妊婦《にんぷ》がひどい下痢《げり》を引《ひ》き起《お》こし、流産《りゅうざん》でもされたら大変《たいへん》だということならオーバーな話《はなし》である。

・コ・ラ・ム・
アッ！こんなこともあったね

ミツバチとハチミツ

花蜜《かみつ》の主成分《しゅせいぶん》はショ糖《とう》。ミツバチは花蜜《かみつ》を運《はこ》んで自分《じぶん》の巣《す》へ帰《かえ》ると、口腔近《こうくうちか》くの唾液腺《だえきせん》からスクラーゼ（唾液腺酵素《だえきせんこうそ》）を分泌《ぶんぴつ》し、果糖《かとう》とブドウ糖《とう》に分解《ぶんかい》。羽《はね》を動《うご》かし、これに風《かぜ》を送《おく》り濃縮《のうしゅく》（濃縮度《のうしゅくど》は約《やく》80パーセント）し、ハチミツにつくりあげる。花蜜《かみつ》には各種《かくしゅ》の有用成分《ゆうようせいぶん》が含《ふく》まれているので、花《はな》の香《かお》りとともに食品《しょくひん》としての価値《かち》を高《たか》める。

ウワサのうんちくメモ ⑤　元旦《がんたん》の掃除《そうじ》は縁起《えんぎ》が悪《わる》い

元日《がんじつ》は一年《いちねん》のはじまる日《ひ》として世界《せかい》の人《ひと》びとが祝《いわ》いの行事《ぎょうじ》を催《もよお》す。日本《にほん》ではとくに元日《がんじつ》の朝《あさ》を「元旦《がんたん》」とか「歳旦《さいたん》」「大旦《おおあした》」などと呼《よ》んでいる。(元日《がんじつ》のことを「元旦《がんたん》」ともいう)。

その起源《きげん》は明《あき》らかではないが、朝廷《ちょうてい》では716（霊亀《れいき》2）年以来《ねんいらい》、宮中《きゅうちゅう》に文武百官《ぶんぶひゃっかん》を招《まね》き、年始《ねんし》の宴会《えんかい》「元日節会《がんじつのせちえ》」を行《おこな》ってきた。しかし、1872（明治《めいじ》5）年《ねん》に一部《いちぶ》の儀《ぎ》だけを残《のこ》し招待宴《しょうたいえん》は1月《がつ》5日《か》に変更《へんこう》された。

古来《こらい》、朝廷《ちょうてい》に限《かぎ》らず、庶民《しょみん》も家族《かぞく》そろって、福《ふく》の神《かみ》である「歳神《としがみ》」を迎《むか》える元旦《がんたん》を祝《いわ》った。新年《しんねん》のお祝《いわ》いの贈《おく》り物《もの》である「お年玉《としだま》」や新年《しんねん》の祝賀《しゅくが》に食《しょく》する「雑煮《ぞうに》」も、神《かみ》の賜物《たまもの》にちなんだものである。

その儀式《ぎしき》は、身分《みぶん》や地方《ちほう》によって多様《たよう》であるが、元旦《がんたん》を祝《いわ》う気持《きも》ちは共通《きょうつう》していた。一年《いちねん》の運勢《うんせい》を左右《さゆう》するといわれる歳神《としがみ》を迎《むか》える大切《たいせつ》な日《ひ》であるだけに、縁起《えんぎ》をかつぎ、戒《いまし》めも多《おお》かった。「元旦《がんたん》の掃除《そうじ》は、歳神《としがみ》を掃《は》き出《だ》す」と戒《いまし》められた。このほかに「料理《りょうり》をしてはいけない」「髪《かみ》を洗《あら》ってはいけない」「洗濯《せんたく》してはいけない」「裁縫《さいほう》すると神《かみ》の目《め》を突《つ》く」「風呂《ふろ》をわかせば火事《かじ》になる」「泣《な》くと、年中《ねんじゅう》泣《な》くことになる」など、日常的《にちじょうてき》な行為《こうい》を戒《いまし》めるウワサが数々《かずかず》ある。現在《げんざい》でもこの戒《いまし》めを守《まも》っているケースは結構多《けっこうおお》い。卸市場《おろしいちば》の「初《はつ》せり」や「初荷《はつに》」は二日《ふつか》であるし、「書初《かきぞ》め」も古来二日《こらいふつか》に書《か》いた。

「一年《いちねん》の計《けい》は元旦《がんたん》にあり」といわれる。掃除《そうじ》など後回《あとまわ》しにして、年《とし》の初《はじ》めに一年《いちねん》の計画《けいかく》をゆっくり考《かんが》えた方《ほう》が建設的《けんせつてき》でいいだろう。

6章●身体機能についてのウワサ

ウワサ 1

「人間《にんげん》の肉体活動《にくたいかつどう》・感情《かんじょう》・知能活動《ちのうかつどう》は、周期的《しゅうきてき》な変動《へんどう》であるバイオリズムによって好調《こうちょう》・不調《ふちょう》をくり返《かえ》している」

活動《かつどう》のリズムがなぜその周期《しゅうき》なのかの根拠《こんきょ》が曖昧《あいまい》である。

現代社会《げんだいしゃかい》では、すべての人《ひと》が朝起《あさお》きて夜眠《よるねむ》るというオーソドックスな生活《せいかつ》パターンをしていないかもしれない。しかし、わたしたちの身体《からだ》は本来《ほんらい》、明《あか》るくなると自然《しぜん》に目覚《めざ》め、暗《くら》くなれば眠《ねむ》くなるというしくみになっている。

すなわち、人間《にんげん》は二四時間《じかん》を通《つう》じて活発《かっぱつ》ではいられないため、一日《いちにち》の中《なか》で活動《かつどう》が活発《かっぱつ》になる時期《じき》と休息《きゅうそく》する時期《じき》とをくり返《かえ》しているわけである。わたしたちのこの身体活動《しんたいかつどう》の周《しゅう》期的変動《きてきへんどう》は「サーカディアン・リズム（概日《がいじつ》リズム）」と呼《よ》ばれている。

たとえば、血圧《けつあつ》は深夜《しんや》の二時《じ》から三時《じ》ごろに最《もっと》も低《ひく》くなり、目覚《めざ》めると同時《どうじ》に急上昇《きゅうじょうしょう》して午後《ごご》二時《じ》ごろに最高《さいこう》に達《たっ》する。同様《どうよう》に心拍数《しんぱくすう》や体温《たいおん》も眠《ねむ》っているときは低《ひく》く、目覚《めざ》めると上昇《じょうしょう》するのである。

一方《いっぽう》で、血液中《けつえきちゅう》に分泌《ぶんぴつ》される成長《せいちょう》ホルモンの量《りょう》は、一日《いちにち》のうちで午前《ごぜん》一時《じ》ごろが最高《さいこう》になっている。

このように、身体《からだ》は目覚《めざ》めとともに活動《かつどう》モードに入《はい》り、夜《よる》になると身体《からだ》の成長《せいちょう》や修復《しゅうふく》にあてる休息《きゅうそく》モードに入《はい》るという周期性《しゅうきせい》に従《したが》っているわけだが、じつはこの一日《いちにち》のリズムは精神活動《せいしんかつどう》も支配《しはい》している。

この「サーカディアン・リズム」は、わたしたちの体内《たいない》に組《く》み込《こ》まれている生物時計《せいぶつどけい》によって、正確《せいかく》にリズムを刻《きざ》むように調節《ちょうせつ》されている。海外旅行《かいがいりょこう》の際《さい》に時差《じさ》ボケが起《お》こるのは、この生物時計《せいぶつどけい》が示《しめ》す時刻《じこく》と外部環境《がいぶかんきょう》との間《あいだ》に差《さ》が生《しょう》じるからであり、それがやがて解《かい》消《しょう》されるのは、生物時計《せいぶつどけい》が新《あら》たな環境《かんきょう》にあわせてセットされたからなのだ。

こうした身体活動《しんたいかつどう》の周期的変化《しゅうきてきへんか》は一日《いちにち》のリズムのほかにも、成人女性《せいじんじょせい》の月経周期《げっけいしゅうき》の約《やく》三〇日《にち》のリズム、季節《きせつ》の循環《じゅんかん》による約《やく》一年《ねん》のリズムなどが知《し》られている。

ところで、かつて「肉体《にくたい》の活動《かつどう》には二三日《にち》、感情《かんじょう》には二八日《にち》、知能活動《ちのうかつどう》には三三日《にち》の周《しゅう》期《き》があり、高調期《こうちょうき》と低調期《ていちょうき》をくり返《かえ》している」と主張《しゅちょう》するバイオリズム理論《りろん》なるものが提《てい》唱《しょう》されたことがあった。

自分《じぶん》のバイオリズムを知《し》るためのバイオリズム計算機《けいさんき》という商品《しょうひん》も発売《はつばい》され、この理論《りろん》はマスコミにもとりあげられて話題《わだい》になったことがあるから、記憶《きおく》している人《ひと》は多《おお》いであろう。この理論《りろん》の影響《えいきょう》で、「人間《にんげん》は知能活動《ちのうかつどう》までもバイオリズムに支配《しはい》されている」とのウワサをなんとなく信《しん》じている人《ひと》がいるかもしれない。

この理論《りろん》に従《したが》うと、たとえば試験《しけん》を受《う》ける日《ひ》を自分《じぶん》で選《えら》べるなら、自《みずか》らの知能活動《ちのうかつどう》が高調期《こうちょうき》の中《なか》で最《もっと》も高《たか》い時期《じき》に受験《じゅけん》すると非常《ひじょう》に有利《ゆうり》なわけである。また、恋人《こいびと》のバイオリズムを知《し》れば、プロポーズするのに最適《さいてき》な日《ひ》がわかるし、自分《じぶん》の身体《からだ》の具合《ぐあい》をバイオリズムで調《しら》べれば旅行《りょこう》の日程《にってい》を決《き》めるのにも役立《やくだ》つ。

しかしながら、この理論《りろん》には科学的根拠《かがくてきこんきょ》がないのである。

そもそも、肉体《にくたい》や感情《かんじょう》、知能《ちのう》の諸活動《しょかつどう》がなぜこういった周期《しゅうき》で変動《へんどう》するのかという根拠《こんきょ》が曖昧《あいまい》なのであり、

バイオリズム

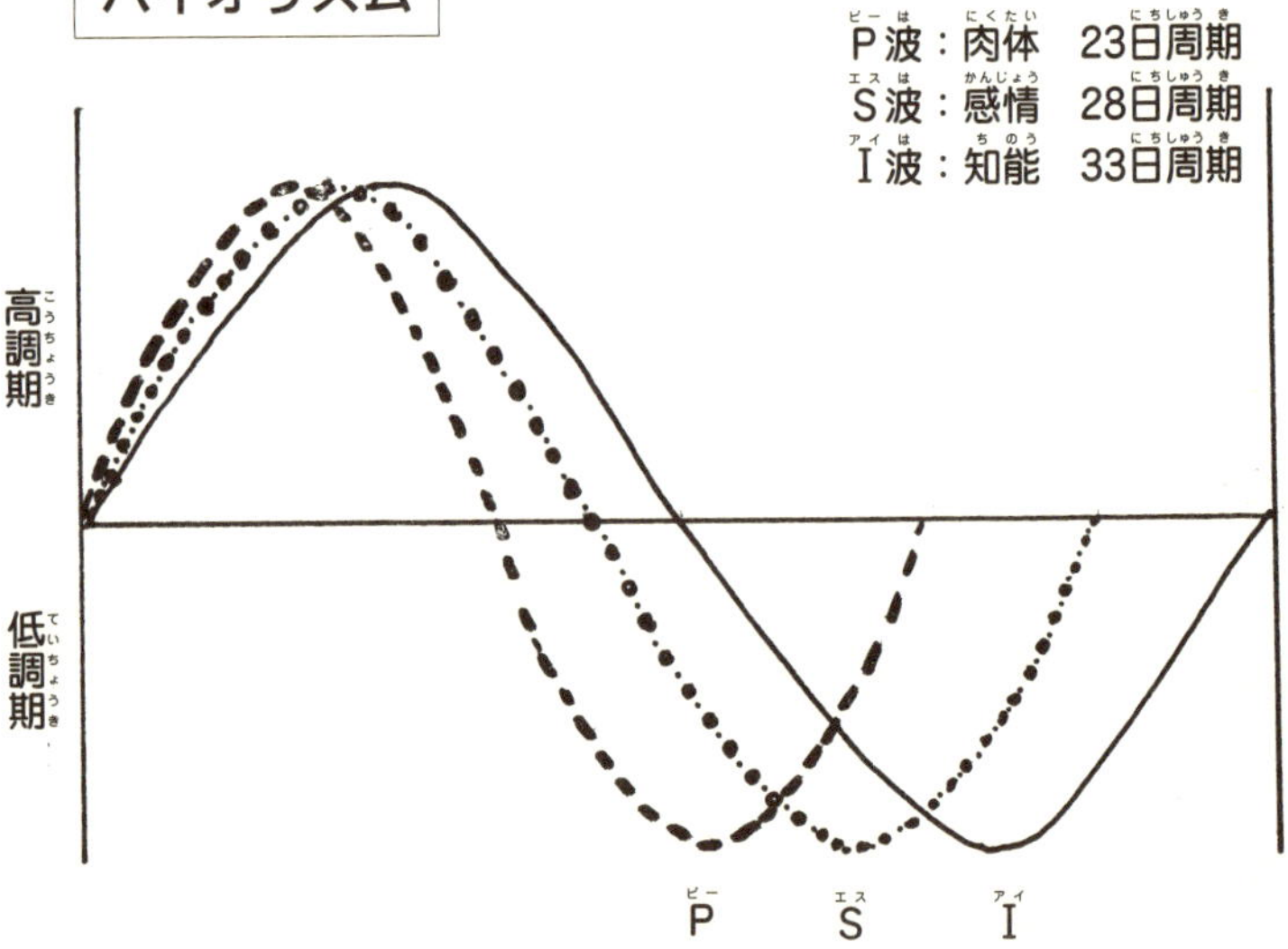

このリズムの存在《そんざい》を裏《うら》づける事実《じじつ》もない。バイオリズム理論《りろん》の提唱者《ていしょうしゃ》が周期《しゅうき》を勝手《かって》に決《き》めたと批判《ひはん》されても、反論《はんろん》できないのだ。

それに、この理論《りろん》によれば、すべての人《ひと》のバイオリズムは生《う》まれたときから正確《せいかく》に二三日《にち》、二八日《にち》、三三日《にち》のサイクルを死《し》ぬまでくり返《かえ》すことになっている。そうでないと、バイオリズム計算機《けいさんき》の操作《そうさ》がややこしくなってしまうからというわけではないだろうが、外部環境《がいぶかんきょう》の影響《えいきょう》を受《う》けやすく、それに対応《たいおう》できる柔軟性《じゅうなんせい》を持《も》つ人体《じんたい》に、そんな絶対不変《ぜったいふへん》の原則《げんそく》があるとは考《かんが》えにくい。

バイオリズム理論《りろん》は科学《かがく》というより、むしろ占《うらな》いに分類《ぶんるい》した方《ほう》がいいようである。

・コ・ラ・ム・
アッ！こんなこともあったね

朝《あさ》ねむいのは生物時計《せいぶつどけい》のしわざ

わたしたちの身体《からだ》にある「サーカディアン・リズム」が概日《がいじつ》（おおよそ一日《いちにち》）なのは、体内《たいない》の生物時計《せいぶつどけい》が一日《いちにち》のリズムを24時間《じかん》ではなく、24.5時間《じかん》にセットしているからである。

これは、アメリカの科学者《かがくしゃ》が光《ひかり》の差《さ》さない洞窟《どうくつ》に半年間《はんとしかん》入《はい》って生活《せいかつ》し、生活《せいかつ》のリズムが24.5時間《じかん》になったことからわかった事実《じじつ》である。

すると、人間《にんげん》は本来《ほんらい》、一日《いちにち》の長《なが》さが24.5時間《じかん》である方《ほう》が無理《むり》なく生《せい》活《かつ》できるわけであるが、じつは毎朝明《まいあさあか》るくなると、光《ひかり》を感《かん》じた身体《からだ》がホルモンの分泌量《ぶんぴつりょう》を調節《ちょうせつ》して生物時計《せいぶつどけい》をリセットしているのである。だから、毎朝起《まいあさお》きるときにねむく感《かん》じるのも当然《とうぜん》だろう。

2 「同《おな》じ重《おも》さでも、黒《くろ》い色《いろ》の物体《ぶったい》は白《しろ》い色《いろ》の物体《ぶったい》よりも重《おも》く感《かん》じる」

黒《くろ》い色《いろ》のものは重《おも》いという連想《れんそう》を人《ひと》の心《こころ》に起《お》こさせる。

軽自動車《けいじどうしゃ》の車体《しゃたい》に黒《くろ》っぽい色《いろ》が用《もち》いられることは、まれである。暗《くら》い色調《しきちょう》の色《いろ》を車体《しゃたい》に塗《ぬ》ると、車《くるま》が実際《じっさい》の大《おお》きさよりも小《ちい》さく見《み》えてしまうからだ。もともと小型《こがた》の車《くるま》が、さらに小《ちい》さく感《かん》じられてしまうことを避《さ》けての対応《たいおう》である。

また囲碁《いご》に使《つか》う碁石《ごいし》は、黒石《くろいし》と白石《しろいし》の大《おお》きさが同《おな》じに見《み》えるが、じつは黒石《くろいし》の方《ほう》がほんのわずかに大《おお》きくつくってある。もしもまったく同《おな》じ大《おお》きさならば、白石《しろいし》の方《ほう》が大《おお》きく見《み》えてしまうからである。

このような白《しろ》い色《いろ》の物体《ぶったい》が実際《じっさい》より膨脹《ぼうちょう》して見《み》え、黒《くろ》い色《いろ》の物体《ぶったい》が収縮《しゅうしゅく》して見《み》える現象《げんしょう》は、人《ひと》の目《め》の構造《こうぞう》からではなく、心理的要因《しんりてきよういん》によるものだといわれている。そして、この錯覚《さっかく》は物体《ぶったい》の大《おお》きさよりも重《おも》さについての認識《にんしき》でより顕著《けんちょ》になり、「黒《くろ》い色《いろ》を重《おも》く感《かん》じ、白《しろ》い色《いろ》を軽《かる》く感《かん》じる」のは、万人《ばんにん》が抱《いだ》く印象《いんしょう》なのである。

新幹線《しんかんせん》の車体《しゃたい》が白《しろ》っぽく塗装《とそう》されているのは、その流線型《りゅうせんけい》の車体《しゃたい》とともに、いかにも軽《けい》快《かい》でスピードが出《で》そうな印象《いんしょう》を与《あた》える効果《こうか》を狙《ねら》っているわけだ。

白《しろ》と黒《くろ》のちがい以外《いがい》にも、色《いろ》のちがいによって人間《にんげん》の知覚《ちかく》は影響《えいきょう》を受《う》けている。たとえば、暖色《だんしょく》や寒色《かんしょく》といった言葉《ことば》がよく知《し》られているように、人《ひと》は色《いろ》に温《あたた》かみや冷《つめ》たさを感《かん》じる。

また、進出色《しんしゅつしょく》と後退色《こうたいしょく》という言葉《ことば》もある。これは赤《あか》や黄色《きいろ》に塗《ぬ》られた物体《ぶったい》は、見《み》る人《ひと》との実際《じっさい》の距離《きょり》よりも手前《てまえ》にあるように見《み》え、逆《ぎゃく》に青《あお》や紫《むらさき》の物体《ぶったい》は遠《とお》くにあるように見《み》えてしまう現象《げんしょう》である。ドライブ中《ちゅう》に車間距離《しゃかんきょり》を目測《もくそく》するときには、この人間《にんげん》の心理《しんり》が起《お》こす誤《あやま》った情報《じょうほう》の危険性《きけんせい》を知《し》っていた方《ほう》がいいだろう。

さらに、人間《にんげん》は赤《あか》い色《いろ》を見《み》ると興奮《こうふん》し、青《あお》い色《いろ》を見《み》ると心《こころ》が静《しず》まるように感《かん》じる。これはそう感《かん》じるというだけでなく、赤《あか》い色《いろ》に塗《ぬ》られた部屋《へや》に入《はい》ると、血圧《けつあつ》・脈拍《みゃくはく》・呼吸数《こきゅうすう》が高《たか》まり、青《あお》い部屋《へや》ではその反対《はんたい》になるといった身体面《しんたいめん》での変化《へんか》も起《お》こるのだ。

では、どうして人間《にんげん》の心理《しんり》や生理《せいり》がこのような反応《はんのう》を起《お》こすのかというと、次《つぎ》のように説明《せつめい》されている。

人間《にんげん》は赤《あか》い色《いろ》から血《ち》や火《ひ》などをイメージし、警戒《けいかい》して緊張状態《きんちょうじょうたい》になり、逆《ぎゃく》に青《あお》い色《いろ》からは澄《す》みきった青空《あおぞら》や湖《みずうみ》などをイメージし、警戒感《けいかいかん》が弱《よわ》まって心《こころ》が静《しず》められるというわけだ。

だから、たとえば闘牛士《とうぎゅうし》がヒラヒラさせるマントの赤《あか》い色《いろ》も、じつは人間《にんげん》を興奮《こうふん》させるためのものだったのである。意外《いがい》にも牛《うし》は色盲《しきもう》で、白《しろ》と黒《くろ》と灰色《はいいろ》しか区別《くべつ》できない。闘牛士《とうぎゅうし》の布《ぬの》の色《いろ》は、牛《うし》が揺《ゆ》れ動《うご》くものに対《たい》して強《つよ》い危機感《ききかん》を募《つの》らせ興奮《こうふん》するという習性《しゅうせい》を利用《りよう》しているため、何色《なにいろ》でもかまわないといわれている。けれども、見《み》ている観客《かんきゃく》を興奮《こうふん》させるためには血《ち》を連想《れんそう》させる赤《あか》い布《ぬの》が必要《ひつよう》だというわけだ。

こうした色《いろ》や明《あか》るさが心理《しんり》におよぼす影響《えいきょう》については、人間工学《にんげんこうがく》の面《めん》でさまざまな研究《けんきゅう》が進《すす》み、活用《かつよう》されている。

交通信号《こうつうしんごう》の「停止《ていし》せよ」を赤《あか》で表《あらわ》したり、標識《ひょうしき》や掲示板《けいじばん》で注意《ちゅうい》を喚起《かんき》したい場合《ばあい》は赤《あか》や黄色《きいろ》が多用《たよう》されるのは、周知《しゅうち》の例《れい》である。

室内《しつない》の配色《はいしょく》でも、学校《がっこう》やオフィスなどでは天井《てんじょう》を明《あか》るい色《いろ》にし、床《ゆか》を暗《くら》い色《いろ》に、壁《かべ》や柱《はしら》をその中間《ちゅうかん》の色《いろ》に塗装《とそう》しているケースが多《おお》い。こうすると、下《した》が重《おも》く上《うえ》が軽《かる》く感《かん》じられるため安定《あんてい》した感《かん》じを受《う》けるわけだ。天井《てんじょう》を暗《くら》く塗装《とそう》すると、頭《あたま》を押《お》さえつけられたような圧迫感《あっぱくかん》がしてしまうのである。

色《いろ》による見《み》え方《かた》のちがい

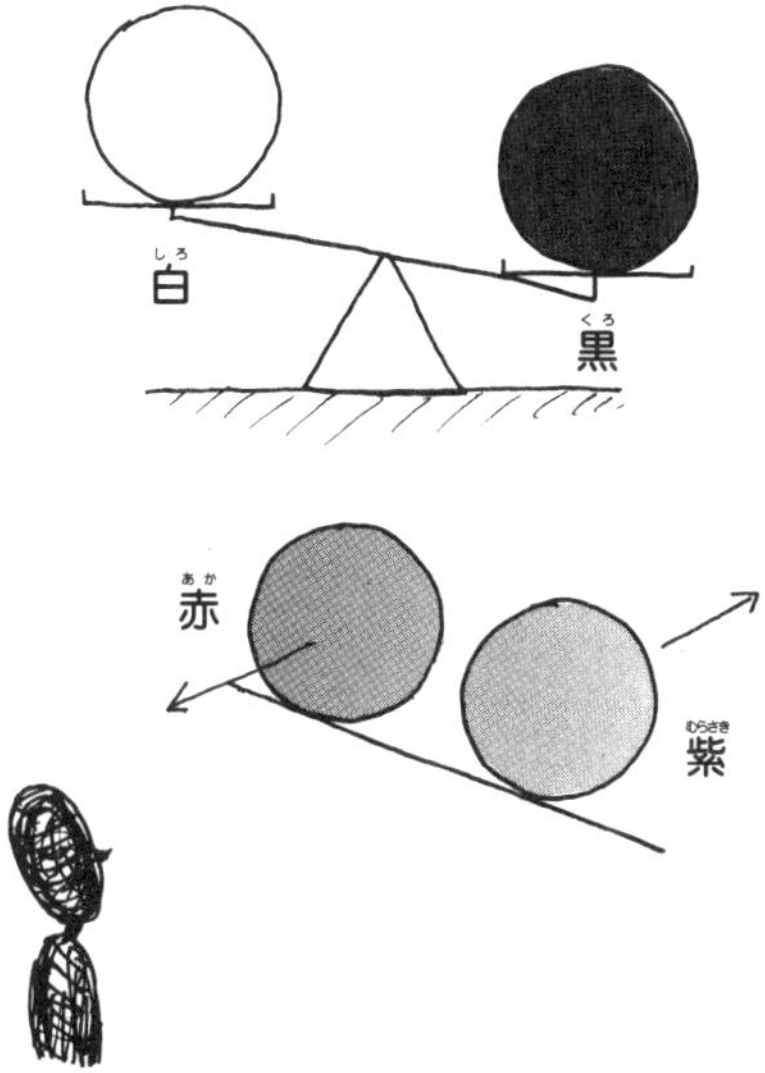

・コ・ラ・ム・ アッ！こんなこともあったね

共産党《きょうさんとう》のシンボルカラーが赤《あか》になったわけ

赤旗《あかはた》といえば共産党《きょうさんとう》。共産主義《きょうさんしゅぎ》革命《かくめい》への熱《あつ》い情熱《じょうねつ》を感《かん》じさせ、いかにもピッタリの色《いろ》だと思《おも》わせられる。けれども、赤《あか》い色《いろ》が共産党《きょうさんとう》のシンボルカラーとして選《えら》ばれたのは、別《べつ》の事情《じじょう》からなのである。

世界最初《せかいさいしょ》の共産主義《きょうさんしゅぎ》政権《せいけん》が誕生《たんじょう》して赤旗《あかはた》を採用《さいよう》したロシアは、ご存《ぞん》じ寒《さむ》い国《くに》。かの地《ち》では、赤《あか》は火《ひ》を連想《れんそう》させるので良《よ》い色《いろ》として好《この》まれている。一方《いっぽう》、日本人《にほんじん》だったら清潔感《せいけつかん》を感《かん》じて良《よ》い色《いろ》と思《おも》う白《しろ》を、ロシア人《じん》は雪《ゆき》を連想《れんそう》させるから悪《わる》い色《いろ》として嫌《きら》っているのである。

この色《いろ》の好《この》みのちがいは日本国内《にほんこくない》にもある。読売新聞《よみうりしんぶん》の意識調査《いしきちょうさ》によれば、たとえば青《あお》を好《す》きと感《かん》じるのは北海道《ほっかいどう》・東北《とうほく》で強《つよ》く、逆《ぎゃく》に中国《ちゅうごく》・四国《しこく》・九州《きゅうしゅう》では弱《よわ》くて、関東《かんとう》・中部《ちゅうぶ》・近畿《きんき》はその中間《ちゅうかん》という結《けっ》果《か》になっている。

3

「ハゲの人《ひと》は精力的《せいりょくてき》」

ハゲの原因《げんいん》はさまざまであり、必《かなら》ずしもそうとは言《い》い切《き》れない。

「ハゲにがんなし、白髪《しらが》に卒中《そっちゅう》なし」

白髪《しらが》に卒中《そっちゅう》なしの傾向《けいこう》は存在《そんざい》する。

「コンブを食《た》べると髪《かみ》がはえてくる」

コンブの黒々《くろぐろ》とした色《いろ》にあやかりたいとの願望《がんぼう》が生《う》んだ迷信《めいしん》。

頭髪《とうはつ》が薄《うす》くなることを嫌《いや》がる男性《だんせい》は多《おお》く、「ハゲ防止《ぼうし》の薬《くすり》ができたらノーベル賞《しょう》もの」とまでいわれている。

それでは、なぜ髪《かみ》の毛《け》が抜《ぬ》けてしまってハゲになるのか。その主《おも》な要因《よういん》としては、①遺伝的《いでんてき》なもの、②栄養不足《えいようぶそく》によるもの、③男性《だんせい》ホルモンの働《はたら》き、があげられる。

要因《よういん》②の栄養不足《えいようぶそく》とは、毛髪《もうはつ》に栄養《えいよう》を運《はこ》ぶ頭部《とうぶ》の毛細血管《もうさいけっかん》が収縮《しゅうしゅく》し、血流《けつりゅう》が悪《わる》くなってしまうことによるものである。栄養《えいよう》が補給《ほきゅう》されなければ、細胞《さいぼう》のひとつである毛髪《もうはつ》がダメージを受《う》けるのは当然《とうぜん》だ。この血管《けっかん》を収縮《しゅうしゅく》させてしまう原因《げんいん》として、ストレス・喫煙《きつえん》・睡《すい》眠不足《みんぶそく》・身体《しんたい》への栄養不足《えいようぶそく》があげられている。

また要因《よういん》③の男性《だんせい》ホルモンの働《はたら》きとは、男性《だんせい》ホルモンの分泌《ぶんぴつ》の多《おお》さによるもので、これが「ハゲの人《ひと》は精力的《せいりょくてき》」というウワサを生《う》み出《だ》したと考《かんが》えられる。男性《だんせい》をより男性《だんせい》らしく、すなわち精力的《せいりょくてき》にする男性《だんせい》ホルモン（テストステロン）が毛髪内《もうはつない》に存在《そんざい》する酵素《こうそ》（5α《アルファ》Ⅱ《ツー》リダクターゼ）と結《むす》びつくと、デヒドロテストステロンという物質《ぶっしつ》に変《か》わり、これが毛髪《もうはつ》内《ない》のタンパク質合成《しつごうせい》を阻害《そがい》してしまうため、栄養《えいよう》が十分《じゅうぶん》でも毛髪《もうはつ》は育《そだ》たなくなるといわれている。だからといって、男性《だんせい》ホルモンが多《おお》いということ以外《いがい》でも要因《よういん》①②のようにハゲになることもあり、必《かなら》ずしも「ハゲの人《ひと》はみんな精力的《せいりょくてき》」とは断言《だんげん》できない。

では、「ハゲにがんなし、白髪《しらが》に卒中《そっちゅう》なし」というウワサの真偽《しんぎ》はどうだろうか。

ハゲの人《ひと》には胃《い》がんが少《すく》ないという興味深《きょうみぶか》い臨床《りんしょう》データもあるのだが、がんの原因《げんいん》はさまざまなので一概《いちがい》にハゲの人《ひと》ががんになりにくいとは言《い》い切《き》れない。

一方《いっぽう》、男性《だんせい》ホルモンが頭髪《とうはつ》を薄《うす》くする代《か》わりにほかの部分《ぶぶん》の体毛《たいもう》を濃《こ》くする働《はたら》きがあるのに対《たい》して、女性《じょせい》ホルモンには頭髪《とうはつ》の発育《はついく》を促進《そくしん》する働《はたら》きがある。だから、女性《じょせい》にはハゲが少《すく》ないのだ。また女性《じょせい》ホルモンにはコレステロールを抑《おさ》える働《はたら》きもあり、卒中《そっちゅう》の防止《ぼうし》に役立《やくだ》っているといわれている。したがって、男性《だんせい》で白髪《しらが》になった人《ひと》はハゲになった人《ひと》に比《くら》べて女性《じょせい》ホルモンが多《おお》いので「白髪《しらが》に卒中《そっちゅう》なし」という傾向《けいこう》はあるといえよう。

では、なぜ白髪《しらが》になるのだろうか。

毛髪《もうはつ》の細胞《さいぼう》にはメラニン色素《しきそ》が含《ふく》まれていて、これが髪《かみ》の色《いろ》を決《き》めている。日本人《にほんじん》の髪《かみ》が黒《くろ》いのは、黒《くろ》いメラニン色素《しきそ》の粒《つぶ》がつまっているからである。そして髪《かみ》は年《とし》をとるとともにメラニン色素《しきそ》をつくる働《はたら》きをやめはじめ、このメラニン色素《しきそ》がなくなると白髪《しらが》になるというしくみである。

さて、髪《かみ》にまつわるもので「コンブを食《た》べると髪《かみ》がはえてくる」というウワサがあるが、残念《ざんねん》ながらコンブには毛髪《もうはつ》の発育《はついく》を促《うなが》す成分《せいぶん》は含《ふく》まれていない。

髪《かみ》にはコンブがいいというウワサが生《う》まれたのは、昔《むかし》の人《ひと》がコンブの黒々《くろぐろ》とした色《いろ》から連想《れんそう》して、「髪《かみ》の毛《け》にご利益《りやく》があるのでは」と思《おも》ったからだろう。

しかし、毛髪《もうはつ》への栄養不足《えいようぶそく》を改善《かいぜん》するためという点《てん》では、コンブはハゲを防止《ぼうし》するのに役立《やくだ》つ可能性《かのうせい》はある。コンブや同《おな》じ海藻《かいそう》のワカメ・ノリなどは、全般的《ぜんぱんてき》にミネラルを豊富《ほうふ》に含《ふく》んでいるため毛髪《もうはつ》の健康《けんこう》への効果《こうか》が期待《きたい》できる。

さらに有効《ゆうこう》なのは、毛髪《もうはつ》の主成分《しゅせいぶん》であるアミノ酸《さん》を含《ふく》むタンパク質《しつ》をたくさん摂取《せっしゅ》することである。中《なか》でも脂質《ししつ》の少《すく》ない食品《しょくひん》を心《こころ》がけよう。大豆食品《だいずしょくひん》・牛乳《ぎゅうにゅう》・レバー・鶏卵《けいらん》・魚《ぎょ》類《るい》・鶏《とり》ササミなどがおすすめである。

毛髪《もうはつ》の構造《こうぞう》

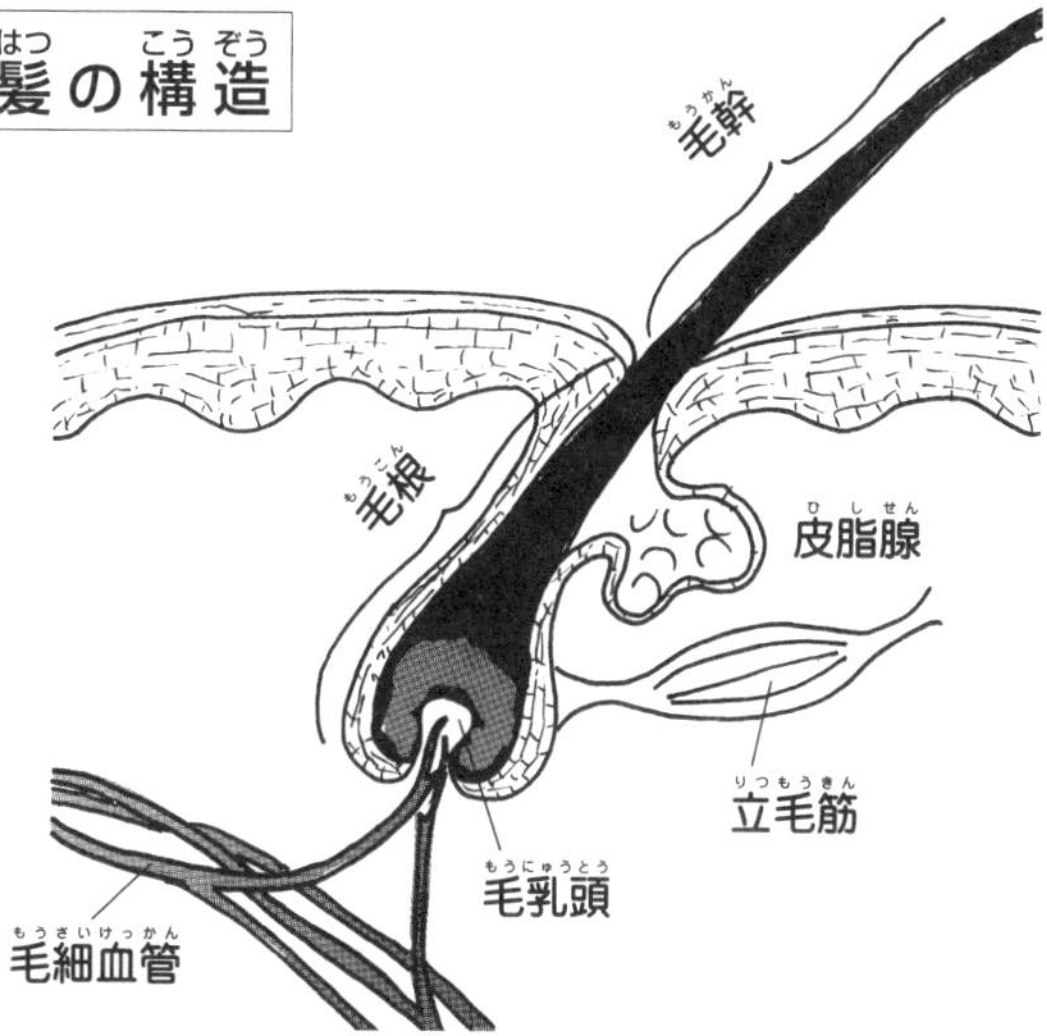

・コ・ラ・ム・
アッ!こんなこともあったね

人間《にんげん》に髪《かみ》の毛《け》があるワケ

「裸《はだか》のサル」と呼《よ》ばれている人類《じんるい》。それでも、人体《じんたい》には合計《ごうけい》50万本《まんぼん》もの体毛《たいもう》がはえている。

そのうち、人体《じんたい》には毛《け》がとくに濃《こ》く密生《みっせい》している部分《ぶぶん》があり、その第一《だいいち》の理由《りゆう》は体表面《たいひょうめん》の保護《ほご》である。中《なか》でも頭髪《とうはつ》は、頭部《とうぶ》への衝撃《しょうげき》に対《たい》するショック・アブソーバーの役割《やくわり》を負《お》っているのだから、責任重大《せきにんじゅうだい》である。

第二《だいに》の理由《りゆう》は、自分《じぶん》の臭《にお》いをためておく役割《やくわり》があげられる。これは自他《じた》の区別《くべつ》をするためと、異性《いせい》へのセックス・アピールのためである。

ウワサ？ 4
「デザートはべつ腹《ばら》」
好物《こうぶつ》を見《み》ると満杯《まんぱい》だった胃《い》に空《あ》きスペースがみるみるできる。

解明

日本人《にほんじん》にはいささかもてあまし気味《ぎみ》なほど量《りょう》が多《おお》い西洋料理《せいようりょうり》のフルコースの終盤《しゅうばん》、「お腹《なか》がいっぱいだ」と感《かん》じていたところにデザートが登場《とうじょう》。さすがにもう入《はい》らないのではないかと思《おも》いつつも、おそるおそる口《くち》にしたら、抵抗《ていこう》なくおいしく食《た》べることができた……。

だれでも一度《いちど》や二度《にど》は経験《けいけん》があるにちがいないこの現象《げんしょう》は、「デザートはべつ腹《ばら》」とか「甘《あま》いものはべつ腹《ばら》」といわれている。けれども、いくらべつ腹《ばら》とはいえ、甘《あま》いものが胃以外《いいがい》の部分《ぶぶん》におさまっていくわけはないので、満腹《まんぷく》なのにどうして食《た》べることができるのだろうかふしぎである。

わたしたちは空腹《くうふく》とか満腹《まんぷく》とかを表《あらわ》すときにお腹《なか》をさわるように、胃《い》が空《から》っぽでグウグウ鳴《な》っているのが空腹《くうふく》、胃《い》が食物《しょくもつ》で満《み》たされてパンパンに膨《ふく》れているのが満腹《まんぷく》だと思《おも》いがちである。しかし、手術《しゅじゅつ》で胃《い》を切除《せつじょ》した人《ひと》にも食欲《しょくよく》は存在《そんざい》するため、胃《い》の状態《じょうたい》だけが空腹《くうふく》や満腹《まんぷく》を感《かん》じさせているのではないことがわかる。

じつは、わたしたちの食欲《しょくよく》をコントロールしているのは脳《のう》であり、脳内《のうない》の視床下部《ししょうかぶ》に空《くう》腹《ふく》と満腹《まんぷく》を感《かん》じる神経中枢《しんけいちゅうすう》が存在《そんざい》するのである。

すなわち、「腹《はら》がへった」と感《かん》じるのは、前《まえ》の食事《しょくじ》から時間《じかん》が経過《けいか》して体内《たいない》にエネルギー源《げん》が不足《ふそく》してきたとき、脳《のう》が「胃《い》が空《から》っぽだ」という状態《じょうたい》を表《あらわ》すシグナルを受《う》け取《と》ると同《どう》時《じ》に、血糖《けっとう》値《ち》やインシュリン濃度《のうど》などの体内《たいない》のエネルギー源《げん》の状態《じょうたい》を示《しめ》す情報《じょうほう》も受《う》け取《と》っていて、その際《さい》にむしろ後者《こうしゃ》の情報《じょうほう》をより重視《じゅうし》し、「いますぐ、食《た》べるべきだ」と判断《はんだん》して食欲《しょくよく》を発生《はっせい》させているからなのである。

そして食事《しょくじ》をはじめてしばらくすると、脳《のう》は血糖《けっとう》値《ち》などエネルギー源《げん》の量《りょう》の増加《ぞうか》を示《しめ》す情報《じょうほう》に加《くわ》え、胃壁《いへき》がのびているというシグナルも受《う》け取《と》るため、「もう、十分《じゅうぶん》だろう」と判《はん》断《だん》して満腹感《まんぷくかん》を発生《はっせい》させているのである。

したがって、満腹《まんぷく》とはあくまで脳《のう》が下《くだ》した判断《はんだん》なのであり、それは必《かなら》ずしも胃《い》が容量《ようりょう》いっぱいにまで膨《ふく》らんだ状態《じょうたい》とはいえず、少量《しょうりょう》のデザートならば食《た》べられるということが多《おお》い。

また人間《にんげん》には味覚特異性満腹《みかくとくいせいまんぷく》と呼《よ》ばれる現象《げんしょう》があり、たとえ胃《い》の容量《ようりょう》が満杯《まんぱい》でも、「食《た》べたい」というサインに応《おう》じて脳《のう》が刺激《しげき》を受《う》け、胃《い》の運動《うんどう》を調整《ちょうせい》して空《あ》きスペースをつくってしまうといわれている。実験《じっけん》でも好物《こうぶつ》を見《み》せるといっぱいだったはずの胃《い》にみるみるスペースができることが証明《しょうめい》されている。

こう考《かんが》えると、わたしたちがいかにデザートや甘《あま》いものを欲《ほっ》しているかがうかがえよう。ダイエット産業《さんぎょう》が盛況《せいきょう》なのもうなずける。

ところで、テレビの大食《おおぐ》い番組《ばんぐみ》に出《で》ている大食《おおぐ》い選手《せんしゅ》たちは、満腹《まんぷく》だと感《かん》じる神経《しんけい》が鈍《にぶ》いのだろうか。もしそうだとしても、わたしたちとそれほど変《か》わらない体格《たいかく》なのに、一般《いっぱん》人《じん》の食事量《しょくじりょう》の数倍《すうばい》を食《た》べられるのはどうしてなのだろう。また、胃《い》の大《おお》きさがそれほどちがうわけでもないのに、日本人《にほんじん》に比《くら》べて西洋人《せいようじん》に大食漢《たいしょくかん》が多《おお》いのはなぜだろう。

通常《つうじょう》、胃《い》の容量《ようりょう》はだいたい一・五リットルである。胃《い》の中《なか》での食物《しょくもつ》の消化時間《しょうかじかん》は約《やく》二〜四時間《じかん》なので、その間《かん》に食物《しょくもつ》が胃《い》にどんどん入《はい》ってくれば、たちまち胃《い》は膨《ふく》れ上《あ》がってしまい食《た》べる量《りょう》に限界《げんかい》がきてしまう。ところが人間《にんげん》の胃《い》には牛角型《ぎゅうかくがた》と呼《よ》ばれる胃《い》の下部《かぶ》がとんがったタイプがあり、これは西洋人《せいようじん》や太《ふと》った人《ひと》に多《おお》い。この形《かたち》なら食物《しょくもつ》を腸《ちょう》に送《おく》り出《だ》しやすいから、胃《い》に空《あ》きスペースができてたくさん食《た》べられるというわけである。

とはいえ、牛角型《ぎゅうかくがた》の胃《い》でも一度《いちど》に食《た》べる容量《ようりょう》には限界《げんかい》がある。

とすると、大食《おおぐ》い選手《せんしゅ》が並《なみ》はずれて大量《たいりょう》に食《た》べることができるのは、胃《い》の形態《けいたい》や大《おお》きさというよりも機能《きのう》がすぐれているからと考《かんが》えられる。すなわち、胃《い》から腸《ちょう》に食物《しょくもつ》を送《おく》り出《だ》す胃《い》の収縮《しゅうしゅく》・拡張運動《かくちょううんどう》が旺盛《おうせい》ならば、胃《い》に空《あ》きスペースがたくさんでき、どんな体格《たいかく》の人《ひと》でも次《つぎ》から次《つぎ》へと食《た》べることができるのである。「ヤセの大《おお》食《ぐ》い」なる人物《じんぶつ》が現《あらわ》れてもなんらふしぎはない。

人間《にんげん》の胃《い》の形《かたち》

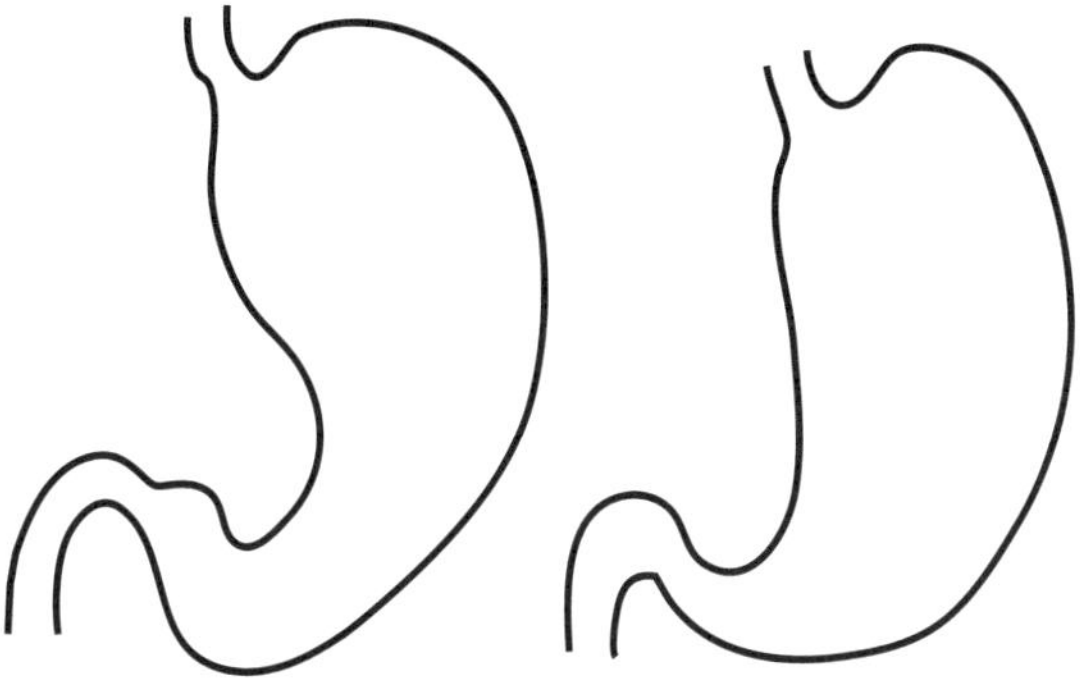

通常《つうじょう》の胃《い》　　牛角型《ぎゅうかくがた》の胃《い》

・コ・ラ・ム・
アッ！こんなこともあったね

胃《い》が自分自身《じぶんじしん》を消化《しょうか》しないわけ

消化器官《しょうかきかん》としての胃《い》の働《はたら》きのひとつが、胃液《いえき》を出《だ》してタンパク質《しつ》を消化《しょうか》すること。それでは、なぜ胃自身《いじしん》が胃液《いえき》に溶《と》かされないのだろうか。

それは、胃《い》の内壁《ないへき》が粘膜《ねんまく》によって保護《ほご》されているからである。胃液《いえき》の侵入《しんにゅう》を防止《ぼうし》するこの粘膜《ねんまく》の働《はたら》きによって、胃《い》は強烈《きょうれつ》な刺激食品《しげきしょくひん》を食《た》べてもだいじょうぶなのだ。

しかし、もしも粘膜《ねんまく》による防御《ぼうぎょ》がなんらかの理由《りゆう》により突破《とっぱ》されると、胃《い》の内壁《ないへき》はたちまち胃液《いえき》に侵《おか》される。これが潰瘍《かいよう》である。

5 「女性《じょせい》は恋《こい》をすると美《うつく》しくなる」

心理的《しんりてき》にも生理的《せいりてき》にも恋《こい》は女性《じょせい》を魅力的《みりょくてき》にする。

「美人《びじん》は夜《よる》つくられる」

たしかに夜更《よふ》かしは美容《びよう》の大敵《たいてき》。

「女性《じょせい》は恋《こい》をすると美《うつく》しくなる」とのウワサは、よく知《し》られている。ここで、なにをもって「美《うつく》しくなる」と定義《ていぎ》するかはなかなかむずかしい問題《もんだい》だが、男性《だんせい》から見《み》て「魅力的《みりょくてき》に感《かん》じられるようになる」と解釈《かいしゃく》するなら、このウワサには十分《じゅうぶん》な科学的根拠《かがくてきこんきょ》がある。

まず、女性《じょせい》の心《こころ》の面《めん》から考《かんが》えてみよう。恋《こい》をすると、女性《じょせい》は好《す》きになった相手《あいて》によい印象《いんしょう》を与《あた》えようとする。自分《じぶん》がよりきれいに見《み》えるように努力《どりょく》するため、身《み》だしなみにしっかり気《き》を配《くば》ったりするなど、おしゃれになるわけである。

それに、うまく相思相愛《そうしそうあい》の仲《なか》になった女性《じょせい》は自分《じぶん》に自信《じしん》が持《も》てるようになるので、家庭《かてい》や職場《しょくば》、友《とも》だちづきあいなどでの発言《はつげん》や行動《こうどう》が以前《いぜん》より積極的《せっきょくてき》になる。これに対《たい》して周《まわ》りの人《ひと》は、「明《あか》るい、ポジティブな性格《せいかく》だ」と好印象《こういんしょう》を受《う》ける。

こうした女性《じょせい》の心《こころ》の変化《へんか》だけでも、十分《じゅうぶん》に美《うつく》しくなったといえるのだが、それだけではないのだ。恋《こい》は身体《からだ》にも変化《へんか》を生《しょう》じさせる。

「人《ひと》を好《す》きになった」という強《つよ》い情動《じょうどう》のシグナルは、脳《のう》の中《なか》で大脳辺縁系《だいのうへんえんけい》という部位《ぶい》に伝達《でんたつ》される。こうして刺激《しげき》された大脳辺縁系《だいのうへんえんけい》は、女性《じょせい》ホルモンの分泌《ぶんぴつ》を促《うなが》す役割《やくわり》を果《は》たす視床下部《ししょうかぶ》と結《むす》びついているため、視床下部《ししょうかぶ》も刺激《しげき》されて女性《じょせい》ホルモンの分泌《ぶんぴつ》がより促進《そくしん》される。

身体《からだ》を女性《じょせい》らしくし、女性《じょせい》としての機能《きのう》を促進《そくしん》させる役割《やくわり》を持《も》つ女性《じょせい》ホルモンの一種《いっしゅ》であるエストロゲンは、女性《じょせい》を魅力的《みりょくてき》にするさまざまな作用《さよう》がある。卵巣《らんそう》でつくられるエストロゲンには、脂肪《しぼう》の合成《ごうせい》を増加《ぞうか》させて女性《じょせい》らしいふくよかな体《からだ》つきにしたり、コラーゲンという物質《ぶっしつ》をつくるタンパク質《しつ》を生成《せいせい》したりする働《はたら》きがある。化粧品《けしょうひん》にも含《ふく》まれているコラーゲンは肌《はだ》に弾力性《だんりょくせい》を持《も》たせる機能《きのう》があるから、みずみずしい肌《はだ》になるというわけだ。

また、エストロゲンには血液《けつえき》の流《なが》れをスムーズにする働《はたら》きもあり、このことが肌《はだ》を健康的《けんこうてき》にする。そして、頭皮《とうひ》の血液《けつえき》の流《なが》れがスムーズになると、女性《じょせい》の魅力《みりょく》のひとつである髪《かみ》に潤《うるお》いが出《で》てくるという利点《りてん》がある。

さらに、エストロゲンは涙《なみだ》の成分《せいぶん》を増加《ぞうか》させる働《はたら》きもする。涙《なみだ》は涙腺《るいせん》でつくられ、眼球《がんきゅう》を潤《うるお》して上下《じょうげ》二《ふた》つの涙点《るいてん》から吸引《きゅういん》され、鼻涙管《びるいかん》に流《なが》れ込《こ》む。この涙《なみだ》の量《りょう》が多《おお》いということは、女性《じょせい》の重要《じゅうよう》なチャームポイントである目《め》が、常《つね》に潤《うるお》っていることを意味《いみ》している。

美人《びじん》になりたければ、恋《こい》をしなさいというわけである。

けれども、恋《こい》をしなくても美人《びじん》になれる方法《ほうほう》はある。その秘訣《ひけつ》は、夜《よる》しっかり睡眠《すいみん》をとることだ。「美人《びじん》は夜《よる》つくられる」というウワサも正《ただ》しかったのである。

「寝《ね》る子《こ》は育《そだ》つ」のことわざは科学的《かがくてき》に正《ただ》しく、じつは子《こ》どもは眠《ねむ》っているときに成長《せいちょう》する。これは、眠《ねむ》っているときに成長《せいちょう》ホルモンが分泌《ぶんぴつ》されるからである。

この成長《せいちょう》ホルモンは大人《おとな》になっても夜間《やかん》の眠《ねむ》っている時間帯《じかんたい》に分泌《ぶんぴつ》されるが、その役割《やくわり》は身体《しんたい》を成長《せいちょう》させるというより、身体《しんたい》の修復《しゅうふく》や新生《しんせい》のためにあてられる。美容《びよう》に大敵《たいてき》の荒《あ》れた肌《はだ》も、成長《せいちょう》ホルモンが正《ただ》しく分泌《ぶんぴつ》されていれば防《ふせ》げるのであり、そのためには夜更《よふ》かしをしないように心《こころ》がけよう。

食物《しょくもつ》で美人《びじん》になれる方法《ほうほう》もある。「リンゴを食《た》べれば美人《びじん》になる」とのウワサにも根拠《こんきょ》はあるのだ。リンゴに豊富《ほうふ》に含《ふく》まれているペクチンには整腸作用《せいちょうさよう》があって、便通《べんつう》がよくなり肌《はだ》のツヤが向上《こうじょう》する。ただし、ペクチンは皮《かわ》に多《おお》く含《ふく》まれているので、皮《かわ》ごと食《た》べるようにしよう。

秋田美人《あきたびじん》に代表《だいひょう》される東北地方《とうほくちほう》に肌《はだ》がきれいな人《ひと》が多《おお》いのは、リンゴをよく食《た》べることも多分《たぶん》に寄与《きよ》しているのかもしれない。

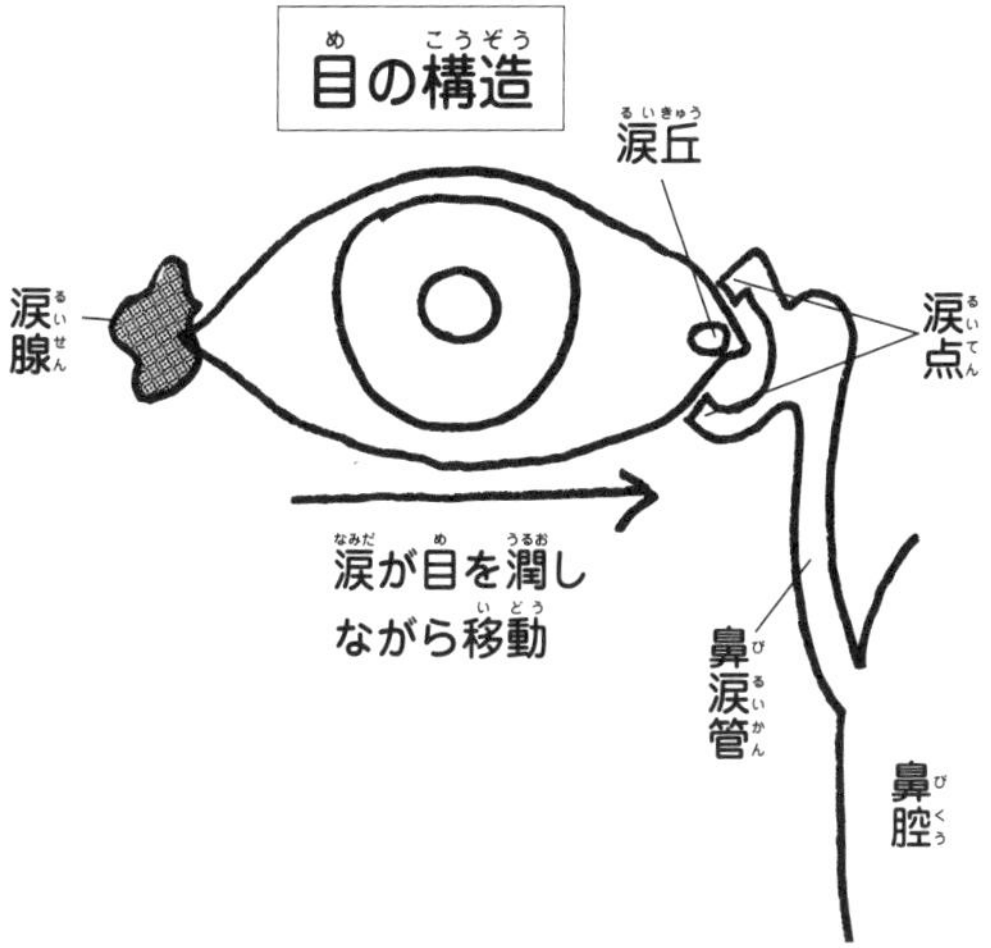

・コ・ラ・ム・
アッ！こんなこともあったね

美人薄命《びじんはくめい》は正《ただ》しい？

美人薄命《びじんはくめい》とはよくいわれるが、そもそも美人《びじん》であることと寿命《じゅみょう》が短《みじか》いことにはなんの関連《かんれん》も見《み》られない。それでは、どうしてこんな言葉《ことば》があるのか。

たとえば、伝統的《でんとうてき》な日本女性《にほんじょせい》の美《うつく》しさを表現《ひょうげん》したヤマトナデシコという言葉《ことば》は、身体頑健《しんたいがんけん》とは対極的《たいきょくてき》なイメージである。すると、日本文《にほんぶん》化《か》の中《なか》に生《い》きてきた男性《だんせい》は、美人《びじん》という言葉《ことば》に、か弱《よわ》い存在《そんざい》とか病弱《びょうじゃく》といったイメージを抱《いだ》いているのではないだろうか。

もっとも、人《ひと》が外面的《がいめんてき》な美《び》を気《き》にするのは、男女《だんじょ》とも若《わか》い時期《じき》のことである。

人間《にんげん》は人生経験《じんせいけいけん》によって、外見的《がいけんてき》なものよりはるかにすばらしい内《ない》面的《めんてき》な美《うつく》しさが表《あらわ》れてくるものであり、美人《びじん》かどうかが大問題《だいもんだい》に思《おも》えるのは、長《なが》い人生《じんせい》の中《なか》のほんの短《みじか》い期間《きかん》にすぎない。その意味《いみ》では、美人《びじん》は薄命《はくめい》でいいだろう。

ウワサ6

「息子《むすこ》は母親《ははおや》に似《に》る。娘《むすめ》は父親《ちちおや》に似《に》る」

そのような働《はたら》きの遺伝子《いでんし》が存在《そんざい》するわけではない。

「妊婦《にんぷ》が火事《かじ》を見《み》たら、赤《あか》アザのある子《こ》が生《う》まれる」

妊婦《にんぷ》の身《み》を案《あん》じての諌《いさ》めの言葉《ことば》だった。

解明

赤《あか》ちゃんが生《う》まれると、父親《ちちおや》と母親《ははおや》のどちらに似《に》ているかを見《み》るのが楽《たの》しみなもので、どちらにも似《に》ていないと、いろいろ考《かんが》えてしまうものであるが、男《おとこ》の子《こ》の場合《ばあい》は母親《ははおや》によく似《に》ていて、女《おんな》の子《こ》の場合《ばあい》は父親《ちちおや》に似《に》ていることが多《おお》いと感《かん》じることはないだろうか。

こうした顔立《かおだ》ちも含《ふく》めて、子《こ》どもは遺伝《いでん》によって両親《りょうしん》の特徴《とくちょう》を受《う》け継《つ》ぐものである。

人間《にんげん》や高等生物《こうとうせいぶつ》のほとんどは、有性生殖《ゆうせいせいしょく》によって母親《ははおや》の卵子《らんし》と父親《ちちおや》の精子《せいし》が結合《けつごう》して受《じゅ》精卵《せいらん》が生《しょう》じ、それが新《あたら》しい個体《こたい》をつくっていく。そのとき、受精卵《じゅせいらん》が持《も》っている遺伝情報《いでんじょうほう》が正確《せいかく》に子《こ》どもにコピーされていくわけだ。

だから、たとえば母《はは》と娘《むすめ》がまるでクローン人間《にんげん》のように瓜二《うりふた》つというケースもまれにあるが、これは母親《ははおや》の顔立《かおだ》ちを持《も》つ遺伝子《いでんし》が娘《むすめ》にそっくり受《う》け継《つ》がれたからといえる。

けれども、とくに男《おとこ》の子《こ》の顔立《かおだ》ちが母親《ははおや》に、女《おんな》の子《こ》が父親《ちちおや》に似《に》るといった遺伝《いでん》のしくみはなく、ほとんどの場合子《ばあいこ》どもの顔立《かおだ》ちには平均《へいきん》すれば両親《りょうしん》の特徴《とくちょう》が平等《びょうどう》に現《あらわ》れると考《かんが》えるのが妥当《だとう》である。

それでは、どうして「息子《むすこ》は母親《ははおや》に似《に》る。娘《むすめ》は父親《ちちおや》に似《に》る」と感《かん》じてしまうのであろうか。

こう考《かんが》えればいいだろう。赤《あか》ちゃんの顔《かお》を見《み》たとき、その子《こ》が女《おんな》の子《こ》ならば、母親《ははおや》の顔《かお》を基準《きじゅん》にして相違点《そういてん》を見《み》つけようとする。すると、女《おんな》の子《こ》の顔《かお》に現《あらわ》れた母親《ははおや》とのちがいは、すなわち父親《ちちおや》の特徴《とくちょう》なのである。

このとき、わたしたちには母親《ははおや》とのちがいが強《つよ》く印象《いんしょう》づけられて、「父親《ちちおや》に似《に》ている」と感《かん》じてしまうのである。

男《おとこ》の子《こ》の場合《ばあい》にも、父親《ちちおや》の顔《かお》を基準《きじゅん》に考《かんが》えるので、父親《ちちおや》との相違点《そういてん》、すなわち母親《ははおや》の特《とく》徴《ちょう》に目《め》がいってしまいがちになるというわけだ。

さて、遺伝《いでん》に関《かん》するウワサとしては、「妊婦《にんぷ》が火事《かじ》を見《み》たら、赤《あか》アザのある子《こ》が生《う》まれる」というのがある。けれども、このウワサに科学的根拠《かがくてきこんきょ》があるとは考《かんが》えられない。

もちろん、両親《りょうしん》から受《う》け継《つ》いだ特徴《とくちょう》が子《こ》どもに現《あらわ》れる際《さい》、物理的《ぶつりてき》・化学的《かがくてき》・生物学的《せいぶつがくてき》な環境《かんきょう》の影響《えいきょう》を受《う》けることはある。しかし「火事《かじ》を見《み》た」という経験《けいけん》が、遺伝《いでん》に影響《えいきょう》を与《あた》えるほどの強力《きょうりょく》な環境要因《かんきょうよういん》になることはない。

だから、このウワサは妊婦《にんぷ》への諌《いさ》めの意味《いみ》から生《う》まれたものと解釈《かいしゃく》した方《ほう》がいい。

妊婦《にんぷ》の身《み》なのに野次馬精神《やじうませいしん》を発揮《はっき》して火事見物《かじけんぶつ》に行《い》ったりすれば、群集《ぐんしゅう》の中《なか》でもみくちゃにされたり、人《ひと》から突《つ》き飛《と》ばされたりして危険《きけん》きわまりないからだ。

・コ・ラ・ム・
アッ！こんなこともあったね

5月生《がつう》まれの子《こ》は優秀《ゆうしゅう》か？

「5月生《がつう》まれの子《こ》どもは優秀《ゆうしゅう》」といわれているのだが、このウワサと遺伝《いでん》との関連《かんれん》はなさそうである。

それでは、どうしてこんなウワサがあるのかといえば、生《う》まれた時期《じき》による成長《せいちょう》の差《さ》といえよう。

小学校《しょうがっこう》では4月《がつ》2日生《かう》まれから翌年《よくねん》の4月1日生《がつついたちう》まれまでの子《こ》どもが同《おな》じ学年《がくねん》を構成《こうせい》しているため、年度《ねんど》はじめに近《ちか》い5月《がつ》に生《う》まれた子《こ》どもは年度末生《ねんどまつう》まれの子《こ》どもに比《くら》べて1年近《ねんちか》い発育期間《はついくきかん》の差《さ》がある。この差《さ》は幼年時代《ようねんじだい》には大《おお》きいだろう。

また、暖《あたた》かくなっていく季節《きせつ》に生《う》まれると、子育《こそだ》ても比較的楽《ひかくてきらく》なことから、「世話《せわ》のかからない子《こ》」すなわち「良《よ》い子《こ》」のイメージも5月生《がつう》まれの子《こ》にはあるようだ。

メンデルの法則《ほうそく》

遺伝《いでん》といえば、メンデルの法則《ほうそく》を思《おも》い浮《う》かべる人《ひと》も多《おお》いだろう。メンデルは、植物《しょくぶつ》のエンドウから7種《しゅ》の形《かたち》や性質《せいしつ》をとりあげ、その7種《しゅ》の形質《けいしつ》がどのように遺伝《いでん》していくかを調《しら》べた。その結果《けっか》、第《だい》1代《だい》では、対立《たいりつ》する形質《けいしつ》の一方《いっぽう》だけが現《あらわ》れ、第《だい》2代《だい》では、その形質《けいしつ》が9：3：3：1の割合《わりあい》で現《あらわ》れることをつきとめたのである。

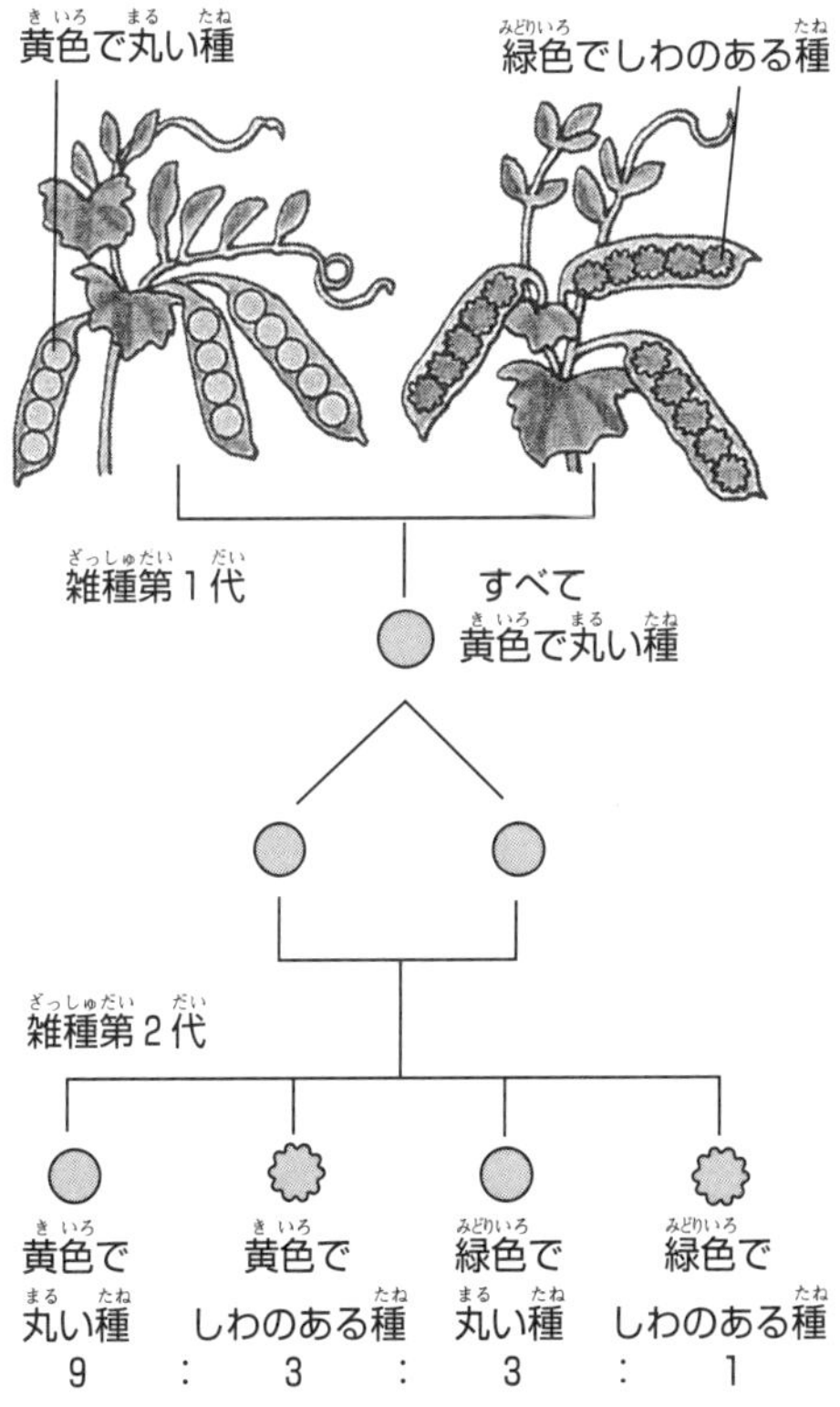

ウワサ 7

「食後《しょくご》すぐ横《よこ》になると牛《うし》になる」
行儀《ぎょうぎ》は悪《わる》いが、消化《しょうか》のためにはこの姿勢《しせい》がよい。

「爪《つめ》の半月《はんげつ》の大《おお》きさで健康状態《けんこうじょうたい》がわかる」
それほど神経質《しんけいしつ》にならなくてもよい。

「厄年《やくどし》には災難《さいなん》にあう」
厄年《やくどし》は人生《じんせい》の節目《ふしめ》にあたり、注意《ちゅうい》は必要《ひつよう》。

解明

「食《た》べてすぐ横《よこ》になると、牛《うし》になってしまうよ」とよくいわれているが、この言葉《ことば》の真意《しんい》は、子《こ》どもに行儀《ぎょうぎ》よくしなさいという躾《しつけ》である。

実際《じっさい》、人間《にんげん》の身体《からだ》を他種《たしゅ》の生物《せいぶつ》に変身《へんしん》させるには、細胞《さいぼう》そのものと細胞《さいぼう》の配列《はいれつ》を変化《へんか》させなければならず、マンガや映画《えいが》のように魔法《まほう》でも使《つか》わないかぎり実現《じつげん》は困難《こんなん》であろう。

では、どうして牛《うし》になってしまうといわれてきたのだろうか。

牛《うし》は胃《い》が四つに分《わ》かれており、食物《しょくもつ》をまず第《だい》一の胃《い》に送《おく》り、一度口《いちどくち》まで戻《もど》して噛《か》みなおし、次《つぎ》に第《だい》二の胃《い》で消化《しょうか》したあと、再《ふたた》び食道《しょくどう》から口《くち》に戻《もど》して咀嚼《そしゃく》、今度《こんど》は直接第《ちょくせつだい》三の胃《い》に送《おく》り……といった反芻《はんすう》をするため、いつも口《くち》を動《うご》かしていてみっともないと感《かん》じられたからである。

たしかに、食後《しょくご》すぐ横《よこ》になるのは行儀《ぎょうぎ》の悪《わる》い行為《こうい》なのではあろうが、じつは健康《けんこう》にとってはむしろ望《のぞ》ましいことなのである。食後《しょくご》すぐに活動《かつどう》すると、本来《ほんらい》は食物《しょくもつ》の消化《しょうか》を助《たす》けるため胃《い》に集中《しゅうちゅう》するはずの血液《けつえき》が分散《ぶんさん》されてしまい、消化《しょうか》がスムーズに行《おこな》われなくなるからである。

胃《い》に入《はい》った食物《しょくもつ》は、胃《い》の動《うご》きによって胃液《いえき》と十分混和《じゅうぶんこんわ》されて粥《かゆ》のような状態《じょうたい》になり、少量《しょう》ずつ十二指腸《じゅうにしちょう》に送《おく》られ、平均《へいきん》して二〜四時間《じかん》で食物《しょくもつ》の八〇パーセントが胃《い》から送《おく》り出《だ》されるしくみだ。

だから、横《よこ》になるときは食物《しょくもつ》が胃《い》から十二指腸《じゅうにしちょう》に流《なが》れやすくなるよう、身体《からだ》の右側《みぎがわ》を下《した》にするのがいい。

健康《けんこう》に関《かん》するウワサとしては、「爪《つめ》の半月《はんげつ》の大《おお》きさ」による自己診断《じこしんだん》もある。

爪《つめ》の半月《はんげつ》の部分《ぶぶん》は爪《つめ》になる予備軍《よびぐん》ともいうべきところであり、一般論《いっぱんろん》としてはこの部分《ぶぶん》が大《おお》きくきれいな白《しろ》い半月型《はんげつがた》をしているのは、身体《からだ》が順調《じゅんちょう》に成長《せいちょう》し、新陳代謝《しんちんたいしゃ》が活発《かっぱつ》であることの証拠《しょうこ》といえる。

けれども、この半月《はんげつ》の形《かたち》や大《おお》きさには個人差《こじんさ》があり、また同一人物《どういつじんぶつ》でも年齢《ねんれい》などによって形《かたち》や大《おお》きさが変化《へんか》することがあるため、小《ちい》さくいびつであっても、それほど神経質《しんけいしつ》になる必要《ひつよう》はないだろう。

さて、それでは「厄年《やくどし》には災難《さいなん》にあう」との、昔《むかし》からよく知《し》られているウワサに科学的《かがくてき》根拠《こんきょ》はあるのだろうか。

一般《いっぱん》に、男性《だんせい》の厄年《やくどし》は数《かぞ》え年《どし》の二五歳《さい》・四二歳《さい》・六〇歳《さい》、女性《じょせい》の厄年《やくどし》は一九歳《さい》・三三歳《さい》であり、そのうち男性《だんせい》の四二歳《さい》、女性《じょせい》の三三歳《さい》がとくに注意《ちゅうい》の必要《ひつよう》な大厄《たいやく》だとされている。

これらの年齢《ねんれい》を人間《にんげん》の成長《せいちょう》や社会的地位《しゃかいてきちい》の変化《へんか》などと関連《かんれん》づけてみると、たとえば男性《だんせい》の四二歳《さい》といえば働《はたら》きざかりで社会的責任《しゃかいてきせきにん》が重《おも》くなる時期《じき》であり、女性《じょせい》の三三歳《さい》は婦人病《ふじんびょう》への注意《ちゅうい》が必要《ひつよう》となる時期《じき》にあたっている。

すなわち、厄年《やくどし》とは人間《にんげん》の一生《いっしょう》の中《なか》での節目《ふしめ》の年《とし》といえるわけで、身体面《しんたいめん》での災難《さいなん》である病気《びょうき》が起《お》こりやすいと考《かんが》えるのは理解《りかい》できよう。

しかしながら、おおむねそうだとしても、やはり個人差《こじんさ》があり、厄年《やくどし》にあたる時期《じき》だけ注意《ちゅうい》していればすむという話《はなし》ではない。厄払《やくばら》いしたからと安心《あんしん》することなく、何歳《なんさい》であっても健康《けんこう》への気遣《きづか》いは大切《たいせつ》である。

人間《にんげん》の消化器《しょうかき》

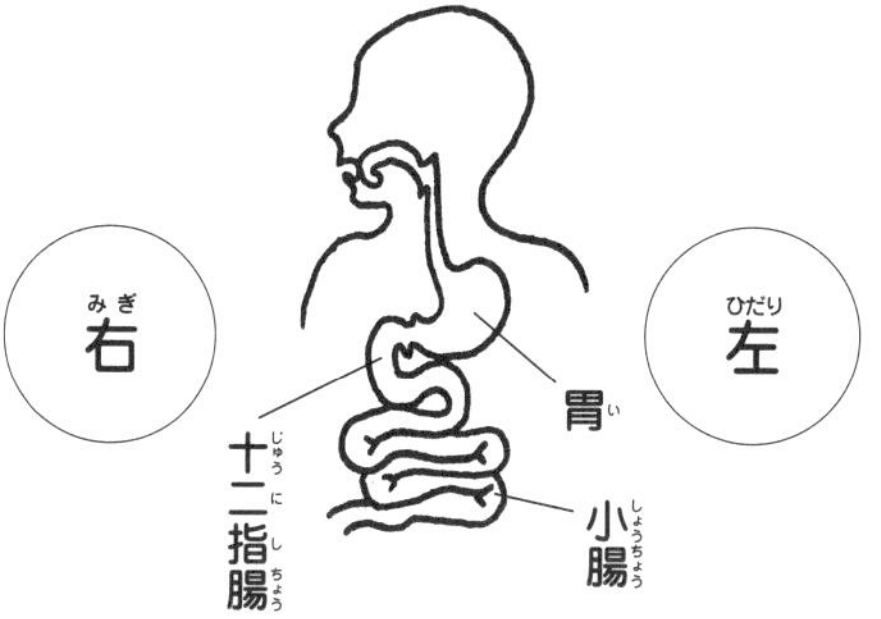

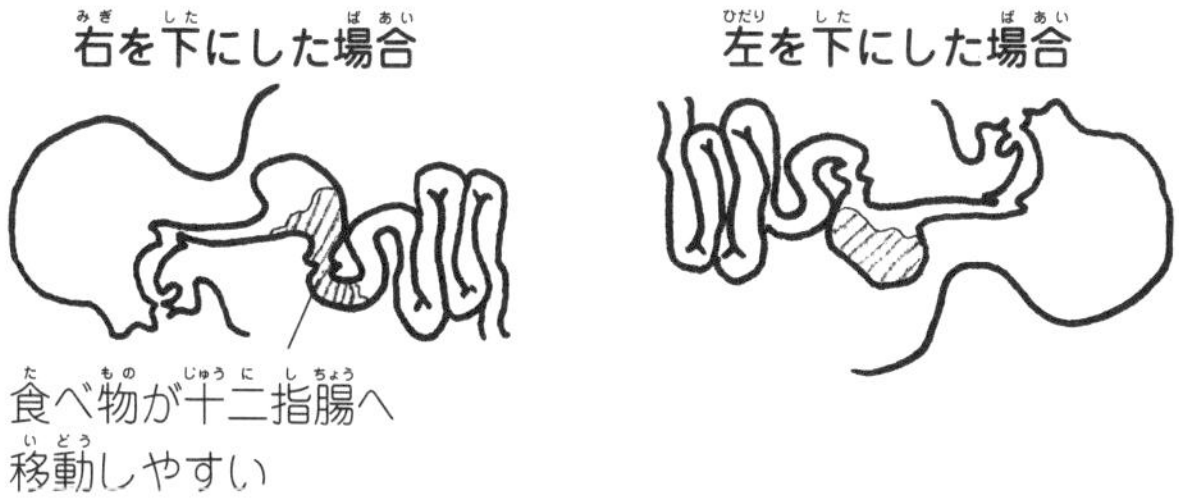

・コ・ラ・ム・
アッ！こんなこともあったね

厄年《やくどし》の本当《ほんとう》の年齢《ねんれい》

厄年《やくどし》という考《かんが》え方《かた》は、そもそも古代中国《こだいちゅうごく》の陰陽思想《おんみょうしそう》から生《う》まれたものである。

それによると、もともと厄年《やくどし》には男女《だんじょ》の別《べつ》がなく、年齢《ねんれい》も数《かぞ》え年《どし》の13、25、37、49、61、73歳《さい》。今風《いまふう》にいうなら年男《としおとこ》・年女《としおんな》にあたる年齢《ねんれい》だったのである。

陰陽思想《おんみょうしそう》においては、その人《ひと》の生《う》まれ年《どし》の干支《えと》が重《かさ》なる年《とし》は、その「気《き》」が強《つよ》くなりすぎるためかえってバランスを損《そこ》なうから、災《わざわ》いが発生《はっせい》しやすいと考《かんが》えたのだ。

8

「手先《てさき》を使《つか》い続《つづ》けているとボケない」

手指《しゅし》の運動《うんどう》が脳《のう》を刺激《しげき》することになるので効果《こうか》あり。

「年《とし》を重《かさ》ねるにつれて、時《とき》の流《なが》れは速《はや》くなる」

心《こころ》の中《なか》での時間経過《じかんけいか》の速度《そくど》は加齢《かれい》につれて速《はや》くなる。

高齢化社会《こうれいかしゃかい》の進行《しんこう》にともなって、高年性痴呆《こうねんせいちほう》の問題《もんだい》が大《おお》きな社会的《しゃかいてき》テーマとなっている。この老化《ろうか》によるボケに関《かん》して、「手先《てさき》を使《つか》い続《つづ》けているとボケない」というウワサは、よく知《し》られている。

かの孔子《こうし》も、「バクチでもいいから手《て》を使《つか》え」と教《おし》えているし、昔《むかし》から高齢者《こうれいしゃ》のボケ防止《ぼうし》にはクルミ二個《こ》を手《て》の中《なか》につつんで動《うご》かす方法《ほうほう》がいいといわれているが、実際《じっさい》に「手《て》を使《つか》うとボケない」というウワサには根拠《こんきょ》がある。

木《き》から降《お》りたサルである人類《じんるい》の先祖《せんぞ》は、他《た》の生物《せいぶつ》にはまねのできない両手《りょうて》を器用《きよう》に動《うご》かすという特技《とくぎ》によって、厳《きび》しい生存競争《せいぞんきょうそう》に勝《か》ち抜《ぬ》き、機械文明《きかいぶんめい》までをも獲得《かくとく》するに至《いた》った。

人間《にんげん》が手《て》を使《つか》う動物《どうぶつ》であることは、人間《にんげん》が進化《しんか》の過程《かてい》で急速《きゅうそく》に発達《はったつ》させた脳《のう》にも明確《めいかく》に表《あらわ》れている。身体感覚《しんたいかんかく》と運動《うんどう》をつかさどる大脳皮質《だいのうひしつ》の多《おお》くの部分《ぶぶん》が、手《て》や指《ゆび》からの情報処理《じょうほうしょり》と動作《どうさ》のために占《し》められているのである。だから、つとめて手《て》や指《ゆび》を動《うご》かすことをしていれば、大脳皮質《だいのうひしつ》は常《つね》に活性化《かっせいか》し、ボケも防《ふせ》げるというわけだ。

さて、子《こ》どものころには一週間《しゅうかん》や一か月《げつ》がひどく長《なが》く感《かん》じられたものだが、年《とし》をとるにつれて月日《つきひ》のたつのがだんだんと速《はや》くなるように感《かん》じてしまう実感《じっかん》は、だれもが持《も》っているにちがいない。もちろん、人間《にんげん》の体内《たいない》で時《とき》を刻《きざ》む生物時計《せいぶつどけい》は体外《たいがい》における時間《じかん》の経過《けいか》に同調《どうちょう》しており、加齢《かれい》で遅《おそ》くなったりはしないので、この感覚《かんかく》はわたしたちの頭《あたま》の中《なか》の心理《しんり》的現象《てきげんしょう》であるといえる。

では、どうしてこんな感覚《かんかく》が生《しょう》じるのか、例《れい》をあげて考《かんが》えてみよう。

たとえば、興味《きょうみ》を持《も》てない講演会《こうえんかい》に義理《ぎり》で出席《しゅっせき》したとしよう。話《はなし》の内容《ないよう》はまったく頭《あたま》に入《はい》らず、「早《はや》く終《お》わらないかなあ」と、たびたび時計《とけい》を見《み》るが、「三〇分《ぷん》ぐらいたったと思《おも》ったのに、まだ一五分《ふん》しかたってない」と、なかなか時間《じかん》が経過《けいか》しない思《おも》いをするだろう。

一方《いっぽう》、休日《きゅうじつ》に遊園地《ゆうえんち》やドライブなどのレジャーへ出《で》かけたときには、一日《いちにち》があっという間《ま》に過《す》ぎてしまうだろう。

このように、心《こころ》の中《なか》での時間経過《じかんけいか》のスピードは、退屈《たいくつ》しているときは遅《おそ》くなり、熱中《ねっちゅう》しているときには速《はや》くなるのである。

このちがいはどうして起《お》こるのかというと、どうやらわたしたちが一定時間《いっていじかん》に受《う》け入《い》れる情報量《じょうほうりょう》の差《さ》にあるようである。

人間《にんげん》の心《こころ》には正確《せいかく》に時間《じかん》の経過《けいか》を測定《そくてい》する機能《きのう》がないため、わたしたちは心《こころ》の中《なか》に経験《けいけん》的《てき》に形成《けいせい》された一種《いっしゅ》のモノサシによって時間《じかん》の経過《けいか》を判断《はんだん》している。このモノサシがあるから、わたしたちは熱中《ねっちゅう》も退屈《たいくつ》もしていないときは、「食事《しょくじ》してから一時間《じかん》ぐらいたったなあ」と比較的正確《ひかくてきせいかく》に時間経過《じかんけいか》がわかるのである。

しかし、なにかに熱中《ねっちゅう》しているときは、大量《たいりょう》の情報《じょうほう》が入《はい》ってくるために、このモノサシの目盛《めも》りの間隔《かんかく》が伸《の》びてしまい、同《おな》じ時間《じかん》でも速《はや》く過《す》ぎ去《さ》ってしまったように感《かん》じるのである。逆《ぎゃく》に退屈《たいくつ》なときは目盛《めも》りの間隔《かんかく》が短《みじか》くなり、時間《じかん》の進《すす》む感覚《かんかく》も遅《おそ》くなるというわけだ。

それでは、年《とし》をとるにつれて時間経過《じかんけいか》が速《はや》くなるという子《こ》どもと大人《おとな》の時間感覚《じかんかんかく》のちがいについてはどうだろうか。子《こ》どもは見聞《みき》きするものに目新《めあたら》しいことが多《おお》く、また好奇心《こうきしん》も旺盛《おうせい》なので、常《つね》に熱中《ねっちゅう》している状態《じょうたい》といえよう。これが大人《おとな》になるにつれて、退屈《たいくつ》の状《じょう》態《たい》がしだいに増《ふ》えてくる。そのため、子《こ》どもはその瞬間瞬間《しゅんかんしゅんかん》では時間《じかん》が速《はや》くたってしまうものの、今日《きょう》という一日《いちにち》をふりかえると、いろいろな経験《けいけん》をした長《なが》い一日《いちにち》だったと感《かん》じるのである。今日《きょう》のできごとを日記《にっき》に書《か》くとしたら、子《こ》どもの日記《にっき》は分量《ぶんりょう》が多《おお》くなるはずであり、大人《おとな》は「今日《きょう》も昨日《きのう》と同《おな》じ」の一行《いちぎょう》ですむかもしれない。

この一日《いちにち》の積《つ》み重《かさ》なった一週間《しゅうかん》が子《こ》どもにとって長《なが》いのは当然《とうぜん》、大人《おとな》になると短《みじか》くなるのも当然《とうぜん》だ。

心《こころ》の中《なか》で時間《じかん》を計《はか》るモノサシ

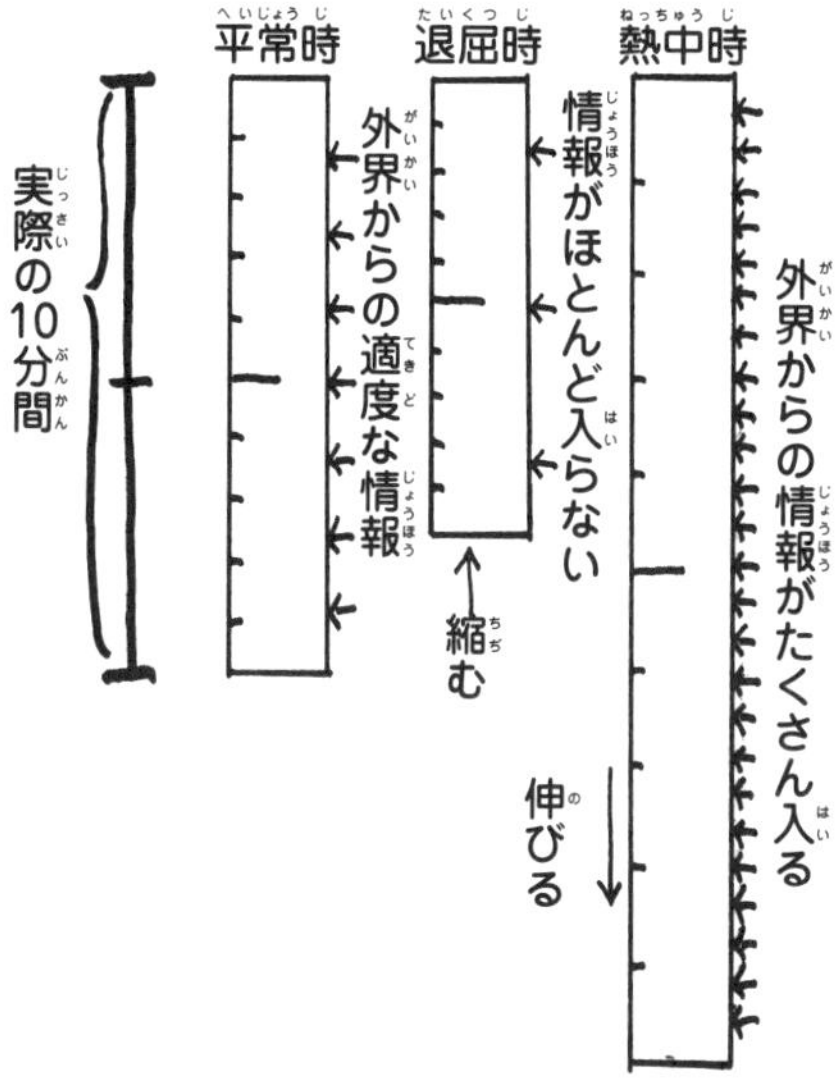

・コ・ラ・ム・ アッ！こんなこともあったね

心理的時間《しんりてきじかん》のもうひとつの尺度《しゃくど》

年《とし》をとるにつれて時間《じかん》の経過《けいか》が速《はや》くなることの理由《りゆう》について、次《つぎ》のような説明《せつめい》の方法《ほうほう》もある。

たとえば、「1年《ねん》という長《なが》さを頭《あたま》の中《なか》で想像《そうぞう》してください」といわれたら、あなたは自分《じぶん》のこれまでの人生《じんせい》の記憶《きおく》をもとに考《かんが》えるだろう。すなわち、基準《きじゅん》となるのは人生《じんせい》の長《なが》さだ。

ここで、10歳《さい》の子《こ》どもにとっては1年《ねん》という時間《じかん》の長《なが》さは全人生《ぜんじんせい》の10分《ぶん》の1を占《し》めているわけだが、40歳《さい》の人《ひと》にとっては40分《ぶん》の1でしかない。人生《じんせい》の長《なが》さを基準《きじゅん》にした場合《ばあい》、子《こ》どもにとっての1年《ねん》は長《なが》く、年齢《ねんれい》を重《かさ》ねるにつれて相対的《そうたいてき》に短《みじか》くなっていくというわけである。

ウワサ9
「外国人《がいこくじん》には虫《むし》の鳴《な》き声《ごえ》が騒音《そうおん》としか聞《き》こえない」

虫《むし》の鳴《な》き声《ごえ》を日本人《にほんじん》は左脳《さのう》で、外国人《がいこくじん》は右脳《うのう》で聞《き》くというちがい。

「方向音痴《ほうこうおんち》は女性《じょせい》に多《おお》い」

女性《じょせい》は左右《さゆう》の脳《のう》を往復《おうふく》する情報量《じょうほうりょう》が多《おお》く、処理《しょり》に手間《てま》どるため。

「外国人《がいこくじん》には虫《むし》の音《ね》が騒音《そうおん》に聞《き》こえるって？　そんなバカなことがあるもんか」と一笑《いっしょう》に付《ふ》す人《ひと》は、きっと多《おお》いだろう。

そもそもこの説《せつ》が注目《ちゅうもく》されたのは、大脳生理学《だいのうせいりがく》の第一人者《だいいちにんしゃ》である東京医科歯《とうきょういかし》科大学《かだいがく》の角田忠信名誉教授《つのだただのぶめいよきょうじゅ》が一九七八（昭和《しょうわ》五三）年《ねん》に出版《しゅっぱん》した『日本人《にほんじん》の脳《のう》─脳《のう》の働《はたら》きと東西《とうざい》の文化《ぶんか》─』（大修館書店《たいしゅうかんしょてん》）からである。角田教授《つのだきょうじゅ》の学説《がくせつ》では、「日本人《にほんじん》と外国人《がいこくじん》は、文化《ぶんか》のちがいから言葉《ことば》と音《おと》を認知《にんち》する脳《のう》の部分《ぶぶん》が異《こと》なっている」と指摘《してき》している。

脳《のう》を大別《たいべつ》すると「左脳《さのう》」と「右脳《うのう》」に分《わ》けられ、左脳《さのう》では言葉《ことば》の機能《きのう》や計算《けいさん》などを、右《う》脳《のう》では音《おと》の認知《にんち》や図形《ずけい》・絵画《かいが》などの空間的《くうかんてき》な認知《にんち》を行《おこな》っている。ここまでは人類共通《じんるいきょうつう》なのだが、日本人《にほんじん》は、ある種《しゅ》の音《おと》を認知《にんち》する脳《のう》の部分《ぶぶん》が外国人《がいこくじん》とちがうのである。

日本人《にほんじん》は、虫《むし》の音《ね》・鳥《とり》のさえずり・風《かぜ》の音《おと》・人間《にんげん》の泣《な》き声《ごえ》・和楽器《わがっき》の音《おと》などを左脳《さのう》（言《げん》語脳《ごのう》）で聞《き》いているが、外国人《がいこくじん》は右脳《うのう》（感覚脳《かんかくのう》）で聞《き》くといわれている。日本人《にほんじん》が右脳《うのう》で聞《き》く音《おと》は、洋楽器《ようがっき》の音《おと》・機械音《きかいおん》・雑音《ざつおん》などである。

日本人《にほんじん》は、虫《むし》の音《ね》や小鳥《ことり》のさえずりに「言葉《ことば》」を感《かん》じるが、じつはこれは日本人特有《にほんじんとくゆう》の感覚《かんかく》なのである。つまり、日本人《にほんじん》は言語《げんご》と同《おな》じように鳥《とり》や虫《むし》の鳴《な》き声《ごえ》を左脳《さのう》で聞《き》いているので、雑音《ざつおん》の中《なか》や話《はなし》の最中《さいちゅう》でも無意識《むいしき》のうちにその鳴《な》き声《ごえ》に気《き》づくが、右脳《うのう》で聞《き》く外国人《がいこくじん》には雑音同様《ざつおんどうよう》で気《き》がつかないのだ。外国人《がいこくじん》にも聞《き》こえてはいるのだが、それを言語化《げんごか》している日本人《にほんじん》と、そうでない外国人《がいこくじん》との脳《のう》の認知《にんち》のしくみがちがうのである。

ほとんどの外国人《がいこくじん》は、左脳《さのう》で聞《き》くのは言語音《げんごおん》ぐらいで、そのほかの音《おと》は右脳《うのう》で聞《き》いているといわれている。虫《むし》の音《ね》を日本人《にほんじん》と同《おな》じように左脳《さのう》で処理《しょり》する外国人《がいこくじん》といえば、マオリ族《ぞく》や、東《ひがし》サモアやトンガなどに住むポリネシア系《けい》の人《ひと》びとぐらいである。

だが、これは人種《じんしゅ》や遺伝的《いでんてき》なものではなく、言語《げんご》や文化《ぶんか》の影響《えいきょう》によるものだといわれ、外国《がいこく》で生《う》まれ育《そだ》ち、日本語《にほんご》を母国語《ぼこくご》としていない日系人《にっけいじん》たちは、外国人《がいこくじん》と同《おな》じ型《かた》だそうだ。

さて、左脳《さのう》と右脳《うのう》にまつわるものでは「方向音痴《ほうこうおんち》は女性《じょせい》に多《おお》い」というウワサがある。

方向音痴《ほうこうおんち》とは、景色《けしき》や地図《ちず》などの情報《じょうほう》をもとに頭《あたま》の中《なか》でイメージマップがつくれなかったり、方向意識《ほうこういしき》が薄《うす》かったり、目印《めじるし》を曖昧《あいまい》にする傾向《けいこう》がある人《ひと》たちのことである。

「方向音痴《ほうこうおんち》は女性《じょせい》に多《おお》い」というウワサを裏《うら》づける論文《ろんぶん》がある。アメリカのコロンビア大学《だいがく》のC《シー》・L《エル》・ウイリアムズ博士《はくし》とW《ダブリュー》・H《エイチ》・メック博士《はくし》のラットを使《つか》った迷路実験《めいろじっけん》によると、雄《おす》は道《みち》の印《しるし》を的確《てきかく》につかんでエサまで進《すす》むが、雌《めす》は印《しるし》を覚《おぼ》えておらず何度《なんど》やっても迷《まよ》ってしまったという。

また順天堂大学《じゅんてんどうだいがく》の新井康允名誉教授《あらいやすまさめいよきょうじゅ》の説《せつ》では、脳構造《のうこうぞう》に男女差《だんじょさ》があり、言語能力《げんごのうりょく》をつかさどる左脳《さのう》と感覚的《かんかくてき》なことをつかさどる右脳《うのう》の情報《じょうほう》の連絡《れんらく》をする神経《しんけい》の束《たば》である「脳梁《のうりょう》」と呼《よ》ばれる部分《ぶぶん》が、男性《だんせい》より女性《じょせい》は大《おお》きく、この差《さ》が方向音痴《ほうこうおんち》の原因《げんいん》なのだそうだ。

なぜかというと、方向音痴《ほうこうおんち》に関係《かんけい》する「空間認知《くうかんにんち》」は右脳《うのう》が行《おこな》うが、脳梁《のうりょう》の小《ちい》さな男性《だんせい》は左右《さゆう》の脳《のう》を往来《おうらい》する情報量《じょうほうりょう》が少《すく》ないため右脳《うのう》だけでの思考《しこう》ができ、地図《ちず》のイメージが可《か》能《のう》だが、女性《じょせい》は往来《おうらい》する情報量《じょうほうりょう》が大《おお》きく、地図《ちず》をイメージしようとすると別《べつ》の情報《じょうほう》が入《はい》ってきて処理《しょり》しきれなくなってパニックになるからだといわれている。

余談《よだん》ながら「女性《じょせい》のカンが鋭《するど》い」というウワサもこの脳梁《のうりょう》の大《おお》きさが関係《かんけい》している。必《ひつ》要《よう》な情報《じょうほう》だけを取捨選択《しゅしゃせんたく》せざるを得《え》ない男性《だんせい》に対《たい》して、脳梁《のうりょう》の大《おお》きい女性《じょせい》はいろいろな情《じょう》報《ほう》を一気《いっき》に処理《しょり》し無意識《むいしき》に記憶《きおく》できるため、普段《ふだん》とのちょっとしたちがいにも気《き》づくのだそうだ。

なお、女性《じょせい》にも方向感覚《ほうこうかんかく》の鋭《するど》い人《ひと》はいるし、男性《だんせい》にも方向音痴《ほうこうおんち》は存在《そんざい》する。なんにせよ迷《まよ》ったと思《おも》ったら、先《さき》に進《すす》まずに地図《ちず》を見《み》たり、人《ひと》にたずねたりすることが肝心《かんじん》だ。

右脳《うのう》と左脳《さのう》

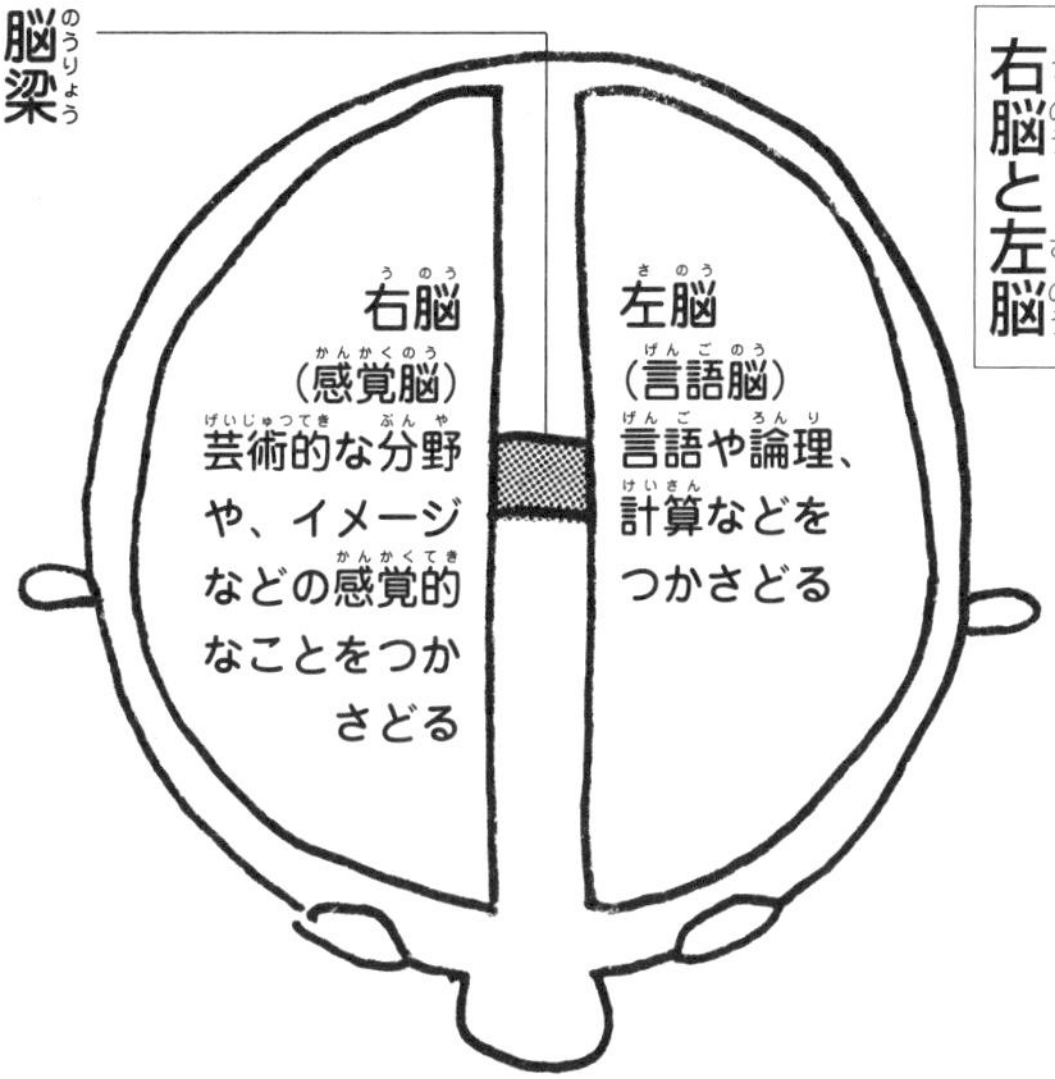
右脳《うのう》と左脳《さのう》の情報《じょうほう》を交換《こうかん》する

・コ・ラ・ム・
アッ！こんなこともあったね

知《し》っているのに、なぜ思《おも》い出《だ》せないか。

「知《し》っているはずのことが、なかなか思《おも》い出《だ》せない」という経験《けいけん》は、だれもが持《も》っている。まどろっこしくてイライラするものだ。

人間《にんげん》はなにかを思《おも》い出《だ》せなくても、その答《こた》えが自分《じぶん》の記憶《きおく》の中《なか》にあるかどうかはわかる。手掛《てが》かり不足《ぶそく》やストレスなどのために検索《けんさく》に失敗《しっぱい》したから思《おも》い出《だ》せないのであって、決《けっ》して記憶《きおく》が消失《しょうしつ》したわけではないのである。この記憶《きおく》の在庫状況《ざいこじょうきょう》を管理《かんり》するのが「メタメモリー」と呼《よ》ばれる脳《のう》の働《はたら》きだと考《かんが》えられてきた。そして2002年《ねん》９月《がつ》26日発行《にちはっこう》のアメリカ専門誌《せんもんし》「ニューロン」に、この脳《のう》の働《はたら》きをつかさどる場所《ばしょ》が前頭葉下部《ぜんとうようかぶ》にあると特定《とくてい》した論文《ろんぶん》が、東京大学《とうきょうだいがく》の桔梗 英幸研 究員《ききょうひでゆきけんきゅういん》や宮下保司教授《みやしたやすしきょうじゅ》らにより発表《はっぴょう》された。脳《のう》の機能解明《きのうかいめい》へまた一歩近《いっぽちか》づいたといえよう。

ウワサのうんちくメモ ⑥

ウワサを信《しん》じやすい人《ひと》びと

本書《ほんしょ》に掲載《けいさい》されているウワサの中《なか》には、超自然的《ちょうしぜんてき》・非科学的《ひかがくてき》な内容《ないよう》を根拠《こんきょ》とし、合理的《ごうりてき》な考《かんが》えの人《ひと》にとっては理解《りかい》に苦《くる》しむものもある。

しかしながら、世《よ》の中《なか》にはそんな非合理的《ひごうりてき》なウワサを容易《ようい》に信《しん》じてしまう人《ひと》がいるのである。

こうしたふしぎ現象《げんしょう》を信《しん》じる人《ひと》たちは、どういう性格《せいかく》の持《も》ち主《ぬし》が多《おお》いのかを心理学者《しんりがくしゃ》が調査《ちょうさ》したところ、次《つぎ》のようなことがわかった。

まず、これらの人《ひと》びとは権威主義的《けんいしゅぎてき》なのだそうだ。つまり、子《こ》どもと同《おな》じで権威《けんい》に弱《よわ》いのである。

たとえば、古《ふる》くからの教《おし》えや慣行《かんこう》について、また「偉《えら》い」といわれている人《ひと》の言動《げんどう》などについて、「伝統《でんとう》」とか「偉《えら》さ」とかの威光《いこう》に素直《すなお》に服従《ふくじゅう》してしまい、あらためて自分《じぶん》の頭《あたま》で考《かんが》えてみることをしないタイプの人《ひと》なのである。

一方《いっぽう》で、ふしぎ現象《げんしょう》を頭《あたま》から否定《ひてい》し、「科学《かがく》はなんでも解明《かいめい》できる」などと言《い》い切《き》るような人《ひと》も、「科学万能主義《かがくばんのうしゅぎ》」という思想《しそう》に服従《ふくじゅう》していることに変《か》わりはない。

次《つぎ》に、ふしぎ現象《げんしょう》を信《しん》じる人《ひと》には、人間《にんげん》の運命《うんめい》について、「そこには神秘的《しんぴてき》な要素《ようそ》が介在《かいざい》する」と考《かんが》える傾向《けいこう》が見《み》られるそうである。

すなわち、主体性《しゅたいせい》の確立《かくりつ》という点《てん》で未成熟《みせいじゅく》であり、他人《たにん》の意見《いけん》に同調的《どうちょうてき》なタイプなのである。

なお、このふしぎ現象《げんしょう》を信《しん》じるという子《こ》どもっぽい性格《せいかく》と、その人《ひと》の持《も》っている知識《ちしき》や教養《きょうよう》とは関係《かんけい》がないのだという。

知的《ちてき》な仕事《しごと》の人《ひと》やエリートといわれる人《ひと》がカルトにはまってしまうことを、わたしたちは奇異《きい》に感《かん》じることがあったのだけれど、それは頭《あたま》のよさとは関係《かんけい》なく性格《せいかく》なのだといわれると、納得《なっとく》できるだろう。

ウワサ科学研究所所員（執筆担当）

岡島　康治（おかじま・こうじ）
1956年、福岡市生まれ。同志社大学文学部卒業。出版社勤務を経て児童書作家、フリーライター、専門学校講師。著書に『タイムマシンは本当にできるの？』『UFOは本当にいるの？』（ともに、PHP研究所）などがある。

藤崎　康夫（ふじさき・やすお）
1936年、東京生まれ。熊本大学教育学部（理科）卒業。ジャーナリスト。『御岳噴火』（桐原書店）、『アマゾンにかけた夢』（国土社）、『緑のドクター』『まぼろしの木曽っ子』（ともに、くもん出版）など。

主要参考文献

『茶の起源を探る』（橋本実・著／淡交社）

『お茶の辞典』（斉藤光哉・著／成美堂出版）

『Q＆Aやさしい茶の科学』
（松下智、橋本実、鈴木良雄、南廣子、南久美子・著／淡交社）

『日本のお茶Ⅰ・お茶と生産』（ぎょうせい）

『理科年表』（国立天文台・編／丸善）

『不思議現象　なぜ信じるのか』（菊池　聡、他・編著／北大路書房）

『占いの宇宙誌』（藤巻一保・著／原書房）

『植物は考える生きもの!?』（野田道子・著／PHP研究所）

『特命リサーチ200X！　超常現象編』（日本テレビ放送網）

『特命リサーチ200X！　人体不思議解明編』（日本テレビ放送網）

『科学・知ってるつもり77』
（東嶋和子、北海道新聞取材班・著／講談社ブルーバックス）

『日本を知る小事典（全６巻）』（社会思想社）

『故事名言・由来』（自由国民社）

『日本俗信事典』（鈴木棠三・著／角川書店）

『食べもの歴史ばなし』（石井郁子・著／柴田書店）

『日本歴史大事典』（河出書房）　ほか